Rolf Vollmann:
Who's who bei Shakespeare

Deutscher
Taschenbuch
Verlag

Gekürzte Ausgabe
April 1995
Deutscher Taschenbuch Verlag GmbH & Co. KG,
München

Unter dem Titel: Shakespeares Arche.
Ein Alphabet von Mord und Schönheit
ISBN 3-8218-4407-8
Umschlaggestaltung: Angelika Fritsch
Umschlagfoto Rückseite: Isolde Ohlbaum
Satz: IBV Satz- und Datentechnik, Berlin
Druck und Bindung: C. H. Beck'sche Buchdruckerei,
Nördlingen
Printed in Germany · ISBN 3-423-30463-4

Das Buch

Sicherlich kennt man Hamlet, jenen gebildeten Prinzen, der, aus der Bahn geworfen, Liebe, Freundschaft, Reich und Leben verspielt. Oder Macbeth, der sich von Hexen beschwatzen läßt, seinen Freund und König zu ermorden, und der wegen der Tat schließlich im Wahnsinn endet. Ebenso sind Romeo und Julia in aller Munde, die beiden Verliebten aus zwei bis auf den Tod verfeindeten Familien. Shakespeares Dramen und Komödien zählen auch heute noch zu den meistgespielten Stücken auf den Bühnen in aller Welt. Aber wohl kaum jemand kann Shakespeares gesamte Welt im Kopf behalten. Dazu ist sie zu groß, zu mannigfaltig: ein ganzes Universum und eine der gewaltigsten Schöpfungen der Literatur. Rolf Vollmann stellt in diesem Buch über dreihundert Figuren aus dieser Welt vor: Frauen und Männer, Könige und Schurken, Götter und Geister. Er erzählt uns ihre Geschichten so pointiert und spannend, als hätten wir es nicht mit Gestalten aus der Literaturgeschichte zu tun, sondern mit lebendigen Bewohnern einer phantastischen Welt. Auf diese Weise ist ein ungewöhnliches und pfiffiges Shakespeare-Handbuch entstanden, ein Kompendium, das wegen seiner eigenwilligen und höchst amüsanten Art nicht nur Theaterbesucher zur Hand nehmen werden.

Der Autor

Rolf Vollmann, geboren 1934, lebt als freier Schriftsteller in Tübingen. Sein Buch über Jean Paul, ›Das Tolle neben dem Schönen‹ (1975), machte ihn bekannt. 1978 erschien sein Nietzsche-Buch ›Winter-Landschaft‹, 1980 das Kinderbuch ›Die Reise um die Welt‹ und 1990 ›Shakespeares Arche‹, die diesem ›Who's who bei Shakespeare‹ zugrunde liegt.

Abulcasim sagte: »Eines Abends brachten mich die musulmanischen Kaufleute von Sin Kalan zu einem Haus aus bemaltem Holz, in dem viele Menschen lebten. Es läßt sich nicht schildern, wie dieses Haus beschaffen war, das eigentlich nur aus einem einzigen Zimmer bestand, mit Reihen offener Gemächer oder Balkone, eins über dem andern. In diesen Vertiefungen saßen Leute, die aßen und tranken, und ebenso auf dem Boden und ebenso auf einer Terrasse. Die Personen auf der Terrasse schlugen die Trommel und die Laute, ausgenommen etwa fünfzehn oder zwanzig (mit scharlachfarbenen Masken), die aufsagten, sangen und Zwiegespräche führten. Sie litten unter Fesseln, aber ein Kerker war nicht zu sehn; sie ritten, aber es war kein Pferd da; sie fochten, aber die Degen waren aus Rohr; sie starben, und standen wieder auf.«

»Das Tun der Narren«, sagte Farach, »übertrifft die Voraussicht des Vernünftigen.«

Jorge Luis Borges, Averroes auf der Suche.

★

The Tempest – *Sturm*
The Two Gentlemen of Verona – *Zwei Herren aus Verona*
The Merry Wifes of Windsor – *Die lustigen Weiber*
Measure for Measure – *Maß für Maß*
The Comedy of Errors – *Komödie der Irrungen*
Much Ado about Nothing – *Viel Lärm um nichts*
Love's Labour's Lost – *Verlorne Liebesmüh*
A Midsummer Night's Dream – *Sommernachtstraum*
The Merchant of Venice – *Kaufmann von Venedig*
As you like it – *Wie es euch gefällt*
The Taming of the Shrew – *Der Widerspenstigen Zähmung*
All's well that ends well – *Ende gut alles gut*
Twelfth Night, or What you will – *Was ihr wollt*
The Winter's Tale – *Wintermärchen*

★

King John – *Johann*
Richard II. – *Richard II.*
Henry IV., First Part – *Heinrich IV./1*
Henry IV., Second Part – *Heinrich IV./2*
Henry V. – *Heinrich V.*
Henry VI., First Part – *Heinrich VI./1*
Henry VI., Second Part – *Heinrich VI./2*
Henry VI., Third Part – *Heinrich VI./3*
Richard III. – *Richard III.*
Henry VIII. – *Heinrich VIII.*
Troilus and Cressida – *Troilus und Cressida*

★

Coriolanus – *Coriolan*
Titus Andronicus – *Titus Andronicus*
Romeo and Juliet – *Romeo und Julia*
Timon of Athens – *Timon von Athen*
Julius Caesar – *Julius Cäsar*
Macbeth – *Macbeth*
Hamlet, Prince of Denmark – *Hamlet*
King Lear – *Lear*
Othello – *Othello*
Antony and Cleopatra – *Antonius und Kleopatra*
Cymbeline – *Cymbeline*

Die Liste oben enthält Shakespeares Stücke in der klassischen Anordnung der Folio-Ausgabe von 1623: Komödien – Historien – Tragödien; nicht enthalten in der Folio-Ausgabe war **Pericles, Prince of Tyre – Perikles**; die Titel sind hier auf das gebräuchliche Maß gekürzt, die deutschen Titel sind die in diesem Alphabet verwendeten.

Die folgende Liste gibt, nur mit den deutschen Titeln – samt einer Kurzfassung des Plots –, Shakespeares Stücke in ihrer vermutlichen chronologischen Reihenfolge; dabei habe ich mich an L. L. Schückings englisch-deutsche Ausgabe gehalten, den **Perikles** ausgenommen, den ich, hier unbekümmert um Verfasserschaftsfragen, in die Chronologie eingeordnet habe; im einzelnen sind fast alle Entstehungsdaten umstritten; ich richte mich nach dem, was man die opinio communis nennt.

Titus Andronicus – Ein törichter altrömischer General erbeutet eine schöne Gotin, die zusammen mit ihrem schwarzen Beischläfer beinahe seine ganze Familie ausrottet und Rom an sich reißt.

Verlorne Liebesmüh – Ein Herzog und einige Herren schwören den Frauen ab, lassen sich aber durch eine französische Prinzessin und ihre Damen zu ungeschickten Werbungen verführen.

Komödie der Irrungen – Ein Herren- und ein Dienerzwillingspaar und der Vater der Herren, voneinander gesucht, einander suchend, geraten in Ephesus in kaum lösbare Verstrikkungen.

Zwei Herren aus Verona – Zwei schöne Mädchen erobern sich die Männer, die sie haben wollen: die eine einen, der ihr untreu weglaufen will, die andere den, den sie nicht heiraten soll.

Heinrich VI./1 – Während auf den französischen Schlachtfeldern Talbot besiegt wird, streiten sich in England die Herzöge um die Macht: Besonders der Herzog von York will sie haben.

Heinrich VI./2 – König Heinrich heiratet Margaret von Anjou, regiert aber nicht, und York, nachdem er Gloucester und mit ihm das Recht gestürzt hat, schürt einen Aufstand und nimmt sich die Macht.

Heinrich VI./3 – Heinrich dankt ab, Margaret stürzt York, Warwick bringt Yorks Söhne an die Macht; von denen ist aber nur der bucklige Richard klug und ehrgeizig genug.

Richard III. – Durch Intrigen und Bruder- und Kindermord gewinnt der bucklige Richard den Thron; als er die alten Freunde mordet, sinkt sein Stern, und er wird geschlagen.

Richard II. – Der mißwirtschaftende König Richard II. verbannt Bolingbroke, der aber zurückkommt und den philosophisch gewordenen König entthront und am Ende tyrannisch umbringen läßt.

Romeo und Julia – Romeo und Julia verlieben sich ineinander, aber ihre Familien sind zerstritten, und was immer die Kinder tun: Es endet böse nach kurzem Glück, und sie sterben, wenngleich durch Zufall.

Sommernachtstraum – Der Elfenkönig schmollt mit seiner Frau, zwei athenische Liebespaare hadern durcheinander, der Elfenkönig verwirrt den Rest, aber am Ende der Zaubernacht ist alles in Ordnung.

Der Widerspenstigen Zähmung – Mehrere Freier umwerben

mit allen Tricks ein liebes Mädchen, und ein lauter junger Mann erheiratet sich mit Gewalt ihre wilde Schwester, die zuerst unter die Haube soll.

Johann – Der englische Johann und der französische Philipp wollen beide König sein, Frauen und Mütter intrigieren voll Haß, und der junge Faulconbridge lernt dazwischen das Leben auf eigene Rechnung.

Der Kaufmann von Venedig – Der verarmte Bassanio will die schöne reiche Portia heiraten, Antonio gibt ihm Geld und verschuldet sich bei Shylock, der sein Leben will, es aber nicht kriegt.

Heinrich IV./1 – Bolingbrokes Sohn Henry vertreibt sich seine Thronanwartschaftszeit mit Falstaff; als Henry Percy gegen Bolingbroke rebelliert, schlägt und erschlägt Henry ihn.

Heinrich IV./2 – Erzbischof York führt Percys Rebellion gegen Bolingbroke weiter, aber am Ende siegt der König betrügerisch; er stirbt, Henry folgt ihm, nachdem er Falstaff und dem Lotterleben abgeschworen hat.

Heinrich V. – Der gereifte Falstaff-Freund Heinrich will Frankreich haben, zieht hin und gewinnt es, auch wenn das Heer skeptisch bleibt; beim Friedensschluß heiratet Heinrich die französische Prinzessin Katharine.

Die lustigen Weiber – Der dicke Falstaff wähnt sich begehrt und wird von zwei Frauen geprellt; die eine hat einen eifersüchtigen Mann, die andere eine heiratsfähige Tochter, und die viele Verehrer.

Julius Cäsar – Cassius und Brutus verschwören sich mit anderen gegen Cäsar und ermorden ihn, dann aber erliegen beide, auch noch hadernd bei aller Freundschaft, dem politisch überlegenen Geschick des Antonius.

Viel Lärm um nichts – Ein junger Hagestolz und eine wilde Männerfeindin werden ineinander verliebt gemacht, und ein böser Bastard versucht erfolglos, das Mädchen zu verderben, das sein Bruder heiraten möchte.

Wie es euch gefällt – Im Ardenner Wald führen Verbannte ein hübsches Ausnahmeleben, ein Mädchen als Knabe gewinnt einen Mann, ein Narr ein Mädchen, der Böse bekehrt sich, und der melancholische Jaques zieht mit ihm.

Was ihr wollt – Die schiffbrüchige Viola als Knabe liebt einen Mann und wird von Olivia geliebt, die dann den vermißten Bruder nimmt; in ihrem Haus geht es drunter und drüber, ein Narr gibt Kommentare.

Hamlet – Ein gebildeter Prinz, von einem spukenden Vater, einer geilen Mutter und einem bösen Onkel aus der Bahn geworfen, verspielt Liebe, Freundschaft, Reich und Leben.

Troilus und Cressida – In Troja lieben sich Troilus und Cressida, aber Cressida muß zu den Griechen, bei denen ihr Vater ist, und verliebt sich dabei in Diomedes; Achill, Ulysses und Thersites kommentieren.

Maß für Maß – Ein Statthalter in Wien regiert mit neuer Strenge, sündigt selber aber zweifach und schläft ohne Wissen mit der Frau, die ihn liebt; der Fürst als Mönch sorgt für ein gutes Ende.

Ende gut alles gut – Helena heilt einen König, verfolgt ihren dummen Geliebten durch ganz Europa und als sie sich ihm nachts für eine andere untergeschoben hat, muß er sie endlich heiraten.

Lear – Ein törichter König verstößt eine Tochter und wird von zweien vertrieben, bis ihn die eine wieder hat, und ein törichter Fürst läßt sich von seinem Bastard verderben und endet blind.

Othello – Ein venezianischer General glaubt nicht, daß die Welt böse ist, und als sie's dennoch wird, bringt er seine schöne Desdemona um und denkt am Ende, er hätte nur zu sehr geliebt.

Macbeth – Macbeth läßt sich von Hexen beschwatzen, für seine Frau König und Freund zu morden; beide können aber mit den Morden nicht leben, sie redet nachts und stirbt, er wird verrückt.

Antonius und Kleopatra – Der römische Antonius liebt die ägyptische Kleopatra, kämpft gegen die Römer, die ihn gebraucht hätten, verliert und stirbt, und Kleopatra, in römischen Händen, folgt ihm.

Coriolan – Ein törichter altrömischer General geht, vom Volk gekränkt, zu den Feinden über und wird von ihnen ermordet, als seine Mutter keinen Weg mehr weiß zwischen ihm und der römischen Ehre.

Timon von Athen – Der spendable Timon verarmt, wird von allen alten Freunden verlassen, haßt jetzt die Welt mehr als jeder Zyniker, zieht sich in Wald und Höhle zurück und stirbt verbittert, ein Menschenfeind.

Perikles – Ein reisender Fürst findet eine Frau und verliert sie samt Kind, reist schwermütig jahrelang weiter, die Frau entkommt dem Meer, das Kind dem Bordell, das Kind heilt ihn, und Diana bringt ihm die Frau.

Cymbeline – Ein König verstößt seinen Schwiegersohn, der läßt sich albern bereden, seine Frau sei untreu, sie reist ihm nach, findet Königskinder, geht zu den Römern über, und kriegt ihn am Ende.

Wintermärchen – Ein König rast eifersüchtig, vertut Frau, Kind und Freund; das ausgesetzte Kind verliebt sich in den Sohn des verstoßenen Freunds, alle finden sich wieder, selbst die Königin lebt noch.

Sturm – Prospero mit Tochter Miranda, einst verstoßen, regiert als Zauberer eine Insel, an welcher er alle alten Feinde scheitern läßt, und als Miranda den Feindessohn liebt, vergibt er allen.

Heinrich VIII. – Kardinal Wolsey stürzt Buckingham und wird selber gestürzt, der König will Katharine nicht mehr und heiratet Anne Bullen, und Wolseys Nachfolger sind machtlos gegen Heinrichs neue Leute.

Die Personennamen habe ich, ohne festes Schema und ohne viel Konsequenz, in jener Fassung aufgeführt, in der man sie am ehesten suchen wird: englische Herrschernamen etwa, von denen sich die deutsche Fassung eingebürgert hat, findet man unter dieser; aus einem Henry aber zum Beispiel, der im Deutschen nicht als Heinrich geläufig ist, habe ich auch keinen Heinrich oder Heinz gemacht; in Zweifelsfällen verweisen deutsche auf englische Namen und umgekehrt; sprechende Namen sind in manchen Fällen nur englisch aufgeführt.

Oft deckt eine einzige Standes- oder Berufsbezeichnung in der anderen Sprache mehrere ab und umgekehrt, ein Gerichtsdiener kann auch ein Schreiber sein, ein Page ein Edelmann, ein Gefangenen- ein Gefängniswärter oder Kerkermeister: Ich habe da nicht regelnd eingreifen können, und so spiegelt das Alphabet die Verschiedenheit der Übersetzungen, und der Leser macht unerwartete Funde (Aldermänner, Kammerladies).

Für die Übersetzung der englischen Zitate habe ich fast durchweg Wielands deutschen Shakespeare von 1762–1766 und Eschenburgs deutschen Shakespeare von 1775–1806 benutzt; Wielands Shakespeare, weil er trotz seiner Mängel, die hauptsächlich im Weglassen bestehen, sehr viel häufiger beeindruckend klug ist, Eschenburgs, weil er, zwischen Wieland und dann den Romantikern, der erste fast vollständige ist: und beide schließlich deshalb, weil sie, mit geringfügigen Ausnahmen, in Prosa abgefaßt sind, und ihre Verfasser hatten keine besonderen dichterischen oder theatralischen Prätentionen dabei –

– Ich selber darf mir erlauben,
dem Leser Vergnügen zu wünschen.

Anmerkung zur Taschenbuchausgabe

Dieses kleine Buch ist die gekürzte Fassung eines umfangreicheren Buches, ›Shakespeares Arche. Ein Alphabet von Mord und Schönheit‹, das 1988 in der ›Anderen Bibliothek‹ Hans Magnus Enzensbergers damals im Verlag von Franz Greno in Nördlingen erschien. Später brachte dann Vito von Eichborn, als er die ›Andere Bibliothek‹ übernommen hatte, eine zweite Auflage dieses Buches heraus. Das Buch hatte über fünfhundert ziemlich große Seiten, ein Drittel des Textes mußte für die vorliegende Taschenbuchausgabe wegfallen. Da die einzelnen Artikel selber ungekürzt bleiben sollten, mußte die Zahl der Artikel verringert werden: Und so sind der Kürzung nun alle jene zum Opfer gefallen, die man ohnehin gar nicht suchen könnte, sondern die man in dem alten Buch nur gefunden hat, wenn man darin herumblätterte, nämlich etwa diese gewaltigen Geschlechter der namenlosen Soldaten, Reiter, Boten, Diener, Köche und Mädchen und Knaben, aus denen sich, wie aus dem Unterholz die großen Bäume, bei Shakespeare dann jene erheben, die auf den Theaterzetteln einen eigenen Namen haben und unter den Schauspielern mehr sind als Statisten. Weggefallen sind auch die nicht wenigen Tiere bei Shakespeare, oder die Ingredienzien, aus denen die Hexen ihren Sud kochen, oder die Briefe, die beim Theater ja oft eine so verhängnisvolle Rolle spielen. Geblieben ist alles, was, wie man so sagt, Rang und Namen hat: alles also, was man nun wirklich sucht, wenn man Shakespeare liest oder gesehen hat. Insofern ist das Buch handlicher, brauchbarer geworden, zumal dort, wo man nun findet, was man gesucht hat, nichts fehlt von dem, was ich für wichtig gehalten hatte – gewiß trauere ich dem nach, dessen Wegfall ich hier so wortreich zu rechtfertigen versuche, aber ich gestehe, daß die Konzentration auf die wesentlichen Figuren dem Leser nichts von dem nimmt, was das Theater ihm bringt. Ich hatte das ganze Buch damals für mich angefangen, einfach, um ein bißchen Ordnung in die verwirrende Fülle des Shakespeareschen Personals zu bringen, etwa unter den tragenden Figuren in den Königsdramen, die ihre Namen durch die verschiedenen Generationen hin beibehalten. Nutzen dieser Art wird der Leser auch hier ganz und gar von diesem ›Who's Who‹ haben, ich glaube sogar, daß die ungeteilte Herrschaft der tragenden Figuren ihm jetzt einen noch stärkeren Begriff vermitteln wird von der ungeheuren Dichte dieser dramatischen Welt.

Rolf Vollmann
Januar 1995

A

Aaron, schwarzer Bösewicht im ›Titus Andronicus‹, Beischläfer Tamoras, den sie in die römische Gefangenschaft, dann ins kaiserliche Bett mitbringt; seine Bosheit ist strahlend und zweckfrei, er übt sie mit Lust, sie ist seine Natur: »*vengeance is in my heart, death in my hand, / blood and revenge are hammering in my head:* Rache ist in meinem Herzen, Tod in meiner Hand; Blut und Rachgier hämmern mir durch den Kopf«; Gewissen und Götter läßt er den Weißen, »*ye whitelim'd walls, ye alehouse painted signs:* ihr übertünchten weißen Wände, ihr gemalten Schilder einer Bierschenke«; »*here's a young lad fram'd of another leer:* Hier ist ein kleiner Bube, aus anderm Stoff geformt«, sagt er, als die Wärterin ihm seinen schwarzen Sohn bringt: »*come on, you thick-lipp'd slave, I'll bear you hence:* Komm her, du kleiner Bube mit den dicken Lippen, ich will dich hinwegtragen«: Mit dem schwarzen Knaben zusammen ist er die Welt. Als er, gefangen, sein Kind von Lucius geschont weiß, spricht er oben auf der Leiter aus, was er alles getan hat »*as willingly as one would kill a fly:* mit eben der Lust, mit der man eine Fliege tötet;« seine Sprache ist die kraftvollste in diesem Rom, und seine Kraft sprengt jede Sprache: »*if there be devils, would I were a devil:* wenn es Teufel gibt, so möcht ich wohl ein Teufel sein« (Eschenburg), sagt er, als Lucius ihn einen Teufel nennt. Als ihn Lucius, wie anfangs Titus grausam in römischer Pflichterfüllung, halb einzugraben androht, um ihn so verhungern zu lassen, tut ihm nichts leid als das eine gute Werk, das er vielleicht getan habe: eine vom Tod unangefochtene, schlackenlose Figur.

Achill, Held aller Helden, Sohn der schönen Meeresgöttin Thetis, Liebhaber des Patroclus in ›Troilus und Cressida‹, ungeheuer schlagkräftig, egoistisch und heimtückisch; erschlägt Hektor, oder läßt ihn auch noch erschlagen, als der gerade ungewaffnet eine Pause macht (ob Hektor es besser verdient hätte, ist eine andere Frage); Thersites sagt zu ihm: »*why, thou picture of what thou seemest, and idol of idiot-worshippers:* je nun, du Gemälde dessen, was du scheinst, du Abgott törichter Anbeter« (Eschenburg, besser wohl: »du Idol der Idioten-Anbeter«: so Brönnimann-Egger in der vorzüglichen Tübinger Studienausgabe); für Achill spricht, daß er sich den Thersites hält: Jedenfalls ist Achill frei von allen sonst üblichen ideologischen Dummheiten der Generäle, und in der amoralischen Vorurteilslosigkeit ist er dann wirklich der größte der Helden; er ist genau das, was Thersites sagt, wenn man alles das abzieht, was Thersites als ideal sieht, um beschimpfen zu können, was einfach ist, wie es ist: Achill nimmt die Welt wie ein klarsichtiger Gott, der zur Sterblichkeit degradiert worden ist (man möchte ihn widerlegen, aber schon diese Idee ist haltlos, denn sie setzt unbegründete Menschenliebe voraus); es sieht immer aus, als demontiere Thersites Achill, aber genau so demontiert Achill Thersites: Beide demontieren alle Feierlichkeit und Moral, und beide haben recht (höchstens hat Thersites deshalb noch mehr recht, weil er nicht handeln muß).

Adam, in ›Wie es euch gefällt‹ Diener Olivers, dann Orlandos, an die achtzig Jahre alt, geht mit Orlando in den Wald; über seine beinahe antiquierte Treue sagt Orlando: »*O good old man, how well in thee appears / the constant service of the antique world:* O redlicher alter Mann, wie wohl zeigt sich in dir die standhafte Treue der alten Welt« (Wieland): Ariost, hundert Jahre vor Shakespeare und auch ein Liebhaber der Ardennen, spricht am Anfang seines Orlando Furioso von der berühmten »Biederkeit der alten Rittersitten«; Adams Spur verliert sich dann irgendwann im Stück – so ist das also mit der Treue der alten Welt.

Adriana, in der ›Komödie der Irrungen‹ die Gattin des ephesischen Antipholus, der sie, da sie sich in jedem Falle zurückgesetzt vorkommen wird, zweifellos zuweilen ein bißchen hintergeht; ungeheuer von Sex geplagt und lauter Unzucht in sich ahnend und ohne Maß sich selber bemitleidend und den Gatten verachtend und verfluchend, ist sie allein so wenig sie selber, daß sie ihn unbesehen zu Tisch und ins Bett ziehen will, selbst als er's gar nicht ist; allzuschnell sinnlich versöhnt und allzurasch reumütig, wird sie immer voll Arg und Zank bleiben, kein

Gatte wäre vermögend, ihr vögelnd oder mit Gold und Edelstein oder auch nur dadurch, daß er im Hause bliebe, jemals genugzutun.

Ajax, der große homerische Held, gleich bei den ersten Römern erwähnt im ›Titus Andronicus‹: Fast nichts Zitierbares ist in diesem Stück weggelassen aus der Antike. – **Ajax,** in ›Troilus und Cressida‹ ein Verwandter Hektors: Seine Mutter Hesione soll eine Schwester des Priamus, also eine Tante Hektors gewesen sein; er sei ein Mann, sagt einmal Cressidas Diener, »*into whom nature hath so crowded humors that his valor is crushed into folly, his folly sauced with discretion:* in dem die Natur so mannigfache Gesinnungen zusammengehäuft hat, daß seine Tapferkeit mit Torheit vermengt, und seine Torheit wiederum mit Klugheit verbunden ist« (Eschenburg); Ulysses nennt ihn »*dull brainless*«, dumm und hirnlos; Thersites beschimpft ihn als »*Mars his idiot*«, Mars' Trottel; Thersites macht ihn leicht nach, und alle machen sich nach Belieben über ihn lustig und manipulieren ihn: Er könnte einem leid tun, wenn er nicht tatsächlich so entsetzlich dumm wäre. – **Ajax:** »*None of these rogues and cowards / but Ajax is their fool:* Es ist keiner von diesen Schlingeln und Memmen, der nicht den Ajax zu seinem Muster machte« (Wieland), sagt Kent in ›Lear‹ über Cornwall und Oswald. – **Ajax;** in ›Antonius und Kleopatra‹ erwähnt Antonius einen siebenfachen Schild des Ajax. – **Ajax,** in ›Cymbeline‹ von Guiderius genannt, als er sagt, auch den Cloten müsse man begraben: Im Tode sei Thersites so gut wie Ajax (das Bild ist ein bißchen komisch, weil neben Cloten der zweite, den's zu begraben zu gelten scheint, Imogen ist).

Albany, Duke, Gatte Gonerils in ›Lear‹, liebt Goneril zweifellos, denn Goneril ist sicher sehr attraktiv und in mancher Hinsicht mörderisch schön, und es kann nicht leicht sein, sich ihr zu entziehen; ja, es könnte sein, daß ein Mann fast kein Mann sein darf, wenn er durchschauen will – oder fast kein Mann ist, wenn er durchschaut –, daß Goneril eine halbe Rasende ist; es könnte also sein, daß Albany an Gonerils Seite wirklich eine allzu schwache Figur ist – aber er ahnt sehr bald, daß seine Frau unter ganz exotischen Sternen geboren sein muß; als er ihr das sagt, nennt sie ihn ganz richtig »*a moral fool*«, einen moralischen Narren. Er wird stark gegen sie, als sie ihm, durch ihre offenbare Geilheit und dann Eifersucht, ekelhaft wird; ganz reicht die Stärke nicht, und er glaubt gegen Frankreich noch kämpfen zu müssen: Die Wirrnis der Verhältnisse um ihn geht über sein Vermögen, denn er müßte verraten, um nicht im Bunde mit der Verräterei zu sein; am Ende hat er keinen Grund zu sterben und kann wohl das Land retten.

Alexander, jener gewaltig Große des Altertums, in der ›Verlornen Liebesmüh‹ Nathanaels Verkleidung in der Antikenposse. – **Alexander,** in ›Hamlet‹ ein Problem auf dem Kirchhof: nämlich, ob er am Ende in der Erde aussah wie etwa Yorick der Narr? Horatio glaubt das, und Hamlet glaubt, er habe aber auch dazu werden können, daß man ein Bierfaß damit stopft: siehe Cäsar. – **Alexander,** in ›Coriolan‹ von Menenius herbeizitiert, um ihn dem Coriolan zu vergleichen: Alexander ist in dem Vergleich einer gleich hinter Gott. – **Alexander,** im ›Wintermärchen‹ von Paulina dem heiratslustigen, weil kinderlosen Leontes gegenüber als Beweis dafür angeführt, daß Reiche auch dann weiterbestehen, wenn der König keine eigenen Söhne hat.

Alkibiades, Neffe des großen Perikles, Liebling des Sokrates; ein schöner Knabe, ein kühner Jüngling, ein sehr eigenwilliger Mann: ehrsüchtig, ruhmbegierig, bestechlich, verschlagen, großgesonnen, der Inbegriff eines Griechen (Plutarch in seinen Parallelbiographien hat ihm Coriolan an die Seite gestellt, eine Art Reimzwang wohl); Plutarch, der die Umrisse der Geschichte Timons im Leben des Alkibiades und im Leben des Antonius erzählt, läßt seinen Timon, auf die verwunderte Frage des Apemantus, warum er den Alkibiades liebe, sagen: Weil er wisse, daß der viel Unglück über die Athener bringen werde; in ›Timon von Athen‹ ist Alkibiades ein glänzend barbarischer Gastfreund Timons; dann verbannt ihn der Senat, weil er einen alten Freund verteidigt; auf seinem Rachezug gegen Athen kommt er bei Timon draußen im Wald vorbei, mit zwei hübschen Huren und will, obwohl selbst so ohne Geld, daß seine Leute fast meutern, dem Timon was geben; der lehnt ab, und gibt dann seinerseits dem Alkibiades Geld gegen Athen; Alkibiades, der amoralische Grieche in seiner glänzenden Gestalt, ist hier beinah auf eine Puppenspielfigur reduziert, oder besser: Er ist eine reiche Figur, die, am Rand eines Puppenspiels immer wieder entlangrauschend, selbst zu einer solchen Figur werden müßte, fände sie sich ganz ins Spiel; man ahnt durch ihn die große Welt mit einer noch viel schlimmeren Wahrheit als jener, die Timon begriffen zu haben glaubt: Denn die Wahrheit des Alkibiades ist immer schon hinaus über die moralischen Chimären, denen Timon nachtrauert, wenn er haßt; für Alkibiades und seine Welt ist Haß überflüssig; er rächt sich, aber er kann innehalten in dieser Rache: Er würde sich niemals selber vernichten; auf etwas farcenhafte Weise ist er der Wahrheit so nahe wie Achill in ›Troilus und Cressida‹; in solchen Figuren, denkt man, hat Shakespeare angedeutet, was ihm wirklich dämmerte.

Alonso, im ›Sturm‹ jener König von Neapel, der seinerzeit mit Prosperos Bruder Antonio zusammen Prospero seines Mailands beraubt und dann noch ihn samt Töchterlein ausgesetzt hatte: Jetzt, nachdem er die Tochter nach Afrika verheiratet hat, scheitert er mit Mann und Maus an Prosperos Insel, sieht seinen Sohn verloren, wird beinahe von den Spießgesellen von damals umgebracht und findet dann ganz unverdient alles wieder. Prospero ersucht ihn noch, nun nicht mehr an die alten Sachen zu denken: ein Märchenschurke.

Anchises, Vater des Aeneas; in ›Troilus und Cressida‹ schwört Aeneas irgend etwas beim Leben des Anchises, *»by Anchises' life«* und gleich darauf etwas Ähnliches *»by Venus' hand«,* bei der Hand der Venus: Venus war seine Mutter (siehe die erste an Aphrodite unter den homerischen Hymnen). Bei Wieland, in der kleinen Verserzählung über das Urteil des Paris, nimmt der Titelheld Bezug auf die genannte Herkunft des Anchises; und nachdem ihm Venus schon, für den Fall, daß er ihr den Apfel der Schönsten gibt, die schönste irdische Frau versprochen hat, erpreßt er die göttliche Nackte noch ein wenig und verspricht ihr ganz gewiß den Preis, »wenn ihr nur diese Nacht, nur bis zum Hahnen-Schrei, / euch überreden wollt, daß ich Anchises sei.«

Angelo, Statthalter in Wien, wenn der Herzog in ›Maß für Maß‹ sich vorübergehend von den Staatsgeschäften zurückzieht: *»Some report a sea-maid spawned him; some that he was begot between two stockfishes. But it is certain that when he* *makes water his urine is congealed ice, that I know to be true:* Einige erzählen, eine Wassernixe habe ihn gebrütet; andere, er sei von zwei Stockfischen gezeugt worden. Soviel ist gewiß, daß, wenn er das Wasser abschlägt, sein Urin gleich zu Eis gefriert; ich weiß, daß es wahr ist« (Wieland), sagt Lucio einmal zum verkleideten Herzog, ein andermal nennt er ihn geschlechtslos und sein Blut eine Schneebrühe; Angelos Problem ist diese Oberfläche, dieser Eispanzer: Wäre Angelo wirklich das, was er scheint, dann wäre er gerecht in seiner Härte – aber er ist nicht, was er scheint, und so darf er als ungerecht bezeichnet werden (es wäre schön, wenn man also immer annehmen dürfte, daß, wer so streng ist, nicht gerecht sein kann: Denn der Mensch sei nicht so, wie er dann scheinen müsse und halte seine Gebrechlichkeit nur noch ein Stockwerk tiefer unter Verschluß); zu aller Glück begehrt Angelo Isabella und zeigt so die Schwäche, durch die Claudio leben kann; die Schwäche macht den Tyrannen in ihm zwar nur scheußlicher, wenn er durchkäme mit ihr: Aber indem sie den Tyrannen menschlich macht, macht sie ihn unmöglich vor jedem Recht; viele Rollen spielen da in eins, Angelo ist keiner gewachsen: Man muß ihn verheiraten.

Anne, Warwicks Tochter, damals (›Heinrich VI./3‹, als älteste Tochter Warwicks, jetzt nennt Gloucester sie die jüngste) an den Prinzen Edward gegeben, Margarets und Heinrich VI. Sohn; in ›Richard III.‹, verwitwete, trauernde Tochter des toten Heinrich VI., noch an dessen Bahre, die er niedersetzen läßt, von Gloucester als Frau gewollt: Und läßt sich noch an der Bahre bezirzen, glaubt fast seine Reue und alles, und bloß weil er sagt, ihr Mund sei zum Küssen so schön und nicht, damit sie ihn abfällig verziehe. Wird schließlich klammheimlich umgebracht, denn Gloucester will die kleine Elizabeth heiraten.

Antigonus, sizilischer Lord im ›Wintermärchen‹, treuer Freund und Diener des Leontes; verheiratet mit Paulina, die mit ihm und gegen ihn, aber im Ernstfall macht, was sie will und für richtig hält; Antigonus hält Leontes mit seiner Eifersucht eher für krank, als gerecht; wird daraufhin von Leontes mit dem Baby weggeschickt, versieht das Kind auf eigene Faust mit Papieren und Gold und allem, bringt's auch in eine ordentliche schäferreiche Gegend, aber dann frißt ihn ein Bär dort.

Antiochus, in ›Perikles‹ Gründerkönig von Antiochia, dortselbst lebend und schlafend mit seiner Tochter, die keinen Namen hat, aber schön ist. Jedenfalls findet, neben dem Vater, auch Perikles das und rät das Rätsel, das die beiden ihm aufgeben, und muß fliehen. Und so und nur deshalb geht die ganze Geschichte überhaupt erst los. Vater und Tochter werden aber ihrer Sünden wegen durch Feuer vom Himmel vernichtet, erzählt man sich dann in Tyrus.

Antipholus von Ephesus, in der ›Komödie der Irrungen‹ ein nicht gut verheirateter wohlhabender Mann, der, selber nichtsahnend, von Vater und Bruder gesucht und am Ende auch obendrein noch von der Mutter gefunden wird; weiß so wenig wie sein Bruder, wie ihm dauernd geschieht, fühlt sich aber immerhin in Ephesus zuhause und muß an keine Magie glauben; anders als Bruder und Vater findet er nichts, das er gesucht hätte, weil er's vermißte, und so erneuert sich ihm das Dasein nicht; auch behält er Adriana; aber doch erweitert sich ihm der Lebenskreis, und es ist nun mehr darin vorhanden als nur eine Kurtisane.

Antipholus von Syrakus, aus der ›Komödie der Irrungen‹, hat vor Jahren den Vater verlassen, um nach dem Zwillingsbruder und seiner Mutter zu suchen; wandert durch Ephesus: »*I to the world am like a drop of water / that in the ocean seeks another drop, / who, falling there to find his fellow forth – / unseen, inquisitive – confounds himself:* Ich bin in der Welt wie ein Tropfen Wassers, der im Ozean einen andern Tropfen suchen will, und indem er hineinfällt sich selbst verliert, ohne den andern zu finden« (Wieland); in so sensitiver Stimmung treffen ihn alle die undurchschaubaren Verwechslungen, und so wird ihm Ephesus zu einem heillosen Schemen, das er immer wieder fliehen will; selbst Luciana ist ihm eine schöne, halbe Göttin oder schlimme Sirene; findet schließlich aber alle wieder oder neu auf, endlich wohl auch Luciana.

Antonio, der königliche Kaufmann und Titelheld im ›Kaufmann von Venedig‹, führt sich selber mit den Worten ein: »*In sooth I know not why I am so sad. / It wearies me, you say it wearies you; / but how I caught it, found it, or came by it, / what stuff 'tis made of, whereof it is born, / I am to learn; / and such a want-*

wit sadness makes of me / that I have much ado to know myself: Ich weiß wahrhaftig nicht, warum ich so traurig bin; es ist mir selbst so beschwerlich, als es euch sein kann; aber wie es mich angekommen, und was die Ursache davon sein mag, kann ich nicht erraten. Diese Schwermut macht mich so betäubt, daß ich alle Mühe habe, mich im Bewußtsein meiner selbst zu erhalten« (Wieland); diese Stimmung und auch sein Alter und sein Reichtum unterscheiden ihn von seinen Freunden, die ihn bewundern; unter seinesgleichen ist er ein vollkommener Mensch, aber einen Shylock verachtet er ohne Bedenken; seine Freundschaft zu Bassanio hat gewiß einige, wenngleich unausgenutzte, homoerotische Züge: Bassanio seinerseits erwidert diese Liebe und nutzt die Freiheit darin zugleich weit aus; Liebe und Opferbereitschaft haben bei Antonio fast eine Neigung zum Tode: Wäre die Schwermut nicht und daß er davon redet, dann könnte er in extremen Situationen peinlich wirken – jetzt ist er der Traum eines Freundes und der Inbegriff von uneigennütziger Verläßlichkeit (und Shylock fühlt sich doppelt annulliert durch ihn).

Antonio, in ›Viel Lärm um nichts‹ Bruder Leonatos, wird wild wie ein ganz Junger, als es darum geht, an Claudio oder wem auch immer, die Schmach zu rächen, die man seiner Nichte Hero angetan hat – ein ungeheuer lieber, alter Kerl.

Antonio, ein Kapitän, Freund Sebastians, der in ›Was ihr wollt‹ diesen aus eben jenem Schiffbruch gerettet hat, worin Viola ihn umgekommen glaubt; würde gern mit Sebastian an Orsinos Hof gehen, hat dort aber Feinde von früher her, aus einem Seekrieg gegen den Herzog: »*The gentleness of all the gods go with thee. / I have many enemies in Orsino's court, / else would I very shortly see thee there; / but, come what may, I do adore thee so, / that danger shall seem sport, and I will go:* Die Huld aller Götter begleite dich! Ich habe mir Feinde an Orsinos Hofe gemacht, sonst solltest du mich dort bald in deinem Wege finden: Und doch, es entstehe daraus was immer will, ich liebe dich so sehr, daß mich keine Gefahr abschrecken kann; ich will gehn« (Wieland); trifft ihn, Sebastian, dann doch in der Stadt; empfiehlt ihm eine Herberge, gibt ihm Geld und ist, in seiner ganzen wunderbaren Entflammtheit für Sebastian, sehr verstimmt, als er, für Viola fechtend verhaftet, keine Hilfe von ihr erhält, die er, als Cesario, eben für Sebastian nimmt, den er doch so gern dankbar sähe; ist am Schluß verschwunden.

Antonio, im ›Sturm‹ der üble Bruder Prosperos, der damals heimlich Mailand an sich gebracht hatte, zusammen mit dem ebenso üblen König Alonso von Neapel und dann den Bruder Prospero samt Tochter einfach durch Gonzalo hatte aussetzen lassen, auf's Meer; auf die Insel verschlagen, sinnt er hier wiederum Unrat und rät dem Bruder Alonsos zum Brudermord; Antonio hat wirklich kein Gewissen, und ihn plagt nichts und selbst beim Sterben wird ihn einmal gar nichts plagen: So klug ist Shakespeare nun beim Schreiben von fünfunddreißig Stükken geworden; Prospero ist am Ende das Vorwerfen alter Sachen und nie endender Schlechtigkeit müde und läßt alles sein wie es ist, auch diesen Bruder Antonio.

Antonius, Marcus Antonius, soll in ›Julius Cäsar‹ beim Luperkalienfest, fellbekleidet, Cäsars Frau Calpurnia berühren, sagt Cäsar zu ihm: Cäsar ist 56, Antonius 38, Calpurnia 33; als Cäsar seinen Argwohn Cassius betreffend ausspricht, entgegnet Antonius, Cassius sei keine Gefahr; Cassius wiederum spricht sich unter den Verschwörern unbedingt für den Tod auch des Antonius aus: »*We shall find of him / a shrewd contriver:* Wir würden einen hämischen Gegner an ihm haben;« offenbar gilt Antonius bei allen im Stück als ein vergnügungsbereiter Weltmann, sehr im Gegensatz zu den Verschwörern oder auch zu Cicero und Cäsar; sein Verhalten nach Cäsars Ermordung ist brillant: Er spricht den toten Cäsar an, er bietet den Verschwörern sein Leben, er macht ein geradezu geniales Schauspiel aus dem scheinbaren Friedensschluß: »*let each man render me his bloody hand:* jeder von euch reiche mir seine blutige Hand;« dann gibt er wie überwältigt zu verstehen, daß Cäsars Mörder Schlächter sind, dann verlangt er das Rederecht auf dem Forum (wieder ist Cassius dagegen), und dann, und daran scheint, bei aller Theatralik, viel Wahres zu sein, spricht er allein mit Cäsar: »*Thou art the ruins of the noblest man / that ever lived in the tide of times:* Du bist die Trümmer des edelsten Mannes, der je in dem Laufe der Zeiten gelebt hat« (Eschenburg) – das ist gut, auch wenn man sagen muß, daß er wohl überhaupt ein guter Nachrufredner ist, wie seine Worte über Brutus dann ja zeigen; seine Rede auf dem Forum ist ein Meisterstück, und sie erzielt den Bürgerkrieg ohne Umwege; er säubert ohne große Skrupel das Lager der Notabeln, er konfisziert das Geld, das Cäsar dem Volk vermacht hatte (das Vermachen selber hatte ja alle seine Wirkung schon bei der Rede getan: Nun soll das Geld vernünftig verwendet werden); daß er am Schluß, im Nachruf auf Brutus, diesem allein ehrenhafte Absichten zuschreibt, und nicht auch dem Cassius, ist bewundernswert: Es ist klüger, den Rebellen aus Sittlichkeit zu loben, als den, der auch noch realpolitisch denkt; andererseits zeigt sich in diesem Lob aber auch eine Gemeinsamkeit: Beide liebten Cäsar wirklich und konnten seine Größe wahrnehmen; daß dann Octavius (der wieder ist jene achtzehn Jahre jünger als Antonius, die dieser jünger war als Cäsar) diese Gefühle nicht eigentlich teilt, macht dann am Ende des Antonius' Unterlegenheit Octavius gegenüber aus. – **Antonius:** ihm vergleicht sich in ›Macbeth‹ Macbeth: Wie die Gegenwart Cäsars (damit ist, wie eine Stelle in *Antonius und Kleopatra* zeigt, der spätere Augustus gemeint, also Octavius Cäsar) Antonius' Geist gedämpft habe, so dämpfe die Gegenwart Banquos den seinen, sagt er für sich und beschließt, Banquo umbringen zu lassen. – **Antonius,** römischer Triumvir, Titelheld in ›Antonius und Kleopatra‹, und die Heldin ist seine Geliebte, mit diesem Unterschied: Sie hat ihre Stärke in der Liebe, er seine im Krieg, und wo er liebt, ist er im Grunde schwach. Die beiden sind ein ungleiches Paar, möchte man sagen, es sei denn, man sagte, daß er, als Held geliebt, im Fortwerfen der Heldenrolle schöner seine Größe zeigt, als dort, wo die anderen sie sehen, und doch auch Kleopatra: »*Where hast thou been, my heart? Dost thou hear, lady, / if from the field I shall return once more / to kiss these lips, I will appear in blood; / I and my sword will earn our chronicle: / there's hope in 't yet:* Wo bist du gewesen, mein Herz? Hörst du mich, Königin? Wenn ich noch einmal aus dem Schlachtfelde zurückkomme diese Lippen zu küssen, so sollst du mich in Blut verhüllt sehen; ich und mein Schwert wollen meinen Geschichtsschreibern Arbeit geben: es ist noch Hoffnung zu beiden«; als er stirbt, sagt Kleopatra: »*Noblest of men, woo't die? / hast thou no care of me? shall I abide / in this dull world, which in thy absence is / no better than a sty? O, see, my women, / the crown o' the world doth smelt. My lord! / O, wither'd is the garland of the war, / the soldier's pole is fall'n: young boys and girls / are level now with men; the odds is gone, / and there ist nothing left remarkable / beneath the visiting* *moon:* Edelster unter allen Männern! – Willst du sterben? Bekümmerst du dich nichts um mich? Soll ich in dieser dummen Welt zurückbleiben, die ohne dich nichts besser als ein Schweinestall ist? O seht mich, meine Weiber! Die Krone der Erden schmilzt dahin – mein Antonius! – O! Verwelkt ist der Lorbeerkranz des Kriegs, der Pol-Stern der Kriegsmänner ist gefallen: junge Knaben und Mädchen sind itzt mit den Männern in einer Klasse; das Außerordentliche ist dahin; es ist nichts Merkwürdiges mehr unter dem Mond übrig«; groß ist Kleopatras Traumbild gegenüber Dolabella: »*His face was as the heaven's; and therein stuck / a sun and moon, which kept their course, and lighted / the little O, the earth... his legs bestrid the ocean: his rear'd arm / crested the world: his voice was propertied / as all the tuned spheres, and that to friends; / but when he meant to quail and shake the orb, / he was as rattling thunder. For his bounty, / there was no winter in't; an autumn 'twas / that grew the more by reaping: his delights / were dolphinlike; they show'd his back above / the element they liv'd in: in his livery / walk'd crowns and crownets; realms and islands were / as plates dropp'd from his pokkets:* Sein Gesicht war wie des Himmels – Sonn und Mond standen darin, und hielten ihren Lauf, und beleuchteten das kleine O der Erde... seine Beine überschritten den Ozean, seine emporgehobene Hand faßte die Welt beim Kamme; seine Stimme war harmonischer, als alles Getön der Sphären, wenn sie zu Freunden schallte – aber wenn er den geängstigten Weltkreis erschüttern wollte, war sie rasselnder Donner. In seiner Güte war kein Winter; sie war ein Herbst, der desto reicher ward, je mehr geerntet wurde. Seine Ergötzungen waren wie spielende Delphine, die ihren Rücken über dem Element, worin sie leben, zeigen; Könige und Fürsten gingen in seiner Livree, und Königreiche und Inseln waren wie Goldstücke, die aus seiner Tasche fielen« – so Kleopatras Traumbild, von dem sie sagt: »*o, such another sleep, that I may see / but such another man:* o, noch einen solchen Schlaf, damit ich noch einen solchen Mann sehen möchte!«; dann fragt sie Dolabella, ob es wohl jemals einen solchen Mann geben könne, und als er sagt, nein, sagt sie: »*You lie, up to the hearing of the gods. / But, if there be, or ever were, one such, / it's past the size of dreaming: nature wants stuff / to vie strange forms with fancy; yet, to imagine / an Antony, were nature's piece 'gainst fancy, / condemning shadows quite:* Ihr lügt zu den Ohren der Götter hinauf. Aber wenn ein solcher ist, oder jemals war, so übertrifft er alles, was Träume hervorzubringen vermögen. Die Natur hat nicht Stoff genug, alle die seltsamen Formen, so die Phantasie entwirft, wirklich auszubilden; aber einen Antonius zu erfinden, das konnte nur die Natur und sie tat es um der Phantasie den Preis abzugewinnen, und alle ihre Schattenbilder auszulöschen« (Wieland). Die Liebende spricht, freilich: Aber diesen hat sie geliebt, und weil er tot ist, stirbt sie: Diesen hat sie geliebt, und wenn sie auch nur ein bißchen recht hat, dann kann sie sich einen solchen nicht einfach eingebildet haben; seine Fehler verblassen dagegen; seine Eifersucht, seine Wankelmütigkeit, die ihn sogleich Kleopatra verfluchen läßt, wenn nur von fern ein Anlaß ist: In gewisser Hinsicht ist er für sich nichts, außer dieser Liebe, und immer wieder muß es ihm wie ein Traum vorkommen, so geliebt zu sein; und dann fällt er in eine Wirklichkeit zurück, in welcher solche Frauen nur Verräterinnen sein können, wenn sie einen wie ihn zu lieben vorgeben: Sie müssen anderes im Sinn haben als einen, der nicht ist, was er war; aber er irrt wohl: Er ist nicht er selbst in dieser Liebe vielleicht, aber nicht er selbst zu sein ist hier seine Chance, sein wirkliches Selbst geliebt zu sehen – und so ist er sehr beneidenswert in seinem Glück.

ANTONIUS UND KLEOPATRA **I** Zu Antonius und Kleopatra, über deren Liebe man redet, und die über ihre Liebe reden, kommt ein Bote aus Rom, findet aber kein Gehör. Charmian, Iras und Alexas scherzen miteinander und mit einem Wahrsager. Kleopatra schickt nach Antonius, der hört jetzt den Boten: Sein Bruder und seine Frau seien Octavius unterlegen, Labienus erobere Asien. Ein anderer Bote meldet Fulvias Tod. Sein lustiger Freund Enobarbus versucht ihn derb zu trösten, Antonius beschließt, nach Rom zu gehen: Pompejus rebelliert gegen Octavius, man braucht ihn jetzt. Kleopatra redet mit Charmian über die Liebe, dann streitet sie mit Antonius: Er sei falsch in den Schwüren der Liebe; er sagt, warum er gehen muß, sie wird sarkastisch: aber aus Liebe. In Rom reden Octavius und Lepidus über Antonius; Nachricht kommt über des Pompejus' wachsendes Ansehen überall, und Octavius beraumt eine Ratssitzung an. Kleopatra, mit ihren Freundinnen und mit dem Kastraten Mardian, während Boten Nachrichten bringen, schwärmt von Antonius, schreibt ihm, schickt mehr Boten nach ihm aus.

II Pompejus in Messina freut sich seiner Macht und hofft, Antonius bleibe noch lange in Ägypten; die Nachricht kommt, Antonius sei auf dem Weg, und Pompejus nimmt das nicht leicht. Enobarbus in Rom redet mit Lepidus, dann kommen Antonius und Octavius, die beiden reden über die Familienhändel; dann wirft Octavius Antonius Eidbruch vor, Antonius zeigt Reue. Agrippa, um den Bund zu festigen, bringt Octavia ins Spiel, und Antonius ist mit einer Heirat und allem einig, auch damit, gegen Pompejus zu ziehen, wiewohl dieser seine Schwester freundlich aufgenommen hat, und alle wollen nach Misenum. Maecenas, Enobarbus und Agrippa reden weiter, Enobarbus erzählt von Kleopatra. Antonius und Octavia, offenbar ein Paar, reden; Antonius, allein, redet mit dem Wahrsager: Der sagt, er werde Octavius immer unterlegen sein, und Antonius allein gibt das für sich zu. Lepidus, Maecenas und Agrippa sehen sich auf der Reise nach Misenum. In Alexandria schwärmt Kleopatra mit den Ihren von den alten Zeiten; ein Bote kommt; unter Drohen und Versprechungen bringt er die Nachricht heraus, Antonius habe Octavia geheiratet: Kleopatra will ihn umbringen und flucht, holt ihn zurück, schickt ihn wieder weg, und will dann, daß er schildert, wie Octavia aussieht. Bei Misenum verhandeln die Triumvirn mit Pompejus, sie vergleichen sich, Pompejus lädt alle auf sein Schiff ein. Enobarbus und Menas besprechen alle Probleme noch einmal auf einer unteren Ebene, und Enobarbus glaubt nicht, daß Octavia gegen Kleopatra ankommt. Auf Pompejus' Schiff richten Diener ein Bankett, und Lepidus sei schon betrunken, sagen sie. Antonius, witzig und halbtrunken, beantwortet Fragen nach Ägypten; unterdessen macht Menas dem Pompejus den Vorschlag, die Triumvirn jetzt aus dem Weg zu räumen; Pompejus sagt, das hätte er ohne Fragen tun sollen, jetzt sei's zu spät. Lepidus wird weggetragen, alles trinkt und singt.

III In Syrien hat Ventidius die Parther geschlagen, will sie aber nicht verfolgen: Die Großen sehen so großen Ruhm nicht gern, sagt er zu Silius. In Rom scherzen Agrippa und Enobarbus über die Triumvirn. Antonius und Octavia verabschieden sich von Octavius. In Alexandria schildert der Bote das Aussehen Octavias, und Kleopatra ist zufrieden. Antonius beklagt sich bei Octavia über Octavius und dessen neuen Krieg gegen Pompejus. Enobarbus und Eros unterhalten sich über Neuigkeiten: Über den Krieg gegen Pompejus sind Octavius und Lepidus aneinander geraten, Octavius habe Lepidus eingesperrt. Octavius, Agrippa und Maecenas schimpfen über Antonius, der in Ägypten die Kinder Kleopatras zu Königen mache; außerdem habe Antonius sich über Octavius bei den Römern beklagt, sowohl über seine Behandlung, als auch über Lepidus' Absetzung. Octavia aus Rom kommt, redet noch für Antonius, aber Octavius berichtet, wie Antonius ein Heer gegen Rom zusammenwerbe; Octavia muß erfahren, daß sie verstoßen ist. Kleopatra und Enobarbus unterhalten sich: Kleopatra will mit in den Krieg, Enobarbus spricht dagegen. Antonius und Canidius kommen dazu, man redet über Octavius' schnelles Nahen, über die Flotte und das Heer. Alle raten Antonius von einer Seeschlacht ab. Bei Actium befiehlt Octavius dem Taurus, vom Lande wegzubleiben, bis auf dem Wasser alles entschieden ist. Aus der Schlacht berichten Enobarbus und Scarus, ohne Grund sei Kleopatra mit ihren Schiffen plötzlich geflohen und Antonius dann hinterher. Canidius will mit dem Heer daraufhin zu Octavius übergehen, Enobarbus zögert noch. Antonius, verzweifelt, rät den Seinen, alles zu nehmen und zu Octavius zu gehen; Kleopatra versucht ihn zu trösten, aber Antonius ist fast untröstlich, daß er sich vor Octavius demütigen muß. Euphronius, von Antonius geschickt, kommt zu Octavius: Antonius wolle in Ägypten oder Athen leben dürfen, Kleopatra beuge sich und wolle für ihre Kinder die Krone. Octavius lehnt so ab: Kleopatra könne Gehör finden, wenn sie Antonius wegschicke. Dann schickt Octavius Thyreus nach Ägypten: Er soll Kleopatra dem Antonius abspenstig machen. Zu Kleopatra sagt Enobarbus, Antonius allein sei schuld; Antonius schickt Euphronius zurück: Octavius solle mit ihm kämpfen. Enobarbus allein spottet, aber seine Loyalität wankt noch nicht. Thyreus kommt mit Schmeichelreden zu Kleopatra (Enobarbus, mithörend, glaubt, Kleopatra verrate jetzt Antonius), Kleopatra verspricht zweideutig dem Sieger alles. Antonius kommt dazwischen, läßt Thyreus wegführen und mißhandeln und schmäht Kleopatra, schickt den Mißhandelten mit Beleidigungen zu Octavius zurück; Kleopatra schwört, daß sie immer treu sein wird und immer treu war; Antonius will neu in den Kampf, und siegen für sie. Kleopatra hat morgen Geburtstag: Sie wollen die Nacht durch feiern. Enobarbus sinnt, wie er weg kann.

IV Bei Alexandria rüstet Octavius zur Schlacht. Antonius redet zu Dienern und Freunden wie einer, der auf immer Abschied nimmt. Palastsoldaten nachts hören einen Lärm, als verlasse Herkules Antonius, sagen sie. Kleopatra und Eros rüsten Antonius, der wird von seinen Leuten gerufen und verabschiedet sich von Kleopatra. Antonius begegnet einem Soldaten, der ihm damals geraten hatte, die See zu meiden; der erzählt, Enobarbus sei übergelaufen. Antonius sagt, mit einem Brief von ihm solle man dem Enobarbus das Seine nachschicken. Octavius sagt, er wolle Antonius lebend haben, und man solle die Überläufer vorn hinstellen. Enobarbus beklagt sein Los; ein Soldat meldet, Antonius habe ihm seinen Schatz schicken lassen; Enobarbus will ihn verschenken; er will sterben. Antonius in der Schlacht merkt, daß er gesiegt hat; er dankt seinen Leuten; Kleopatra kommt, sie triumphieren zusammen, und er soll eine goldene Rüstung kriegen. In Octavius' Lager bringt Enobarbus sich um. Zwischen den Lagern rüstet man zur Schlacht. Antonius glaubt, Kleopatra habe alles verraten, will, daß alles jetzt flieht, und findet sich verkauft. Kleopatra kommt, er schimpft sie, sie geht, er wünscht sich und ihr den Tod. Charmian rät Kleopatra, vor Antonius ins Monument zu fliehen. Antonius gegenüber Eros beklagt sein Los und Kleopatras Verrat; Mardian meldet, Kleopatra habe sich umgebracht, seinen Namen auf den Lippen; Antonius, allein, fühlt sich am Ende, er will, daß Eros ihn tötet: Der tötet sich. Antonius bewundert ihn, stürzt sich in sein Schwert, doch nicht genug; Wachen kommen, keiner will ihn zuendetöten. Diomedes kommt von Kleopatra: Sie habe den Tod nur vorgegeben, nun fürchte sie die Wirkung, doch wohl zu spät. Man trägt Antonius zu Kleopatra. Im Monument hebt man ihn zu Kleopatra hinauf. Antonius, fast römisch er selbst, stirbt. Kleopatra, ihn rühmend, wird ohnmächtig und ermannt sich wieder.

V Dercetas bringt mit dem Schwert des Antonius dem Octavius die Nachricht von Antonius' Tod, und Octavius sagt: »*The death of Antony / is not a single doom; in the name lay / a moiety of the world:* Der Tod eines Antonius ist nicht der Tod eines einzelnen Menschen; die Hälfte der Welt lag in diesem Namen« (Wieland). Ein Bote kommt mit der Nachricht, Kleopatra erwarte Octavius' Absichten. Octavius schickt Proculeius zu ihr; er bittet alle zu sich, zu seiner Rechtfertigung dieses Krieges wegen. Proculeius kommt zu Kleopatra und verspricht ihr alles für ihr sanftes Unterwerfen. Inzwischen haben die anderen Römer das Monument gestürmt; Proculeius entwaffnet Kleopatra; die beklagt ihr Los als Beute des Siegers. Dolabella übernimmt Kleopatra; sie rühmt ihm Antonius, als träume sie einen Mann; er verrät ihr, daß Octavius sie doch im Triumphzug mitführen werde. Octavius kommt; Kleopatra übergibt ihm ihren Schatz, ihr Schatzmeister Seleucus sagt, sie habe viel zurückbehalten, Kleopatra wütet. Octavius verspricht ihr seine Freundschaft. Dolabella, als Octavius weg ist, sagt, drei Tage habe sie Zeit. Kleopatra redet mit Iras über das kommende Schicksal in Rom; beide sind sich einig, das nicht erleben zu wollen. Charmian, nach Vorbesprochenem (den Schlangen also) ausgeschickt, kommt zurück, nun soll sie Kleopatra schmücken wie damals am Cydnus. Ein Bauer mit einem Korb kommt, scherzt mit Kleopatra über den Nilwurm. Iras kommt mit den Staatskleidern, Kleopatra küßt sie, Iras stirbt. Kleopatra setzt die Schlange an ihre Brust, eine zweite an ihren Arm, redet mit Charmian, stirbt; Charmian setzt sich eine Schlange an und stirbt. Wachen kommen mit Dolabella, Octavius kommt, sagt, Kleopatra habe also erraten, was er gewollt habe und sei königlich den eigenen Weg gegangen. Man rätselt über die Todesart, man errät sie; Octavius will Kleopatra neben Antonius begraben lassen. **Finis** Marcus Antonius, Octavius Caesar, Lepidus, Pompejus, Enobarbus, Ventidius, Eros, Scarus, Dercetas, Demetrius, Philo, Maecenas, Agrippa, Dolabella, Proculeius, Thyreus, Gallus, Menas, Menecrates, Varrius, Taurus, Canidius, Silius, Euphronius, Alexas, Mardian, Diomedes, Seleucus, Kleopatra, Octavia, Charmian, Iras, Wahrsager, Bauer, Hauptleute, Soldaten, Diener, Wachen, Boten. – Alexandria, Messina, Rom, Misenum, Syrien, Athen, Actium.

Apollo, pfeilschießender, alter, strahlender Gott, bei welchem in ›Lear‹ der alte Lear was gegen Kent sagt, und bei welchem Kent dagegensagt, Lear entehre die alten Götter: Vergleicht man die Schicksale Lears und Kents, dann muß man sagen, daß Apollo sich sehr bedeckt gehalten hat. – **Apollo,** im ›Wintermärchen‹ um ein Orakel gebeten, das er auch mit ganz unorakelhafter Deutlichkeit gibt; auch erwähnt ihn Florizel Perdita gegenüber, als er sie trösten will ihrer Standesbedenken wegen: Der feuergewandte Apollo sei rein aus Liebe ein schlichter Schäfer geworden.

Apollodorus, sagt in ›Antonius und Kleopatra‹ Pompejus in einer offenbar wohlverstandenen Andeutung in Richtung des Antonius, habe einst eine gewisse Königin in einer Decke zu Cäsar hingetragen: Die unfeine Anspielung bezieht sich darauf, daß, als Kleopatra von ihren Leuten verstoßen worden war, sie sich mit einem einzigen Vertrauten, eben einem Apollodorus von Sizilien, auf einem Boot wegbegeben und dann von diesem Apollodorus, damit sie unerkannt blieb, in einen Teppich einwickeln und so zu Cäsar hatte tragen lassen – eine Geschichte, die Shakespeare wieder dem alten Klatschmaul Plutarch entnommen hat.

Ariel, Geist aus Luft (wie alle Geister), Geist Prosperos im ›Sturm‹, selber Herr vieler anderer dienender Geister; einst von der schlimmen Sycorax in einen Fichtenspalt geklemmt, dann von Prospero befreit: deshalb jetzt sein Diener; aber auf die versprochene Freiheit aus und bekommt sie dann; kann sich verwandeln in was er will und ist ein großer Meister aller Musik, mit welcher er einschläfern und dumm machen und verwildern und bezaubern kann, je nach Wunsch; Prospero schilt ihn oft bös und lügenhaft; es wird also keine Frage sein, daß Ariel Mühe hat, sich ganz menschlich zu geben: Und doch redet Prospero am Ende mit Ariel wie mit dem einzigen Freund im Reich der Geister, fast wie mit einem Sohn von nur ganz anderer Natur, als die Tochter, und von einer solchen, wie Miranda niemals haben könnte: »*Why, that's my dainty Ariel! I shall miss thee; / but yet thou shalt have freedom:* Gut, das ist mein artiger Ariel; ich werde dich vermissen, aber doch sollst du frei sein« (Wieland); Ariel selbst äußert sich nicht groß über seine Gefühle gegen Prospero: Er wird ihm die zweite Freiheit danken und dann auf Fledermausflügeln ewig dem Sommer nachreisen; fast also doch wo nicht ein Mensch, so die Sehnsucht eines Menschen, ohne Schranken.

Arragon, Prinz von, im ›Kaufmann von Venedig‹ nach Marokko, der zweite vor den drei Kästchen; will nicht das, was viele begehren, sondern das, was er verdiene; wählt Silber und kriegt Portia nicht und ist dann beleidigt über den blinzelnden Idioten: »*With one fool's head I came to woo, but I go away with two:* Mit einem Narrenkopf versucht ich hier mein Glück, und ziehe nun mit zween zurück« (Wieland).

Artemidorus, ein Rhetorikprofessor von der Insel Knidos, der gut mit Brutus bekannt war und Wind bekommen hatte von den Mordplänen: So Plutarch, von dem Shakespeare die ganze Sache hat; in ›Julius Cäsar‹ drängt er sich, als Cäsar auf dem Weg in den Senat ist, mit einem Zettel vor, der die Namen der Mörder enthält und die Warnung: »*If thou beest not immortal, look about you:* Wenn du nicht unsterblich bist, so siehe dich vor.« Aber Cäsar, wieder ziemlich groß unter dem Publikum, sagt: »*What touches us ourself shall be last served:* Was uns selbst angeht, soll am letzten vorgenommen werden« (Wieland).

Arthur, Sohn der Constance und Gottfrieds, nach Löwenherz' Tod rechtmäßiger Thronerbe im ›Johann‹; wird von den Engländern gefangen, soll nach Johanns Willen sterben, stirbt aber dann allein aus gleichsam eigener Kraft, als er, als ein Schiffsjunge gekleidet, fliehend in Northampton von der Mauer stürzt. Als Großmutter und Mutter um ihn streiten (»*Elinor: come to thy grandam, child. Constance: do, child, go to it grandam, child; / give grandam kingdom, and it grandam will / give it a plum, a cherry, and a fig: / there's a good grandam:* Komm zu deiner Groß-Mama, Kind. – Tu's, Kind, geh zu Groß-Mama, Kind. Gib Groß-Mama Königreich, und Groß-Mama gibt dem Kind ein Zuckerchen, eine Kirsche, eine Feige; es ist eine gute Groß-Mama«), faßt er sein Leben so zusammen: »*I would that I were low laid in my grave: / I am not worth this coil that's made for me:* Ich wollt, ich läge tief in meinem Grab; ich bin nicht wert, daß man soviel Lärms meinetwegen mache« (Wieland).

Arviragus, in ›Cymbeline‹ ein heimlicher Königssohn wie Bruder Guiderius, mit Belarius in den cambrischen Wäldern; Arviragus ist der jüngere; er scheint, nach dem, was er einmal äußert, sechzehn zu sein; dann wäre Guiderius siebzehn; er verliebt sich wunderhübsch und zweideutig in den Knaben Imogen und trauert anmutig und weich, als er ihn tot glaubt; ist aber, wie sein Bruder, ungeduldig darauf, das richtige Leben kennenzulernen, und wie sie großgeworden sind, muß das auch für ihn der Kampf sein: Und so will er kämpfen und kriegt dann, was er will.

Atalanta, ein sehr schnelles antikes Mädchen, das nur über drei goldene Äpfel der Aphrodite ins Brautbett stolpert, noch bei Boiardo laufend sich nach den schönen Marmeln bückt und in ›Wie es euch gefällt‹ von Jaques zitiert wird zur Illustration der Behendigkeit des Witzes Orlandos: »*You have a nimble wit: I think 'twas made of Atalanta's heels. Will you sit down with me? And we two will rail against our mistress, the world, and all our misery:* Ihr habt einen feinen Witz; ich denke, er wurde aus Atalantas Fußsohlen gemacht. Wollt Ihr mit mir niedersitzen, so wollen wir beide über unser Mädchen, die Welt, und über alles unser Elend losziehen« (Wieland).

Aufidius, Tullus (bei Plutarch Tullus Attius), adliger Volsker in ›Coriolan‹, Romhasser, immer dem Coriolan unterlegen, dann sein Verbündeter, am Ende sein Mörder; Coriolan sagt über ihn: »*and were I any thing but what I am, / I would wish me only he... were half to half the world by the ears, and he / upon my party, I'd revolt, to make / only my wars with him:* und wär ich etwas anders, als ich bin, so würd ich das zu sein wünschen, was er ist... wäre eine Hälfte der Welt wider die andre empört, und er wäre nur auf meiner Seite, so wollt ich abfallen, um bloß mit ihm zu streiten«; und Aufidius sagt: »*I would I were a roman; for I cannot / being a volsc, be that I am:* Ich wollt, ich wär ein Römer; denn, weil ich ein Volsker bin, kann ich das nicht sein, was ich wirklich bin« (Eschenburg); in einer sehr schönen Rede (er ist wohl intelligenter als Coriolan) durchschaut er seinen Gegner und Partner sehr hell und grimmig, und sein Komplott gegen Coriolan, bei aller Niedrigkeit, entbehrt doch nicht einer gewissen barbarischen Größe (wenn es die gibt): Aufidius muß Coriolan töten, um wieder er selber zu sein, und als er selber erst kann er ihn wieder betrauern und ehren: Das Barbarische ist dieses unverbundene Neben- und Nacheinander.

Autolycus, im ›Wintermärchen‹ ein Landstreicher, ebenso lieder-, wie listenreich: Er stiehlt, betrügt, handelt, schmiedet Ränke, kommt und geht in vielerlei Gestalten und Verkleidungen und mit so vielerlei Lebensgeschichten, wie Odysseus; sein Geist zeigt sich, wenn er, als er sich fragt, ob er die Fluchtpläne Florizels und Perditas dem König melden soll, so argumentiert: »*if I thought it were a piece of honesty to acquaint the king withal, I would not do't: I hold it the more knavery to conceal it, and* *therein am I constant to my profession:* glaubt ich nicht, es wäre ein ehrlicher Streich, wenn ich es dem Könige hinterbrächte, so wollt ich's tun; aber mich dünkt, die Spitzbüberei ist größer, wenn ich's geheim halte; und folglich bleib ich meinem Handwerke getreu« (Eschenburg); Autolycus steht lauschend an den unvermutetsten Orten und gibt die Kommentare eines eigennützigen Narren.

B

Balthasar, Don Pedros Diener in ›Viel Lärm um nichts‹, flirtet auf dem Maskenball sehr hübsch mit Margaret, läßt dem Prinzen eine so schöne Musik machen (zu der er dann auch singt), daß Benedick, der zuhört, sagen muß: »*Is it not strange that sheep's guts should hale souls out of men's bodies:* Ist es nicht was Seltsames, daß Schaf-Därme menschliche Seelen aus ihren Leibern ziehen können?«; zu Balthasars Singen bemerkt er: »*An he had been a dog that should have howled thus, they would have hanged him:* Wär es ein Hund gewesen, der so geheult hätte, sie hätten ihn hängen lassen« (Wieland).

Banquo, schottischer General, Freund Macbeths in ›Macbeth‹; eine zweideutige Person: Erst scheint er mit Macbeth einerlei Sinnes zu sein, nämlich gegen Duncan etwas zu unternehmen, damit die Hexensprüche wahr werden können; dann aber, als Macbeth ernsthaft wird, verspricht er Kooperation zwar, aber nicht um den Preis von Ehre und Loyalität. Er scheint was zu ahnen, wenn nicht von Macbeths Plänen, so doch vielleicht von Lady Macbeths Seele; denn Macbeth ist ihm vertraut, und wenn er erst einig mit ihm ist, so wird er eine Ahnung davon haben, wie weit der Freund gehen wird; es muß dann aber in Macbeth etwas spürbar sein, was ihm fremd vorkommt. Das muß entweder etwas Neues in Macbeth, oder aber etwas von der Lady sein: Und so kehrt er um, kehrt sich ab und wird ermordet, denn er wäre ein lebender Vorwurf für Macbeth; das sind sozusagen die Stufen des Gewissens, grob gesagt, das Unnachgiebige oder sich Gehör Verschaffende bei Banquo, das Nachgiebige aber nicht Schlafende bei Macbeth, das ungehört Verdrängte bei der Lady.

Baptista, aus der Familie Minola, in ›Der Widerspenstigen Zähmung‹ ein geldgieriger, dummer, alter Kerl mit zwei Töchtern, Bianca und Katharina; die ältere bietet er aus, an der zweiten will er verdienen; die ältere findet ihn verachtenswert, der jüngeren wegen würde er gelinkt werden, wäre ihr Bräutigam nicht so ein netter Mensch; daß in seinem Hause ein Ding wie Katharina heranwächst, ist verständlich, zumal, wenn auch eine Bianca da ist.

Bassanio, im ›Kaufmann von Venedig‹ der verliebte, wagemutige und schön bedenkenlose, beschützte Freund Antonios; eine nicht bloß verinnerlichte Figur: Er liebt Portia, weil sie schön ist, aber er will auch ihren Reichtum; er weiß, daß sie ihn seinetwegen lieben wird, aber er will auch standesgemäß auftreten können, wenn er um sie wirbt; seine Stärke ist seine Konzentration, sein momentanes Dasein, seine nicht bloß Geistesgegenwart: Und so wählt er ohne Mühe das richtige Kästchen, und in der Bereitschaft, ganz und gar für Antonio dazusein, übertreibt er lediglich für den Geschmack jener Portia etwas, die schon weiß, daß alles wie eine Komödie ausgehen wird; er ist wie Antonio, nur weniger, immer auch schon ein kleines bißchen in Tragödien anwesend, oder bereit dazu, in ernsten Spielen anwesend zu sein; hat es nicht immer leicht, den leichten Ton Portias zu finden, bevor er den Ring hat.

Beatrice, Nichte Leonatos (Tochter Antonios?) in ›Viel Lärm um nichts‹, schöne Verächterin aller Männer: »*I had rather hear my dog bark at a crow than a man swear he loves me:* Ich wollte lieber meinen Hund nach einer Krähe bellen hören, als einen Mann schwören, daß er mich liebe«; oder: »*Lord, I could not endure a husband with a beard on his face: I had rather lie in the woollen:* Herr! Nie könnt ich einen Mann mit einem Bart im Gesicht ausstehen. Ich wollte lieber in Wolle liegen«; mit einem Mann versehen sein will sie »*not till God make men of some other metal than earth. Would it not grieve a woman to be overmastered with a piece of valiant dust:* nicht eher, bis unser Herr Gott die Männer aus einem andern Stoff, als aus Erde machen wird. Sollt es ein ehrliches Weibsbild nicht verdrießen, sich von einem Stück tapferen Staub übermeistern zu lassen?«; »*Cousin,*« sagt Leonate darauf, »*you apprehend passing shrewdly:* Base, du siehst alles mit schlimmen Augen an«, und die Schöne antwortet auf der Stelle: »*I have a good eye, uncle: I can see a church by daylight:* Ich habe gute Augen, Oheim; ich kann bei hellem Tage eine Kirche sehen« (Eschenburg; Wieland hat diese letzte Stelle wieder einmal nicht; er findet dergleichen Späße, sagt er in einer Fußnote zu dieser Szene, profan und zugleich frostig und hält sie für dumm, brutal und noch ärger und mit einem Kommentar geradezu für gottlosen Unsinn; das ist ein Jammer, denn gerade Wieland, wenn er sich zum Übersetzen denn doch herabläßt, hat im Grund einen sehr schönen Sinn für gottlose Zweideutigkeiten); und Benedick sagt von ihr: »*I would not marry her, though she were endowed with all that Adam had left before he transgressed: she would have made Hercules have turned spit, yea, and have cleft his club to make the fire too. Come, talk not of her: you shall find her the infernal Ate in good apparel. I would to God some scholar would conjure her, for certainly, while she is here, a man may live as quiet in hell as in a sanctuary; and people sin upon purpose, because they would go thither; so, indeed, all disquiet, horror, and perturbation follows her:* Ich wollte sie nicht heiraten, und wenn sie alles besäße, was Adam hatte eh er sündigte; sie würde den Hercules gezwungen haben, daß er ihr die Braten hätte wenden müssen; ja, er hätte noch seine Keule spalten und Feuer damit machen müssen. Wir wollen nicht mehr von ihr reden; sie ist eine höllische Furie, mit dem einzigen Unterschied, daß sie besser gekleidet ist. Wollte der Himmel, wir hätten jemand, der sie beschwören würde; denn wahrhaftig, so lang sie hier ist, lebt man in der Hölle so ruhig, wie in einem Heiligtum, und die Leute sündigen mit allem Fleiß, weil sie gerne dort wären; alle Qualen und Plaggeister folgen ihr, wohin sie geht, und die Hölle ist nirgends, als wo sie ist« (Wieland wieder). Beatrice ist schön, und man darf nicht sagen: nur für Benedick; bloß haben die anderen nicht Mut genug für so viel verwegene Verachtung all dessen, was gerne gefällt; wenn sie Benedick nicht kriegte, würde sie keinen für immer nehmen, und warum auch.

Bedford, Herzog, Onkel des Königs und Regent von Frankreich, alt, krank, innerem Hader abgeneigt und edel, stirbt in ›Heinrich VI./1‹ vor Rouen. Talbot ruft ihm nach: »*A braver soldier never couched lance, / a gentler heart did never sway in court; / but kings and mightiest potentates must die, / for that's the end of human misery:* Nie hat ein herzhafterer Krieger die Lanze getragen, nie galt ein größerer Menschenfreund etwas am Hofe. Aber Könige und Machthaber müssen sterben; denn das ist das Ende des menschlichen Elends« (Eschenburg).

Belarius, in ›Cymbeline‹ ein alter, verbannter, britischer Lord, jetzt unter dem Namen Morgan in den cambrischen Wäldern lebend mit den zwei heimlichen Königssöhnen, die er seinerzeit, als er durch eine Intrige verbannt war, gestohlen hat: Ein netter alter Herr, rührend zu den Knaben, selbstlos und voll Bewunderung dafür, wie sich in den beiden, so fern von allem Leben, ein Instinkt von Königskindern durchsetze.

Benedick, in ›Viel Lärm um nichts‹ ein junger Herr aus Padua, den die irre Beatrice für eine Art Krankheit hält, als sie zum Boten, der ihr von seiner Freundschaft zu Claudio berichtet, sagt: »*O Lord, he will hang upon him like a disease! He is sooner caught than the pestilence, and the taker runs presently mad. God help the noble Claudio! If he had caught the Benedick, it will cost him a thousand pound ere 'a be cured. – I will hold friends with you, lady:* O Himmel! Er wird ihn an den Hals kriegen, wie eine Seuche; man wird schneller von ihm angesteckt, als von der Pestilenz, und der Angesteckte wird auf der Stelle toll. Helfe Gott dem edeln Claudio, wenn er den Benedick am Halse hat; er wird unter tausend Pfunden nicht wieder von ihm geheilt werden«, worauf der Bote mit witziger Artigkeit sagt: »Ich will mich wohl in acht nehmen, Fräulein, daß wir gute Freunde bleiben«; ein witziger junger Mann, exzentrisch, und ganz auf seine Art in dieser Welt; daß er Beatrice lieben muß, ist keine Frage; die Welt wäre unvollkommen ohne diese Liebe, und sie wäre für ihn wirklich nur, was sie für alle ist (und er nichts als ein Kauz), wenn er an Beatrice nicht sähe, daß sie doch so ist, wie er denkt, die Welt: wenigstens dieses eine Mal; aber es geht ja auch immer nur um dieses eine Mal.

Bertram, Sohn der Gräfin von Roussillon in ›Ende gut alles gut‹, von Helena geliebt, möchte furchtbar gern in den Krieg nach Italien mit, ist aber noch zu jung, und ein entsetzlicher Dummkopf auch wenig später, als er Helena nehmen soll: Eine Schande sei eine solche Heirat unter seinem Stand, sagt er, der Dummkopf; er muß aber heiraten, und dann sagt er zu Parolles: »*O my Parolles, they have married me! / I'll to the Tuscan wars, and never bed her:* O mein lieber Parolles, man hat mich verheiratet – ich will in den toscanischen Krieg und gar nicht mit ihr zu Bette gehn!« (Eschenburg) – Der Narr, der elende; der Herzog von Florenz macht ihn zum General seiner Reiterei, den

Dummkopf; daß er, angeführt, mit einem Mädchen schläft, von dem er im Traum nicht glaubt, daß es seine Frau Helena ist, muß man ihm nachsehen: Er kannte ja vorher weder die eine, noch die andere und wahrscheinlich überhaupt keine; und dann muß ja eine wie die andere sein; daß er aber auch danach noch unwillig ist, ist ein stärkeres Stück, und es bedarf viel Gottvertrauens und einer irren Liebe bei Helena, diesen Knaben dennoch zu dem Mann zu nehmen, der er ist; das ganze Stück über sagt er nicht ein einziges vernünftiges Wort, jeder Narr ist ihm überlegen: Und doch kriegt er am Ende die schönste Frau, und gleichsam nachgeworfen. Ein Lustspiel das alles im verwegensten Sinne: Ein Spiel um Frauen; Männer sind beiläufige Dinge.

Bianca, Tochter Baptistas in ›Der Widerspenstigen Zähmung‹, Schwester Katharinas, von dieser gewiß malträtiert; in Grenzen, freilich engen, für die Herrschaft des Mannes über die Frau; sonst aber schelmisch und Manns genug, wenn schon nicht sich den Richtigen zu suchen, so doch zu warten, bis einer kommt, der ihm vielleicht ähnelt; reizendes Mädchen, doch zu einer wirklich attraktiven, jungen Frau fehlen ihr einige der Züge, von denen Schwester Katharina einige zuviel hat.

Bianca, ein zypriotisches Freudenmädchen in ›Othello‹, Cassios kleine Freundin; soll ein Taschenbuch kopieren, tut's aber nicht; und als Jago den Cassio von ihr erzählen läßt (während der lauschende Othello glaubt, Cassio erzähle von seinen Abenteuern mit Desdemona), wird sie ganz zu Unrecht benutzt: Denn auf ihre Art liebt sie Cassio wirklich, auch wenn der sich manchmal von ihr belästigt fühlen mag; am Abend des Überfalls war Cassio bei ihr zu Gast; nach dem Überfall wollen Jago und dann auch Emilia ihr Schuld geben, aber mit Recht sagt Bianca, sie führe ein ebenso ehrbares Leben wie Emilia: Denn der Vorwurf meint ja diesen Abend, und diesen Abend war sie ehrbar wie Emilia, und ihre Antwort ist ganz unverstellt wahr.

Biron, scherzender, scharfsinniger, junger Akademiker am Hofe Ferdinands in der ›Verlornen Liebesmüh‹; verpflichtet sich, wenn auch wider besseres Wissen, mit Dumain und Longaville zu dreijährigem, enthaltsamem Studium; aus der Ferne in ihn verliebt ist Rosaline; er verliebt sich auch in sie und dichtet heimlich wie alle; als Entlarver schließlich selber entlarvt, rettet er die Liebe: »*We to ourselves prove false, / by being once false for ever to be true / to those that make us both, – fair ladies, you:* Wir handeln gegen uns selbst treulos, wenn wir einmal treulos handeln, um auf ewig denen getreu zu sein, die uns beides getreu und treulos machten; und das seid ihr, schöne Damen« (Eschenburg); niemals sind auch die Augen der Frauen schöner herausgekommen, als bei ihm, und obendrein weiß er in alles wunderbar die ganze antike Mythologie einzuarbeiten (von ihm gilt wie von einigen anderen Figuren, etwa in den frühen Römerstücken seit dem Titus, daß aus diesem Buch ein halbes mythologisches Lexikon geworden wäre, hätte alles herbeibeschworene Götter- und Halbgötterzeugs hier Platz finden sollen).

Bischof von Carlisle, in ›Richard II.‹, bei Richard, als dieser nach Wales zurückkommt; im Parliament spricht er gegen Bolingbroke, als dieser sich zum König machen lassen will; darauf soll der Abt von Westminster ihn einsperren; nach dessen Tod und der Aufdeckung der Verschwörung wird er von Bolingbroke begnadigt, mit den etwas großspurigen Worten: »*For though mine enemy thou hast ever been, / high sparks of honour in thee have I seen:* Ob du gleich immer mein Feind warest, so ehr ich doch deine Tugend« (Wieland).

Blunt, Sir Walter, in ›Heinrich IV./1‹ ein Freund des Königs, bringt Nachrichten von der Schlacht bei Holmedon, versucht zwischen dem König und Henry Percy zu vermitteln; bringt später die Nachricht, daß die Rebellen sich bei Shrewsbury treffen wollen; kommt noch einmal als Sendbote des Königs zu Henry Percy; wird schließlich vom wahnsinnigen Douglas erschlagen.

Bolingbroke, eigentlich Henry, Herzog von Hereford, Sohn Gaunts, Vetter Richards in ›Richard II.‹, bringt durch seine hitzige Klage gegen Mowbray das Stück ins Rollen: Er wird verbannt, und als Gaunt stirbt, nimmt Richard ihm alle seine Güter und Erbschaft weg; wütend kehrt er heimlich und dann mit einiger Gefolgschaft zurück, bringt die Großen auf seine feurige Seite; dann aber, die Macht kostend, bemächtigt er sich Richards, demütigt ihn, macht sich zum König und läßt am Ende alle umbringen, die noch etwas gegen ihn hatten; er hat ein Gutes: jenen Sohn, von dem er nie weiß, wo er gerade ist.

Brabantio, venezianischer Adliger, Senator, Vater Desdemonas in ›Othello‹, ein Rassenfanatiker, der, als auch der Doge einig ist mit Othello und Desdemona, letztere dem ersteren nur mit den Worten geben mag: »*Come hither, moor. / I here do give thee that with all my heart / which, but thou hast already, with all my heart / I would keep from thee:* Komm hieher, Mohr; hier geb ich dir von ganzem Herzen, was ich, wenn du's nicht schon hättest, von ganzem Herzen vor dir verwahren wollte« (Wieland); stirbt, wie Bruder Gratiano am Ende berichtet, aus Gram über die Tochter, vor der Tochter; nach der Tochter wollte man's ihm vergeben, vor ihr nicht.

Brutus, in ›Julius Cäsar‹ kann nachts nicht schlafen, gleichwohl vernachlässigt er seine einst für ihre Schönheit gerühmte Frau: Er hat Sorgen und niemanden, mit dem er sie teilt; es ist in ihm auch etwas fast wie Angst vor dem, was in ihm sein könnte und dem er, wüßte er's, folgen müßte beinahe aus Ehrsucht sich selber gegenüber: »*Into what dangers would you lead me, Cassius / that you would have me seek into myself / for that which is not me:* In was für Gefahren wolltet Ihr mich gerne verwickeln, Cassius, da Ihr wollt, daß ich etwas in mir suchen soll, das nicht in mir ist?« Er denkt sehr groß von dem, was er sein zu müssen glaubt, da er ein Römer ist: »*What is it that you would impart to me? / If it be aught toward the general good, / set honour in one eye and death i' th' other, / and I will look on both indifferently; / for let the gods so speed me as I love / the name of honor more than I fear death:* Was ist es dann, was Ihr mir sagen wollt? Ist es etwas zum allgemeinen Besten, so setzt die Ehre auf die eine Seite, auf die andre den Tod, und ich will den Tod mit gleichgültigen Augen ansehen; denn, so mögen mir die Götter günstig sein, wie ich die Ehre mehr liebe, als ich den Tod fürchte«; mit sich selbst allein diskutiert er mit sich wie einer, der weiß, was ein Großer sich schuldig ist, wenn er eine große Entscheidung treffen soll (seine Argumente sind denn auch ganz falsch, so richtig die Entscheidung immer sein mag) – er ist kein Schauspieler wie etwa Antonius, aber er agiert stets vor dem großen Publikum seiner Ahnen und allen römischen Geists, und er macht nicht eigentlich Politik (keine Eide will er, keinen Tod

Antonius'), sondern er macht eine Tragödie, und zwar im alten Stil: daß er alle ihre Hände in Cäsars Blut baden läßt, ist ein Symbol, das, weil antiquiert im Ansatz, zu politischer Dummheit wird; die zeigt sich, wenn er den Antonius reden läßt; Brutus verwechselt Moral und Politik; das ehrt ihn, aber wenn ein Antonius ihm diese Ehre läßt, dann hat er etwas falsch gemacht; mit Cassius streitet am Ende bloß noch ein Zerrbild seiner selbst, die Mumie eines Römers; groß ist noch seine ratlose Trauer über Cassius (*«I shall find time, Cassius; I shall find time:* Ich werde Zeit finden, Cassius, ich werde Zeit finden« (Wieland), und schön diese Höflichkeit den Dingen gegenüber, als er dem Lucius die Laute wegnimmt, als der schläft; aber alle großen Worte auf ihn, als er tot ist, gelten der Mumie, die er für die Lebenden wäre: Er, der als letzter zugestochen hat. – **Brutus,** sagt Polonius in ›Hamlet‹, habe ihn damals auf der Studentenbühne erstochen, als er den Cäsar gespielt habe.

Brutus, in ›Julius Cäsar‹ von Cassius dem Brutus vorgehaltener legendärer Namensvetter, nämlich Lucius Junius Brutus, der (um 500 herum, also runde 450 Jahre vor unserem Brutus) den letzten römischen König vertrieben haben und so einer der Begründer der Republik gewesen sein soll; als seine Söhne dabei ertappt wurden, daß sie den König wieder holen wollten, soll der liebe Papa sie haben hinrichten lassen; ein Zug, der viele Spätere hat schaudern lassen vor lauter erhabener altrömischer Sittlichkeit; unter den Briefen, die Cassius dann den Cinna besorgen läßt, ist einer, den Cinna mit Wachs ans Standbild des alten Brutus heften soll.

Brutus, Junius, in ›Coriolan‹ ein Volkstribun (historisch ein legendärer Doppelgänger – so Paulys Realenzyklopädie – des berühmten Begründers der Republik), Kollege des Sicinius: Demagogen, die ihre Macht genießen, ohne doch in diesem Genuß erfahren zu sein. Sobald sie in Gefahr sind, werden sie klein, oder zu dem, was sie sind: unangenehme, auf der Bühne offenbar der Verachtung des Publikums preisgegebene Figuren, und wenn man so will, auch Puffer zwischen der Heldenverehrung des Publikums und dem Volk; denn dem eben durch die Tribunen manipulierten Volk braucht man jetzt nicht böse zu sein, wie man's den Tribunen darf, und sogar muß.

Buckingham, in ›Richard III.‹, Geselle Gloucesters, vielleicht eher verführt, wenn er eine Kreatur wie Lovel oder Ratcliff wäre; hat das Vertrauen vieler, die sonst Gloucester hassen; geht endlich, als sich Gloucester, gekrönt, abweisend zeigt versprochener Belohnungen halber, zu Richmond über; wird aber wieder eingefangen und in Salisbury hingerichtet: ein nicht sehr starkes Opfer gräßlicher Umstände. – **Buckingham,** Herzog Henry, Vater Edward Bohuns, in ›Heinrich VIII.‹ vom Sohn zitiert als heldenhafter Feind Richard III. – siehe ihn aber dort.

Buckingham, Herzog, mit wirklichem Namen offenbar Edward Bohun: Jedenfalls nennt er sich selber einmal so, als er in ›Heinrich VIII.‹ am Ende seiner Karriere angeklagt ist; Heinrich sagt von ihm: »*the gentleman ist learn'd and a most rare speaker; / to nature none more bound; his training such / that he may furnish and instruct great teachers, / and never seek for aid out of himself:* der Mann ist voller Einsicht; ungemein beredt; niemand hat der Natur mehr zu danken, als er; seine Erziehung ist so vollkommen, daß er große Lehrmeister unterrichten und belehren kann und niemals fremder Anweisung bedarf«; Buckingham, offenbar ein durchweg ehrlicher Mann, ist entsetzlich erregt, als er von den Anklagen gegen ihn erfährt: Er weiß, daß Wolsey dahintersteckt, weil der die ganze Staatsverwaltung unter sich bringen will. Aber er kann diplomatisch nicht gegen ihn an, es scheint, daß er zu wenig politische Vitalität hat; am Ende verzeiht er noch allen, segnet den König; im Augenblick des Urteils gegen ihn, erzählt man, sei er fast zusammengebrochen: Habe sich dann aber wieder gefaßt und sei sehr edel abgegangen. Heinrich scheint Typen wie ihn geschätzt zu haben oder angezogen: Cranmer ist ähnlich.

Bullen, Anne (Anne Boleyn), in ›Heinrich VIII.‹ die schönste und wohl auch witzigste der schönen jungen Frauen auf der Party Wolseys: Daß Heinrich sich in sie verliebt, ist aber nicht in Wolseys Plan; mit kaum gespielter Anmut und Unschuld verteidigt sie sich gegen die hurenhaften Anschläge und Gedanken ihrer Hoflady: Sie muß wirklich in Heinrich verliebt sein, wenn sie sich in den Augen etwa dieser Kammerlady dennoch sogleich korrumpieren läßt; ihre Schönheit bezweifelt keiner, und als er von der Krönung berichtet, sagt der eine der drei Gentlemen: »*the rich stream / of lords and ladies, having brought the* *queen / to a prepar'd place in the choir, fell off / a distance from her; while her grace sat down / to rest a while, some half an hour or so, / in a rich chair of state, opposing freely / the beauty of her person to the people. / Believe me, sir, she is the goodliest woman / that ever lay by man:* nachdem der reiche Zug von Lords und Ladies die Königin zu einem dazu eingerichteten Platze auf dem Chor gebracht hatten, so blieben sie in einer gewissen Entfernung von ihr zurück, indes die Königin etwa eine halbe Stunde lang in einem reichen Lehnsessel ausruhte und dem Volke die Schönheit ihrer Person öffentlich zeigte – glaubt mir, Freund, sie ist die liebenswürdigste Frau, die jemals einen Mann beglückte« (Eschenburg, etwas zahm): das ist in jeder Hinsicht bewundernswert, wie hier Heinrich zeigt, was er gewonnen hat, und sie in der ganzen Schamlosigkeit wirklicher Schönheit, was sie ist.

C

Cade, John oder Jack, irischer Aufwiegler in Diensten Plantagenets in ›Heinrich VI./2‹; läßt sich Mortimer nennen; redet, mit nur sehr geringen Anflügen proletarisch-bäuerlicher Solidarität, irre auch in den Ohren seiner Anhänger; Bilder- und Bildungsstürmer, Hasser von allem Aufgeschriebenen und allen, die schreiben können und lesen wollen; Totschläger und Feigling; wird von Iden erschlagen, dem horazischen Gentleman, in seinem Garten, in Kent.

Calchas, in ›Troilus und Cressida‹ Vater Cressidas, ein Seher, der, den Untergang Trojas voraussehend, rasch aus Troja weg, ins Lager der Griechen gegangen war, lange vor Cressida (hat also wenig zu tun mit dem Obervogelschauer Kalchas, dem großen Seher der Griechen); als die Griechen den Trojaner Antenor gefangen haben, einen für Troja offenbar wichtigen Mann (den Schweiger im Stück), verlangt er von ihnen, daß sie ihn nur gegen seine Tochter Cressida herausrücken: *»appear it to mind / that through the sight I bear in things to love, / I have abandoned Troy, left my possession, / incurred a traitor's name, exposed myself, / from certain and possessed conveniences, / to doubtful fortunes, sequest'ring from me all / that time, acquaintance, custom, and condition / made tame and most familiar to my nature; / and here, to do your service, am become / as new into the world, strange, unacquainted:* überlegt nur, daß ich, vermöge meiner Einsicht in künftige Dinge, dem Jupiter Troja überlassen (Eschenburg liest hier statt des umstrittenen *»love«* offenbar *»Jove«*), mein Eigentum aufgegeben, und mich der Gefahr ausgesetzt habe, ein Verräter zu heißen. Ich habe mich gewisser und mir eigner Vorteile beraubt, und mich einem zweifelhaften Schicksale preisgegeben; habe mich von allen denen losgerissen, die Zeit, Bekanntschaft, Gewohnheit und Glück zu meinen gefälligen und vertrauten Freunden gemacht hatten; und bin hier, um euch Dienste zu leisten, gleichsam neu in der Welt, fremd und unbekannt geworden« (Eschenburg); dem großen Agamemnon ist Calchas' Bitte recht, und so wird Diomedes losgeschickt: ausgerechnet Diomedes – aber vielleicht hätte jeder Gesandte sich in Cressida verliebt, und wenn vielleicht auch sie sich nicht in jeden, so doch jede sich in Diomedes.

Caliban, mißgestalteter Sohn der Hexe Sycorax im ›Sturm‹, Feind Prosperos, dessen Knecht er sein muß; tut sich mit den närrischen Matrosen zusammen zum Mord an Prospero; wenn man genötigt würde, Hexenbastarde zu verstehen, dann könnte man Calibans Haß auf Prospero als Reaktion auf dessen Idee nehmen, Caliban grundsätzlich für ein Untier zu halten und entsprechend zu quälen, damit er gefügig bleibt; Prospero allerdings betont mehrmals, er habe an Caliban jede mögliche menschliche Erziehungskunst versucht; und es gibt keinen Grund ihm nicht zu glauben, so daß also Caliban falsch verstanden würde, reihte man ihn in die Gruppe derer ein, die zu verstehen man genötigt ist; zweideutig hinzu kommt, daß Caliban einst versucht zu haben scheint, Miranda zu vergewaltigen, und sonderbar lustig, fast wie Aaron im allerersten Stück, das immer noch für eine gute Idee hält; zu ihm kommt kein Verstehen durch: Fast rührend erzählt er, wie er einst dem Prospero alles gezeigt und sozusagen zu Füßen gelegt habe (*»and then I loved thee«*, sagt er: »und da liebt ich dich«), und dann faßt er zusammen, was Prospero ihn gelehrt hat: *»you taught me language; and my profit on't / is, I know now to curse:* Ihr lehrtet mich reden, und der ganze Vorteil, den ich davon habe, ist, daß ich fluchen kann« (Wieland) – Caliban bleibt unzähmbar, und was er am Ende gelernt hat, wenn er sieht, daß die neuen Herren Idioten waren, ist, daß er künftig klüger sein will; aber Prospero, samt allen Geistern aus Luft und der schönen geistreichen Tochter, würden wohl bei weitem das Holz und alles nicht herbeigeschafft haben für sich, wie Caliban zwölf Jahre lang; und im Ernst was antun können, hat Caliban allen nicht, auch wenn Prospero wohl eine Menge Bücher dazu nötig hatte.

Camillo, ein sizilischer Lord im ›Wintermärchen‹, treuer Diener des Leontes, in jenem Sinne treu, daß er das nicht tut, was sein Herr, wäre er Herr auch seiner Sinne, niemals getan haben wollte: Er widerspricht Leontes in den Eifersuchtsdingen, er vergiftet nicht den Gast Polixenes; vielmehr flieht er mit diesem, dient dem dann in der Fremde, möchte aber doch gern noch einmal zurück zum reuigen Leontes: und bringt noch einmal alle erlernte Hoflist auf, als er gegen Polixenes, der auf mildere Art so verrücktspielt, wie damals Leontes, jetzt die beiden Kinder dort zu retten versucht, und am Ende auch rettet; er ist die stetig und immer ruhig und unaufgeregt handelnde Kraft im Stück, und es ist eine schöne Versöhnung, daß er am Ende Paulina kriegen soll: Jene also, die auf etwas emotionalere Weise das getan hat, was ihrem eigenen Mann nicht ganz, dem Camillo aber fast immer geglückt ist.

Cäsar, Titelheld, alternd, hat Anfälle und ist taub auf dem linken Ohr; er ist schwankend, hat Angst aus Aberglauben und dann wieder fühlt er sich unsterblich und wie der Fixpunkt der Menschheit; bei alledem ein großer Schauspieler, und so spiegelt er sich eher als er ist: Für Cassius ist er zu menschlich, um wirklich groß sein zu können (aber Cassius erkennt Größe nicht neben sich, sondern allenfalls in der fernen Vergangenheit); für Brutus äußert sich seine zugegebene Größe in allzu menschlicher Durchsetzungskraft (Brutus will Größe nur so rein, wie sie dann nach Jahrhunderten sein wird); für Antonius ist er wirklich groß, auch in seiner Menschlichkeit. Aber Antonius hat gut so denken und reden, denn auf seine Weise ist er selber groß und kann groß sein lassen; die ihn ermorden, verteidigen große Dinge, und Dinge, die für die Menschen mehr wert sind als Größe (wenn Cäsar also groß ist); aber schon Brutus gerät wohl in einen Zwiespalt zwischen den Werten der Sittlichkeit und dem seltenen Anblick der Größe in Cäsar, und noch mehr Antonius mit seiner fast ästhetischen Weltsicht: Er könnte sagen, daß soviel Größe mehr wert ist als alles andere (und es kommt bei ihm hinzu, daß er als einziger Cäsars menschliche Güte und Größe zu würdigen weiß); die Guten unter Cäsars Mördern leiden unter dem Gefühl, vor lauter Sorge um das Gute die strahlende Schönheit nicht wahrnehmen zu dürfen und auch nicht eigentlich prüfen zu können, was in ihr das Gute zählt; sie morden, wie Antonius sehr schön sagt, das Herz der Welt, und das Furchtbare ist, daß unter den Folgen des Mordes auch das Gute, um dessentwillen er geschah, mit zugrunde geht. – **Cäsar,** in ›Hamlet‹ mehrfach zitiert: Erst von Horatio, der die Gespenstererscheinungen auf der Burgterrasse mit denen vergleicht, von welchen die Nacht vor Cäsars Tod voll gewesen sein soll, dann von Polonius. Er habe auf der Universität den Cäsar gespielt, und sei von Brutus erstochen worden, und schließlich von Hamlet auf dem Kirchhof, und zwar so: »*Imperious Caesar, dead and turned to clay, / might stop a hole to keep the wind away; / o, that that earth which kept the world in awe / should patch a wall t'expell the winter's flaw!:* der gebieterische Cäsar, gestorben und in Erde verwandelt, könnte vielleicht ein Loch ausfüllen, um den Wind abzuhalten. Traurig genug, daß eben die Erde, welche die Welt in Ehrfurcht setzte, eine Mauer ausflicken muß, um des Winters Ungestüm abzuhalten!« (Eschenburg) – **Cäsar,** in ›Cymbeline‹ öfter erwähnt als jener Römer, der damals die Briten bezwang: Jetzt aber seien die Briten erwachsen geworden.

Cäsar, in ›Macbeth‹ zieht eine Parallele zwischen Banquo und ihm, und er ist dabei Antonius – indes läßt eine Bemerkung in ›Antonius und Kleopatra‹ erkennen, daß mit Cäsar auch hier der spätere Augustus gemeint ist. – **Cäsar:** in ›Antonius und Kleopatra‹ ist damit immer Octavius gemeint, siehe den.

Cassio, Michael, Othellos Leutnant in ›Othello‹, ein Mensch mit so überschwänglich an den Tag gelegten Empfindungen der Verehrung, daß er fast lächerlich wirkt, wenn man denkt, wie Jago; Cassio ist feurig, redet wie in Liebesversen, führt Götter im Munde: Alles ist für ihn beseelt; kommt Wein hinzu, dann weiß er das Maß nicht mehr: Das ist die Schwäche, die sich Jago zunutze macht. Jagos Einbläserei, Cassio liebe Desdemona, ist absurd; aber ohne Zweifel ist Cassio ein charmanter Fan schöner Frauen.

Cassius in ›Julius Cäsar‹ »*has a lean and hungry look. / He thinks too much:* hat ein hageres, hungriges Gesicht; er denkt zuviel«, sagt Cäsar. Cäsar liebt die Wohlgenährten, die nachts gut schlafen und gegen Cassius wendet er noch ein: »*he reads much:* er liest viel« (Eschenburg); Schwager des Brutus, dessen Schwester Junia er geheiratet hat, ist er kein so guter Träumer und Grübler und Ideologe wie dieser, dafür aber ein Mann, dessen Natur nichts dulden mag, das ihn nicht sein läßt: weder einen Tyrannen noch den Tod (er wird ungeduldig, als er Brutus allzu standhaft bleiben sieht bei der Nachricht von Portias Ende – und er hat recht). Weil er betroffen sein kann, ohne den Umweg über große Gedanken (Antonius und noch mehr Octavius kennen dann nicht einmal mehr diesen Umweg), sieht er die Welt schärfer, und wenn er vielleicht auch nicht wirklich politisch handeln könnte, so weiß er doch wenigstens, wie ein solches Handeln niemals aussehen darf; Brutus weiß, warum Tyrannen nicht sein sollen; aber wenn Tyrannen fallen, dann durch Leute wie Cassius: Ihre Beweggründe mögen niederer klingen (da hat Antonius recht), aber eben darum sind ihre Dolche eine wirkliche Gefahr (das sieht Cäsar). Cassius, ein wahrer Freund des Brutus, ist am Ende der Verzweifeltste unter allen, und wenn er auch melancholisch irrt, so sieht er die Wahrheit doch am klarsten und ohne Schleier: »*this day I breathed first. Time is come round, / and where I did begin, there shall I end. / My life is run his compass:* an diesem Tag atmete ich das erste Mal; die Zeit hat ihren Kreis durchlaufen, und wo ich anfing, werde ich itzt enden. Das bestimmte Maß meines Lebens ist abgelaufen« (Wieland). Brutus trauert um ihn wie ums eigene Leben, und mit Recht.

Cato, Name zweier ungemein berühmter, ja unsterblicher Römer, nämlich des älteren und des jüngeren Cato: Letzterer war ein Urenkel des ersteren und starb unter Cäsar den weltbekannten Freitod (dem noch big Vivaldi eine Oper gewidmet hat); sein Uropi ist jener Bursche von altem Schrot und Korn, von dem die gebildeten Römer hauptsächlich wußten, daß er alles Griechische als lasch und unrömisch verachtete, und von dem wir in der Hauptsache die greisenhafte Schrulligkeit im Kopf haben, mit welcher er fortwährend darauf bestand, Karthago müsse zerstört werden. Eben diesen Cato zitiert in ›Coriolan‹ Lartius, wenn er dem Coriolan attestiert, er sei ein Krieger nach Catos Geschmack: »*not fierce and terrible / only in strokes; but with thy grim looks and / the thunder-like pecussion of thy sounds, / thou mad'st thine enemies shake, as if the world / were feverous and did tremble:* nicht bloß wild und schrecklich in Hieben; auch mit deinen grimmigen Blicken und der donnergleichen Erschütterung deiner Stimme machtest du deine Feinde beben, als ob die Welt ein Fieber hätte und zitterte« (Eschenburg); Shakespeare hat dies für die Kriegskunst der Alten wichtige Diktum aus dem Plutarch abgeschrieben, dort lautet es: »Denn er war ein Soldat, wie Cato ihn fordert, unwiderstehlich und dem Feinde furchtbar nicht allein durch die Faust und den Hieb, sondern auch durch die Stimme und den Blick«; daß Cato selber dem eigenen Ideal nahe war, steht auch bei Plutarch, nämlich in der Cato-Vita: »In den Schlachten zeigte er sich wohl befähigt, mit dem Arm dreinzuschlagen, mit dem Fuße festzustehen und auszuharren, und das Antlitz blickte trotzig drein. Auch wußte er die Feinde mit lauter Stimme kräftig zu bedrohen, indem er richtig erkannte und anderen klarmachte, daß derartiges den Gegner oft stärker erschreckt als das Schwert«. Soviel zum älteren Cato.

Celia, in ›Wie es euch gefällt‹ Tochter des bösen neuen Herzogs, Muhme der Base Rosalinds, merklich kleiner als diese; Frederick hat ihr Rosalind dagelassen, obwohl er deren Vater verbannt hat. Celia behält ihren Verstand, als Rosalind den ihren beim Ringkampf ein bißchen verloren hat und flieht mit ihr, als Mädchen Aliena, in den Ardenner Wald. Sie entdeckt Orlando, den Baumbriefschreiber und macht sich über ihn lustig, wie Rosalind sich über Phebe. Ein liebes Ding, und kriegt am Schluß Orlandos Bruder Oliver.

Ceres, Göttin der Fruchtbarkeit, des Ackerbaus und so weiter, tritt im ›Sturm‹ in dem Zauberstücklein auf, das Prospero den Liebenden vorführt; in dem Stück ist sie eine Feindin der Venus und ihres Sohnes: Beiden legt sie zur Last, schuld an der damaligen Entführung ihrer Tochter Proserpina durch Pluto zu sein, und jetzt will sie die Liebenden vor allzu raschem illegalem Vögeln bewahren.

Charmian, vertraute Dienerin der Kleopatra in ›Antonius und Kleopatra‹, ist dabei, als Kleopatra stirbt; führt, als Kleopatra sterbend sagt: »*What should I stay...:* Warum sollt ich länger zögern...« den Satz fort und sagt: »*in this vile world? So, fare thee well. / Now boast thee, death, in thy possession lies / a lass unparallel'd. Downy windows, close; / and golden Phoebus never be beheld / of eyes again so royal! Your crown's awry; / I'll mend it, and then play:* in dieser einöden Welt? So fahre wohl; nun, Tod, kannst du dich rühmen, daß ein Weib, das seines Gleichen nie hatte, in deinen Armen liegt – schließt euch, ihr weichen Augenlider, und nimmer wird die goldne Sonne wieder von so königlichen Augen angeschaut werden – Eure Krone steht schief, ich muß sie erst zurechte setzen, und dann« (Wieland) – will ich spielen, sagt sie also, und dann setzt auch sie sich einen Nilwurm an, und stirbt.

Cicero habe Frettchenaugen, sagt Brutus in ›Julius Cäsar‹, als er ihn von der mißlungenen Krönung kommen sieht, und Casca, nach Bemerkungen Ciceros zu dieser Krönung befragt, sagt: »*He spoke greek:* er sprach griechisch«; als ihm Casca in der Unwetternacht vor den Iden des März die vielen unheilvollen Zeichen herbetet, sagt er cool: »*Indeed it is a strangedisposed time. / But men construe things after their fashion, / clean from the purpose oft the things themselves:* In der Tat, wir befinden uns in einer zu seltsamen Dingen aufgelegten Zeit; und doch können die Menschen aus den Dingen, die vor ihnen liegen, etwas hervorbringen, das von der Absicht dieser Dinge weit entfernt ist«; als Casca ihn in die Verschwörung miteinbezogen haben möchte, sagt Brutus: »*O, name him not... / for he will never follow anything / that other men begin:* O nennt ihn nicht; er wird niemals an etwas Anteil nehmen, was andre Leute angefangen haben« (Wieland); am Schluß erfahren Brutus und Cassius von Messala, daß Cicero der antonionischen Säuberung zum Opfer gefallen ist: Cicero hatte gegen Antonius geredet; es ist sonderbar, ein wie schlechtes Image die Philosophen immer auch bei den Feinden derer haben, durch die sie dann fallen: Die Spieler auf der politischen Bühne mögen die Kommentatoren nicht, und das selbst dann, wenn auch die Kommentare Waffen sind; natürlich sind die Kommentare nicht unschuldig daran: Cicero war wirklich sehr eitel (zu Wieland noch: Der hat später Ciceros sämtliche Briefe übersetzt).

Clarence, als welcher in ›Heinrich VI./3‹ dann Plantagenets Sohn George figuriert, siehe diesen; doch: – **Clarence** in ›Richard III.‹ wird, eines verdächtigenden Briefs Gloucesters wegen, von Edward in den Tower gebracht, hat dort einen fürchterlichen Traum, daß sein Bruder Gloucester ihn ins Meer wirft und er dann alles im Meer sieht, das untergegangene Alles, und selber nicht sterben kann; schläft, als die Mörder kommen, die Gloucester gedungen hat; spricht mit den Mördern; wird aber erstochen und in ein Weinfaß getunkt; »*I'll not meddle with it*«, sagt der eine Mörder vorher über das Gewissen, »*it makes a man a coward:* ich gebe mich nicht wieder damit ab; es ist ein gefährliches Ding; es macht uns ganz feigherzig« (Eschenburg).

Claudio, ein junger Gentleman in ›Maß für Maß‹, der ins Gefängnis und so gut wie zum Tode geführt wird, weil er mit seiner Braut geschlafen hat und man das sieht; er schickt seine Schwester Isabella zu Angelo, damit sie für ihn bittet; sein Problem ist, daß er sie auch zu Angelo ins Bett schicken will, als er den Tod nah sieht, und das verzeiht ihm Isabella nicht recht; er sieht da freilich was, was sie nicht sieht, und vice versa sie was, was er nicht blickt: Nur daß eben die Angst vor der Entjungferung als Ehre gilt und die Angst vor dem Tod als Feigheit – auch hier sind alles Namen: Nur müssen sie nicht in Frage gestellt werden, denn das Komödiengeschick löst alle Probleme, die weder Claudio noch seine Schwester lösen könnten.

Claudius, in ›Hamlet‹ König von Dänemark, mörderischer Bruder des alten Hamlet und legitimer Beischläfer von dessen hinterlassener Frau, Onkel Hamlets; ein salbadernder Selbstbemitleider, durch dessen Worte aber immer die unberechenbare Gefährlichkeit durchscheint, die er intrigant und brutal in Taten umsetzen lassen wird, wenn er sich bedrängt fühlt; er ist absolut nichts, ein eitles, ekelhaftes Kind, das alles darf, weil es einen Thron hat; seine Würde ist die Schamlosigkeit, mit welcher er alles zu rhetorischen Floskeln machen kann, hinter denen die Macht steht; er ist die reine Widerwärtigkeit.

Clifford, young, Sohn von old Clifford in ›Heinrich VI./2‹, schwört, als er in Saint Albans seinen von York erschlagenen Vater sieht, alle Yorkschen Kinder umzubringen; und bringt in ›Heinrich VI./3‹, rachedurstig, wie er's in ›Heinrich VI./2‹ geworden war durch des Vaters Tod, Plantagenets Sohn Edmund um; fällt dann durch den jungen Richard Plantagenet; Richard, Edward, George und Warwick verhöhnen ihn noch und erst, da er nicht gegenflucht, finden sie, er sei tot.

Cloten, in ›Cymbeline‹ Sohn der jetzigen Königin, von dieser und auf ihr Einreden hin auch vom König Cymbeline zum Mann der Reichserbin Imogen bestimmt; ein fast hirnloser Bursche, wenn auch in der Figur wohl sehr schön: Denn Imogen, als er keinen Kopf mehr hat, kann ihn ohne weiteres (auch wenn sie noch unter der Wirkung des Tranks steht) für ihren Posthumus halten (mit dem sie freilich noch nie geschlafen hat, aber auch Cloten neben ihr, wiewohl ohne Kopf, ist ja nicht nackt); lebendig und fast einnehmend für eine gewisse lustige nichtsfürchtende Rauheit an ihm ist sein Geschimpfe mit Lucius, als der für Augustus den Tribut will; andererseits ist diese nichtsfürchtende Rauheit eben auch dünkelhafte Menschenverachtung und Dummheit: Das zeigt sein Tod; sehr gegen seinen Verstand spricht die Verbohrtheit in den Fetischismus, der ihn wegen des Kleides des Rivalen fast in den Wahnsinn treibt; sein Ende ist ohne allen Ruhm.

Clown, Tölpel oder Bauerntrampel, im ›Wintermärchen‹ der Sohn des Schäfers, bei welchem Perdita groß wird; verehrt von Dorcas und Mopsa; läßt sich scheußlich zweimal von Autolycus hereinlegen, am Ende aber ist er bei Hofe was und will sogar dem Autolycus helfen: Ein Bursche, der zwar wirr, auf seine Weise aber durchtrieben ist, jedoch aller ungelernten Durchtriebenheit sofort zum Opfer fällt; trägt nicht nach, denn wenn er nicht unmittelbar leidet, ist er der Bruder von allen.

Constance, Mutter Arthurs, Witwe Gottfrieds, im ›Johann‹ das fluchendste aller königlichen Weiber, höhnt bis zum Unverstand Elinor, flucht auf den Frieden durch eine Heirat zwischen Louis und Blanche, denn wo bliebe da ihr Arthur? Wirft sich zu Boden, verflucht Philip den König, beschimpft den feigen Herzog von Österreich; ganz ungeheuer wird sie, als Arthur gefangen ist; und als Pandulph sie toll nennt und trösten will, sagt sie: »*I am not mad; I would to heaven I were! / For then 'tis like I should forget myself: / O, if I could, what grief should I forget! / Preach some philosophy to make me mad, / and thou shalt be canoniz'd, cardinal:* Ich bin nicht unsinnig; wollte Gott, ich wär es! Denn alsdann könnt ich vergessen, wer ich bin. O wenn ich es könnte, was für einen Schmerz würd ich vergessen! Predige irgend eine Philosophie, die mich unsinnig mache, und du sollst canonisiert werden, Kardinal«, und als Philip und Pandulph sie noch einmal tröstend mahnen, den Schmerz über Arthur nicht zu übertreiben, sagt sie endlich: »*fare you well: had you such a loss as I, / I could give better comfort than you do:* gehabt ihr euch wohl; hättet ihr einen solchen Verlust erlitten wie ich, so könnte ich bessern Trost geben, als ihr tut« (Wieland). Dann erzählt nur noch ein Bote, sie sei in Raserei gestorben, drei Tage vor Elinor und einem ersten April.

Cordelia, in ›Lear‹ jüngste Tochter Lears nach Goneril und Regan, verheiratet mit dem König von Frankreich, der sie nimmt, als sie, enterbt vom verrückten alten Lear, auch von Burgundy verschmäht wird; ihr Problem ist jene Art von Ehrlichkeit, die sich leicht bei denen einstellt, die immer ganz echt und unentfremdet sein wollen; indem sie nur sagen, was sie wirklich fühlen, vergessen sie jene, mit denen sie reden und wegen derer sie, einfach um sich verständlich zu machen und den nicht zu kränken, den sie vielleicht lieben, deutlicher reden müssen, als wenn sie nur so zu sich selber sprächen; ein autistischer Egoismus der Redlichkeit paart sich hier mit einer fast trotzigen kindlichen Verkennung der Welt, und bringt eben die in Verzweiflung, die auch gern so wären, aber wissen, daß das nicht geht; diese Verzweiflung geht in Wut über, wenn dieses Wissen erblindet ist: Und so schlagen dann die aufeinander los, die jeder für sich die reinste Güte sein könnten; Cordelia also, so innerlich sie immer sein mag, ist auch ein bißchen widerlich und ein bißchen dumm, und sehr schön ist sie wohl auch nicht, wenn erst Tränen ihr Gesicht zum Glänzen bringen; daß sie so, wie sie ist, erst geworden ist durch die fürchterlich dominanten Schwestern und den pathetisch albern herrschenden Vater: Das ist eine Geschichte für sich.

Coriolan, jener Römer gegen Rom, sinnreich im ›Titus Andronicus‹ von Aemilius beschworen, der dem Saturninus meldet, die Goten rückten gegen Rom mit Lucius an der Spitze, und dieser Andronicus-Sohn drohe Rache, wie einst Coriolan. – **Coriolanus,** Caius Marcius, Titelheld: Wenn einer, dann ist er das Muster jener, die nicht aus ihrer Haut können. Gleich am Anfang sagt das ein Bürger: »*What we cannot help in his nature, you account a vice in him:* Was ihm einmal in der Natur ist, daraus machst du ihm ein Laster« – diese Natur aber hält er zugleich für die Wahrheit, und so hat Brutus nicht ganz unrecht, wenn er einmal, als Coriolan über das Volk redet, zu ihm sagt: »*You speak o' the people / as if you were a god to punish, not / a man of their infirmity:* Du sprichst von dem Volk, als wärest du eine strafende Gottheit, und nicht ein Mensch, so schwach, wie wir sind«; eben dies stellt sich einem wirklichen Freunde (dem einzigen aber wohl) so dar: »*His nature is too noble for the world: / he would not flatter Neptune for his trident, / or Jove for's power to thunder. His heart's his mouth: / what his breast* *forges, that his tongue must vent; / and, being angry, does forget that ever / he heard the name of death:* Seine Denkart ist zu edel für die Welt; er würde dem Neptun um seinen Dreizack nicht schmeicheln, noch dem Jupiter um die Gewalt seines Donnerkeils. Sein Herz ist sein Mund; was seine Brust denkt, muß seine Zunge heraus sagen; und wenn er aufgebracht ist, dann vergißt er, daß er je den Tod hat nennen hören«; und skeptisch sagt Aufidius: »... *but he could not / carry his honours even, whether 'twas pride, / which out of daily fortune ever taints / the happy man; whether defect of judgement, / to fail in the disposing of those chances / which he was lord of; or whether nature, / not to be other than one thing:* aber er konnte sich nicht in seine Ehrenstellen schicken. Vielleicht war es Stolz, der bei einem täglichen Glücke allemal den Glücklichen einnimmt; vielleicht Mangel an Klugheit in der Anwendung, die er von seinen erhaltenen Vorteilen machte; vielleicht auch die ihm einmal eigene Denkart, nach welcher er immer auf einerlei Weise verfuhr«; dies Sein aus einem Stück, dies Nichtkennenwollen des Todes, dies Höhersein als alle, kennzeichnen einen unerwachsen gebliebenen Mann, einen versteinerten Knaben. Und so wird die Tragödie seines Lebens sichtbar: Volumnia, die Mutter, oder das vaterlose Aufgewachsensein unter einer solchen Frau, der er zugleich, obwohl beide nichts dafür können, den einzigen lichten Augenblick seines Lebens dankt; als er Rom vernichten will, und sie, bei ihm in Antium, weder ihn im Unglück noch sich im Unglück sehen will, und also, wie auf den verzweifeltsten Ausweg, auf den Frieden kommt, den die Volsker und Römer schließen müßten; und er also nach dem Frieden greift, den er nie gewollt hat, nie hat wollen können, seinen Eispanzer fast sprengend, beinahe menschlich; da ist er für einen Augenblick, indem er alle Mißlichkeiten in ein Glück ummünzt, groß – eben das bringt ihm den Tod, aber dieser Tod bringt ihm Ehren, die er sonst durch nichts verdient haben würde; merkwürdig sagt, und zwar vor dem Höhepunkt, Anfidius, als er über ihn raisonniert: »*so our virtues / lie in the interpretation of the time:* so hängt der Wert unsrer Tugenden von der Auslegung der Zeit ab« (Eschenburg).

CORIOLAN **I** Die hungrigen Bürger Roms wollen Korn, einige von ihnen wollen dafür Coriolan umbringen, den sie für einen ehrgeizigen Volksfeind halten; Menenius sucht sie zu beschwichtigen, erzählt ihnen ein Märchen; Coriolan kommt dazu und verhöhnt das Volk; dem Menenius erzählt er wütend, dem Volk seien fünf Tribunen zugestanden worden. Ein Bote meldet, die Volsker ständen in Waffen. Den Senatoren sagt Coriolan zu, mit Cominius gegen die Volsker zu ziehen, und auch der kriegsversehrte Lartius will mit. Die neuen Tribunen Brutus und Sicinius reden über Coriolan und Cominius. In Corioli reden Senatoren und Aufidius über die eigenen und die Kriegspläne Roms. Volumnia redet mit Virgilia über Coriolan; Valeria kommt zu Besuch und redet über Coriolans und Virgilias Sohn; sie will Virgilia zu einer Freundin mitnehmen, aber Virgilia will nicht: und Valeria geht mit Volumnia. Vor Corioli wetten Lartius und Coriolan um ein Pferd; die Volsker kommen aus der Stadt, man kämpft mit wechselndem Glück, schließlich verfolgt Coriolan allein fliehende Volsker in die Stadt; Lartius beklagt ihn schon, als er herauskommt, und nun dringen alle nach Corioli ein. Coriolan beschimpft plündernde Römer, dann geht er weiter in den Kampf und will Aufidius stellen. Zu Cominius kommt ein Bote mit der Nachricht vom Ausfall der Corioláner, dann kommt Coriolan dazwischen, als fast schon Sieger, und bittet Cominius um Männer gegen den Kern der Volsker unter Aufidius. Lartius stellt eine Wache an die Tore des eingenommenen Corioli und läßt sich ins römische Lager führen. Coriolan kämpft mit Aufidius. Im römischen Lager nach den Kämpfen rühmt Cominius Coriolan, will ihm Beute geben: Coriolan, den seine Wunden schmerzen, will nichts, aber Cominius erklärt ihn zum Krieger des Tages und schenkt ihm sein Pferd und den Beinamen Coriolanus. Coriolan bittet um Gnade für einen Corioláner, der ihn mal bewirtet hat, dann will er sich waschen. Aufidius im Lager der Volsker schwört Coriolan Rache.

II Menenius redet mit Brutus und Sicinius und verhöhnt sie. Die drei Frauen kommen zu Menenius, man unterhält sich über den heimkehrenden Coriolan und seine Wunden. Cominius kommt mit Coriolan und Lartius; Volumnia stachelt Coriolans Ehrgeiz; Brutus und Sicinius reden über Coriolans Aussichten auf den Konsul, und wie sie ihn stürzen können. Ratsdiener auf dem Kapitol reden über Coriolan und das Volk; im Senat redet Brutus so über Coriolan, daß der geht; Cominius hält eine Lobrede auf ihn, er wird wieder hereingerufen und zum Konsul ernannt, will aber nicht unter das Volk gehen und dessen Zustimmung erbitten; Menenius und die Tribunen nötigen ihn aber. Bürger auf dem Forum reden über Coriolan; der kommt mit Menenius und zeigt seine Narben nicht vor; dann wirbt er kaum verhüllt sarkastisch um Stimmen. Die Tribunen reden dann mit den Bürgern; die wollen jetzt gegen Coriolan sprechen, sollen aber die Schuld daran, daß sie ihn wählten, auf die Tribunen wälzen, sagen diese.

III Coriolan und Lartius reden über Aufidius, der wütend auf seine Landsleute und voll Haß auf Coriolan in Antium lebe. Die Tribunen stellen sich Coriolan entgegen: Das Volk sei nicht für ihn; Coriolan wütet, die Tribunen sehen darin Hochverrat, holen einen Aedil, Coriolan zu verhaften; Coriolan zieht sein Schwert und vertreibt Volk und Tribunen; die Tribunen, mit dem Volk zurückkehrend, sprechen gegen Coriolan zum Volk und wollen seinen Tod. Menenius versucht das Volk und die Tribunen zu beschwichtigen und will Coriolan vor das Volk bringen. In Coriolans Haus versucht Volumnia, Coriolan milde zu stimmen, dann versuchen dasselbe Menenius und Senatoren, besonders Volumnia rät zu politischem Handeln, Cominius, vom Forum kommend, rät dasselbe; Coriolan schwankt, geht dann aber Volumnias wegen. Auf dem Forum bereiten die Tribunen mit den Aedilen die Versammlung vor; sie planen Coriolans Wut. Coriolan mit seinen Freunden kommt; er hört die Anklage und wütet los. Cominius versucht ihn zu verteidigen, aber Coriolan bricht mit dem Volk und läßt sich verbannen.

IV Coriolan verabschiedet sich von seinen Leuten. Die Tribunen heißen den Aedil das Volk entlassen; Volumnia, Virgilia und Menenius kommen dazu, die Frauen schmähen die Tribunen. Auf der Landstraße erzählt ein Römer einem volskischen Kundschafter von den römischen Ereignissen, und sagt, jetzt solle Aufidius kommen. Coriolan kommt verkleidet nach Antium und fragt nach dem Haus des Aufidius; er redet mit Dienern, die ihn nicht einlassen wollen; Aufidius kommt, Coriolan gibt sich ihm zu erkennen und will durch ihn sterben, oder mit ihm Rom vernichten, und Aufidius nimmt ihn auf. Die Diener reden über das alles und freuen sich auf den Krieg. In Rom freuen die Tribunen sich am Frieden ohne Coriolan, als Nachrichten kommen, daß Coriolan und Aufidius gegen Rom ziehen. Cominius und Menenius finden die Tribunen schuldig an dieser neuen Lage und sehen sich in ihrer Verachtung bestätigt, als das Volk jetzt wieder Coriolan will. Die Tribunen fühlen sich nicht wohl. Aufidius redet mit einem vertrauten Offizier über Coriolan, und wie er fallen werde.

V Cominius berichtet vor Menenius und den Tribunen von seiner vergeblichen Bittmission bei Coriolan; die Tribunen bitten Menenius, zu Coriolan zu gehen, und der willigt widerstrebend ein. Im volskischen Lager wollen die Wachen Menenius nicht zu Coriolan lassen; Menenius rechtet mit ihnen; Coriolan und Aufidius kommen, Coriolan hört Menenius nicht an, gibt ihm aber ein Papier mit. Die Wachen spotten. Coriolan mit Aufidius tut kund, daß nun alles bereit ist zum Zug gegen Rom, da kommen die drei Frauen mit dem jungen Marcius noch. Coriolan fühlt sich verwirrt, will sie abhalten, zu ihm zu reden. Volumnia macht ihm klar, daß entweder er im Elend endet oder sie alle, und daß er also die Völker versöhnen müsse, und mahnt ihn an seine Dankbarkeitspflichten ihr gegenüber; er willigt ein, und Aufidius, heimlich, sieht sich wiederhergestellt. In Rom reden Menenius und Sicinius über Coriolan; ein Bote meldet, Brutus sei vom Volk gegriffen worden, ein anderer, die Mission der Frauen habe Erfolg gehabt; allgemeiner Jubel. In Antium läßt Aufidius seinen Senatoren ein Papier übergeben, er selber berät mit einigen Verschworenen Coriolans Tod. Coriolan kommt vor das draußen jubelnde volskische Volk und sagt dem Senat, er bringe Frieden und mehr Beute als der Krieg gekostet habe. Aufidius beschuldigt ihn jetzt des Verrats, Coriolan wütet, im allgemeinen Durcheinander töten Aufidius und die Verschworenen ihn. Aufidius rechtfertigt den Mord, der Senat fordert Ehrung und Trauer, Aufidius sagt, auch er empfinde beides.

Finis Caius Marcius Coriolanus, Titus Lartius, Cominius, Menenius, Sicinius, Brutus, Marcius jr., Tullus Aufidius, Nicanor, Adrian, Volumnia, Virgilia, Valeria, Herold, Hauptmann, Verschworene, Römer, Volsker, Senatoren, Patrizier, Aedilen, Liktoren, Krieger, Dienerinnen, Diener, Wachen, Boten, Bürger, ein Pferd. – Rom, Corioli, Antium, Latium.

Cornwall, Duke, Gatte Regans in ›Lear‹, und vollkommen seiner Frau ergeben. Und um einer Frau wie Regan einfach vollkommen ergeben zu sein, dazu gehört bei großer Schwäche gar kein Charakter oder aber bei eigener Stärke ein gut Teil selbsterworbener Schurkerei; wahrscheinlich ist Cornwall ein Sadist, der die Frau gefunden hat, die ihm erlaubt, Sadist zu sein, nämlich an ihren Opfern; ihn selber wird sie zweifellos verachten: Denn wo sie ihre großen Ressourcen auslebt, gibt er bloß seinen Schwächen nach, und blickt sonst rein nichts.

Cranmer, Vertrauter und Freund Heinrichs in ›Heinrich VIII.‹, dann Erzbischof von Canterbury; und wie erst Wolsey der Feind seines Vorgängers Buckingham, so ist sein Feind nun Wolseys alte Kreatur Gardiner: Nur ist Gardiner kein Wolsey, ihm gelingt nichts, auch wenn Cranmer noch verwundbarer ist als Buckingham, und nur gehalten wird, weil Heinrich durch Buckinghams Sturz gewitzter ist als damals; ja, Cranmer scheint so naiv, daß Heinrich ihn aufmerksam machen muß auf die Tücken der Macht im Umgang mit ihr; daß einer Unschuldsseele wie ihm die große Weissagung am Ende in den Mund gelegt wird, ist verständlich, aber richtig was dafür kann er nicht, dieser jugendliche Freund und Schützling eines großen schwachen Mannes.

Cressida, die Liebe Troilus', vom Narren in ›Was ihr wollt‹ zitiert als Bettlerin, als er von Viola Geld will. – **Cressida,** in ›Troilus und Cressida‹ Tochter des Priesters Calchas, eine schöne Blondine, wenngleich nicht ganz so blond wie Helena; für Troilus die schönste aller Frauen und sie ist wirklich verliebt in ihn; das Urteil des Ulysses: »*There's language in her eye, her cheek, her lip; / nay, her foot speaks. Her wanton spirits look out / at every joint and motive of her body. / O, these encounterers, so glib of tongue, / that give a coasting welcome ere it comes, / and wide unclasp the tables of their thoughts / to every ticklish reader, set them down / for sluttish spoils of opportunity / and daughters of the game:* Es ist Sprache in ihrem Auge, auf ihrer Wange, auf ihrer Lippe; sogar ihr Fuß spricht; ihr üppiges Gemüt leuchtet aus jedem ihrer Glieder, aus jedem beweglichen Teil ihres Körpers hervor. O! diese leichtfertigen Weiber von so glatter Zunge geben schon im voraus einen freundlichen Willkommen, und öffnen ganz weit die Tafeln ihrer Gedanken für jeden kitzlichen Leser. Merke sie Dir, als eine leichtfertige Beute für jede Gelegenheit, und als Töchter der verbuhlten Freude.« Wenn man aber sieht, wie eindeutig positiv derselbe Ulysses den Troilus beurteilt, dann wird man an seinem Urteil über die schöne Cressida doch wohl ein paar Abstriche machen müssen; Cressida ist kokett, neugierig, anpassungsfähig, überlebensbereit;

und wenn Troilus von sich gesteht, seine Schwäche sei die Treue, so gesteht sie, daß die Schwäche ihre Schwäche ist, Schwäche des Herzens, Schwäche des Auges, oder eigentlich also die Attraktionsfähigkeit beider; alle demontieren in diesem Stück alles: sie die Liebe als ein großes Gefühl.

Cymbeline, Titelheld und britischer König, Neffe Cassibelans, hat des Sicilius Sohn Posthumus als Pagen am Hofe großgezogen, in der Nähe seiner Tochter Imogen (deren Mutter unbekannt bleibt); zwei Söhne ebenfalls aus erster Ehe sind ihm im zarten Kindesalter gestohlen worden (sie und der Dieb tauchen auf: Guiderius/Polydore, Arviragus/Cadwal und Belarius/Morgan); hat unlängst eine böse Witwe geheiratet, die ihn betört und zusammen mit ihrem Sohn Cloten beinahe um alles bringt: Reich, Glück und Tochter; sein internationales Ansehen ist sehr jung, man versteht, daß er dem antirömischen Chauvinismus der Witwe und ihres Sohns gern nachgibt, und eine gewisse unzivilisierte Alleinherrschaftsmentalität bleibt ihm auch, als er aus dem bösen Traum am Ende erwacht; als ihm dann jedoch restlos alles klar ist, beugt er sich dem Schicksal und Rom, und er hat Glück: Denn Lucius ist ein urbaner Bursche.

CYMBELINE I An Cymbelines Hof unterhalten sich Lords über die Lage: Der König, seit neuestem mit einer Witwe verheiratet, hat deren offenbar unangenehmen Sohn seine Tochter versprochen; die hat aber einen anderen geheiratet, ein Muster von einem Mann, wenn auch arm. Den hat der König daraufhin verbannt, die Tochter festgesetzt, jetzt das einzige seiner Kinder, deren zwei frühere, Söhne, vor vielen Jahren gestohlen worden sind; außer dem Königspaar und Cloten, dem Unangenehmen, seien alle am Hof für das junge Paar. Die Königin, heuchlerisch, wie Imogen meint, gibt dieser eine Gelegenheit, mit Posthumus zu sprechen, bevor der weg muß; Posthumus sagt, er wolle nach Rom, sie tauschen Ring und Armband; der König, von der Königin so geleitet, kommt dazwischen, schilt Imogen; Pisanio dazukommend berichtet, Cloten habe gegen Posthumus gezogen, es sei aber nichts passiert. Cloten redet mit seinen zwei Lords über das Gefecht und über Imogen. Pisanio berichtet Imogen von der Abfahrt des Posthumus am Hafen. In Rom bei Philario redet man über Posthumus; der kommt, man redet über die Frauen und ihre Tugend; Iachimo findet, jede

Frau sei zu haben, Posthumus schwört auf die Treue Imogens, man wettet; Iachimo geht mit dem Ring und einer Empfehlung Posthumus' nach England. Dort händigt der Arzt der Königin zaudernd ein Gift aus, das sie haben wollte (ein Scheingift nur, er mißtraut der Königin); die gibt's dem Pisanio als Stärkungsmittel: und er solle doch Imogen in ihrem Sinne bereden. Zu Imogen kommt Iachimo; erst versucht er ihr mit viel Komplimenten einzureden, Posthumus schwelge in Rom mit Frauen wie alle, und sie solle sich mit ihm hier rächen, dann, als sie wütend wird, sagt er, er habe sie nur prüfen wollen, und erzählt, wie Posthumus wirklich ist, und bittet schließlich darum, für die Nacht bei Imogen eine Kiste unterstellen zu dürfen.

II Cloten mit seinen beiden Lords redet über ein Spiel, sie erzählen ihm, Iachimo sei da; allein, redet einer der Lords über Clotens Dummheit, und hofft für Imogen und Posthumus. Imogen in ihrem Schlafzimmer liest, schläft dann ein; Iachimo steigt aus der Kiste, bewundert die nackte Imogen, nimmt ihr das Armband weg, steigt wieder in die Kiste. Vor Imogens Zimmer läßt Cloten am Morgen ein Ständchen bringen, König und Königin kommen vorbei und bestärken ihn in der Werbung um Imogen; ein Bote meldet eine römische Gesandtschaft; Cloten blitzt bei Imogens Kammerfrau, dann bei Imogen selber ab, und fühlt sich beleidigt; Imogen vermißt ihr Armband, Cloten denkt an Rache. In Rom reden Posthumus und Philario über die römischen Forderungen an Britannien; Iachimo kommt und macht durch seine Schilderung des Schlafzimmers, durch sein Armband und durch die Schilderung eines Muttermals Posthumus weis, Imogen sei ihm untreu geworden; Posthumus muß ihm den Ring lassen. Posthumus allein ist verzweifelt.

III Bei Cymbeline trägt Lucius die römische Forderung nach Wiederaufnahme der Tributzahlungen vor; Cloten flucht, Cymbeline redet von der neuen Stärke Britanniens; Lucius kündigt einen Krieg an. Pisanio hat Briefe: Posthumus befiehlt ihm, Imogen zu töten (er wird's aber nicht tun, sagt er gleich); für Imogen hat er einen Brief, der sie in Posthumus' Namen an die Küste bestellt, ihn da zu treffen, und sie freut sich. In Wales an einer Bergwaldhöhle reden Belarius, Guiderius und Arviragus miteinander; die Jungen sind ungeduldig und tatendurstig, der Alte, wie immer, erzählt, durch welche Hofintrigen er zu Fall gekommen ist, und verrät, allein, die schönen Charaktere der jungen Leute, und daß sie die Königskinder sind, die er damals gestohlen hat. In Küstennähe, beim Ritt nach Milford-Haven, zeigt Pisanio Imogen den anderen Brief Posthumus', den an ihn selbst; Imogen ist bestürzt und wütend, flucht auf Posthumus und ermuntert Pisanio, sie zu töten; Pisanio erklärt ihr seinen Plan, sie dem Posthumus tot zu melden, während sie sich in einen jungen Mann verwandelt und in Lucius' Dienste tritt. Lucius erbittet von Cymbeline Geleit und bekommt's bis an den Severn; König und Königin wollen aufrüsten gegen Rom; ein Diener meldet, daß Imogen fort ist, desgleichen Pisanio; Cloten flucht, Pisanio kommt zurück, Cloten flucht mit ihm, Pisanio gibt ihm den Brief Posthumus' an Imogen; Cloten versucht Pisanio zu gewinnen, schwatzt ihm ein Gewand Posthumus' ab: Darin will er an die Küste, will Posthumus umbringen, Imogen vergewaltigen und dann zurücktreiben. Imogen verkleidet allein im Wald findet die Höhle, geht hinein; Belarius und die Jungen kommen von der Jagd, finden Imogen, bewundern den Knaben und nehmen ihn auf. In Rom wird ein Heer geworben gegen Britannien.

IV Cloten allein kommt mutig mit sich selber redend an die Höhle. Imogen fühlt sich nicht gut, sagt sie, die drei Männer gehen auf die Jagd; Imogen will Pisanios Stärkungsmittel nehmen. Die jungen Leute schwärmen einander von Imogen vor und ihrer Kochkunst. Cloten trifft auf Belarius (der ihn erkennt) und Guiderius, beschimpft sie als Räuber, Guiderius ficht mit ihm; zu Belarius und Arviragus kommt Guiderius mit Clotens Kopf, Belarius fürchtet die Rache des Hofs; Arviragus geht zur Höhle, Guiderius ist ans Meer gegangen, Clotens Kopf hineinzuwerfen, Belarius macht sich Gedanken über die beiden. Guiderius kommt zurück; aus der Höhle kommt Musik: Arviragus bringt Imogen für tot heraus; alle trauern; Imogen und Cloten ohne Kopf sollen bestattet werden, sie singen, Belarius streut Blumen. Imogen, erwachend, sieht den Leichnam neben sich und hält ihn für den des Posthumus, den sie von Cloten und Pisanio erschlagen glaubt; Lucius mit einigen kommt dazu, als Imogen wieder schläft, Imogen wacht auf, erzählt von dem Toten als ihrem Herrn, und Lucius sagt, er wolle ihn aufnehmen. Cymbeline ist verzweifelt: Imogen ist fort, Cloten ist weg, die Königin liegt im Sterben, die Römer nahen; Pisanio sagt, er wisse nichts; die Lords trösten ihn der Römer wegen mit der Stärke des eigenen Heeres; Pisanio ist verwirrt, da ohne Nachrichten. Im Wald tobt der Krieg; Belarius gibt den beiden jungen Leuten seinen Segen für den Kampf gegen die Römer.

V Posthumus zwischen den feindlichen Lagern mit dem blutigen Tuch, das ihm Pisanio geschickt hat als Zeichen für Imogens Tod, kleidet sich verzweifelt als britischer Bauer und will kämpfen. Lucius kommt mit Iachimo und den Römern aufs Feld; die Briten fliehen, Cymbeline wird gefangen, die drei aus dem Wald eilen ihm zu Hilfe, Posthumus kommt dazu, Cymbeline wird befreit; Lucius rät Imogen zur Flucht. Posthumus erzählt auf dem Schlachtfeld einem britischen Lord von der Schlacht und von den Taten der drei aus der Höhle; danach wird er wieder zu einem Römer; römische Hauptleute erzählen sich von den Taten der drei und eines Bauern und nehmen dann Posthumus, der sagt, er sei Römer, gefangen; sie führen ihn zu Cymbeline, der läßt ihn einsperren. Im Kerker redet Posthumus mit seinen Wächtern über den Tod, den er will; er schläft ein, ihm erscheinen Vater, Mutter, die beiden gefallenen jüngeren Brüder und singen alles, was wir wissen; Jupiter erscheint: er sei's, der sich um alles kümmern werde, sagt er, und alles werde gut ausgehen; Posthumus erwacht mit einer geschriebenen Weissagung neben sich, die Wächter kommen wieder, zur Hinrichtung, aber ein Bote kommt: Er sei frei. Als die drei aus der Höhle vor ihm sind, fragt Cymbeline nach dem vierten, der so tapfer war; dann fragt er die drei, woher sie seien, macht sie zu Rittern; der Arzt kommt und meldet den Tod der Königin, und daß sie alle Bosheiten zuletzt gestanden habe; der König beklagt sich; der gefangene Lucius kommt vor Cymbeline und meint, der Sieg sei Zufall, und hätten die Seinen gesiegt, sie würden die Gefangenen nicht bedrohen; er bitte aber für seinen Knaben (Imogen); Cymbeline nimmt Imogen auf, fragt sie nach einem Wunsch: Diese aber bittet nicht, wie Lucius meint, für ihn, sondern heimlich bei Cymbeline darum, Iachimo nach dem Ring befragen zu können, den er trägt (während die drei aus dem Wald erstaunt sind, weil sie Imogen wiederzuerkennen meinen); Iachimo, zerknirscht, erzählt seine Geschichte; Posthumus geht gegen ihn los, Imogen mischt sich ein, Posthumus schlägt sie nieder, Pisanio deckt alles mit einem Ausruf auf; Imogen beschuldigt noch Pisanio des Gifts wegen, der Arzt trägt diesen Anschlag der Königin seiner Erzählung von ihrem Tode nach, die meisten umarmen sich, Imogen will Cymbelines Segen; Pisanio erzählt von Cloten, Guiderius gesteht den Totschlag, Cymbeline will ihn gleich verurteilen; jetzt erzählt Belarius seine Geschichte und die der Königssöhne; Cymbeline nimmt Belarius als Bruder auf, die Söhne an und fragt nun noch den tapferen Bauern aus der Schlacht; als der enthüllt sich jetzt Posthumus, Iachimo bestätigt das, Posthumus verzeiht ihm alles. Der Wahrsager legt nun die Weissagung aus, die neben Posthumus nach der Geistererscheinung lag, und die auch einen Anschluß an Rom enthalten soll; Cymbeline bietet Lucius jenen Frieden an, von welchem bloß die Königin und Cloten abgeraten hätten, und dann wollen alle in den Londoner Tempel Jupiters beten gehen.

Finis Cymbeline, Cloten, Posthumus, Belarius, Guiderius, Arviragus, Philario, Iachimo, Caius Lucius, Pisanio, Cornelius, Philarmonus, Königin, Imogen, Helen, Dorothy, Franzose, römischer Hauptmann, britische Hauptleute, Lords, Ladies, Gefolge, Kerkermeister, Senatoren, Tribunen, Holländer, Spanier, Musiker, Soldaten, Boten, Diener, Geister. – Britannien: Cymbelines Hof, Wales, Küste; Rom.

D

Decius Brutus, eloquenter Mitverschworener der Mörder in ›Julius Cäsar‹: Er kann Calpurnias Traum so deuten, daß Cäsar in den Senat geht; er ködert Cäsar mit der Krone und gibt zu verstehen, daß sein Image leiden würde, wenn man sagte, er könne dies und das nicht tun, weil seine Frau schlecht träume.

Demetrius, Sohn Tamoras im ›Titus Andronicus‹, und wie sein Bruder Chiron ein sinnlos dummer kleiner Bösewicht; beide sind scharf auf Lavinia und lassen sich von Tamora und Aaron nur allzu gern dazu bringen, erst den Bassianus zu erstechen und dann Lavinia zu schänden und zu verstümmeln; daß Titus ihren Bruder Alarbus hat töten lassen, ficht sie wohl wenig an; beide enden als Schlachtopfer des Titus.

Demetrius, im ›Sommernachtstraum‹ ein junger, an und für sich wahrscheinlich gar nicht übler athenischer Bursche zwischen zwei Frauen: hat Helena Liebe geschworen und sie sitzenlassen für Hermia, aber die will ihn auf keinen Fall, sondern sie will Lysander; und der, als er merkt, daß Demetrius und nicht er die Gunst von Hermias Vater hat, schlägt ihm vor, doch den Vater zu heiraten; der Blumensaft läßt ihn schließlich wieder zu Helena zurückkehren.

Desdemona, sehr emanzipierte Tochter Brabantios in ›Othello‹, schöne und kluge Frau Othellos, der sie durch seine Erzählungen gewonnen hat: eine Dido, eine Nausikaa; Othello sagt über sie, kaum daß sie einmal fortgegangen ist: »*Excellent wretch! Perdition catch my soul / but I do love thee! And when I love thee not, / chaos is come again:* Anmutsvolle Spitzbübin! – Verderben erhasche meine Seele, wenn ich Dich nicht liebe – und wenn ich Dich nicht mehr liebe, so ist die Welt wieder zum Chaos worden« (Wieland); liebenswürdig an ihr ist ihr leichter Sinn, etwa, wenn sie mit Jago und Emilia scherzt: Sie hat nicht

Angst, sich etwas zu vergeben. Es kann ihr nicht zum Fehler angerechnet werden, daß eben dies am Ende doch ihr Fehler zu sein scheint, denn sie konnte nicht wissen, daß sie einen so ausflippenden Burschen heiraten würde; sehr schön unheroinenhaft und natürlich ist am Ende ihr Begehren, wenigstens noch ein halbes Stündchen länger leben zu wollen. Von diesem Zauber des Lebens war Othello die ganze Zeit über sehr berührt, aber er hat ihn wohl nie begriffen.

Deukalion, der Noah der alten Griechen, baute sich, als Zeus die Menschen ausrotten wollte, mit seiner Frau Pyrrha ein Floß und überlebte; danach warfen beide Steine hinter sich: Aus ihnen wurden Männer und Frauen, die den beiden dann dienten; in ›Coriolan‹ spielt Menenius in seiner kleinen Schimpfkanonade nett darauf an und sagt den beiden Tribunen, Coriolan sei mehr wert als alle ihre Vorfahren seit Deukalion; Menenius drückt sich oft sehr gebildet aus, während die Tribunen wohl nicht sehr viel von der alten Bildung halten. – **Deukalion:** Ferner als dieser ihm, sagt im ›Wintermärchen‹ der wütende Polixenes, solle ihm Florizel sein, wenn er sich mit der Schäferin einlasse.

Diana, schöne Tochter der florentinischen Witwe in ›Ende gut alles gut‹ (eigentlich Diana Capulet), begehrenswerte Anwärmerin eines Ehebetts, und kühn auch sie wie Helena: Als sie Parolles bei Bertram sieht, sagt sie, »*Were I his lady, / I would poison that vile rascal:* Wär ich seine Gemahlin, ich wollte den niederträchtigen Schurken vergiften«: Sie kennt Parolles, denn Bertram, der sie belagert, läßt ihr durch ihn Geschenke und Briefchen bringen und dergleichen; lockt Bertram den Ring vom Finger und seinen Finger in den Ring, von dem er glauben muß, es sei der ihre, denn Ring ist Ring für den Knaben, den dummen: »*Be not so holy-cruel«,* fleht er sie beim Ringtausch an: »Sei nicht so heilig grausam«; die ganze Ringelei kommentiert Helena nachher so: »*But, o strange men! / That can such sweet use make of what they hate, / when saucy trusting of the cozen'd thoughts / defiles the pitchy night: so lust doth play / with what it loathes for that which is away:* Aber, wie sonderbar die Männer sind! Daß sie einen so angenehmen Gebrauch von demjenigen machen können, was sie hassen, wenn wollüstiges Zutrauen auf die betrognen Gedanken die pechschwarze Nacht noch mehr schwärzt! So spielt die Wollust mit dem, wovor ihr ekelt, in der Meinung, es sei das, was abwesend ist« (Eschenburg).

Dido, schöne antike Frau, ein Weilchen lang die Geliebte des Aeneas, in dieser Eigenschaft mehrfach, und von Tamora mit der Leidenschaft der Gleichgesinnten im ›Titus Andronicus‹ zitiert. – **Dido,** schöne karthagische Königin, Geliebte des Aeneas, nachdem er das brennende Troja verlassen hatte, und ehe er dann Rom gründete, so Vergil. Und er erzählt auch, daß Dido sich entleibte oder entseelte, als Aeneas sie verließ; in ›Antonius und Kleopatra‹ zitiert Antonius die beiden als ein musterhaftes Liebespaar und meint dann, keiner aber werde im Vergleich zu ihm und Kleopatra noch Dido und Aeneas anschauen mögen, oder so ähnlich. – **Dido** kommt im ›Sturm‹ bei den Gestrandeten ins Spiel, als sie sich über Claribel und Tunis unterhalten, denn Tunis, sagt einer, ist Karthago, und dort war das mit der Witwe Dido und Aeneas.

Diomedes, in ›Troilus und Cressida‹ ein griechischer General, der die gegen Antenor eingetauschte Cressida in Troja abholt und sich in sie verliebt; einmal sagt er Paris sehr gut die Meinung über Helena (sie sei eine Hure); Thersites sagt über ihn: »*That same Diomedes 's a false-hearted rogue, a most unjust knave; I will no more trust him when he leers than I will a serpent when he hisses... the sun borrows of the moon when Diomedes keeps his word... they say he keeps a troyan drab, and uses the traitor Calchas' tent. I'll after – nothing but lechery! All incontinent varlets:* Der Diomed ist doch ein falscher, garstiger Kerl und ein recht unbilliger Schurke! Ich traue ihm eben so wenig, wenn er von der Seite schielt, als einer Schlange, wenn sie zischt... die Sonne borgt von dem Monde, wenn Diomed sein Wort hält... es heißt, er hat eine trojanische Metze bei sich, und hält sich in dem Zelte des Verräters Calchas auf. Ich will ihm nach – nichts als Liederlichkeit! Lauter leichtfertige, lokkere Burschen!« (Eschenburg). Die Metze ist Cressida, und diesen Diomed zeichnet aus, daß er anders als die Großgriechen, die ihn um seine Meinung fragen, nichts gegen Huren hat.

Douglas, Earl Archibald, in ›Heinrich IV./1‹ der unterlegene Gegner Henry Percys in der Schlacht von Holmedon; in der Schlacht von Shrewsbury erschlägt er nacheinander Shirley, Stafford und Blunt, weil er den König erschlagen will, und sie alle sind gekleidet wie dieser; als er wirklich auf den König trifft, setzt er diesem so zu, daß Prinz Henry dazwischengehen muß; gegen ihn fechtend flieht Douglas dann; als der Prinz und Henry Percy fechten, kämpft Douglas mit Falstaff, der sich sofort totstellt; bei der endgültigen Flucht mit seinen Leuten stürzt er, wird von Prinz Henry gefangen; dieser bittet bei seinem Vater um Gnade für ihn, und Bruder Lancaster darf ihn freilassen: einer dieser unheimlich tapferen, haudegenhaften Idioten der guten alten Zeit.

Dumain, zwei Brüder dieses Namens, zwei junge französische Lords in ›Ende gut alles gut‹; sie scheinen jene zu sein, die gern den kleinen Bertram mit in den Krieg nähmen, sie scheinen dann wirklich jene zu sein, die von Bertram Briefe an die Gräfin und an Helena überbringen und dann wieder zurück zu Bertram wollen, und sie sind gewiß jene (denn ihre Namen fallen dann), die dem unausstehlichen Parolles den Streich nach der verlorenen Trommel spielen; dann sind's auch die, die sich während des Streichs über den untreuen und dummen Bertram unterhalten, wobei der eine meint: »*As we are ourselves, what things are we!:* Was sind wir doch für elende Geschöpfe, wenn wir uns selbst überlassen sind!«, und dann noch sagt: »*The web of our lifes is of a mingled yarn, good and ill together: our virtues would be proud, if our faults whipped them not; and our crimes would despair, if they were not cherished by our virtues:* Das Gewebe unseres Lebens ist aus gemischtem Garn gesponnen, gut und böse durcheinander. Unsre Tugenden würden stolz werden, wenn unsre Fehler sie nicht peitschten; und unsre Laster würden verzweifeln, wenn unsre Tugenden sich ihrer nicht annähmen« (Eschenburg); der Gefangene und von den Dumains verhörte Parolles meint, Dumain sei bei einem Kleiderflicker in Paris in die Lehre gegangen und habe irgendein armes Ding geschwängert, das nicht nein habe sagen können.

E

Edgar, Sohn Gloucesters in ›Lear‹, Stiefbruder des Bastards Edmund, von diesem beim Vater angeschwärzt, und der wirft ihn hinaus; geht in den Wald, spielt den armen irren Tom; Lear, der sich mit ihm auf der Heide unterhält, nennt ihn, noch auf der Heide wenngleich schon recht rührend hochtrabend, einen Philosophen, einen Thebaner, einen Athener (was immer er damit meinen mag); hat in seinen wirren Reden eine ganze Theologie von schön unsinnigen bösen Geistern; bleibt gesund trotz aller Umstände, und sorgt für alle, die er schlimmer dran glaubt als sich selber: für den König, für Gloucester; sagt: »*Yet better thus, and known to be contemn'd, than still contemn'd and flatter'd. To be worst, / the lowest and most dejected thing of fortune, / stands still in esperance, lives not in fear: / the lamentable change is from the best; / the worst returns to laughter. Welcome, then, / thou unsubstantial air that I embrace: / the wretch that thou hast blown unto the worst / owes nothing to thy blasts:* Immer besser so, und wissen daß man verachtet wird, als immer verachtet und geschmeichelt werden. Das ärmste, niedrigste, verworfenste Geschöpf lebt immer in Hoffnung, und hat nichts zu befürchten. Klägliche Veränderungen treffen nur die Glücklichsten. Wer nichts verlieren kann, kann immer lachen. Willkommen dann, du unkörperliche Lust, der Unglückliche, den du unter die Elendsten hinunter geweht hast, ist deinen Stürmen nichts mehr schuldig« (Wieland); groß an ihm ist die Reflektiertheit seiner Stimmungen und damit die Klarheit und das gebrochen Rührende an seinen Aktionen: wenn er den Vater etwa auf die Klippe zu führen scheint und dann den halben Narren spielt; gut, daß am Ende er es ist, der Oswald und Edmund erschlagen darf.

Edmund, Bastard Gloucesters in ›Lear‹: »*Though this knave came something saucily into the world before he was sent fort, yet was his mother fair; there was good sport at his making, and the* *whoreson must be acknowledged:* Wenn dieser lose Junge gleich ein wenig unverschämt auf die Welt kam, ehe man ihn verlangte, so war doch seine Mutter schön; es ging kurzweilig zu als er gemacht wurde, und der Hurensohn muß erkannt werden« (Wieland); gleichwohl ein übler Charakter, und wenig glanzvoll und ansehnlich, weil alle seine Ideen Feigheit und niedrige Intriganz zeigen: Er ist eigentlich ein kleiner Mafioso als Gigolo, ein trüber ausgehaltener, auf den zwei Klassefrauen fliegen; daß sie ihn küssen und gerade ihn, und eigentlich selbstlos küssen, das könnte am allermeisten gegen die Verteilung der erotischen Gaben einnehmen.

Edward, Prince of Wales in ›Heinrich VI./3‹, Sohn Heinrichs und Margarets, findet es zusammen mit seiner Mama nicht so gut, daß der friedfertige, ängstliche Papa für ihn auf den Thron verzichtet; *»Father«,* sagt er, *»you cannot disinherit me: / if you be king, why should not I succeed?«* – die Vierundsechzigtausend-Dollar-Frage aller präsumptiven Könige; Margaret findet ihn in Ordnung; aber er ist den Plantagenets im Wege, und so wird er, vor den Augen der Mitgefangenen Margaret, von Edward, Richard und George gemeinsam erstochen; ein zweifellos unbedeutender Junge, aber dafür konnte er ja nichts. – **Edward:** in ›Richard III.‹ aber sagt Gloucester über ihn, als er, an Heinrichs Sarg, Edwards (Heinrichs Sohns) Witwe Anne gewonnen hat: *»A sweeter and a lovlier gentleman, / fram'd in the prodigality of nature, / young, valiant, wise, and, no doubt, right royal, / the spacious world cannot again afford:* Nein, einen angenehmern und liebenswürdigern Mann, von der Natur, als sie verschwendete, gebildet, jung und weis', und tapfer, königlichen Bluts, kann nie die weite Welt noch einmal geben!« (Eschenburg; einige unprosaische Töne in diesem Zitat erklären sich daraus, daß Eschenburg sich hier bei ›Richard III.‹ ein einziges Mal in Versen versucht hat; er hat's nie wieder bei Shakespeare getan, außer in manchen Liedlein.)

Edward, Gegenkönig Heinrichs in ›Heinrich VI./3‹, Sohn des alten Plantagenet, ein geiler Junge: Will, halb schon an Ludwigs Schwester Bona versprochen, nur so zum Spaß die Dame Grey vernaschen; und ein unwürdig wankelmütiger Knabe: Als er die Grey nicht ohne weiteres ins Bett kriegt, heiratet er sie trotz seiner Versprochenheit an die Bona; unbeherrscht und im kleinen Sinne bösartig, hat er wohl einen Sinn für Macht, kaum aber einen Sinn für Politik, und ist seinem Gegenspieler Heinrich allenfalls durch Straßenjungenkniffe und eine gewisse unschöne Bedenkenlosigkeit überlegen; es ist natürlich, daß Bruder Gloucester ihn für unbedeutend hält.

Egeus, kommt im ›Sommernachtstraum‹ klagend vor Theseus von Athen: Seine Tochter Hermia wolle den Mann nicht nehmen, den er ihr verschrieben habe, nämlich Demetrius; stattdessen wolle sie Lysander haben, dem er vorwirft: »*Thou hast by moonlight at her window sung, / with feigning voice, verses of feigning love:* Falsche Buhlerlieder sangst du beim Mondschein mit verstellter Stimme vor ihrem Fenster ab«, und sein Urteil über die beiden Liebenden faßt er zusammen: »*This man hath bewitch'd the bosom of my child:* Und dieser Mann hat meines Kindes Herz bezaubert« (Wieland); im unaufgelösten Schluß des Stücks wird er wohl zufriedengestellt werden.

Eleanor Cobham, Herzogin von Gloucester, Humphreys Frau, träumt in ›Heinrich VI./2‹ von der Krone und deutet Träume, nimmt Pfaffen, Hexen und Geisterbeschwörer in den Dienst ihres Ehrgeizes, wird von Margaret gehaßt, gedemütigt, geohrfeigt, fällt tief vor dem Straßenpöbel, wird nach der Insel Man verbannt, der Himmel mag wissen, was dort aus ihr geworden ist.

Emilia, in ›Othello‹ Jagos Frau, Vertraute Desdemonas, eine wenig komplizierte Seele, und Jago ergeben, solange der nichts Böses vorzuhaben scheint; bricht aber das Böse durch, und das tut's ja am Ende, dann schlägt sie sich ohne langes Besinnen auf die richtige Seite, wenn auf der richtigen Seite jemand steht, den sie wirklich verehrt (sie bleibt noch auf der falschen Seite, als auf der richtigen eine Person wie Bianca bloß steht); kann hübsch leichtfertig über die Treue reden, über die Männer, und besitzt jene Ehrlichkeit, die sie sagen läßt: »*Let husbands know / their wives have sense like them. They see, and smell, / and have their palates both for sweet and sour, / as husbands have. What is it that they do / when they change us for others? Is it sport? / I think it is. And doth affection breed it? / I think it doth. It's frailty that thus errs? / It is so too. And have not we affections, / desires for sport, and frailty, as men have? / Then let them use us well;*

else let them know, / the ills we do, their ills instruct us so: Unsere Herren Männer sollten wissen, daß ihre Weiber so gut Empfindlichkeit haben als sie; sie sehen und riechen und haben einen Geschmack für süß und sauer, so gut wie ihre Männer. Was tun sie, wenn sie uns mit anderen vertauschen? Ist es Spaß? Ich will es glauben. Geschieht es aus Leidenschaft? Ich will es glauben. Ist es eine menschliche Schwachheit? Es mag auch sein. Und haben wir nicht auch Leidenschaften? Lieben wir den Zeitvertreib nicht auch? Sind wir nicht so gebrechlich, als sie? Sie mögen uns also nur wohl begegnen; oder sie sollen wissen, daß wenn wir sündigen, sie unsere Lehrmeister gewesen sind«. Als sie stirbt, sagt sie zu Othello, nachdem sie ihn einen Dummkopf genannt hat: »*Moor, she was chaste. She loved thee, cruel Moor: / so come my soul to bliss as I speak true. / So speaking as I think, alas, I die:* Mohr, sie war keusch; sie liebte dich, grausamer Mohr; so sehe mein Geist die Seligkeit, wie ich die Wahrheit sehe, und diese Wahrheit – sei mein letztes Wort« (Wieland).

ENDE GUT ALLES GUT **I** Der Sohn der verwitweten Gräfin von Roussillon ist im Begriff, an den Hof zu gehen; die Gräfin und der alte Lafeu unterhalten sich über die Krankheit des Königs, und daß allenfalls Gerard ihn hätte heilen können, der verstorbene Vater Helenas, die im Hause der Gräfin lebt. Helena scheint zu weinen bei solchen Reden, aber ihre Trauer gilt weniger dem Vater als vielmehr der Abreise Bertrams, den sie liebt. Bertrams Kumpan Parolles kommt, Helena scherzt mit ihm über die Jungfernschaft und wie man sie behält und los wird. Parolles geht, und Helena hat einen Plan im Kopf. Der König, vom Herzog von Florenz um militärische Hilfe ersucht, lehnt diese ab, will aber alle ziehen lassen, die dort kämpfen wollen. Bertram und Parolles kommen mit Lafeu, der König erinnert sich an Bertrams Vater, einen vollendeten Gentleman, wie er meint, und bedauert das Ableben jenes berühmten Arztes, der ein Freund von Bertrams Vater war. Auf Roussillon will der Narr heiraten und scherzt mit der Gräfin über das Gehörntsein; der Haushofmeister dann erzählt der Gräfin, wie er belauscht habe, daß Helena ihren Sohn liebe. Die versteht das und redet ernsthaft mit Helena darüber; Helena gesteht, und verrät dann ihren Plan, mit einer vom Vater hinterlassenen Arznei zum König zu gehen; die Gräfin will ihr dabei helfen.

II Der König verabschiedet junge Edelleute in den toskanischen Krieg, Bertram flucht, daß er seiner Jugend wegen nicht mit kann, und Parolles rät ihm die Soldaten als Vorbilder. Lafeu beim König redet, nach Scherzen, über Helena und ihren Arzneiplan, der König läßt Helena holen, die verspricht Ehre und Leben gegen die Heilung in zwei Tagen und einen Mann nach ihrer Wahl; der König nach einigem Zögern stimmt, eingenommen von ihrer Kühnheit, zu. Die Gräfin auf Roussillon scherzt mit dem Narren. In Paris unterhalten sich der ironische Lafeu und der papageienartige Parolles über die Heilung des Königs. Der König will seinen Lohn zahlen und zeigt Helena alle jungen Edelleute, damit sie sich einen aussucht. Sie will keinen, sie will aber Bertram; der flucht los, beharrt auf Standesunterschieden, der König sieht seine Ehre auf dem Spiel durch soviel Blödheit und befiehlt kurzerhand die Heirat. Lafeu macht inzwischen Parolles im Gespräch nieder; Bertram, vom Heiraten zurück, beklagt sich bei Parolles, der rät zum Krieg, und Bertram will Briefe schreiben und hingehen. Zu Helena kommt mit Grüßen und Briefen von Roussillon der Narr; Parolles kommt dazu und meldet, Bertram sei im Abreisen begriffen, und Helena möchte sich beim König verabschieden und dann zu ihm kommen. Lafeu redet mit Bertram offen über den durchschauten Parolles, der kommt und sagt, Helena sei abzureisen bereit; Lafeu streitet weiter mit Parolles, Helena kommt, Bertram schickt sie nach Haus, sie möchte noch einen Kuß, muß aber so gehen.

III In Florenz ist der dortige Herzog befremdet, daß Frankreich ihm nicht hilft, aber er freut sich über die jungen Franzosen, die ihm helfen wollen gegen Siena. Der Narr bringt der Gräfin einen Brief Bertrams, worin dieser sagt, er wolle ewig nicht mit Helena ins Bett, sondern in den Krieg. Bei Helena sind zwei Gentlemen mit einem Brief von Bertram: Er werde nicht ihr Mann, außer sie habe ein Kind von ihm drin und den Ring am Finger, den er am Finger habe. Die Gräfin ist ganz auf seiten Helenas und schimpft über Parolles. Helena allein beklagt, daß gleichsam sie es war, die den geliebten Bertram in den Krieg gejagt habe, und hat wieder einen Plan: Sie will nach Italien. In Florenz macht inzwischen der Herzog Bertram zum General der Reiter. Auf Roussillon bringt der Haushofmeister der Gräfin einen Abschiedsbrief Helenas, und sie läßt ihn einen dringenden Brief an Bertram schreiben. Vor Florenz unterhalten sich die verwitwete Gastwirtin und Tochter Diana und Freundin Mariana über die Zudringlichkeiten der Franzosen, insbesondere Parolles und seines Herrn; Helena als Pilgerin kommt dazu, Truppen kommen vorbei, man unterhält sich über den Grafen, der seine Frau hat sitzenlassen, und daß er sich um Diana bewirbt, und wohl in keiner guten Absicht. Bertram kommt mit Parolles vorbei, der traurig aussieht: Er habe seine Trommel verloren, sagt man, und die Frauen gehen in die Herberge der Witwe ab. Die französischen Gentlemen wollen Bertram davon überzeugen, daß Parolles nicht das ist, was er scheint, und raten ihm, ihn die Trommel wieder holen zu lassen: dabei werde man ihn entlarven. Zusammen mit Bertram machen sie diesen Plan Parolles schmackhaft, der kann nicht ablehnen. Der eine Gentleman bereitet die Falle für Parolles vor, der andere geht mit Bertram zu Diana ab. In der Herberge offenbart Helena, wer sie ist, und macht den Vorschlag, Diana solle vom stürmischen Bertram den Ring verlangen, den er trage, dann solle sie sich mit ihm verabreden, aber ins Bett wolle dann sie gehen, wenn er komme. Die Witwe ist einverstanden.

IV Einer der französischen Gentlemen liegt mit Soldaten im Hinterhalt für Parolles; der kommt und überlegt allein, wie er sich aus der Affäre ziehen kann mit der Trommel, die er gar nicht wiederhaben will; er wird überfallen wie von ganz Fremden, die ihm gedolmetscht werden müssen. In einem Zimmer im Gasthaus in Florenz nimmt Diana Bertram unter vielen Versprechungen beiderseits den Ring ab. Im Lager bei Florenz unterhalten sich die französischen Gentlemen über Bertram, seine Frau und deren gemeldeten Tod; Bertram, der im Begriff ist abzureisen, kommt hinzu; man holt Parolles, den man schon hat beichten lassen, und Parolles verrät das gesamte Heer und verleumdet die Gentlemen, und man findet bei ihm einen Brief an Diana, worin er ihr rät, den blöden Bertram gut auszunehmen; die Gentlemen finden ihn so verlogen, daß sie ihn schon wieder mögen, und wollen ihn gehen lassen; er selber schwört allem ab und will ohne Großtun einfach weiterleben. Helena, die weiß, daß man sie tot glaubt, will zum König nach Marseille; die Witwe und Diana brechen mit ihr auf. Auf Roussillon reden die Gräfin, Lafeu und der Narr über die tote Helena, Lafeu und der Narr über die Syphilis, dann die Gräfin und Lafeu über den Narren und den König und Bertram, die gleich kämen, und über Lafeus Tochter, die Bertram jetzt heiraten könne. Der Narr meldet Bertram mit einem Pflaster und Freunden.

V In Marseille treffen die Frauen einen Falkonier vom königlichen Gefolge, der ihnen sagt, der König sei schon weiter; sie geben ihm eine Bittschrift mit. Parolles, der sich unglücklich vorkommt, unterhält sich mit dem Narren, dann mit Lafeu, der verspricht, ihn nicht betteln gehen zu lassen. Die Gräfin und Lafeu bitten beim König um Vergebung für Bertram; der König gewährt sie und ist einverstanden mit der neuen Hochzeit; Bertram sagt auch, er habe die kleine Maudlin schon immer gemocht. In diesem Augenblick sieht Lafeu an Bertrams Hand Helenas Ring, den er kennt; Bertram besteht darauf, ihn aus einem Fenster zugeworfen gekriegt zu haben; der König mischt sich ein: Der Ring sei von ihm, Helena habe ihn keinem geben wollen, außer Bertram im Bett; Bertram leugnet weiter, und wird abgeführt. Ein Hofmann kommt mit der Bittschrift Dianas; Diana mit der Witwe wird hereingelassen, Bertram ist dabei, gibt zu, Diana zu kennen, Diana hat auch seinen Ring, wie er ihren, er gibt es zu, verunglimpft sie aber; Parolles bestätigt Bertrams damalige Verliebtheit in Diana; Diana, nach den Ringen befragt, redet jetzt so zweideutig, daß alle ihr nicht mehr glauben mögen: Darauf läßt sie als Zeugin Helena hereinholen. Diese scheint auch noch schwanger; alles löst sich, Lafeu und der König sind zufrieden, der König verspricht Diana einen Mann.

Finis König von Frankreich, Herzog von Florenz, Bertram, Lafeu, Parolles, Gräfin von Roussillon, Helena, Diana, Violenta, Mariana, Witwe, Haushofmeister, Narr, Page, Gentlemen, Lords, Hauptleute, Soldaten. – Frankreich und Toskana.

Enobarbus, Domitius, in ›Antonius und Kleopatra‹ ein Freund des Antonius, sehr witzig, fast der Narr im Stück, aber mit sehr tragischen Zügen, da er an seinem Herrn zweifelt: »*Mine honesty and I begin to square. / The loyalty well held to fools does make / our faith mere folly: yet he that can endure / to follow with allegiance a fall'n lord / does conquer him that did his master conquer, / and earns a place i' the story:* Meine Ehrlichkeit und ich fangen an, sich miteinander zu vergleichen. Eine alle Proben aushaltende Treue ist in den Augen der Narren eitel Torheit;

und doch wird derjenige, der den Mut hat, einem gefallenen Herrn bis ans Ende treu zu sein, in gewissem Sinn der Bezwinger von dem, der seinen Meister bezwungen hat, und erntet einen Platz in der Geschichte«; er fällt aber ab (vom Abfallenden ab: er fällt also, wenn man so will, nicht mit Antonius mit ab); Antonius, als er das hört, läßt ihm seine Schätze nachschicken, mit einem Schreiben, und Enobarbus sagt: »*I am alone the villain of the earth, / and feel I am so most. O Antony, / thou mine of bounty, how wouldst thou have paid / my better service, when my turpitude / thou dost so crown with gold:* Ich bin der ärgste Schurke auf dem Erdboden, und fühl es durch und durch, daß ich es bin. O Antonius, du Goldgrube von Gütigkeit, wie würdest du meine guten Dienste belohnt haben, da du meine Schande so mit Gold krönst« (Wieland); dann bringt er sich um: Der liebenswürdigste dieser Menschen, und jener, der, ganz unbewegend alle Welt, einen einzigen Augenblick das Tragische streift, und nun in einer schöneren, als der Weltgeschichte deshalb einen Platz hat.

Erzbischof von York, Scroop, in ›Heinrich IV./2‹ Herz der Aufständischen nach Shrewsbury, voller Skepsis gegenüber dem sogenannten Volk: »*O thou fond many, with what loud applause / didst thou beat heaven with blessing Bolingbroke, / before he was what thou wouldst have him be! / And being now trimm'd in thine own desires, thou, beastly feeder, art so full of him, / that thou provokest thyself to cast him up. / So, so, thou common dog, didst thou disgorge / thy glutton bosom of the royal Richard; / and now thou wouldst eat thy dead vomit up, / and howl'st to find ist. What trust in these times? They that, when Richard lived, would have him die, / are now become enamour'd on his grave...:* O du schwärmerischer Haufe! Mit was für einem lauten Zujauchzen, mit welchem Getümmel von Segnungen schlugst du den Himmel, eh Bolingbroke war, was du wolltest, daß er sein sollte? Und nun, da er zugerichtet ist, wie du ihn wünschtest, nun bist du so voll von ihm, daß du dich selber reizest, ihn wieder von dir zu geben. So, so entludest du, du gemeiner Gassen-Hund, deinen gefräßigen Busen des königlichen Richards; und itzt wolltest du gerne wieder essen, was du gespien hast, und heulst, es zu finden. Was für Vertrauen darf man auf die Menschen setzen! Diejenigen, die Richards Tod wollten, da er lebte, sind nun in sein Grab verliebt...« (Wieland) – Er hat wohl recht, und der alte Burckhardt wird ihn gut gekannt und verstanden haben; sein Schluß indes im Gaultree Wald, der König sei satt seines ewigen Argwohns, ist leider falsch; wird, von Lancaster betrogen, hingerichtet wie Hastings und Mowbray.

F

Falstaff, Sir John, in seiner Bande in ›Heinrich IV./1‹ auch Jack genannt, der fetteste aller Menschen, verfressen, versoffen, und der spaßigste aller Menschen: und spaßig nicht bloß, weil er witzig ist, sondern auch immer, weil alle witzig über ihn werden dürfen, namentlich seine Freunde; er raubt, er betrügt, er lügt und verkauft arme Lumpen als Schießpulver; er prahlt entsetzlich, ist feige und wohl auf milde Art auch tückisch: So käme man von schlechten auf läßliche Eigenschaften, und außer einem Hang zu herzlichster Geselligkeit kaum auf gute – aber dann ist er schon ein unwiderstehlicher Bursche, und bewundernswert bleibt der intellektuelle Funke Wahrheit, den er springen lassen kann, weil er so korrupt ist: »*Why, thou knowest I am as valiant as Hercules: but beware instinct; the lion will not touch the true prince. Instinct is a great matter; I was now a coward on instinct:* Wie, du weißt, daß ich so tapfer als Hercules bin; aber der Instinkt hielt mich diesmal zurück; der Löwe greift niemals den Kron-Prinzen an: Der Instinkt ist ein mächtiges Ding. Aus Instinkt ward ich eine Memme«; über Tapferkeit und Ehre spricht er so: »*Well, 'tis no matter; honour pricks me on. Yea, but how if honour prick me off when I come on? how then? Can honour set to a leg? no: or an arm? no: or take away the grief of a wound? no. Honour hath no skill in surgery, then? no. What is honour? a word. What is in that word honour? what is that honour? air. A trim reckoning! Who hath it? he hat died o' Wednesday. Doth he feel it? no. Doth he hear it? no. 'Tis insensible, then? yea, to the dead. But will it not live with the living? no. Why? detraction will not suffer it. Therefore I'll none of it. Honour is a mere scutcheon:* Gut, die Ehre fordert mich auf – ganz recht, und wenn mich also die Ehre auffordert und ich komme um, wie dann? Kann die Ehre mir ein Bein ansetzen? Nein: oder einen Arm? Nein: Oder kann sie mir den Schmerz einer Wunde wegnehmen? Nein: Die Ehre versteht sich also nicht auf die Chirurgie? Nein: Was ist dann die Ehre? Ein Wort:

Was ist das Wort Ehre? Luft. Wer hat sie? Der arme Jack, der an einem Mittwoche starb. Fühlt er sie dann? Nein. Hört er sie? Nein. Sie fällt also nicht in die Sinnen? Nicht in die Sinnen eines Toten. Aber lebt sie etwa mit den Lebenden? Nein, das läßt ihr der Neid nicht zu. Ich verlange also nichts davon; die Ehre ist nichts mehr als ein gemaltes Wappenschild an einem Sarge« (Wieland). Treffend sagt er, als Henry ernstmachen will mit dem Krieg: »*Rare words! brave world; Hostess, my breakfast, come!– / O, I could wish this tavern were my drum!:* Herrliche Worte! Herrliche Welt! – Komm, Wirtin, mein Frühstück! O, fast möcht ich wünschen, dies Wirtshaus wäre die Trommel, der ich zu folgen hätte!« (Eschenburg; Wieland schreckt vor dem Übersetzen von rüden Kneipenszenen meist zurück); und im ganzen bezieht sich auch auf Falstaff, was Percy einmal eher auf seinem Freund Henry münzt: »*... the nimble-footed madcap prince of Wales, / and his comrades, that daff'd the world aside, / and bid it pass:* ... der leichtfüßige und tollköpfige Prinz von Wales und seine Kameraden, die die Welt auf die Seite lachen und ihr sagen, sie könne gehen, wohin sie wolle« (Wieland). – **Falstaff** (nach einer Äußerung Shallows früher einmal übrigens Page beim alten Mowbray) findet in ›Heinrich IV./2‹ die richtigen Worte: »*The brain of this foolish-compounded clay, man, is not able to invent any thing that tends to laughter, more than I invent or is invented on me: I am not only witty in myself, but the cause that wit is in other men:* Das Hirn dieser närrischen Composition von Erdschollen, die man Mensch heißt, ist nicht fähig, mehr Lächerliches zu erfinden, als ich erfinde, oder wozu ich den Stoff hergebe. Ich bin nicht nur für mich selbst witzig, sondern auch die Ursache, daß andre Leute witzig sind« (Wieland); wird am Ende vom neuen König wohlwollend verstoßen, doch von Lancaster inhaftiert. – **Falstaff** stirbt in ›Heinrich V.‹: »*The king has killed his heart:* Der König hat ihm das Herz abgestoßen« (Eschenburg), sagt die Quickly, und sie wird recht haben: »*A' made a fine end, and went away, an it had been any christom child:* Er nahm ein so gutes Ende, und schied so selig von der Welt, wie ein eben getauftes Kind.«

Faulconbridge, Lady, hat, wie sie im ›Johann‹ gesteht, ihren Sohn Philip nicht vom Gatten Robert, sondern: »*King Richard Coeur-de-lion was thy father: / by long and vehement suit I was seduced / to make room for him in my husband's bed: / heaven* *lay not my transgression to my charge! / Thou art the issue of my dear offence, / which was so strongly urged past my defence:* König Richard, Cœur-de-lion, war dein Vater; durch langwieriges und heftiges Zusetzen ward ich endlich verführt, in meines Ehemanns Bette Platz für ihn zu machen. Der Himmel vergebe mir meine Übertretung! Aber du bist die Frucht meiner schweren Sünde, zu der ich so stark gereizt wurde, daß ich nicht länger widerstehen konnte« (Wieland); sie hört sich an, als habe sie nichts dagegen, einem Löwenherz nicht widerstanden zu haben, und dann für solch einen Sohn.

Faulconbridge, Philip, der Bastard im ›Johann‹, Bruder des erbgeilen Robert, Sohn der Lady Faulconbridge und des Richard Löwenherz während einer Dienstreise des alten Faulconbridge: Die Lady hatte dem Löwenherz einfach nicht widerstehen können, und jetzt kann dem Sohne Elinor nicht widerstehen, und ihr Sohn Johann muß ihn zum Ritter schlagen; ein wunderbar vorurteilsloser Mann, lernt er, in die große Welt einmal eingeführt, diese auf Anhieb durchschauen und beschließt, wenngleich allein, so doch mit dem Strom zu schwimmen: »*And why rail I on this Commodity? / But for because he hath not woo'd me yet: / not that I have the power to clutch my hand, / when his fair angels would salute my palm; / but for my hand, as unattempted yet, / like a poor beggar, raileth on the rich. / Well, whiles I am a beggar, I will rail / and say there is no sin but to be rich: / and being rich, my virtue then shall be, / to say there is no vice but beggary. / Since kings break faith upon commodity, / gain, be my lord, – for I will worship thee!:* Und warum ziehe ich wider dieses Interesse los, als weil es noch bisher nicht um mich gebuhlt hat; nicht, weil ich die Stärke hätte, die Hand zuzuschließen, wenn seine schönen Engel mir die ihrige darreichen würden; sondern weil meine Hand, die noch immer leer gelassen worden, gleich einem armen Bettler über die Reichen schmählt. Wohl dann, solang ich ein Bettler bin, will ich über die Reichen schmählen, und sagen, es sei keine größere Sünde als reich sein; und wenn ich reich bin, dann soll meine Tugend darin bestehen, daß ich behaupte, es sei kein Laster als Dürftigkeit. Wenn Könige selbst ihren Eid aus Eigennutz brechen, so sei du mein Gott, Gewinst; denn dir allein will ich dienen« (Wieland); beneidenswert an Faulconbridge ist, daß er weder von Natur aus einen bösen noch einen verdorbenen Charakter hat; dazu ist er wunderbar freimütig und wortgewaltig: und so haben alle ihn so zu fürchten, wie wir gern alle fürchten machen würden – er hätte ein shakespearescher Serienheld werden können.

Faulconbridge, Robert, auch Colbrand der Riese, im ›Johann‹ erbwütiger Bruder des Bastards Faulconbridge, bringt diesen um ein Erbe, verhilft ihm aber zu Ehren, wenn er meint: »*But truth is truth: large lenghts of seas and shores / between my father and my mother lay, / as I have heard my father speak himself, / when this same lusty gentleman was got:* Allein Wahrheit ist Wahrheit: Kurz, es lagen Meere und Länder zwischen meinem Vater und meiner Mutter, wie dieser junge Herr hier gezeugt wurde; das hab ich aus meines Vaters eignem Munde« (Wieland).

Ferdinand; Sohn Alonsos im ›Sturm‹, habe, sagt Ariel, beim Scheitern seines Schiffs beherzt geschrien: »*Hell is empty, / and all the devils are here:* Die Hölle ist leer, und alle Teufel sind hier« (Wieland); Prospero hat diesen jungen Mann, Gott weiß warum, für Miranda bestimmt; aber Gott auch; und so geht das gut; als ihr Vater probeweise ihn häßlich nennt, sagt Miranda: Dann wolle sie demütig auf keinen Schöneren je scharf sein; und als ihr Vater ihn einsperren will, sagt er: »*... might I but through my prison once a day / behold this maid: all corners else o' th' earth / let liberty make use of; space enough / have I in such a prison:* ... möchte ich nur einmal des Tages durch eine Öffnung meines Kerkers dieses holde Mädchen sehn: die Freiheit mag von dem ganzen Rest der Erde Gebrauch machen; für mich ist Raum genug in einem solchen Kerker« (Wieland); sehr einnehmend ist die nicht allein altmodische, sondern fast außerweltlich-überirdische Höflichkeit, mit welcher er, ausruhend vom Holzschleppen, Miranda um ihren Namen bittet, damit er sie im Gebet erwähnen kann; er verspricht dem Prospero, Miranda nicht zu vögeln vor dem Brautbett, und er wird das Versprechen zweifellos halten; und vielleicht kommt ihm ja dann auch das Temperament wieder, das ihn da, als er scheiterte, fluchen ließ, und dann das ganze Stück über wie gebannt schien.

Flavius, römischer Volkstribun in ›Julius Cäsar‹, unterhält sich auf der Straße mit dem ironischen Flickschuster und will dann mit seinem Kollegen Marullus dafür sorgen, daß an Cäsars Bildsäulen kein Schmuck mehr hängt; man habe ihn und Marullus deshalb, erzählt Casca später, zum Schweigen gebracht.

Flavius, treuer Diener seines Herrn in ›Timon von Athen‹, muß immer geben, und darf nicht sagen, daß nichts mehr da ist; teilt, als Timon aufs Feld und in den Wald und seine Höhle gegangen ist, das Seine mit den Dienern, die dann gehen; geht schließlich hinaus zu Timon, mit dem allerletzten Rest seines Geldes, und will bei ihm bleiben: Der aber schickt ihn mit einem Sack voll Gold weg, und mit einem Ermahnungskatalog, einer schönen Verkehrung jener Kataloge, die wir aus anderen Stücken schon kennen.

Fleance, Banquos Sohn in ›Macbeth‹, hat auf Banquos Frage, wie spät es sei, zu antworten: »*The moon is down; I have not heard the clock:* Der Mond ist unter; ich habe die Glocke nicht gehört«, und dann auf Banquos Information, der Mond gehe um zwölf Uhr unter, zu replizieren: »*I take't t'is later, Sir:* Ich denk es ist später, gnädiger Herr«; als die Mörder kommen, kann Fleance fliehen, und der Vater ruft ihm sterbend nach: »*Fly, good Fleance, fly, fly, fly! / Thou mayst revenge:* Flieh, Fleance, flieh, flieh, flieh; du kannst mein Rächer sein« (Wieland); Fleance wird nicht zum Rächer; was aus ihm sonst wird, weiß man nicht.

Florizel, böhmischer Prinz im ›Wintermärchen‹, Sohn des Polixenes, Verehrer und Liebhaber Perditas, verkehrt bei den Ihren auf der großen Party unter dem Namen Doricles; keiner in der Welt ist so gut wie er in liebevollen Lobpreisungen des Mädchens, das er haben will; und er lobt es nicht, weil er's haben will, sondern er will's haben, weil es so unendlich lobenswert ist; seine Reden an Perdita sind von jener Übertriebenheit, der es nur auf die Wahrheit ankommt: Wenn er lobt, was er liebt, dann läßt er sich also nicht davon beirren, was die Welt für maßvoll hält; und er hat doppelt recht: Erstens lügt er nicht, und er übertreibt auch gar nicht und zweitens glaubt ihm Perdita aufs Wort, das heißt, sie hört ohne alle Koketterie aus seinen Reden heraus, was wahr daran ist: seine Liebe, und daß wirklich sie es ist, die er liebt. Und so hat er das Glück, in seinem Überschwang nicht verletzt zu werden und also wirklich die Wahrheit selbst in jenem Maße zu sagen, für das er nichts mehr kann; in diesem Einklang mit Perdita ist er der einzige junge Mann, der jenseits aller bloßen Romantik ist, wenn er gegen den wütenden Vater zu Camillo sagt: »*I / am heir to my affection:* Ich bin Erbe von meiner Liebe« (er will also seinen Gefühlen folgen, sagt er), und dann, als Camillo meint, er solle sich raten lassen, repliziert: »*I am, and by my fancy. If my reason / will thereto be obedient, I have reason; / if not, my senses, better pleased with madness, / do bid it welcome:* Das tu ich; aber von meiner Liebe. Will sich meine Vernunft bequemen, dieser zu gehorchen, so hab ich Vernunft; wo nicht, so finden meine Sinne mehr Wohlgefallen an der Raserei und heißen sie willkommen« (Eschenburg); er sagt das so ruhig, daß er recht haben muß, und so halten ihn denn auch Perditas Schönheit und Camillos Vernunft am Leben.

Fortinbras, Senior, aus ›Hamlet‹, am Tag von Hamlets Geburt im Zweikampf vom alten König, Hamlets Vater, erschlagen.

Fortinbras, Junior, am Anfang von ›Hamlet‹ offenbar dabei, ein Heer zusammenzukriegen zur Wiedergewinnung der Länder, die sein Vater im leichtsinnigen Zweikampf gegen den alten Hamlet verlor; wenn man ihn sieht, steht er mit einem Heer auf einer Ebene in Dänemark und will wegen nichts nach Polen; wenn man ihn das nächste Mal sieht, sind die anderen alle tot, die in Dänemark; er selber führt sich als der neue Herr auf, und es wird nichts mehr faul sein in Dänemark und auch nicht mehr alles aus den Fugen, zumal die, die das meinten, ja alle tot sind.

Fortuna, große Göttin, von Shakespeares Römern oft zitiert, etwa in ›Coriolan‹ von Lartius, der dem Coriolan nachruft (als dieser gegen Aufidius geht): »*Now the fair goddess, Fortune, / fall deep in love with thee; and her great charms / misguide thy opposer's swords:* Jetzt müsse die schöne Göttin des Glücks recht sterblich in dich verliebt werden und durch ihre große Zauberkraft die Schwerter deiner Feinde irreführen« (Eschenburg). – **Fortuna,** das Glück oder die Göttin desselben, in ›Timon von Athen‹ ein von ihm selbst und dem Kollegen Maler hochgepriesener Einfall des Dichters: Fortuna auf einem grünen Hügel winkt mit elfenbeinerner Hand den Timon zu sich heran, und alle anderen Mitbewerber um ihre Gunst sind seine Sklaven. – **Fortuna** wird im ›Wintermärchen‹ von Perdita in Liebesdingen angerufen: »*O Lady Fortune, / stand you auspicious!:* O Dame Fortuna, sieh uns mit günstigen Augen an!« (Wieland); ihre gänzliche Unberechenbarkeit zeigt sich darin, daß, als in Sizilien Florizel plötzlich verhaftet wird, er seine Perdita trösten kann mit der Idee: Selbst wenn Fortuna als sichtbare Feindin sie beide verfolgen sollte, hätte sie doch keine Chance gegen ihre Liebe.

Francisco, neben Adrian der einzige positive Kopf unter den neapolitanischen Höflingen auf Prosperos Insel im ›Sturm‹. Er will gesehen haben, wie Ferdinand sich rettete: Aber sie glauben es ihm nicht, und zumal Sebastian und Antonio. Die freuen sich über den vermeintlichen Tod, und Antonio meint, von diesem Francisco werde kaum eine Erinnerung übrig bleiben auf der Erde.

Frederick, in ›Wie es euch gefällt‹ Bruder des alten Herzogs, hat ihn verbannt und ihm alles weggenommen; schickt, als der unbekannte Orlando zur Freude seiner Tochter Celia und seiner Nichte Rosalind den Ringer Charles besiegt hat, und als er etwas von dem ahnt, was Rosalind empfindet, auch diese weg, wie seinerzeit den Vater: Aber die eigene Tochter geht mit, und der Narr dazu, und so geht dann die ganze Geschichte los, die endet, indem er selber allem entsagend fromm wird.

Froissart, französischer Dichter und Chronist des 13. Jahrhunderts; als in ›Heinrich VI./1.‹ die Franzosen bei Orleans zunächst vor den Engländern fliehen (eh die Pucelle dazukommt), erwähnt Alencon ihn als den, der gesagt habe, England habe seinerzeit lauter Olivers und Rolande gehabt; jetzt, fügt Alencon hinzu, habe England offenkundig lauter Simsons und Goliasse (Olivier ist der Paladin Karls des Großen im altfranzösischen Rolandslied).

Fulvia, Gattin des Antonius in ›Antonius und Kleopatra‹, stirbt am Stückanfang in der Ferne; hat sich mit Antonius' Bruder Lucius überworfen, dann mit ihm gegen Octavius verbunden, und der hat sie beide geschlagen; bei der Nachricht von ihrem Tode spricht Antonius dieses Epitaph: »*There's a great spirit gone! Thus did I desire it: / what our contempts doth often hurl from us, / we wish it ours again; the present pleasure, / by revolution lowering, does become / the opposite of itself; she's good, being gone; / the hand could pluck her back that shoved her on. / I must from this enchanting queen break off...:* Welch eine große Seele ist gegangen! Und doch wünschte ich das. Was wir mit Verachtung von uns stoßen, wünschen wir oft wieder zurück, wenn es nicht mehr in unserer Gewalt ist; das gegenwärtige Vergnügen wird durch den sinkenden Umlauf der Zeit endlich das Gegenteil von sich selbst. Nun da sie dahin ist, ist sie wert, und diese Hand, die sie fortschob, könnte sie wieder zurückziehen. Ich muß mich von dieser bezaubernden Königin losreißen...« (Wieland): Das, wovon er sich losmachen will in der Trauer, ist gerade das, worin der Ausdruck der Trauer mündet – Antonius sagt wirklich die Wahrheit; Enobarbus, der immer ein bißchen den Narren spielt, macht Antonius gegenüber diesen Kommentar: »*Why, Sir, give the gods a thankful sacrifice. When it pleaseth their deities to take the wife of a man from him, it shows to man the tailors of the earth; comforting therein, that when old robes are worn out, there are members to make news:* Nun, so bringe den Göttern ein Dankopfer. Wenn es ihren himmlischen Gottheiten beliebt, einem Manne sein Weib zu nehmen, so lassen sie ihm doch den Trost, daß, wenn alte Kleider abgetragen sind, der Schneider noch lebt, der neue machen kann« (Eschenburg). Plutarch übrigens, aus dem Shakespeare die ganze Geschichte hat, meint ein bißchen sarkastisch, Fulvia, eine Demagogenwitwe, habe nicht Hausarbeit und dergleichen im Sinn gehabt, auch nicht, einen einfachen Mann zu beherrschen, sondern sie habe einen führenden Mann führen und einen General kommandieren wollen, »so daß Kleopatra der Fulvia eigentlich Lehrgeld schuldete für die Gewöhnung des Antonius an ein Frauenregiment, da sie ihn als einen Mann in die Hand bekam, der schon völlig gezähmt und von Anfang an dazu erzogen war, Frauen zu gehorchen«. Antonius, Octavius gegenüber, nennt sie noch im nachhinein zanksüchtig, widerspenstig und jähzornig.

G

Galen, berühmtester Arzt der Antike, in ›Ende gut alles gut‹ von Lafeu neben Paracelsus zitiert zur Bemerkbarmachung des Wunderbaren in der Heilung des Königs durch Helenas Arznei. – **Galen,** der berühmte alte Arzt noch einmal: in ›Coriolan‹ findet Menenius, als er einen Brief von Coriolan erhält, das herrlichste Rezept eines Galen sei gegen einen solchen Brief nur Quacksalberei.

Gardiner, in ›Heinrich VIII.‹ neuer Sekretär des Königs, Ersatz für den verstorbenen Doktor Pace: Gardiner ist eine Kreatur Wolseys, der ihn dem König untergeschoben hat, und wird dann, ein Feind Cranmers (der ein Feind Wolseys war, und so bleibt Gardiner dem ersten Herrn treu), Bischof von Winchester; Heinrich vergleicht ihn einmal mit einem Spaniel, der ihn mit Schmeicheleien für sich gewinnen wolle; und Cranmer, als Gardiner ihn stürzen will, sagt mit seiner halbnaiven Ironie: »*You're always my good friend; if your will pass, / I shall both find your lordship judge and juror, / you are so merciful:* Ich dank Euch, Ihr seid doch immer mein guter Freund. Wenn's nach Eurem Willen geht, so werd ich, Mylord, an Euch beides einen Kläger und einen Richter haben; so menschlich seid Ihr« (Eschenburg); so stürzt Gardiner denn auch nicht, wie damals Wolsey, sondern der reifer gewordene Heinrich ermahnt ihn nur, wie alle anderen auch, zu Liebe gegenüber Cranmer, der weiter steigen wird wie Cromwell: Also Heinrich pocht auf die Staatsraison.

George, Sohn Plantagenets (später Clarence) in ›Heinrich VI./3‹, kommt nach des Vaters Tod mit Truppen aus Burgund; ist, nach des geilen Edward Thronbesteigung und bei der allgemeinen Frauenverteilung, scharf auf Warwicks jüngere Tochter und geht dann, wegen des Verrats Edwards an Bona, vielleicht auch bloß wegen seiner Benachteiligung, zu Warwick über; wirft aber, mit seinen Truppen in Coventry angekommen, die rote Rose vom Hut ab Warwick vor die Füße und wendet sich wieder den Brüdern zu: wohl der geringste der Brüder Plantagenet.

Gertrude, in ›Hamlet‹ Frau des alten ermordeten Königs, Mutter Hamlets, neue Frau des mörderischen Königsbruders und jetzigen Königs Claudius: verlogen, argwöhnisch; sie war die Frau eines Königs, der offenbar ein wirklicher Mann war. Nun ist sie auch die Frau eines Königs, aber der ist eine Fratze als Mann; und mag der neue vielleicht als Liebhaber ölig-galanter sein als der alte war, so bleibt eben deshalb zur Erklärung doch kaum was anderes als Hamlets These, oder die des Geistes, daß die untreue Geilheit eben einfach ist, was sie ist; hinzu wird kommen, daß der alte König rechtschaffen war, und der neue darüber hinwegsieht, daß die Königin sich jedes Jahr dreihundert Paar Schuhe kauft und Dummköpfe, denen sie zuzwinkert, zu Staatsräten macht. Irgendetwas dergleichen kommt vielleicht noch hinzu, und so ist die Korruption von wirklich allem vollkommen, und das unbehelligte Wohlgefühl der ungehemmt ausgelebten Gewöhnlichkeit.

Glendower, Owen, in ›Heinrich IV./1‹ der verrückte Rebell aus Wales, der an Himmelszeichen und Magie und allen Hokuspokus glaubt und damit dem raschen und bei all seiner Kindlichkeit weltlichen Percy sehr auf die Nerven geht; er ist auch prophetisch eitel: »*And all the courses of my life do show / I am not in the roll of common men. / Where is he living, clipp'd in with the sea / that chides the banks of England, Scotland, Wales, / which calls me pupil, or hath read to me? / And bring him out that is but woman's son / can trace me in the tediou ways of art, / and hold me pace in deep experiments:* Der ganze Lauf meines Lebens hat bewiesen, daß ich nicht in die Klasse der gewöhnlichen Menschen gehöre. Wo lebt, innert den seebespülten Grenzen von England, Wales und Schottland, der Mann, der sich rühmen kann, mein Lehrmeister gewesen zu sein? Und dennoch hab ich den Sohn eines Weibs noch nicht gesehen, der es in irgendeiner Wissenschaft oder Kunst mit mir aufnehmen könnte«; Percy sagt über ihn: »*O, he is as tedious / as a tired horse, a railing wife; / worse than a smoky house: I had rather live / with cheese and garlic in a windmill, far, / than feed on cats* *and have him talk to me / in any summerhouse in christendom:* O, er ist so beschwerlich wie ein müdes Pferd oder ein keifendes Weib; ärger als ein rauchiges Haus. Ich wollte lieber bei Käs und Knoblauch in einer Windmühle leben, und weit von ihm sein, als Katzen fressen und seinem Geschrei zuhören, in irgendeinem Sommerhaus in der Christenheit« (Wieland; Katzen fressen ist einer von Wielands hübschen Fehlern; es muß heißen: herrliche Speisen essen); Glendower wäre ein Typ für den alten Bloch, ein bißchen sogar wie dieser selber; aber seine Tochter kann schön singen. – **Glendower:** von welchem es in ›Heinrich IV./2‹ nur noch einmal heißt, er sei tot.

Gloucester, Humphrey, Onkel des Königs, Protektor Englands, in ›Heinrich VI./1‹ der eingeschworene Feind Winchesters, mit dem er seit der Bahre Heinrichs V. überall streitet, im Tower, im Parliament; will für sein Land das halten, was errungen ist, sträubt sich gegen Verzichte um eines Heiratsfriedens willen, und weissagt den gänzlichen Verlust Frankreichs; hält sich aus den Rosenstreitigkeiten heraus, scheint in der Verwaltung des Landes und Staats integer und uneigennützig. Auf der Seite der Macht, möchte man sagen, ist er, soweit das geht auf der Seite der Macht, das Ebenbild Heinrichs: Dies ist, neben dem Ehrgeiz seiner Frau, sein Unglück. – **Gloucester** wird dann in ›Heinrich VI./2‹ von Winchester, York und Buckingham vor dem König verleumdet; Heinrich hält zu ihm, eben deshalb morden ihn dann Suffolk, Plantagenet und Winchester; alles in allem wohl ein Ehrenmann in seiner Umgebung; aber ein großer Tod, wie ihn sonst die Bösesten haben, ist ihm versagt: Er stirbt hinter der Bühne.

Gloucester, Earl, in ›Lear‹ Vater Edgars und Vater des Bastards Edmund, und in betreff beider Söhne ebenso blind wie Lear in betreff der drei Töchter: Es bedarf aber dieser dummen Väter, damit das ganze Stück in Gang kommt und in Schwung bleibt; als Gloucester auf Regans Betreiben von Cornwall blind gemacht ist, erkennt er, daß Edmund der Böse war: ein bißchen spät; seinem unerkannten Edgar gegenüber, ehe er sich bei Dover vom Felsen werfen will, argumentiert er so: »*Here, take this purse, thou whom the heavens plagues / have humbled to all strokes: that I am wretched / makes thee the happier: heavens, deal so still! / Let the superfluous and lust-dieted man, / that slaves your* *ordinance, that will not see / because he doth not feel, feel your power quickly; / so distribution should undo excess, / and each man have enough:* Hier, nimm diesen Beutel, du den des Himmels Plagen allen Streichen des Unglücks ausgesetzt haben. Daß ich elend bin, macht dich glücklicher. Teilet immer so, ihr Götter; laßt den reichen, von Überfluß und Wollust berauschten Mann, der euren Schicksalen Trotz bietet und das Elend seiner Nebengeschöpfe nicht sehen kann, weil er's nicht fühlt, laßt ihn schleunig eure Allmacht fühlen; so wird Freigebigkeit den unmäßigen Überfluß dämpfen und ein jeder Mensch genug haben« (Wieland). Was Gloucester hier wieder nicht mitkriegt, ist, daß sein Sohn sich keineswegs daran freut, in ihm einen noch Unglücklicheren vor sich zu haben: Es ist das wahre und von ihnen fast nie durchschaute Elend dieser groß und tragisch Leidenden, daß sie dabei immer noch entsetzlich eitel sind; um ihnen auch diese Selbstgefälligkeit noch auszutreiben, bedarf es freilich eines Leids, das ihnen keiner mehr zumuten mag; merkwürdig übrigens, daß man am Ende gar nichts mehr von ihm erfährt.

Goneril, in ›Lear‹ erstgeborene Tochter Lears, vor Regan und Cordelia, verehelicht mit dem Duke von Albany, den sie für schwach und feige hält, dann scharf auf Edmund: Ein Brief, den sie ihm schreibt, wird ihr schließlich zum Verhängnis, und sie ersticht sich, nachdem sie eifersüchtig ihre Schwester Regan umgebracht hat; im Anfang ist sie die treibendere Kraft im Zugrunderichten des Vaters, wohl, weil sie den wesentlich zurückhaltenderen Mann hat; als sie Regan soweit hat, daß auch die völlig mitspielt (man denke an Gloucesters Blendung), bleibt sie die aktivere in der Geilheit auf Edmund und in der Zielstrebigkeit, mit der sie ihre Pläne verfolgt, in der Bedenkenlosigkeit auch, mit der sie die Mittel wählt: Sie vergiftet Regan, und schließlich, als alles gescheitert ist, ersticht sie sich selbst – das ist richtig gedacht und kann den sehr für sie einnehmen, der ihr nur zuzuschauen braucht, denn alle anderen, ob sie sie liebt oder verachtet oder haßt, sind doch ihre Opfer; ihr Abgang ist gelungen, wenn sie ihrem Mann, der sie fragt (rhetorisch fragt, als ob man solch ein Wesen rhetorisch fragen könnte; rhetorisch fragt man nur die, die aus Schwäche lügen müssen), ob sie den Brief kenne, den sie Edmund geschrieben hat, antwortet:

»Ask me not what I know: Frag mich nicht, was ich kenne« (Wieland).

Gonzalo, im ›Sturm‹ der ehrliche alte Ratgeber des Königs Alonso, ein großer Logiker der Vorsehung, wenn er dem Bootsmann ein Galgengesicht attestiert und dann argumentiert: *»Stand fast, good Fate, to his hanging: make the rope of his destiny our cable, for our own doth little advantage. If he be not born to be hanged, our case is miserable:* Halte fest an deiner Absicht, liebes Schicksal; mache den Strang, der ihm bestimmt ist, zu unserem Ankerseil, denn das unsrige hilft uns nicht viel: wenn er nicht zum Galgen geboren ist, so steht es jämmerlich um uns« (Wieland); Gonzalo hatte seinerzeit Vater Prospero mit Tochter Miranda auf den Seelenverkäufer setzen und aufs Wasser stoßen sollen; hatte das auch getan, aber ins Boot Essen, Kleider, Geräte und auch Bücher gelegt für den Büchernarren Prospero. All das hat dieser ihm nie vergessen; mittlerweile sind aber beide sehr alt geworden, und es ist recht rührend, wie Gonzalo eine Utopie über das Herrschen ausmalt, und doch zeigt's dann wieder seine Verschmitztheit, wie er sie mitteilt.

Gower, John, berühmter englischer Dichter aus dem 14. Jahrhundert, Verfasser eines großen gereimten Erzählwerks (Confessio Amatis), aus dem Shakespeare vermutlich die Story hat, die er in ›Perikles‹ verbrät; dankbar und in Verehrung läßt er mehrmals Gower selber auftreten als Chorus, das heißt als den, der dem Zuschauer immer das erzählt, was zwischen den Szenen passiert, die der Zuschauer sieht; Gower bei Shakespeare redet in einer ähnlichen Sprache wie bei Goethe alle die, die so ähnlich reden sollen wie der alte Hans Sachs.

Graf von Roussillon, Gatte der Gräfin, Vater Bertrams, scheint in ›Ende gut alles gut‹ kurz vor Beginn des Stücks gestorben zu sein: Alle sind noch in Trauer und reden von dem Tod, auch in Paris dann der König, mit dem er gleichen Alters gewesen zu sein scheint und der ihn so charakterisiert: *»So like a courtier, contempt nor bitterness / were in his pride or sharpness; if they were, / his equal had awak'd them; and his honour, / clock to itself, knew the true minute when / exception bid him speak, and at this time / his tongue obey'd his hand: who were below him / he* *us'd as creatures of another place, / and bow'd his eminent top to their low ranks, / making them proud of his humility, / in their poor praise he humbled. Such a man / maght be a copy to these younger times, / which, follow'd well, would demonstrate them now / but goers backward:* Er war so sehr ein Hofmann, daß sein Stolz niemals in Verachtung, sein Scharfsinn niemals in Bitterkeit überging; und ließ er diese blicken, so tat er's doch nur gereizt und gegen seinesgleichen. Seine Ehre diente sich selbst zur Uhr, und wußte genau die Minute, wenn es Zeit war zu reden, und dann gehorchte seine Zunge ihrem Zeiger. Die unter ihm waren, sah er als Geschöpfe einer ganz andern Klasse an, neigte seinen erhabenen Wipfel zu ihren niedrigen Zweigen herab, machte sie stolz auf seine Demut und ward durch ihr armes Lob selbst demütig. Solch ein Mann sollte billig ein Muster für unsre junge Welt abgeben, aus dessen treuer Nachfolge man sehen würde, daß sie immer weiter zurückkömmt« (Eschenburg).

Gräfin von Roussillon, Mutter Bertrams in ›Ende gut alles gut‹: eine Frau, die über das meiste glücklich hinaus ist; scherzt anmutig mit dem Narren, redet anmutig mit dem alten Lafeu, und als sie sieht, wie es Helenen zumute ist, erinnert sie sich gut alles dessen, worüber sie selber so glücklich hinaus ist; gibt ihrem törichten Sohn sehr verständige Lebensregeln mit an den Hof, schöner als Polonius seinem Laertes: Dieser freilich hatte keine nötig, und jenem nützen auch die schönsten nichts; sie ist selbständig genug, die verhältnismäßige Nichtswürdigkeit ihres Sohnes zu erkennen, und doch ihm gewogen genug, ihm Lafeus Maudlin zu gönnen, als sie Helena tot glaubt: Alles bei ihr scheint in zarte Gleichgültigkeit getaucht, und in ihr macht der Narr sie lächeln.

Gratiano, wie Solanio und Salerio ein Freund Antonios und Bassanios im ›Kaufmann von Venedig‹, manchmal ein etwas ungeschliffener Bursche, ein wenig geradeaus offenbar: Einmal, als er mit nach Belmont will, ermahnt Bassanio ihn (Bassanio scheint nichts von der Liaison zwischen Gratiano und Nerissa zu wissen), und in der Gerichtsszene dann verflucht er den schon geschlagenen Shylock sehr unnachgiebig und rachsüchtig; gut aufgelegt, fast ein wenig närrisch oder den Narren spielend, aufmunternd und immer zu einer schönen Zote bereit.

Gratiano, in ›Othello‹ Bruder von Desdemonas Vater Brabantio, befindet sich mit einem Male auch auf Zypern; als Desdemona tot ist, hat er die Nachricht, daß Brabantio aus Gram über Desdemonas Heirat mit Othello mittlerweile in Venedig gestorben ist; sonst ein sehr ruhiger und die Ordnung Venedigs vertretender Typ, spricht er am Ende das Wort: »*All that's spoke is marred:* Nun sind alle unsre Reden umsonst« (Eschenburg), »Hier verlieren Worte alle ihre Kraft« (Wieland), »Umsonst nun unser Wort« (Baudissin), »Alles, was man sagt, ist nichtig« (Balz Engler in der Tübinger Studienausgabe).

Gremio, in ›Der Widerspenstigen Zähmung‹ ein Bewerber um Biancas Gunst, scheitert erstens, weil er sehr viel älter ist als Hortensio und als Lucentio und zweitens, und nicht ohne eine gewisse Würde, weil er sehr viel weniger Besitz hat als Lucentio; erzählt sehr schön von der kirchlichen Trauung Petruchios mit Katharina, bemerkt gleich den Betrug mit dem Pedanten und Vicentio, als Vicentio erscheint, und ist also alles in allem kein unvernünftiger Mann: Nur haben will ihn keine, und er vielleicht jetzt aber auch keine mehr.

Grey, Lady, eine Witwe, deren Mann bei Saint Albans gefallen war, kommt in ›Heinrich VI./3‹ als Bittstellerin zum neuen König Edward, wird von diesem, dessen Brüder George und Richard zuhören, zur Geliebten begehrt, und, als sie nein sagt, zur Frau gewollt: Unwissend rennt sie da hinein, denn sie weiß nicht, daß Edward schon um Ludwigs Schwester Bona freien läßt, und unschuldig wird sie so zum Grund von Warwicks Abfall (der um Bona freit für Edward); keine sehr deutliche Gestalt, und hat am Schluß, als Königin Elizabeth, ein Prinzlein im Arm, das alle küssen, von einem Mann, der Prinzen mordet. – **Grey,** dieselbe Lady in ›Richard III.‹, als Königin Elizabeth, hat zwei Kinder, beide werden auf Geheiß Gloucesters durch Tyrrels Leute Dighton und Forrest umgebracht; hat auch noch einige Töchter, eine davon heißt Elizabeth, die will, nach Annes Tod, Gloucester auch noch haben (und sie gibt sie ihm fast auch), er kommt aber nicht mehr dazu; sie schärft ihren Charakter in großen Klage-, Rede- und Schimpfduellen mit der alten Herzogin und mit Margaret. Besonders Margaret ist ihr Widerpart, und sie brüsten sich mit allen Toten und werfen sich alle Tode vor; an der Seite der alten York bekehrt sie sich am

Ende zur leidenden Menschlichkeit, auch wenn sie Margaret noch fragt, wie man sein Herz verhärten und fluchen lernen könne.

Guiderius, in ›Cymbeline‹ Bruder des Arviragus, heimlicher Königssohn im walisischen Wald, als der ältere der beiden der Thronerbe; ist im Wald ganz hingerissen von Imogen, und etwas deutlicher verliebt als sein kleiner Bruder, etwas bewußter: Wärst du eine Frau, sagt er zu ihr, würd ich um dich werben, und ein andermal: er liebe sie mehr als seinen Vater (er meint also Belarius); rauher auch als Arviragus, etwa beim Beklagen der scheintoten Imogen, und männlich-entschlossener: Immerhin haut er dem blöden Cloten einfach den Kopf ab.

H

Hamlet, Titelheld, dreißig Jahre alt, als Ophelia stirbt, sieht mit seinen Freunden die Zeichen dafür, daß etwas zu tun wäre für seine Generation (sieht Geister und Gespenster), nimmt die Sache aber, mit gewissen guten Gründen, allzu persönlich, und kommt so zu nichts; er ist ein wunderbarer Typ, aber er bringt ein schönes Mädchen, das ihn will, zur Verzweiflung, und macht sich einen jungen Mann zum Feind, der gut sein tatkräftiger Freund, ja die tätige andere Hälfte seiner selbst hätte sein können; er ist der Stückeschreiber oder Akteur, der sich mit einem Male in einem gespielten Stück wiederfindet und mit äußerst irritiertem Entsetzen merkt, daß die anderen alles ernst meinen und auch nehmen; nun kann er sich nur noch ganz und gar klarmachen, wozu er da verurteilt ist; das rettet ihn nicht (und es ehrt ihn dann dummerweise fast wieder, daß er nicht einmal die kleine Ophelia verführt: das würde doch wenigstens die Empfindung des Lebens geben, beiden) und ändert wenig, macht aber doch immerhin noch all den Spaß, der draus zu holen ist; es bleiben, könnte man einwenden, für solchen Spaß für einen allein zu viele Gute auf der Strecke: Das ist wahr, aber eigentlich außerhalb seiner Verantwortung; seine an und für sich sehr schönen monologischen Ausbrüche sind fast alle ein bißchen geschwollen und eher in der Rhetorik stark als in der Argumentation, das heißt, sie geben außerordentlich treffend die Sinnlosigkeit bestimmter Probleme wieder und damit zugleich die gelegentliche Unentrinnbarkeit dieser Absence von Sinn. In diesen Monologen spricht sich das aus, was alle anderen Narren verschweigen, weil es nicht amüsant ist; Hamlet hätte Ophelia vögeln und dann in ein Kloster gehen sollen.

HAMLET **I** Auf der Burgterrasse in Helsingör löst Bernardo Francisco in der Wache ab. Horatio und Marcellus kommen, Horatio fragt, ob der Geist wieder erschienen sei. Bernardo will dem zweifelnden Horatio gerade vom Geist erzählen, da erscheint er selber; Horatio spricht ihn an, aber der Geist geht weg. Marcellus fragt, warum das Land auch in der Nacht so bewacht werde und so geschäftig sei: »*What might be toward, that this sweaty haste / doth make the night joint-labourer with the day:* Was mag bevorstehen, daß die schwitzende Eilfertigkeit die Nacht zum Tage nehmen muß, um bald genug fertig zu werden?« Horatio meint, der junge Fortinbras aus Norwegen wolle das Land wiederhaben, das sein Vater gegen den verstorbenen König Hamlet im Zweikampf verloren habe, und so rüste Dänemark; daher wohl auch die Erscheinung des Königs, sagt Bernardo, und Horatio vergleicht sie mit den Erscheinungen in der Zeit vor Cäsars Tod. Der Geist kommt wieder, wieder redet Horatio ihn an, da kräht der Hahn, der Geist verschwindet. Darüber reden sie, dann wollen sie Hamlet einweihen: Mit ihm werde der Geist reden. Im Schloß verkündet Claudius, er werde trotz aller Trauer die Witwe heiraten; was Fortinbras angehe, so werde er Voltimand und Cornelius zu Fortinbras' Onkel schicken, wegen Einstellung der Kriegsrüstungen. Laertes, eigens der Krönung wegen aus Frankreich angereist, möchte wieder zurück: Er darf. Die Königin muntert Hamlet auf, nicht fortwährend noch zu trauern; der König findet sogar, Hamlet sei unmännlich und starrsinnig und unfromm und solle überdies nicht nach Wittenberg zurück; Hamlet ist einverstanden, und das Königspaar beschließt ein Gelage. Hamlet allein findet eine Welt widerlich, in welcher eine Frau nur zwei Monate nach dem Tod eines Mannes wie Hamlet senior einen Mann wie Claudius heiraten kann: »*O! That this too too solid flesh would smelt, / thaw and resolve itself into a dew; / or that the Everlasting had not fixed / his canon 'gainst self-slaughter! O God! God! / How weary, stale, flat, and unprofitable / seem to me all the uses of this world:* O daß dieses allzu – allzu – feste Fleisch schmelzen und in Tränen aufgelöst zerrinnen möchte! Oder daß er, der Immerdauernde, seinen Donner nicht gegen den Selbst-Mord gerichtet hätte! O Gott! O Gott! Wie ekelhaft, schal, abgestanden und ungeschmackt kommen mir alle Freuden dieser Welt vor!« Horatio, Marcellus und Bernardo kommen, Hamlet spottet über die schnelle Hochzeit, das sie doch alle eigentlich zum Begräbnis angereist seien; sie kommen auf den Vater, Horatio berichtet von der Nacht mit dem Geist, Hamlet sagt, er werde diese Nacht auch dasein. In Polonius' Haus warnt Laertes seine Schwester davor, Hamlets Reden über seine Liebe zu ihr ernstzunehmen: Hamlet sei hoch über ihresgleichen; Ophelia verspricht aufzupassen, mahnt ihn aber auch. Polonius kommt dazu und gibt dem Sohn einen Haufen altersweise Ratschläge mit auf die Reise in die Welt. Dann verbietet Polonius der offenherzigen Ophelia jedes Alleinsein mit dem geilen Hamlet. Nacht dann auf der Terrasse mit Hamlet, Horatio und Marcellus; im Schloß wird gefeiert, Hamlet räsoniert über das dänische Laster des Saufens, da kommt der Geist; Hamlet redet ihn groß an, der Geist winkt ihn zu sich, die Freunde raten Hamlet ab, der geht aber mit, und der väterliche Geist deutet an, was er leiden müsse, da er so unvorbereitet habe abtreten müssen, und nicht einfach so, sondern ermordet, nämlich vom Bruder mit Gift, und die unzüchtige Gertrud sei mit von der Partie, und Hamlet solle die Tat rächen, wenngleich nicht an der Mutter. Hamlet schwört das für sich. Die Freunde kommen, Hamlet will ihnen nichts Näheres sagen, aber sie sollen Stillschweigen schwören, und der Geist meldet sich bekräftigend noch einmal dazu, während Hamlet schon merkwürdig über den Geist redet, wie familiär mit allem Schrecken. Er schließt: »*The time is out of joint; – o cursed spite, / that ever I was born to set it right!:* Die Zeit ist aus ihren Fugen gekommen; o! unseliger Zufall! Daß ich geboren werden mußte, sie wieder zurechtzusetzen!«

II In seinem Hause schickt Polonius Reynoldo umständlich nach Paris, seinem Laertes nachzuspionieren und ihn wenn nötig auf dem richtigen Weg zu halten. Ophelia kommt und erzählt von einer Szene mit Hamlet, der wie verrückt geschienen habe, ohne Grund von ihrer Seite, sie habe bloß, wie ihr Vater ihr geraten habe, Briefe Hamlets und ihn selber abgewiesen; Polonius, der nun zu wissen glaubt, woran Hamlet leidet, will damit zum König. Bei dem und Gertrude sind Rosencrantz und Guildenstern, die den Auftrag erhalten, Hamlet auszuforschen und ihn zu unterhalten. Polonius kommt und meldet die norwegischen Gesandten und daß er das Geheimnis Hamlets wisse. Voltimand aus Norwegen kommt und berichtet, der alte Onkel des Fortinbras, der geglaubt habe, die Rüstungen würden gegen Polen gehen, habe sie jetzt gestoppt; Fortinbras habe Frieden gegen Dänemark geschworen, wolle gegen Polen gehen und von Dänemark nur Durchzugsrechte. Polonius beginnt jetzt umständlich zu berichten und kommt dann auf Ophelia, indem er Briefe und Gedichte Hamlets an sie vorzeigt; er, Polonius, habe seiner Tochter diese Liebe verwiesen, und nun sei

Hamlet eben verrückt geworden. Claudius und Gertrude bleiben ein bißchen skeptisch. Hamlet kommt lesend, und zur Prüfung seiner These unterhält sich Polonius mit ihm: Hamlet spielt den Hintersinnig-Irren, Polonius sieht sich bestätigt. Rosencrantz und Guildenstern kommen zu Hamlet, und der versucht den alten Schulkameraden klarzumachen, daß er ihre Mission durchschaut hat. Sie erzählen von den Schauspielern, die wieder da seien; Hamlet freut sich und sagt den beiden, sein Onkel-Vater und seine Tante-Mutter täuschten sich: »*I am but mad north-north-west; when the wind is southerly, I know a hawk from a handsaw:* Ich bin nur toll bei Nord oder Nord-West; wenn der Wind von Süden bläst, kann ich einen Falken sehr wohl von einer Hand-Säge unterscheiden.« Dann sagt er ihnen noch, Polonius, der gerade komme, sei senil und werde bestimmt von den Schauspielern anfangen zu reden: Der tut's, Hamlet foppt ihn mit einer Anspielung auf Jephtha und seine Tochter. Die Schauspieler kommen, Hamlet unterhält sich mit ihnen und rezitiert um die Wette mit einem eine Erzählung des Äneas vor Dido, betreffend den Tod des Priamus und die Trauer Hekubas. Polonius macht törichte Zwischenrufe, Hamlet empfiehlt ihm die Schauspieler an (er solle sie besser behandeln als bloß nach Verdienst) und bittet einen Schauspieler, morgen die Ermordung des Gonzago zu spielen, mit einigen zusätzlichen Zeilen von seiner Hand. Allein, beneidet er die Schauspieler um ihre Emotionen über Sachen, die ihnen doch ganz fremd seien; er dagegen sei nicht einmal von einem Vater aufzustacheln, der ihm Rache befehle in einer Sache wie der des geilen Onkels; immerhin solle aber das Schauspiel morgen dazu dienen (denn der Geist auf der Terrasse könne auch aus der Hölle sein und täuschen), die Schuld des Königs eindeutig zu zeigen.

III Rosencrantz, Guildenstern und Polonius erstatten beim König Bericht, der ist zufrieden und will zum Schauspiel kommen. Ophelia ist dabei, die Königin hofft, sie sei wirklich der Grund für Hamlets sonderbares Benehmen; Ophelia mit König und Vater liest, während die beiden Männer den herbestellten Hamlet erwarten. Hamlet kommt und spricht die berühmten Sachen über den Selbstmord: »*But that the dread of something after death, / the undiscovered country from whose bourn / no traveller returns, puzzles the will, / and makes us rather bear those ills we have / than fly to others that we know not of:* Wenn die Furcht vor etwas nach dem Tode – wenn dieses unbekannte Land, aus dem noch kein Reisender zurückgekommen ist, unseren Willen nicht betäubte und uns riete, lieber die Übel zu leiden, die wir kennen, als uns freiwillig in andere zu stürzen, die uns desto furchtbarer scheinen, weil sie uns unbekannt sind.« Er sieht Ophelia; die gibt ihm, wie einer leider verlorenen Liebe, Andenken zurück; er warnt sie vor ihm: Sie solle in ein Kloster gehen, oder einen Narren heiraten, und ihn nicht toll machen mit ihrer Geilheit. Sie, allein, trauert über ihn: »*O, what a noble mind is here o'erthrown:* O, was für ein edles Gemüt ist hier zugrunde gerichtet!« Der König, der zugehört hat, merkt, daß dies kein Liebeswahnsinn ist; Polonius glaubt das noch und hat die Idee, Hamlet solle mit seiner Mutter reden, er wolle lauschen: Das findet der König gut. Hamlet unterhält sich mit den Schauspielern über die Schauspielerei; dann beschwört er Horatio bei ihrer alten Freundschaft, während des Schauspiels den König nicht aus dem Auge zu lassen: Er selber müsse den Narren spielen. Als alle zum Schauspiel kommen, spielt er ihn allen gegenüber, und Ophelia gegenüber spielt er den, der er ist, sie müßte es nur merken, und vielleicht merkt sie's, oder wenigstens hätte sie doch gern, er wäre so, in sie verliebt. Eine Pantomime wird aufgeführt, enthaltend eines Königs Ermordung durch Gift und so weiter, dann noch einmal ein Versschauspiel desselben Inhalts, mit Hamlets wunderlich-lüsternen Kommentaren an Ophelia; als der Mörder unter Hamlets Kommentar Gift ins Ohr des Königs gießt, gehen der König und alle weg; Hamlet und Horatio sind sich ihrer Sache sicher. Rosencrantz und Guildenstern kommen: Dem König gehe es schlecht, die Königin bitte Hamlet zu sich. Hamlet nimmt eine Flöte eines Schauspielers, worauf Guildenstern nichts spielen kann, so leicht das sei, und beweist ihm daran, wie töricht es sein müsse, ihn, Hamlet, auf ihm gleichsam spielend aushorchen zu wollen. Polonius kommt wie immer hinterher mit der Bitte der Mutter, Hamlet möchte kommen, Hamlet macht sich über ihn lustig mit der Wolke, die für Polonius immer aussieht wie Hamlet sagt. Der König schickt Rosencrantz und Guildenstern mit offenkundigen Mordplänen Hamlet betreffend weg: Beide stimmen ihm zu. Polonius kommt mit seinem Plan, bei der Königin hinter der Tapete zu lauschen, der König findet das gut, und beklagt wortreich seine Untaten, aber vielleicht werde alles gut. Dann geht er beten; Hamlet sieht ihn, könnte und möchte ihn umbringen, steht aber davon ab; Claudius hat ausgebetet und findet: »*My words fly up, my thoughts remain below; / words without thought never to heaven go:* Meine Worte fliegen auf, meine Gedanken bleiben zurück; und Worte ohne Gedanken langen nie im Himmel an.« Polonius instruiert die Königin und versteckt sich; Hamlet kommt, redet so scharf, daß die Königin ängstlich um Hilfe ruft, Polonius nimmt den Ruf auf, Hamlet ersticht ihn, als wäre da eine Ratte hinter der Tapete; Hamlet findet diesen Mord nicht so wild, er spottet noch über den toten Polonius, dann hält er seiner Mutter die Blödheit vor, nach einem Mann wie seinem Vater einen Mann wie Claudius zu nehmen; die Mutter fleht ihn an zu schweigen, er macht weiter; der Geist im Nachthemd erscheint, redet mit Hamlet, Hamlet mit ihm, die Mutter sieht den Geist nicht und hält den Sohn für endgültig wahnsinnig. Dann mahnt er sie, das Bett des Onkels zu meiden, und um Polonius tät es ihm leid; dann sagt er ihr, sie solle doch mit dem Onkel ins Bett und ihm sagen, sein, Hamlets, Wahn sei nur Verstellung; er müsse nach England; er wisse, daß man mit Rosencrantz und Guildenstern Pläne gegen ihn habe, werde denen aber mit Lust zuvorkommen. Dann geht er mit dem toten Polonius ab.

IV Die Königin erzählt dem König von Hamlets Wahn und dem Totschlag an Polonius; der König bittet Rosencrantz und Guildenstern, Hamlet zu suchen und die Leiche in die Kapelle zu bringen; er selber will alle zusammenrufen und sehen, was sich machen läßt wegen des Toten. Hamlet, von Rosencrantz und Guildenstern gefunden, scherzt wegen der Leiche bloß mit beiden; der König gegenüber einigen sagt, dem beliebten Hamlet dürfe man nicht streng nach dem Gesetz kommen, aber wegschicken müsse man ihn, gefährlich wie er sei. Hamlet wird hereingebracht und sagt, die Leiche sei bei den Würmern. Claudius sagt, er, Hamlet, müsse nach England, Hamlet verabschiedet sich; Claudius allein enthüllt den Plan, Hamlet von den Engländern morden zu lassen. Auf einer Ebene in Dänemark trifft Hamlet, mit Rosencrantz und Guildenstern unterwegs, auf das Heer des Fortinbras, das, wie ein Hauptmann ihm sagt, um nichts nach Polen zieht. Wie bei dem Schauspieler mit Hekuba vergleicht Hamlet dieses Tun um fast nichts mit seinem Nichttun: »*Rightly to be great / is not to stir without great argument, / but greatly to find squarrel in a straw / when honour's at the stake:* Das ist nicht ein großes Herz, das nur durch große Ge-

genstände in Bewegung gesetzt werden kann; auf eine edle Art die Gelegenheit zu Händeln in einem Strohhalm finden, wenn es die Ehre fordert – das nenn ich groß.« Horatio rät der Königin dringend, mit der wirr redenden Ophelia zu sprechen; Ophelia singt wirr von Treue und Tod und Liebe und macht dunkle Anspielungen auf den toten Vater: So versteht's der König, der dann dabei ist und langsam Angst kriegt, auch wegen Laertes, der heimlich aus Frankreich zurück ist. Aufrührerische Dänen kommen unter Laertes, das Königspaar empfängt ihn, Claudius bereitet ihn allmählich auf Hamlet als das Opfer seiner Rache vor. Ophelia blumengeschmückt und im Wahnsinn singend, Blumen verteilend, kommt, geht. Zu Horatio kommen Matrosen mit Post von Hamlet: er sei von Korsaren gefangen worden, Horatio solle rasch kommen, die Matrosen würden ihn führen. Claudius erklärt Laertes, warum Hamlet für den Mord an Polonius nicht belangt werde: der Liebe seiner Mutter und des Volkes wegen, das ihn liebe. Ein Bote kommt mit Post von Hamlet: Der will den König sprechen. Der erzählt Laertes jetzt von einem französischen Ritter und seinen Künsten, und daß Hamlet neidisch sei auf Laertes und sich mit ihm schlagen wolle, und was Laertes zu tun denke, da er den Vater doch geliebt habe. Claudius rät zu einem Rapier ohne Knopf. Laertes denkt an Gift, der König schlägt zur Sicherheit noch vergifteten Wein vor. Die Königin kommt dazu und erzählt, Ophelia sei ertrunken.

V Auf dem Kirchhof reden die Totengräber miteinander; einer gräbt singend ein Grab, Hamlet und Horatio kommen dazu, unterhalten sich über Schädel, die der Totengräber aufwirft. Hamlet und der Totengräber unterhalten sich: Der Totengräber ist exakt so lange im Amt wie Hamlet alt ist (dreißig Jahre). Der Totengräber gibt Hamlet den Schädel Yoricks, den Hamlet noch gekannt hat, Hamlet redet sarkastisch darüber, was aus einem wie Alexander werden kann am Ende, Horatio meint: »*Twere to consider too curiously, to consider so:* Eine solche Betrachtung wäre gar zu spitzfindig.« Eine Prozession mit Ophelias Leiche kommt; Laertes hadert mit dem Priester, dem die Selbstmörderin nicht fromm genug war, dann springt er wie unsinnig ins Grab; Hamlet springt hinterher, die beiden kämpfen im Grab, man trennt sie, holt sie heraus, Hamlet redet laut von seiner Liebe zu Ophelia. Claudius erinnert Laertes an ihren Plan. Hamlet erzählt dann Horatio, wie er auf dem Schiff nach England im Gepäck von Rosencrantz und Guildenstern den Auftrag an die Engländer entdeckt habe, ihn umzubringen, und wie er einen Brief gefälscht habe mit der Bitte, Rosencrantz und Guildenstern umzubringen; er wolle den König töten, sagt er, aber sich mit Laertes wieder versöhnen, denn der sei ganz in seiner Lage. Der Höfling Osric lädt umständlich Hamlet zu der Fechterei mit Laertes und erzählt von den Wetten, die Claudius auf ihn abgeschlossen habe; Hamlet sagt zu. Ein Lord kommt: Man warte schon. Horatio warnt Hamlet, aber der will gehen: *»If it be now, 'tis not to come; if it be not to come, it will be now; if it be not now, yet it will come; the readiness is all:* Ist es itzt, so ist es nicht ein andermal; ist es nicht ein andermal, so ist es itzt; und ist es nicht itzt, so wird es ein andermal sein – alles kommt darauf an, daß man bereit sei.« Der Hof tritt zusammen, Hamlet entschuldigt sein Tun gegenüber Laertes mit seinem Wahnsinn; Laertes nimmt die Entschuldigung an, doch die Ehre, sagt er, gebiete den Kampf. Der König gibt Osric Anweisungen des Weins wegen, dann fechten Hamlet und Laertes; nach einigen Gängen reicht die Königin Hamlet ein Tuch und trinkt auf ihn, sagt sie: trinkt aber den vergifteten Wein. Man ficht weiter, Laertes verwundet Hamlet, im Eifer verwechseln sie die Waffen (jetzt hat also Hamlet die mit dem Gift dran), und Hamlet verwundet Laertes. Die Königin fällt um; stirbt; Laertes fällt, beichtet Hamlet alles, beschuldigt den König; Hamlet mit der Giftwaffe ersticht den König; der stirbt. Laertes, befriedigt, und Vergebung mit Hamlet wechselnd, stirbt; Hamlet vergibt, und beauftragt Horatio, allen alles zu erklären; Horatio will auch sterben, aber Hamlet beschwört ihn, das zu lassen; er fragt nach dem Lärm draußen: Fortinbras komme, sagt Osric; der werde, sagt Hamlet, der künftige Herr (*»The rest is silence:* Es ist vorbei« – Eschenburg etwas genauer: »Das Übrige ist Schweigen«), und stirbt. Horatio: *»Now cracks a noble heart. – Good night, sweet prince, / and flights of angels sing thee to thy rest:* Nun bricht ein edles Herz; gute Nacht, liebster Prinz, und Engels-Schwingen mögen dich zu deiner Ruhe tragen.« Fortinbras sieht sich die Sache an, die englischen Gesandten kommen und zweifeln, ob ihnen jemand danken wird für die Ermordung von Rosencrantz und Guildenstern; Horatio sagt, er werde dann alles erklären, Fortinbras übernimmt die Macht und wird pathetisch über Hamlets Leiche: *»For he was likely, had he been put on, / to have proved most royally:* Denn er wäre gewiß, wär er dazu gekommen, ein sehr edler König geworden« (Eschenburg; sonst alles Wieland).

Finis Claudius, Hamlet, Polonius, Laertes, Horatio, Rosencrantz, Guildenstern, Voltimand, Cornelius, Osric, Marcellus, Bernardo, Francisco, Fortinbras, Reynaldo, Gertrude, Ophelia, Schauspieler, Totengräber, Hauptmann, Lord, Priester, englische Gesandte, Staatsräte, Hofgefolge, Soldaten, Matrosen, Boten, Geist, Hahn, Glühwurm. – Helsingör und eine Ebene in Dänemark.

Hastings, William, in ›Richard II.‹ Kämmerer, Haushofmeister, eigentlich Lord Chamberlain am Hofe Edwards, gerade aus dem Tower heraus, als das Stück losgeht; er hat nicht viel dagegen, daß Rivers, Grey und Vaughan gemordet werden, will aber nicht Gloucester auf dem Thron haben; so sagt er dem Spion Catesby, und der sagt es weiter; als Lovel und Ratcliffe ihn wegführen, denkt er an Stanleys Traum und alle anderen Omen; armer, vertrauensseliger Bursche, loyal und wahrscheinlich bewundernswert, wenn der Herrscher gut wäre, aber nicht gemacht für die bösen Zeiten, die er am Ende weissagt; Gloucester sagt ihm nach, er habe was mit der Dame Shore gehabt – man würde ihm das wünschen.

Heinrich IV., vormals Bolingbroke, König und Titelheld in ›Heinrich IV./1‹: ein mild und weise tuender, leicht weinerlicher hochgekommener Herrscher, so wenig mehr bloß argwöhnisch, daß er vielmehr immer schon ganz sicher allen Verrats und aller Abtrünnigkeit ist; und vielleicht tut er recht daran, weil er ja weiß, wie er geworden ist, was er bleiben möchte; daß er ein schlechter König wäre, heißt das noch nicht: Nur als Figur füllt er keine Bühne bei so viel Glanz, der ihn als Henry und Percy und sogar als Falstaff meidet oder ihm wenigstens ferne ist.

HEINRICH IV./1 I Der König mit seinen Leuten will einen lange vorgehabten Kreuzzug beraten, als Westmoreland berichtet, in Wales sei Mortimer vom aufständischen Glendower gefangen worden, bei Holmedon habe Henry Percy Douglas geschlagen und eine Menge Gefangener gemacht; der König denkt wehmütig an den eigenen Sohn dabei, und will nun Percy zur Rechenschaft ziehen, weil der die Gefangenen nicht hergeben will, dann aber auch Worcester, den Westmoreland hinter Percys Aufsässigkeit vermutet. Indes scherzen Falstaff und Prinz Henry miteinander; Poins kommt hinzu und erzählt vom nächsten Coup; als Falstaff weg ist, beschließen Henry und Poins, die Falstaffbande rauben zu lassen und dann selbst zu berauben. Henry allein bekräftigt den Vorsatz, bald diesem Räuberleben zu entsagen: »*Yet herein will I imitate the sun, / who doth permit the base contagious clouds / to smother up his beauty from the world, / that, when he please again to be himself, / being wanted, he may be more wonder'd at, / by breaking through the foul and ugly mists / of vapours that did seem to strangle him:* Aber hierin will ich die Sonne nachahmen, die den unedeln ansteckenden Dünsten erlaubt, ihre Schönheit der Welt zu verbergen; damit, sobald es ihr gefällt, wieder sie selbst zu sein, sie desto mehr bewundert werde, wenn sie, eine Zeit lang vermißt, auf einmal durch die faulen und häßlichen Wolken hervorbricht, welche sie zu ersticken geschienen hatten«. Dann beschimpft der König Northumberland und Worcester; letzteren entläßt er; Northumberland verteidigt seinen Sohn Percy, dieser sich mit der Schilderung des Burschen, der die Gefangenen von ihm wollte; Blunt will einlenken; daraufhin beschimpft der König Mortimer: Der habe gemeinsame Sache mit Glendower gemacht und auch dessen Tochter geheiratet, und jetzt wolle Percy ihn ausgelöst haben; Percy verteidigt Mortimer und schildert dessen Kampf mit Glendower, aber Heinrich hält das für gelogen im eigenen Interesse und entläßt die Percys. Percy wütet über den hochgekommenen Heinrich, Worcester will ihm ein Geheimnis verraten, der Vater will ihn beruhigen, aber Percy hört auf nichts. Alle drei sind sich dann gegen Heinrich einig: Percy soll in Schottland Stimmung machen, Northumberland in York beim Erzbischof, Worcester will nach Wales zu Glendower und Mortimer.

II Im Hof einer Herberge bei Rochester frühmorgens rumoren Fuhrleute, Stall- und Hausknecht; von diesem erfährt Gadshill aus der Falstaffbande Wert und Ziel der Reisen. Falstaff und Prinz Henry lauern auf der Landstraße auf die Kollegen und die Beute; die Räuber überfallen die Reisenden, dann überfallen Henry und Poins die Räuber, die fliehen. In seiner Burg liest Percy den Brief eines offenbar allzu vorsichtigen Mitverschwörers; seine Frau kommt hinzu und beschwert sich über seine Geistesabwesenheit und daß er sie vernachlässige; er scherzt mutwillig, sie nicht minder. In einer Schenke bei Eastcheap warten Henry und Poins auf die Falstaffbande; dann verführen sie Falstaff zu erzählen (das ist die Pointe ihres Streichs) und entlarven ihn. Zwischendurch kommt einer vom Hof und bestellt Henry auf den nächsten Tag nach London, der Aufständischen wegen – dann spielen Falstaff und Henry den König und seinen Sohn an eben diesem nächsten Tag – dann kommt der Sheriff auf der Suche nach einem dicken Räuber, und Henry deckt den versteckten Falstaff.

III In Bangor treffen sich Mortimer, Worcester, Percy und Glendower; dieser redet von Himmelszeichen und magischen Künsten: »*I can call spirits from the vasty deep:* Ich kann die Geister aus dem Abgrund hervorrufen«, Percy spottet: »*Why, so can I, or so can any man; / but will they come when you do call for them?:* Das kann ich auch, und das kann jedermann; aber kommen sie, wenn ihr ihnen ruft?«, Mortimer drängt aufs politische Geschäft. Percy will einen Fluß umleiten, streitet mit Glendower; später verteidigt Mortimer Glendower, und Worcester tadelt Percy. Glendowers Tochter, Frau Mortimers, und Lady Percy kommen. Glendowers Tochter singt ein Lied, Percy und seine Lady scherzen. Im königlichen Palast in London macht der König, unter Berufung auf sein früheres Auftreten, dem Prinzen Henry Vorwürfe seines Auftretens wegen; dann macht er ihn scharf auf den bösen Percy, und Henry schwört, der oder er werde nur bleiben. Blunt kommt: Mortimer melde die Vereinigung der Rebellen in Shrewsbury; der König ordnet alle Vorbereitungen für ein Treffen der Seinen in Bridgenorth. In der Kneipe in Eastcheap scherzt Falstaff mit Bardolph und der Wirtin, Henry mischt sich ein, es geht wohl um Falstaffs Schulden; dann wird Henry ernsthaft und will sich den nächsten Tag mit Falstaff in London treffen.

IV Zu Percy, Worcester und Douglas bei Shrewsbury kommt die Nachricht, Northumberland sei krank, aber Percy bleibt optimistisch. Vernon meldet, daß Westmoreland mit Prinz John anrücken, daß Henry herrlich kommt und daß Glendower nicht kommt; Percy: »*Doomsday is near; die all, die merrily:* Der Jüngste Tag ist nahe; sterben wir alle, und mit Freuden, wenn es je gestorben sein muß.« Bei Coventry marschiert Falstaff mit einem billigen Lumpenheer; Henry, der vorbeikommt, mahnt unter blutigen Scherzen zur Eile. Im Lager bei Shrewsbury besprechen Percy, Douglas, Worcester und Vernon den Schlachtplan: Vernon rät zur Vorsicht, Douglas ist scharf aufs Kämpfen, Percy auch, Worcester mahnt. Blunt als Königsbote bietet Verhandlungen an, Percy erzählt die Machtergreifungsgeschichte Bolingbrokes und lehnt ab. In York schickt der Erzbischof den Freund Michael mit Briefen ab: Er sieht eine Niederlage voraus.

V Zum König, den Prinzen und Blunt und Falstaff kommen Worcester und Vernon, der König sagt: »*'tis not well / that you and I should meet upon such terms / as now we meet. You have deceived our trust, / and made us doff our easy robes of peace, / to crush our old limbs in ungentle steel: / this is not well, my lord, this is not well:* Es ist nicht fein, daß ihr und ich auf einem solchen Fuß zusammen kommen sollen. Ihr habt unser Zutrauen betrogen, habt uns genötigt, unsere bequemen Friedens-Kleider abzuwerfen und unsere alten Glieder in harten Stahl zu zwängen; es ist nicht wohl getan, Milord, es ist nicht wohl getan.« Worcester beklagt noch einmal den unfairen Aufstieg Heinrichs; Prinz Henry preist Percy und bietet zur Vermeidung großen Blutvergießens einen Zweikampf an, der König stimmt zu. Henry und Falstaff scherzen, Falstaff: »*I would 'twere bedtime, Hal, and all well.*« Henry: »*why, thou owest God a death.*« Falstaff: »*'tis not due yet; I would be loath to pay him before his day:* Ich wollt es wäre Bettzeit, Hal, und alles vorbei. – Wie, du bist dem Himmel deinen Tod schuldig, und du mußt doch einmal bezahlen. – Aber nicht izt; und es sollte mir leid sein, wenn ich ihn vor meinem Termin bezahlte.« Worcester im anderen Lager will den Zweikampf nicht, er mißtraut dem König; er sagt Percy nichts, der läßt dem König den Kampf ansagen, erst dann erzählt Worcester vom Zweikampfangebot Henrys. Percy zieht in den Kampf: Er werde Henry noch treffen. In der Schlacht erschlägt der wilde Douglas Blunt, den er für den König hält; Henry trifft Falstaff und will sein Schwert, Falstaff gibt ihm einen falschen Sekt, Henry wirft die Flasche zurück, Falstaff trinkt. Douglas trifft wirklich auf den König; der kommt in Not, Prinz Henry schlägt Douglas in die Flucht, das versöhnt den König mit dem Sohn. Percy kommt, Henry: »*Two stars keep not their motion in one sphere; / nor can one England brook a double reign, / of Harry Percy and the Prince of Wales:* Zween Sterne können ihren Lauf nicht in einer Sphäre halten, und ein England kann sich in kein doppeltes Reich für Harry Percy und für den Prinzen von Wales teilen«, Falstaff kommt dazwischen,

Douglas ficht mit ihm, Falstaff stellt sich tot, und Henry erschlägt Percy: »*Fare thee well, great heart! / Ill-weaved ambition, how much art thou shrunk! When that this body did contain a spirit, / a kingdom for it was too small a bound; / but now two paces of the vilest earth / is room enough:* Fahr du wohl! Unglücklicher Ehrgeiz, wie klein schrumpfest du zusammen! Wie dieser Leib noch einen Geist in sich hatte, war ein Königreich ein zu kleiner Raum für ihn; izt sind zween Schritte verächtliche Erde Raums genug.« Er sieht Falstaff liegen, geht weg; Falstaff steht auf, sieht Percy liegen, schultert ihn; die Prinzen sehen ihn, den sie tot glauben, und Falstaff erzählt, Percy sei mit ihm zusammen aufgestanden, und sie hätten gekämpft; Henry nimmt das hin. Nach der Schlacht verurteilt der König Worcester für seine Lüge und Vernon zum Tode, Douglas wird begnadigt, und der König verteilt seine Heere über das Land, um die anderen Rebellen auch zu unterwerfen.

Finis Heinrich IV., Henry, John, Westmoreland, Blunt, Worcester, Northumberland, Henry Percy Hotspur, Mortimer, Scroop, Douglas, Glendower, Vernon, Falstaff, Michael, Poins, Gadshill, Peto, Bardolph, Lady Percy, Lady Mortimer, Mistress Quickly, Francis, Fuhrleute, Stallknecht, Hausknecht, Lords, Sheriff, Diener, Küfer, Reisende, Wirt, Boten. – England.

Heinrich IV., gesteht am Ende in ›Heinrich IV./2‹, wenn auch hauptsächlich nur sich selber, alles ein, was ihm die anderen immer vorgeworfen haben, und stirbt als ein bis zum allerletzten Schluß hin im großen ganzen unerfreulicher Mensch.

HEINRICH IV./2 **I** Nach einigen falschen Meldungen errät und erfährt Northumberland auf Burg Warkworth, daß sein Sohn Percy tot ist; er wütet verzweifelt, Bardolph und Morton reden ihm zu, weiterzumachen: Erzbischof Scroop sei nun das Herz der Rebellion. In London scherzt Falstaff mit seinem Pagen, der Oberrichter kommt, Falstaff stellt sich taub und rettet sich in den Krieg gegen die Rebellen. In York beraten der Erzbischof, Hastings, Mowbray und Bardolph die Lage, der Erzbischof mißtraut dem Volk.

II In London ist die Wirtin Quickly mit Fang und Snare hinter Falstaff her, der Oberrichter kommt dazu, Falstaff schimpft die Quickly, der Richter wird an den Hof gerufen, Falstaff und die

Quickly versöhnen sich, der Richter sagt zu Falstaff: »*Now, the Lord lighten thee! Thou art a great fool:* Nun, der Himmel erleuchte dich; du bist ein großer Narr.« In London auch, woanders, scherzen Prinz Henry und Poins, Bardolph und der Page kommen hinzu, ein Brief von Falstaff kommt, und Henry und Poins wollen als Küfer verkleidet Falstaff belauschen. Auf Warkworth will Northumberlands Frau, daß ihr Mann nach Schottland flieht, Lady Percy will, daß er jetzt nicht in den Kampf eingreift, da er doch nicht eingegriffen hat, als ihr Mann allein war und starb; er will denn auch nach Schottland. Im Eberkopf in Eastcheap scherzen zwei Küfer über die bald statthabende Verkleidung, Doll Tearsheet kommt zur Wirtin, Falstaff, dann der Renommist Pistol, den Doll offenbar haßt; Falstaff und Bardolph prügeln Pistol hinaus, Musikanten kommen, Henry und Poins lauschen, mischen sich ein, geben sich zu erkennen; dann ruft Peto Henry, und Bardolph ruft Falstaff weg.

III Heinrich im Palast redet über den Schlaf, der zu den Armen kommt, nicht aber zu ihm, dann berät er mit Warwick und Surrey ziemlich philosophisch die Lage von der Vergangenheit her. Er war auch krank, Warwick tröstet ihn mit Glendowers Tod. Vor dem Haus des Friedensrichters Shallow in Gloucestershire hebt Falstaff Rekruten aus; »*Lord, Lord«,* sagt er schließlich nach vielem Gerede mit Shallow, »*How subject we old men are to this vice of lying:* Himmel, Himmel, wie wir alten Leute mit dem Laster des Lügens behaftet sind!« (Eschenburg).

IV Im Gaultree Wald treffen sich der Erzbischof, Mowbray und Hastings; ein Bote meldet die Nähe der königlichen Macht. Westmoreland kommt mit einem Friedensangebot des Königs; der Erzbischof begründet seine Rebellion; Mowbray tut's ebenfalls; Hastings fragt, ob Lancaster (in dessen Namen Westmoreland spricht) denn genug Machtvollkommenheit habe, Westmoreland bestätigt dies brüsk, der Erzbischof gibt ihm eine Schrift mit den Klagen mit und eine Einwilligung zum Frieden. Westmoreland geht; Mowbray hat kein gutes Gefühl, Hastings zweifelt, ob der König Frieden halten könne, der Erzbischof glaubt, Heinrich habe allen Argwohn satt. Westmoreland kommt zurück und bittet die drei zwischen die Heere. Lancaster kommt und redet weihevoll von oben herab leise tadelnd mit dem Erzbischof, er erklärt Hastings für etwas seicht; dann schwört er Abstellung der beklagten Übel, und die Herren sollten ihr Heer entlassen. Hastings tut's, man trinkt, das Heer geht auseinander, das königliche steht noch, und dann verhaftet Westmoreland den Erzbischof, Mowbray und Hastings, und Lancaster sagt, er habe nichts beschworen als die Abstellung der Übel. Anderswo im Wald ergibt Colevile sich Falstaff freiwillig, dieser sagt: »*An I had but a belly of any indifferency, I were simply the most active fellow in Europe: my womb, my womb, my womb, undoes me:* Hätt ich nur einen Bauch von etwas indifferenterm Umfang, ich wäre ohne weiters der aktivste Kerl in ganz Europa; mein Wanst, mein Wanst, mein Wanst ist mein Unglück« (Wieland). Lancaster kommt dazu, scheint zu scherzen, dann läßt er Colevile als Meuterer abführen. Falstaff, als alle weg sind, charakterisiert Lancaster und Henry unter Weingesichtspunkten. Im Jerusalemzimmer in London erkundigt sich der König bei seinen Söhnen Humphrey und Clarence nach Henry, er empfiehlt Henry der Fürsorge Clarences, dann klagt er über Henrys Lebensart; Warwick nimmt Henry in Schutz. Westmoreland kommt mit den schönen Nachrichten aus dem Gaultree Wald, Harcourt meldet eine Niederlage Northumberlands und Bardolphs in Schottland, der König fällt in Ohnmacht. Humphrey und Clarence glauben, er stirbt, legen ihn aufs Bett und gehen weg, Henry kommt und bleibt, denkt über den Schlaf und die harte Krone nach, setzt sich die Krone auf. Heinrich ruft nach Warwick, nach Clarence und Lancaster, sieht die Krone nicht, und als er hört, Henry habe sie, klagt er wieder. Warwick redet vom weinenden Henry nebenan, der König klagt nun Henry sein Leid mit ihm, Henry erklärt ihm alles; darauf erzählt der König, wie er sich die Krone erschlichen habe, daß er, Henry, sie nun aber rechtens tragen werde; dann gibt er ihm noch einen politischen Rat, einen Kreuzzug betreffend: »*Therefore, my Harry, / be it thy course to busy gidden minds / with foreign quarrels, that action, hence born out, / may waste the memory of the former days:* Laß es also deine vornehmste Maxime sein, mein Sohn Harry, schwindlichte Köpfe mit auswärtigen Angelegenheiten zu beschäftigen; damit sie ihr Feuer in entfernten Provinzen ausarbeiten und unter dieser Arbeit das Andenken der vorigen Tage verlieren.« Danach stirbt er dann wohl.

V Im Haus des Friedensrichters Shallow sitzt Falstaff mit den Seinen. Im Palast in London ist der König tot, Warwick und Humphrey und Clarence bemitleiden den Oberrichter, der kaum Henrys Gnade finden werde. Dieser als neuer König kommt, redet mit den Brüdern, setzt unerwartet den Oberrichter neu in alle Rechte und in Vaterrechte für die eigenen Kinder ein, die er haben könnte: »*My father is gone wild into his grave, / for in his tomb lie my affections; / and with his spirit sadly I survive, / to mock the expectation of the world:* Mein Vater hat alle meine wilden Leidenschaften mit sich ins Grab genommen, und ich lebe nun ganz sittsam mit seinem Geiste, die Erwartungen der Welt zu beschämen« (Eschenburg). In Shallows Garten trinkt und singt man, Pistol bringt die Nachricht vom Tode des alten und vom neuen König, Falstaff glaubt sein und Shallows Glück völlig gemacht. Auf einer Straße in London schleppen Büttel die Wirtin Quickly und Doll herum. Vor Westminster Abbey stehen Falstaff und Shallow, den er mächtig ausgenommen hat auf die neuen Aussichten hin, und warten auf Henry, der gekrönt werden soll. Als er kommt, begrüßen sie ihn laut nach alter Weise, aber Henry weist Falstaff ziemlich grob ab: »*I have long dream'd of such a kind of man, / so surfeit-swell'd, so old, and so profane / but, being awaked, I do despise my dream. / Make less thy body hence, and more thy grace; / leave gormandizing; know the grave doth gape / for thee thrice wider than for other men. / Reply not to me with a fool-born jest: / presume not that I am the thing I was:* Ich habe lange von einem solchen Mann geträumt, der so von Schwelgerei aufgeschwollen, so alt und so ruchlos war; aber da ich erwacht bin, verschmäh ich meinen Traum. Sorge daß dein Bauch kleiner – zurück! und dein Wert größer werde; laß dein Schwelgen; bedenke, daß das Grab seinen Rachen dreimal weiter gegen dich aufsperrt, als gegen andre Leute – antworte mit keinem abgeschmackten Spaß auf dies; bilde dir nicht ein, daß ich das Ding bin, das ich war« (Wieland). Darauf verbannt er Falstaff zehn Meilen weg, wenngleich mit Unterhalt. Falstaff und Shallow gehen, der Oberrichter will sie einlochen, und Lancaster scheint zu finden, daß das eine feine Auslegung der Worte seines Bruders ist.

Finis Gerücht, Heinrich IV., Prinz Henry, später Heinrich V., Thomas von Clarence, John von Lancaster, Humphrey von Glouster, Warwick, Westmoreland, Surrey, Gower, Harcourt, Northumberland, Erzbischof Scroop, Mowbray, Hastings, Bardolph, Colevile, Travers, Morton, Falstaff, Bardolph, Pistol, Poins, Peto, Shallow, Silence, Davy, Mouldy, Shadow, Wart, Feeble, Bullcalf, Fang, Snare, Lady Northumberland, Lady Percy, Mistress Quickly, Doll Tearsheet, Oberrichter, Lords, Offizier, Soldaten, Gerichtsbeamter, Büttel, Page, Kammerdiener, Küfer, Tänzer, Musikanten, Bote, Pförtner. – England.

Heinrich V., auch Henry Monmouth genannt, tot aufgebahrt in Westminster Abbey am Anfang von ›Heinrich VI./1‹. – **Heinrich V.,** am Ende von ›Heinrich IV./2‹ Titel Henrys. – **Heinrich V.,** König und Feldherr in ›Heinrich V.‹; kein sehr durchschaubarer Charakter, oder anders gesagt: spielt immer die Rolle, die er meint spielen zu sollen als König, als Feldherr und so fort; vielleicht macht ihn das zu einem guten König und guten Feldherrn, und man könnte sagen, daß das ja alles ist, was man wollen kann, und weit mehr als was von den meisten in solchen Rollen für gewöhnlich zu haben ist; insofern kann er groß sein, ungeachtet aller möglichen Mängel, die an ihm zu finden jedem völlig unbenommen bleibt.

HEINRICH V. I Canterbury und Ely reden über einen neuen staatlichen Vorstoß gegen die Kirchengüter und über den neuen König Heinrich; Canterbury hat die Idee, dem König freiwillig Geld für einen Zug gegen Frankreich zu geben. Vor dem König und anderen begründet Canterbury Heinrichs Recht auf die französischen Länder, Westmoreland warnt vor Schottland im Fall eines Zuges gegen Frankreich, Canterbury schlägt eine Teilung der Kräfte vor; Heinrich hat sich von vornherein mit Canterburys Rat einverstanden erklärt; als die französischen Gesandten ihm, statt einer positiven Antwort, vom Dauphin eine Kiste Federbälle überreichen, kündigt er ihnen Krieg an.

II In Eastcheap begegnen sich Nym und Bardolph und Pistol und seine Frau Quickly; Nym und Pistol geraten aneinander, Bardolph geht dazwischen, dann meldet Falstaffs Page, Falstaff liege im Sterben. Der König sei schuld, sagt die Quickly. In Southampton entlarven Heinrich, Exeter, Bedford und Westmoreland die Verräter Scroop, Cambridge und Grey. In Eastcheap reden sie über Falstaffs Ende, die Männer ziehen ab in den Krieg, Pistol gibt seiner Frau gute Ratschläge. Der französische König, der Dauphin und der Connetable reden über die Engländer, Exeter kommt mit den verbrieften englischen Rechten und einer Kriegsdrohung.

III Heinrich spornt seine Leute gegen die Mauern von Harfleur an. Die englischen Offiziere Fluellen, Gower, Jamy und MacMorris und die Eastcheapburschen haben eine lange Szene über Disziplin und Kriegskunst; der Page durchschaut die Burschen aus Eastcheap. Heinrich erpreßt und nimmt dann Harfleur. In Rouen scherzen englischlernend Prinzessin Katherine und Alice. Am französischen Hof redet man über die unaufgehaltenen Engländer und den Spott der Leute über die nicht kämpfenden Franzosen, und der König ruft zum großen Kampf. Draußen irgendwo reden Gower und Fluellen über die Scheinsoldaten aus Eastcheap, und Bardolph soll als Kirchendieb aufgehängt werden, und Heinrich, der dazukommt, ist dafür. Der französische Herold Montjoy kommt mit einer Lösegeldforderung, Heinrich verhöhnt ihn locker: »*The sun of all our answer is but this: / we would not seek a battle, as we are; / nor, as we are, we say, we will not shun it:* Unsere ganze Antwort ist kürzlich diese: Wir werden so, wie wir sind, eben keine Gelegenheit zur Schlacht aufsuchen; aber so, wie wir sind, werden wir sie auch nicht vermeiden« (Eschenburg). Im französischen Lager bei Agincourt schwatzt der Dauphin mit den Seinen über sein Pferd und über Heinrich; ein Bote meldet die Nähe der Engländer, man spottet über sie.

IV Im englischen Lager spricht man sich Mut bei aller Schwäche zu; dann unterhält der König sich incognito erst mit Pistol, dann mit drei englischen Soldaten, und er muß sehr väterlich auf sie einreden, denn sie haben recht niedere Standpunkte; halb im Scherz händelt er mit dem einen, und sie tauschen Handschuhe aus für eine spätere Ohrfeige. Allein, redet der König über die Ehrerbietung und dergleichen Unterschied zwischen Mensch und König, und betet fast mit allerlei Versprechungen. Im französischen Lager machen der Connetable und Grandpré die Engländer schlecht. Die Engländer ihrerseits machen sich Mut wegen ihrer schrecklichen Unterzahl, und Heinrich will alle adeln, die dabeigewesen sein werden. Der französische Herold kommt noch einmal mit dem Angebot, freiwillig aufzugeben, Heinrich schickt ihn weg. Auf dem Feld ergibt sich ein französischer Soldat Pistol, der Page mokiert sich. Anderswo beschreien die französischen Großen ihr Verderben in dieser Schlacht. Wieder anderswo erzählt Exeter dem König von Suffolks und Yorks Tod, und Heinrich befiehlt, keine Gefangenen zu machen. Anderswo reden Fluellen und Gower über Heinrich und vergleichen ihn mit Alexander. Der französische Herold kommt wieder und bittet darum, daß die offenbar geschlagenen Franzosen ihre Toten zählen dürfen. Heinrich unterhält sich in Siegestimmung mit seinen Offizieren, trifft den mit dem Handschuh aus der Nacht und läßt ihn Fluellen ohrfeigen und dann Warwick eingreifen; der König klärt dann alles auf und gibt dem mit dem Handschuh Geld. Der englische Herold bringt die beiderseitigen Totenlisten. Heinrich findet, Gott habe die Hauptsache getan.

V Gower und Fluellen streiten mit Pistol; Pistol allein sieht sich am Ende. In Frankreich treffen sich Heinrich und die Seinen mit Charles und Isabel, Burgund lobt den wiedergewonnenen Frieden, Charles muß alles unterschreiben, und dann wirbt Heinrich, indem er sich ungeschickt gibt, um Katherine und küßt sie. Alle anderen kommen dazu, man scherzt über die Liebe, Charles hat wegen eines Artikels Bedenken, muß aber auch den unterschreiben, dann findet man alles gut, besonders die Heirat.

Finis Heinrich V., Gloucester, Bedford, Exeter, York, Salisbury, Westmoreland, Warwick, Erzbischof von Canterbury, Bischof von Ely, Cambridge, Scroop, Grey, Erpingham, Gower, Fluellen, Jamy, MacMorris, Bates, Court, Williams, Pistol, Nym, Bardolph, Le Fer, Charles von Frankreich, Dauphin Louis, Burgund, Orleans, Bourbon, Rambures, Grandpré, Montjoy, Isabel, Katherine, Alice, Mistress Quickly-Pistol, Connetable, Stadtkommandant von Harfleur, Gesandte, Herold, Page, Lords, Gefolge, Soldaten, Offiziere, Bürger, Boten, Chorus. – England, dann Frankreich.

Heinrich VI., dreimaliger Titelheld. Im Alter von neun Monaten zum König gesalbt, in ›Heinrich VI./1‹ ein friedliebender argloser, rechtlich denkender und moralisierender junger Mann, der sich bei seiner Krönung eine rote Rose ansteckt und denkt, eine solche Geste endige einen sinnlosen und zerstörerischen politischen Streit; ist erst damit einverstanden, die kleine Armagnac zu ehelichen, dann damit, Margaret zur Königin zu machen.

HEINRICH VI./1 **I** Beim Leichenbegräbnis Heinrich V. in London kommen schlimme Nachrichten aus Frankreich an: Städte sind verloren, Talbot ist gefangen, die Fürsten empören sich. Gloucester und Winchester streiten am Sarg. Ins französische Lager vor Orleans, wo die Engländer Schrecken verbreiten, bringt man die Pucelle, die sagt, sie sei von Maria geschickt, und den Dauphin niederkämpft, der sie auf die Probe stellen will; sie werde, sagt sie, Orleans befreien: »*Resolve on this, thou shalt be fortunate, / if thou receive me for thy warlike mate:* Entschließe dich also; du wirst glücklich sein, wenn du mich an deiner Seite kämpfen lässest.« In London am Tower werden Gloucesters und Winchesters Leute handgemein. In Orleans erlegt der Büchsenmeister Salisbury und Gargrave, Talbot, mit auf dem Turm, schwört furchtbare Rache: »*And like thee, Nero, / play on the lute, beholding the towns burn: / wretched shall France be only in my name:* Das will ich tun, und, wie Nero, auf der Laute spielen, indes die Stadt in Flammen steht. Frankreich soll bloß durch meinen Namen elend werden« (Eschenburg). Talbot trifft die Pucelle in der Schlacht, kann aber Orleans nicht halten. Der Dauphin ruft Jeanne zur Patronin Frankreichs aus.

II Die Engländer nehmen Orleans bei Nacht, der Dauphin mit der Pucelle und alle fliehen. Talbot triumphiert in Orleans, ein Bote ruft ihn zur Gräfin von Auvergne, die ihn auf ihrem Schloß schmäht, fangen will und sich entschuldigt, als die Seinen Talbot befreien. In London pflücken Plantagenet und die Mächtigen symbolisch Rosen und entzweien sich noch einmal. In seinem Gefängnis im Tower berät, ehe er stirbt, Mortimer Richard Plantagenet.

III Im Parlament kommt es zu erneutem Streit zwischen Gloucester und Winchester und zugleich den Weißen und den Roten; der junge König greift schlichtend ein und erhebt bei dieser Gelegenheit Plantagenet zum Herzog von York. Exeter beiseite sieht schwarz. Die Pucelle nimmt mit List Rouen; sie schmäht den vertriebenen Talbot, Talbot schmäht zurück und rächt sich sogleich. Unter dem Beifall des Dauphins sinnt die Pucelle die Idee aus, Burgundy zum Abfall zu bewegen. Talbot in Paris beim König.

IV Heinrich VI. wird in Paris gekrönt und steckt sich eine rote Rose an; Exeter beobachtet alles, mißtraut Plantagenet und sieht wieder schwarz. Auf Bordeaux' Mauern wird Talbot der Tod geweissagt. In der Gascogne verflucht Plantagenet Mortimers weggebliebene Reiter, Sir Lucy fordert umsonst Hilfe für Talbot an; Lucy geht zu Somerset; der seinerseits verflucht den säumigen Plantagenet. Tod der Talbots; Lucy holt die Leichen bei der Pucelle und dem Dauphin ab.

V In London will der König die kleine Armagnac heiraten, um des Friedens willen, und Winchester ist Kardinal geworden. Zur Pucelle und dem Dauphin in Anjou kommt die Meldung von einem kampfbereiten englischen Heer. Die Pucelle beschwört die bösen Geister, aber die wenden sich ab. Die Pucelle wird von Plantagenet gefangen, von Suffolk Margaret, die ihn verzaubert und mit der er den Plan bespricht, daß sie Königin und seine Geliebte wird; ihr Vater Reignier ist einverstanden. Die Pucelle vor Plantagenet verleugnet ihren Vater, der verflucht sie. Plantagenet jammert über einen Frieden, den Winchester unter der Christenheit machen will; er und Winchester lassen den Dauphin den Frieden beschwören; der tut's mit Vorbehalten innerlich. Gegen Gloucester und Exeter beschwatzt Suffolk den König zur Heirat mit seiner Margaret.

Finis Heinrich VI., Gloucester, Bedford, Exeter, Winchester, Somerset, Plantagenet, Warwick, Salisbury, Suffolk, Talbot, John Talbot, Mortimer, Falstolfe, Lucy, Glansdale, Gargrave, Woodville, Vernon, Basset, Dauphin Charles, Reignier, Burgundy, Alencon, Bastard von Orleans, Margaret, Gräfin von Auvergne, Jeanne d'Arc, ihr Vater als Schäfer, Bürgermeister von London, Rechtsgelehrter, Gerichtsbeamter, Gesandte, Legat, Statthalter von Paris, Büchsenmeister von Orleans, sein Sohn, französischer General, französischer Sergeant, Hauptleute, Offiziere, Herold, Schildwachen, Wächter, Soldaten, Boten, Dienstleute, böse Geister. – England und Frankreich.

Heinrich VI., heiratet in ›Heinrich VI./2‹ Margaret; aber schon der Heiratsvertrag, durch welchen Margarets Vater Anjou und Maine zugesprochen werden (Warwicks Ehrgeiz, Gloucesters auch), bringt Unfrieden; Heinrich begreift die Liebe zur Macht nicht, und er sieht diese Liebe nicht hinter den vordergründigen Auseinandersetzungen.

HEINRICH VI./2 **I** Nach London kommt Suffolk mit Margaret als der prospektiven Königin; unter den Pairs werden die Fronten abgesteckt: Gloucester ist gegen den Heiratsfrieden (»*Lordings, farewell; and say, when I am gone, / I prophesied: France will be lost ere long:* Lebt wohl, Mylords, und sagt, wenn ich nicht mehr da bin, ich hab es geweissagt, daß Frankreich ehestens verloren sein werde«), mit ihm einig sind Salisbury und sein Sohn Warwick, und diese drei sind gegen Suffolk und den Kardinal; Somerset und Buckingham haben eigene Interessen (»*Or thou or I, Somerset, will be protector, / despite duke Humphrey or the cardinal:* Du oder ich, Somerset, einer von uns beiden wird Protektor werden, trotz dem Herzog Humphrey oder dem Kardinal«: so Buckingham), und Plantagenet will sich mit Gloucester verbünden, um selber König zu werden: »*And, force perforce, I'll make him yield the crown, / whose bookish rule hath pull'd fair England down:* Dann will ich ihn mit Gewalt dahin bringen, mir die Krone abzutreten, ihn, dessen Bücherregiment das schöne England ganz heruntergebracht hat«. Eleanor Gloucester will ihren Mann nach oben puschen: »*Where are you there, Sir John? Nay, fear not, man, / we are alone; here's non but thee and I:* Seid Ihr da, Sir John? Fürchtet nichts, Freund! Wir sind allein; hier ist niemand, als du und ich«, und bedient sich dazu des Pfaffen Hume, der aber auch dem Kardinal und Suffolk dient. Bittsteller wollen zu Gloucester, die Königin schmollt Suffolk gegenüber vor allem aus Eifersucht gegen die Herzogin und will die Gloucesters und York und alle ausrotten. Bei Hof Gespräche, fast alle gegen Gloucester, und die Königin ohrfeigt die Herzogin. Gloucester selber will York als Regenten nach Frankreich schicken, Warwick und Suffolk streiten. Dazwischen kommen Horner und Peter, zwei Männer aus dem Volk, mit einem Streit um Staatsverleumdung, York will Horner hängen sehen, Gloucester entscheidet auf ein Duell zwischen Meister und Geselle und darauf, daß doch nicht York, sondern Somerset französischer Regent wird. Unter Eleanors Balkon wird ein Geist beschworen, York und Buckingham kommen dazu und nehmen die Hexer fest.

II Der übliche Hofstreit auf der Falkenjagd, Gloucester und Winchester machen ein Date aus, wie für ein Duell. Der Betrüger Simpcox tritt auf und wird fortgejagt, dann kommt Buckingham mit der Nachricht von Eleanor Gloucesters Zaubertun. In London erklärt York vor Salisbury und Warwick umständlich seinen Thronanspruch, und beide huldigen ihm schon einmal. Vor Gericht werden die Spukmacher verurteilt, Eleanor wird verbannt, Gloucester als Protector entsetzt, zu Margarets Freude »*Two pulls at once, / his lady banish'd, and a limb lopp'd* *off:* Zwei Stöße auf einmal: seine Gemahlin verwiesen und ein Glied abgehauen«, und Heinrich selber nimmt den Protectorstab. Duell zwischen Horner und Peter, Horner, sterbend, gibt den Verrat zu. Auf einer Straße in London verabschieden sich Gloucester und Eleanor: Sie wird weggebracht nach Man, weissagt ihrem Mann den Untergang.

III In Bury reden Margaret, Suffolk, Winchester, Buckingham und Plantagenet verleumdend gegen Gloucester, während Heinrich ihn als arglos verteidigt. Somerset meldet, daß Frankreich verloren ist. Gloucester kommt und wird, trotz aller Verteidigungsreden, verhaftet; er bedauert das Los des Königs jetzt: »*Ah, that my fear were false! ah, that it were! / For, good king Henry, thy decay I fear:* O daß meine Furcht ungegründet wäre! O daß sie es wäre! Denn, guter König Heinrich, ich fürchte deinen Fall!« Heinrich verläßt weinend das Parlament: »*His fortunes I will weep; and, 'twixt each groan, / say: who's a traiter, Gloucester he is none:* Ich will sein Geschick beweinen und zwischen jedem Seufzer sagen: Wer ist ein Verräter? Gloster ist keiner!« – Margaret, Winchester, Plantagenet und Suffolk beschließen Gloucesters Ermordung. Ein Bote bringt Nachricht von Unruhen in Irland, und York soll hin: »*My brain, more busy than the labouring spider, / weaves tedious snares to trap mine enemies:* Mein Gehirn, arbeitsamer als die geschäftige Spinne, webt gefährliche Schlingen, um meine Feinde darin zu bestricken.« Er war selber der Anstifter der Unruhen, sein Werkzeug John Cade. Der König erfährt in Bury, wo er ihn verhören will, Gloucesters Tod; klagend argwöhnt er Mord, Margaret zieht eine große Show ab: Sie hätte nicht kommen sollen etc.; Warwick meldet Volksaufruhr wegen eines Mords an Gloucester, betrachtet die Leiche und glaubt »*with that dread King that took our state upon him:* bei jenem großen König, der unsre Natur annahm«, an Mord. Er beschuldigt Suffolk; Salisbury meldet Aufruhr beim Volk draußen: es wolle Suffolk. Heinrich verbannt Suffolk innert dreier Tage. Abschied zwischen Suffolk und Margaret, sie: »*Even thus two friends condemned / embrace, and kiss, and take ten thousand leaves, / loather a hundred times to part than die:* O geh noch nicht! Eben so umarmen und küssen sich zwei verurteilte Freunde und nehmen tausendmal voneinander Abschied, und hundertmal mehr graut ihnen vor der Trennung, als vor dem Tode. Doch nun fahre wohl, und mit dir mein Leben«; dazwischen meldet Vaux,

Winchester liege fluchend im Sterben, und wieder sie und Suffolk: »*Even as a splitted bark so sunder we: / this way fall I do death – this way for me:* Gerade, wie ein zerspaltnes Schiff, so scheiden wir; auf diese Seite hin fall ich, und sterbe – und ich auf diese Seite«. Winchester stirbt wirr und in Angst und ohne Hoffnung.

IV Von patriotischen Piraten genommen, stirbt Suffolk an der Küste Kents durch Wittmers Hand. In Blackheath sammeln sich die Aufständischen um Cade, und die Staffords werden von ihnen erschlagen. Beim König kommen Nachrichten über die Rebellen an. Der Tower schickt ihnen Gough entgegen, sie dagegen töten in Smithfield Say, dann auch Gough. In Southwark machen Clifford und Buckingham Cade das Volk abspenstig. Auf Schloß Killingworth begnadigt der König das Volk Cades; ein Bote meldet Plantagenets Nahen gegen Somerset; der bedrängte König schickt Buckingham Plantagenet entgegen und Somerset in den Tower. Der hungernde Cade, in Kent herumirrend, wird in einem Garten erschlagen.

V Plantagenet kommt mit den Iren gegen Heinrich aufs Feld: »*Let them obey that know not how to rule:* Mögen die gehorchen, die nicht zu befehlen wissen«; Buckingham kommt, und Plantagenet geht mit ihm zu Heinrich, als er hört, Somerset sei festgesetzt. Iden bringt Cades Kopf. Margaret kommt mit Somerset. Plantagenet läßt seine Söhne, Margaret Clifford und Sohn rufen. Auch Salisbury und Sohn Warwick kommen, Salisbury, von Heinrich auf seine Treue angesprochen, da er nun für York sei: »*It is great sin to swear unto a sin; / but greater sin to keep a sinful oath:* Es ist eine große Sünde, auf eine Sünde zu schwören; aber noch größre Sünde, einen sündigen Eid auch zu halten.« Schlacht bei Saint Albans. Old Clifford fällt von Yorks Hand, stirbt; Somerset von der Hand Richards, Plantagenets Sohn; dieser: »*Sword, hold thy temper; heart, be wrathful still: / priests pray for enemies, but princes kill:* Schwert, behalte deine Schärfe; Herz, sei immer noch ergrimmt! Pfaffen beten für ihre Feinde, aber Fürsten töten sie« (Eschenburg). Young Clifford trägt den Vater fort, Heinrich will bleiben, Margaret fliehen. Die Yorks und Salisbury nach gewonnener Schlacht gehen ab nach London, dem Königspaar hinterher und ihnen wenn's geht zuvorkommend.

Finis Heinrich VI., Gloucester, Winchester, Plantagenet mit Söhnen Edward und Richard, Somerset, Suffolk, Buckingham,

Clifford und Sohn, Salisbury, Warwick, Scales, Say, Humphrey und William Stafford, Stanley, Vaux, Gough, Wittmer, Iden, Hume, Southwell, Bolingbroke, Horner, Peter Puff, Robin, Will, Tom, Simpcox und Frau, Cade, Bevis, Holland, Dick, Best, Smith, Michael, Emmanuel, Margaret, Eleanor, Jourdain, Kapitän, Patron, Maat, Edelleute, Bürgermeister, Bürger, Mörder, Büttel, Sheriff, Herold, Bittsteller, Falkoniere, Soldaten, Boten, Diener, Nachbarn, Volk, Falke, Geist. – Verschiedene Gegenden Englands.

Heinrich VI.: In ›Heinrich VI./3‹ verschmäht ihn auch noch Margaret; er hätte lieber ein Klosterbruder oder ein bescheidener Intellektueller werden sollen, oder einfach ein Gentleman im Gewand eines Schäfers, wie er selber sagt, als er die Greuel des Krieges an sich vorüberziehen sieht; flieht nach Schottland, wird, als er voll merkwürdiger Sehnsucht nach England zurückkommt, gefangen und in den Tower gebracht; bedankt sich bei dessen Kommandanten, als Warwick ihn herausholt; ein oder zweimal sagt er, fast so, als sei er angesteckt von den anderen, lieber wolle er das Land entvölkern als den Thron räumen: Aber das gibt sich immer gleich; und am Ende wird er wieder gefangen, wieder in den Tower gebracht und dort, als er liest, von Gloucester, vom jungen Richard Plantagenet, umgebracht; schade um ihn, aber er war dem allen nicht gewachsen.

HEINRICH VI./3 **I** Gerade vom Feld in ›Heinrich VI./2‹ zurück, setzt sich Plantagenet, von Warwick, Norfolk und anderen Weißrosen und dem Bruder Montague und den Söhnen Richard und Edward gedrängt, auf den Thron. Der König mit den Seinen kommt, besonders streiten Northumberland und Clifford gegen York. Warwick holt Soldaten rein, Heinrich dankt für seinen Sohn ab, er will noch bleiben, aber York soll herrschen. Margaret kommt, beschimpft den König, scheidet sich von ihm; er geht, und sie und der Prinz und Exeter schwören Rache. Richard und Edward Plantagenet und Bruder Montague fordern auf Burg Sandal York auf, sich den Königsthron gleich zu nehmen, mit Gewalt; Richard: »*Therefore, to arms. And, father, do but think / how sweet a thing it is to wear a crown:* Darum zu den Waffen! Und bedenkt nur, Vater, welche angenehme Sache es sei, eine Krone zu tragen.« Ein Bote meldet, daß Margaret mit großem Heer vor der Burg steht, und die

Plantagenets und die Mortimers ziehen los. Im Feld, der geschworenen Rache eingedenk, bringt Clifford Plantagenets Sohn Edmund um; York selber wird gefangen, von Margaret (»*Off with the crown, and, with the crown, his head; / and, whilst we breathe, take him to do him dead:* Herab mit der Krone; und zugleich samt der Krone herab mit seinem Kopfe; laßt ihn gleich jetzt sterben!«) grausam verhöhnt; mit der Papierkrone auf dem Haupt trauert er um seinen Sohn, Northumberland hat Mitleid, Clifford und Margaret erstechen ihn: »*Off with his head, and set it on York gates; / so York may overlook the town of York:* Herab mit seinem Kopf, und steckt ihn über die Tore von York; so kann York die Stadt York überschauen!«

II Edward und Richard beim Heer erhalten die Nachricht vom Tod des Vaters. Warwick und Montague kommen dazu und berichten von einer Niederlage gegen die Königlichen. Jetzt haben Norfolk und Bruder George aus Burgund neue Heere gesammelt: »*Ne'er may he live to see a sunshine day, / that cries, Retire, if Warwick bid him stay:* Nie müsse der wieder die Sonne scheinen sehen, der ruft: weicht zurück!, wenn Warwick ihn stehen heißt.« Ein Bote meldet das Nahen des Heers der Königin. Vor York, angesichts des Hauptes Yorks, schlägt Heinrich, so sehr er sein Geschick beklagt, auf Wunsch Cliffords und Margarets den jungen Prinzen Edward zum Ritter. Ein Bote meldet das Nahen von Warwicks Heer. Die Großen im Feld treffen sich und schmähen einander, dann geht's los. Warwick und die Plantagenetsöhne, der Niederlage nah, treffen sich erschöpft, sprechen sich Mut zu. Warwick ficht mit Clifford, der flieht. Heinrich würde lieber ein stilles Leben haben: »*O God! Methings it were a happy life, / to be no better than a homely swain:* O Gott! Mich dünkt, es müßte ein glückliches Leben sein, wenn ich nichts weiter wäre, als ein niedriger Schäfer.« Es kommen zu ihm ein Sohn, der seinen Vater, und ein Vater, der seinen Sohn erschlagen hat, und tragen die Leichen fort. Die Schlacht hat sich gewendet, Margaret, der König und der Prinz fliehen. Der verwundete Clifford beklagt auch Heinrichs Ende, wenn er selber nun stirbt; die Plantagenets schmähen den toten Clifford; Warwick will Cliffords Kopf an die Stelle Yorks stecken, dann will er, da nun alles gewonnen ist, Edward krönen und aus Frankreich Lady Bona dem neuen König zur Frau holen. Edward sagt, auf ihn wolle er bauen.

III Zwei Förster auf der Jagd fangen Heinrich, der sich aus dem Schottischen nach England herübergeschlichen hat. König Edward und seine Brüder Gloucester (Richard) und Clarence (George) treiben Scherz mit der bittstellenden Lady Grey, der Edward schließlich einen Heiratsantrag macht. Ein Edelmann meldet den Fang der Förster, der bucklige Gloucester giert groß nach der Krone. In Paris sind Margaret mit dem Prinzen und dann Warwick bei König Ludwig und Schwester Bona; Margaret will, als Französin, Hilfe, Warwick für Edward Bona. Post kommt: Edward habe Lady Grey zur Frau genommen. Warwick schwört den Plantagenets ab und tritt zu Margaret über und läßt den Boten ausrichten: »*Tell him from me, that he hath done me wrong; / and therefore I'll uncrown him ere't be long:* Sag ihm von mir, er habe mich beleidigt, und dafür werde ich ihn ehestens seiner Krone berauben«. Ludwig schickt Warwick mit Oxford und einem kleinen Heer nach England, Warwick verspricht dem Prinzen seine Tochter, Bourbon soll mit einer Flotte hinüber: »*I long till Edward fall by war's mischance, / for mocking marriage with a dame of France:* Mich verlangt, Edward durch das Unglück im Kriege dafür fallen zu sehn, daß er mit der Heirat einer französischen Prinzessin Spott getrieben hat.«

IV In London Hofgerede über Frauen unter den Brüdern Plantagenet; dazwischen der Bote aus Frankreich mit der Kriegserklärung Ludwigs. Edward will rasch ein Heer aufstellen. Clarence und Somerset stoßen zu Warwick und Oxford und wollen Edward aus seinem Lager holen bei Nacht, und tun's. Lady Grey, als Königin Elisabeth, und ihr Bruder Rivers wollen fliehen. In einem Park bei Middleham wird Edward von Gloucester und anderen befreit. In London holt Warwick König Heinrich aus dem Tower ab, der macht Warwick zum Regenten und dieser Clarence zum Protector. Somerset bringt Heinrich von Richmond an, König Heinrich segnet ihn: »*Make much of him, my lords; for this is he / must help you more than you are hurt by me:* Haltet ihn ja in Ehren, Mylords; denn er muß euch viel mehr helfen, als ich euch geschadet habe.« Dazwischen kommt die Nachricht, daß Gloucester und Hastings Edward entführt und nach Burgund gebracht haben. Edward, Gloucester und Hastings ziehen nach York ein, Montgomery mit Truppen will keinem Herzog von York, sondern nur einem König dienen, darauf wird Edward wieder zum König ausgerufen. In London rufen Warwick und die Seinen ein Heer zusammen. Heinrich glaubt das Volk auf seiner Seite, da er ein guter Regent sei; da kommen Edward und Gloucester mit Soldaten und greifen ihn.

V In Coventry treffen sich Warwick, Edward und Gloucester; Oxford, Montague und Somerset kommen mit ihren Truppen dazu; Clarence kommt auch, wirft aber vor allen die rote Rose weg und geht zu Edward über. Auf dem Feld bei Barnet stirbt Warwick (»*Why, what is pomp, rule, reign, but earth and dust? / And, live we now we can, yet die we must:* O! Was ist Pomp, Herrschaft, Regierung, als Staub und Erde? Wir mögen leben, wie wir wollen, so müssen wir doch sterben!«), Oxford und Somerset kommen dazu und sagen, Montague sei schon tot. Edward und Gloucester und Clarence gehen jetzt Margaret entgegen, die ermutigt ihre Leute. Edward und die Seinen haben gesiegt, Oxford und Somerset werden abgeführt, Edward, Gloucester und Clarence erstechen den Prinzen Edward. Margaret wird abgeführt. Im Tower mordet Gloucester Heinrich und sagt von sich: »*Counting myself but bad till I be best. / I'll throw thy body in another room, / and triumph, Henry, in thy day of doom:* Ich werde deinen Leichnam in ein andres Zimmer werfen, und dein Todestag, Heinrich, soll mir ein Tag des Triumphs sein!« (Eschenburg). Die Plantagenets auf dem Thron machen Bilanz, alle küssen das kleine Prinzchen.

Finis Heinrich VI., Edward, Prince of Wales, Ludwig, Somerset, Exeter, Oxford, Northumberland, Westmoreland, Clifford, Plantagenet, Edward Plantagenet, Edmund, George, Richard, Norfolk, Montague, Warwick, Pembroke, Hastings, Stafford, John Mortimer, Hugh Mortimer, Henry, Rivers, Stanley, Montgomery, Somerville, Margaret, Lady Grey, Bona, Prinzlein, Lehrer, Bürgermeister, Towerkommandant, Stadträte, Edelmann, Förster, Jäger, Sohn, Vater, Boten, Wache, Soldaten. – England und Frankreich.

Heinrich VIII., Titelheld, keine sehr faßbare Gestalt: scheint allen zugänglich, die ihm was einreden wollen, vor allem Wolsey, als der Buckingham stürzen will und als er sich von Katharine scheiden lassen soll; liebt Katharine als eine große Frau; dann aber verliebt er sich in Anne, und dies scheint der Angelpunkt im Stück: jetzt ist er aufgeschlossen für Wolseys Falschheit, für die Intrigen im Staatsrat: wie denn überhaupt seine Kraft aus dem privaten Bereich zu kommen scheint, denn auch sein Verhältnis zu Suffolk und besonders zu Cranmer ist das persönlicher Freundschaft und menschlicher Loyalität.

HEINRICH VIII. I Buckingham läßt sich von Norfolk vom großen Treffen der Könige erzählen; Abergavanny kommt dazu, man redet über Wolsey, den ehrgeizigen Organisator des Meetings; Wolsey mit einem Schreiber kommt vorbei und fragt nach Buckinghams Haushofmeister; Buckingham wütet, Norfolk versucht ihn zu beruhigen, aber Buckingham will Wolsey stürzen; Brandon mit Gerichtsdienern kommt, Buckingham und Abergavanny werden verhaftet. Im Staatsrat soll Buckinghams Haushofmeister vernommen werden. Vorher aber beklagt Katharine, von Norfolk unterstützt, die Ausbeutung des Volks durch den Kardinal Wolsey; der verteidigt sich, aber der König ordnet eine Steuersenkung an; dann bedauert er Verfehlungen des geliebten Buckingham, und der Haushofmeister Buckinghams, obwohl von Katharine unglaubwürdig gemacht, beginnt seinen Herrn zu beschuldigen; am Ende ist der König von Buckinghams Schuld überzeugt. Sands, Lovell und der Lord Kämmerer reden über die Vermengung der französischen und englischen Sitten und Moden, dann will man sich abends bei einer Party im Hause Wolseys treffen. Bei Wolseys läuft eine Party mit Damen, unter ihnen Anne Bullen; der König, verkleidet, in Gesellschaft, kommt dazu, und verliebt sich in Anne.

II Zwei Gentlemen auf der Straße rekapitulieren den Prozeß gegen Buckingham; Buckingham auf der Straße beteuert noch einmal seine Unschuld, verzeiht allen und wünscht dem König Glück; dann erinnert er an seinen Vater, der unter Richard III. ähnlich unterging, und wird weggebracht; die beiden Gentlemen reden über die nächste Katastrophe: Heinrich will sich scheiden lassen, und auch dahinter stecke Wolsey. Der Lord Kämmerer hat einen Brief über einen Machtmißbrauch Wolseys, als Norfolk und Suffolk kommen und über Wolsey schimpfen; zum brütenden König kommen Wolsey und Campeius der Scheidung wegen; die Kardinäle reden über den verstorbenen königlichen Sekretär Pace und seinen Nachfolger Gardiner, der ein Mann Wolseys ist. Anne und ihre Hofdame reden über die Königin und die Karriere einer schönen Frau bei Hofe; der Lord Kämmerer meldet, Anne sei jetzt Gräfin mit einem schönen Gehalt, die Hofdame findet sich, wiewohl neidisch, gerechtfertigt. Vor Gericht erscheint die Königin, redet über ihr tadelloses Leben und ihre Unschuld: Sie will ihre spanischen Freunde dahaben und nicht von Wolsey gerichtet werden, und geht ab; der König erzählt von seinen Zweifeln wegen der Heirat mit der Witwe seines Bruders; gleichwohl ahnt er, daß die Kardinäle ein Spiel mit ihm treiben.

III Zur Königin kommen Wolsey und Campeius, reden auf sie ein; sie widersetzt sich, muß am Ende aber nachgeben. Norfolk, Suffolk, Surrey und der Lord Kämmerer reden feindlich über Wolsey, freundlich über Anne und den König; Wolsey und Cromwell kommen vorbei, letzterer hat dem König von ersterem ein Aktenbündel gegeben; Wolsey äußert einen Heiratsplan für den König und schimpft über Anne und Cranmer, den Vertrauten Heinrichs; der König liest einen Zettel, wird nachdenklich: Es ist ein Vermögensverzeichnis Wolseys, irrtümlich in das Aktenbündel geraten, mit noch einem Brief Wolseys an den Papst dabei; Heinrich redet zweideutig mit Wolsey, der argwöhnisch wird, aber nichts ahnt: dann gibt Heinrich ihm die beiden Papiere; Wolsey sieht, daß er verloren ist; die Herzöge verlangen ihm im Namen des Königs das große Siegel ab, er verweigert's und wettert, die Herzöge wettern zurück; Wolsey hat einen Monolog über seinen Ehrgeiz; Cromwell kommt dazu, der Kardinal sagt, jetzt sei er geheilt, Cromwell bringt Neuigkeiten: More Kanzler, Cranmer Erzbischof, Anne Königin; Wolsey monologisierend verabschiedet den gerührten Cromwell.

IV Die beiden Gentlemen auf der Straße reden über die Krönung Annes und den Krönungszug; der Krönungszug kommt, ein dritter Gentleman berichtet über die schöne Anne in der Kirche; Gardiner sei inzwischen Bischof und hasse Cranmer, der aber habe in Cromwell, der aufsteige, einen Freund. Die kranke Katharine und Griffith reden über den verstorbenen Wolsey, seine Größe, seine Fehler; der Kranken erscheinen selige Geister; Capucius bringt Grüße und Genesungswünsche vom König, Katharine gibt ihm ihr Testament mit: Der König möge für ihre Tochter und ihre Leute sorgen.

V Gardiner und Lovell begegnen sich nachts im Palast: Anne liege in den Wehen, sagt Lovell, und Gardiner findet, Anne, Cranmer und Cromwell gehörten weg, und Cranmer werde morgen vor dem Staatsrat verklagt; Heinrich und Suffolk spielen Karten, Lovell berichtet von den schweren Wehen Annes;

Denny bringt Cranmer, den Heinrich hat holen lassen, Heinrich schickt Lovell weg; Heinrich erzählt Cranmer vom Anschlag gegen ihn im Staatsrat, tadelt ihn leise für seine Naivität und gibt ihm einen Schutzring: den solle er vorweisen, wenn sonst nichts helfe; die alte Hofdame Anne meldet dem König künstlich-verworren eine Tochter, der König gibt ihr hundert Mark, sie flucht über so wenig. Vor dem Staatsratszimmer muß Cranmer demütigend warten, Heinrichs Arzt sagt das dem König. Im Staatsrat unter Vorsitz des Kanzlers beschuldigt Gardiner Cranmer der Ketzerei, Cranmer verteidigt sich und will Zeugen hören, das wird ihm verweigert; er schmäht Gardiner, Cromwell mischt sich beschwichtigend ein, er und Gardiner schimpfen sich, und Cranmer soll verhaftet werden; zeigt dann aber den Ring, man holt den König; Gardiner versucht Heinrich schönzutun, Heinrich schmäht den Staatsrat, daß er Cranmer schlecht behandle, empfiehlt dem Rat, Cranmer zu ehren, und lädt Cranmer zum Paten seiner Tochter. Am Schloßhof können der Pförtner und sein Knecht die Menge nicht weghalten, die zur Taufe Elizabeths will; drinnen wird Elizabeth getauft, und Cranmer hält eine große heftig weissagende Rede; der König freut sich: Erst jetzt sei er ein Mann.

Finis Heinrich VIII., Wolsey, Campeius, Capucius, Cranmer, Norfolk, Buckingham, Suffolk, Surrey, Gardiner, Lincoln, Abergavanny, Guildford, Denny, Sands, Lovell, Vaux, Cromwell, Griffith, Butts, Brandon, Katharine, Anne Bullen, Patience, Lord Kämmerer, Kanzler, Bischöfe, Lords, alte Kammerfrau, Ladies, Gentlemen, Sekretäre, Schreiber, Bürgermeister, Herold, Haushofmeister, Türsteher, Pförtner, Page, Ausrufer, Gerichtsbeamte, Wachen, Diener, Boten, Gefolge, Volk, Geister. – London, Westminster, Kimbolton.

Hektor, trojanischer Großheld, Sohn des Priamus, Bruder des Troilus in ›Troilus und Cressida‹; sicher der Klügste unter seinen Leuten, der Illusionsloseste: Zwar denkt er wie die anderen, aber er macht das am unfeierlichsten. Als Cassandra ihn aufhalten will am Ende, sagt er: »*Hold you still, I say; / mine honor keeps the weather of my fate. / Life every man holds dear; but the dear man / holds honor far more precious-dear than life:* Seid stille, sag ich. Meine Ehre entscheidet mein Schicksal. Das Leben ist einem jedem teuer; aber der edel denkende Mann hält die Ehre weit teurer, als sein Leben« (Eschenburg); daß er oft das Leben der Schwächeren schont, ist schön, er will sogar dem kampfentwöhnten Achill eine Rast gönnen; aber einen armen Griechen erlegt er bloß der Rüstung wegen; andererseits, daß Achill ihn erschlagen läßt, als er ausruht, ist mies; aber er selber sagt in der großen Beratung, man müsse kämpfen, einfach weil man nun einmal damit angefangen habe. Darauf läuft's jedenfalls hinaus; unter den gegebenen Umständen ist er ein sympathisch-pragmatischer Typ. Er hat einen Beruf, und den will er ausüben, oder vielleicht sogar so: Für ihn ist dieser blöde Krieg alles andere als ein Lebensinhalt, und er will, daß er endlich zu Ende geht. – **Hektor,** samt Mutter Hekuba in ›Coriolan‹ von der schrecklichen Volumnia im Munde geführt: »*The breasts of Hecuba, / when she did suckle Hector, look'd not lovlier / than Hector's forehead when it spit forth blood / at Grecian sword, contemning:* Hekubas Brust, als sie den Hektor säugte, sah nicht lieblicher aus, als Hektors Stirn, da sie den kämpfenden Schwertern der Griechen Blut entgegen spie«; ein zweites Mal in diesem kriegerischen Stück bringt Aufidius den Hektor an, als er, gegen Coriolan fechtend, zu diesem in einer sonderbaren Mischung aus individual- und militantem Haß sagt: »*Wert thou the Hector / that was the whip of your bragg'd progeny, / thou shouldst not 'scape me here:* Wärst du auch Hektor, jener Stolz eurer so gepriesenen Vorfahren, so solltest du mir doch nicht entkommen« (Eschenburg). – Im übrigen kommt Hektor häufig in vielen Stücken vor, wenn irgendein Starker irgendwie verglichen wird.

Hekuba, Frau des alten Trojakönigs Priamus, in dem von Hamlet und dem Schauspieler rezitierten Dramenfragment in ›Hamlet‹ so wehklagend auftauchend, daß dem rezitierenden Schauspieler die Tränen kommen und Hamlet, an seinen Vater und die eigene Rache und so weiter erinnert, sich dann fragt: »*What's Hecuba for him, or he to Hecuba, / that he should weep for her?... yet I...:* Was ist Hekuba für ihn, oder er für Hekuba, daß er um sie weinen soll?... und ich...« (Wieland). – **Hekuba,** Gattin des Königs Priamus, Mutter seiner Kinder, ausgenommen des Bastards Margarelon; in ›Troilus und Cressida‹ ist sie auch die Mutter Polyxenas, in welche Achill verliebt ist, und schreibt diesem einen Brief. – **Hekuba,** in ›Cymbeline‹ von Imogen angerufen, als sie den toten Posthumus zu sehen scheint: alle Flüche, die die verrückte Hekuba den Griechen nachrief, und die Ihrigen oberdrein, möchten den Pisanio treffen.

Helena, eines unbekannt bleibenden gewissen Nedar Tochter im ›Sommernachtstraum‹, in der Nacht im Stück das ärmste Ding; schon vorher, vom einst sie anbetenden Demetrius verschmäht, kommt sie sich verschmähenswert vor, ohne alle die Reize, die Hermia doch wohl haben müsse; dann aber, in der Nacht, dringt Lysander auf sie ein: Wie zum Spott, muß sie glauben, wo doch immer Hermia soviel schöner war; dann tut's auch Demetrius, wie zum doppelten Spott, da er doch wisse, daß sie ihn liebt und nur auf dieses Eindringen wartet, und dann scheint auch Hermia sie noch zu verraten, da sie den Abfall Lysanders ernst nimmt; so mißversteht sie unbeträufelt alles und ist die Wahnsinnige, weil sie nicht verrückt gemacht worden ist.

Helena, eine Blondine, berühmteste Frau des Abendlandes neben Eva und Maria, aber schöner als beide und als alle sonst: ihre *»youth and freshness / wrinkles Apollo's and makes stale the morning:* gegen ihre Jugend und frisches Aussehen ist Apoll runzlig, und die Morgenröte blaß«, wie Troilus in ›Troilus und Cressida‹ einmal sagt (der Verliebte: In diesen Dingen ist er natürlich völlig Partei und nur halb zurechnungsfähig, keine Natur ist ihm etwas nicht bloß gegen die Frau, die er liebt, sondern gegen jede, die ihr gleicht, und gerade die Schönsten tun ja eben das), und Paris nennt sie die, *»whom we know well / the worlds' large spaces cannot parallel:* von der wir wissen, daß der weite Raum der Welt nicht ihres gleichen aufzuweisen vermag« (natürlich ist auch er Partei); Ehefrau des Griechen Menelaos, wurde sie von dem schönen Trojaner Paris geraubt – ein Unternehmen, das glückte, weil Paris in einem Gebirge einmal Venus für die schönste Göttin erklärt, und sie ihm für dieses Urteil die Schönste unter den Menschen versprochen hatte; da Menelaos und mit ihm das ganze Abendland gekränkt war durch die Entführung Helenas, brach dann der trojanische Krieg aus, das heißt, eine Unmenge Griechen zog nach Troja und wollte entweder Helena zurück oder Troja kaputt: Die Griechen glaubten offiziell fest daran, daß Helena so etwas wie eine vergewaltigte Gefangene war; untereinander aber hatten sie wenig Zweifel daran, daß Helena mit Paris außerordentlich zufrieden war; den Trojanern wiederum ist bei vernünftigem Überlegen deutlich, daß es besser wäre, Helena zurückzugeben, aber es siegt jener Wahn, den wieder Troilus am Schluß einer Debatte blauäugig so resümiert: »*Were it not glory that we more affected / than the performance of our heaving spleens, / I would not wish a drop of Troyan blood / spent more in her defense. But, worthy Hector, / she is a theme of honor and renown, / a spur to valiant and magnanimous deeds, / whose present courage may beat down our foes / and fame in time to come canonize us:* Wär es nicht die Ehre, die uns mehr am Herzen liegt, als die Befriedigung unsres rachgierigen Unwillens, so wünscht ich nicht, daß nur noch ein Tropfen trojanischen Bluts zu ihrer Verteidigung weiter vergossen würde. Aber, würdiger Hektor, auf ihr beruht jetzt unsre Ehre und unser Ruhm; sie ist für uns ein Sporn zu tapfern und edelmütigen Taten. Für jetzt wird unser Mut die Feinde zu Boden schlagen, und für die Zukunft wird der Nachruhm unser Andenken heiligen«; Diomedes, dieser höllisch ehrliche Mann, sagt, als Paris ihn fragt, wer denn Helena mehr verdiene, er oder Menelaos: »*Both alike; / he merits well to have her that doth seek her, / not making any scruple of her soilure, / with such a hell of pain and world of charge: / and you as well to keep her that defend her, / not palating the taste of her dishonor, / with such a costly loss of wealth and friends. / He, like a puling cuckold, would drink up / the lees and dregs of a flat tamed piece; / you, lika a lecher, out of whorish loins / are pleased to breed out your inheritors:* Ihr alle beide. Er verdient es, sie zu erhalten, da er, ohne sich über ihre Entehrung das geringste Bedenken zu machen, mit solch einer Hölle von Leiden und einer ganzen Welt voll Beschwerden sie zu erlangen sucht; und eben so sehr verdienst du es, sie zu behalten, da du sie, ohne dich an ihre Unehre zu kehren, mit solch einem kostbaren Verlust an Reichtum und Freunden verteidigst. Er läßt es sich, gleich einem wimmernden Hahnrei gefallen, den Bodensatz und die Hefen eines schalen, verrauchten Stückfasses zu trinken; und dir beliebt es, wie einem verbuhlten Wollüstling, deine Erben aus verhurten Lenden zu erzeugen« (Eschenburg); natürlich ist sie eine Hure so wenig wie Cressida, sogar noch viel weniger, denn sie ist noch viel schöner.

Helena, Tochter des berühmten Arztes Gerard de Narbon, in ›Ende gut alles gut‹ Pflegetochter der Gräfin von Roussillon, dann auch als Pilgerin unerkannt auf Reisen, ein ebenso kühnes wie schönes und geistvolles Mädchen, das sich beim ersten Alleingespräch gleich so vorstellt: »*Impossible be strange attemps to those / that weigh their pains in sense, and do suppose / what hath not, cannot, be:* Außerordentliche Unternehmungen scheinen denen unmöglich, welche sie nur nach bisheriger Erfahrung beurteilen, und glauben, was bisher nicht geschehen sei, könne gar nicht geschehen«; der König, als sie ihn heilen will, beurteilt ihre Kühnheit ähnlich: »*And what impossibility would slay / in common sense, sense saves another way:* Und was man sonst nach aller Vernunft für unmöglich erkennen würde, das scheint, wenn man dich hört, ganz vernünftig« (Eschenburg). In wen sie verliebt ist, ist ihre Sache, aber die Liebe an ihr ist ein unerhörtes Triebwerk und macht sie zur schönsten Reisenden ihrer Zeit; mit verführerischer Unbedenklichkeit macht sie aus Diana einen Lockvogel in ihr eigenes Bett, läßt sich schweigend schwängern wie Mariana von Angelo, und führt alles am Zügel der großen Lust, Klarheit in jene Verhältnisse zu bringen, die sie will. Wenn sie zur Gräfin sagt, ihre Liebe schade ja dem nichts, den sie da liebe (also dem Sohn der Gräfin), dann ist das schön gesagt und für den, der sie liebt oder lieben möchte, so schön wie Philines Diktum, und wenn sie ihn liebe, was gehe ihn das an: Doch wehe denen, die nicht gefangen sind von solchen Schönen!

Helenas Vater, in ›Ende gut alles gut‹ der erst jüngst verstorbene Arzt Gerard de Narbon, hat der Tochter Rezepte vermacht; und mit einem davon gedenkt sie die Fistel des Königs zu heilen und zugleich den Mann zu kriegen, den sie will; über ihn sagt die Gräfin: Sein »*skill was almost as great as his honesty; had it stretch'd so far would have made nature immortal, and death should have play for lack of work:* Seine Geschicklichkeit war fast eben so groß, als seine Rechtschaffenheit. Wäre sie eben so groß gewesen, so hätte sie die Natur unsterblich gemacht, und der Tod hätte aus Mangel an Arbeit seine Zuflucht zum Spiel genommen«; über seinen eigenen Tod sagt das Töchterlein sehr geistvoll: »*I do affect a sorrow indeed, but I have it too;* Ich stelle mich freilich traurig, aber ich bin es auch« (Eschenburg).

Helicanus, in ›Perikles‹ ein Lord im Dienste des Perikles; rät seinem Herrn, der Angst vor der Rache des durchschauten Antiochus hat, für eine Weile auf Reisen zu gehen (*»therefore, my lord, go travel for a while«* – englisch ist leicht und anmutig), bleibt selber als Regent in Tyrus, warnt brieflich seinen Herrn vor Thaliard, und taucht später auf dem Schiff des Perikles in Mytilene auf: als treuer Freund, während nun Escanes zu Hause regiert, hat er den kranken Herrn begleitet auf seiner glücksgetriebenen Irrfahrt durch die Welt.

Henry, Prince of Wales, Sohn Heinrichs IV., auch Harry oder Hal, Widersacher Percys in ›Heinrich IV./1‹ und mit ihm der eigentliche Held des Stücks; vom Vater melancholisch fast wie verlorengegeben wegen seines Umgangs mit Falstaff und seiner Bande. Und wirklich nähert sein Nachtleben sich sehr den Rändern der Legalität, und wie er seinen Freund Falstaff, so kann ihn nur sein Tatendrang vor dem Los retten, das beiden sonst wohl zuteil würde, selbst in jenen Zeiten; sein Plan dabei (die Lust abgerechnet und den jugendlichen Übermut): *»And like bright metal on a sullen ground, / my reformation, glittering o'er my fault, / shall show more goodly and attract more eyes / than that which hath no foil to set it off. / I'll so offend, to make offence a skill; / redeeming time when men think least I will:* Und, gleich einem glänzenden Metall auf einem dunkeln Grunde, wird meine Besserung über meinen Fehlern schimmern, wird dadurch ein schöneres Ansehen haben, und mehr Augen auf sich ziehen, als eine andre, die durch keine Folie gehoben wird. Ich will meine Vergehungen als Mittel eines geheimen Endzwecks brauchen, und die Zeit selbst jetzt gut anwenden, da jedermann glaubt, ich tu es nicht«; dieses scheinbar unbedenkliche Verschwenden von Leben hat einen großen Schwung und in sich schon jenen Glanz, den eigentlich erst das Leben nach dem Verschwenden haben soll; bei alledem ist der wie durch lauter Wunder knapp über dem Abgrund schwebende Falstaff ein herrlicher Freund: Dieser wird irgendwann vergehen, aber dieses flackernde Doppelgestirn war einmal da; der Neid der kleinen Seelen, die sich an der Welt festhalten müssen, ermißt nicht die Freiheit, und nur ein Mann wie Percy, der auf seine Weise auch immer schon mit der Welt fertig ist, kann nach diesem Sohn eines Königs so fragen: *»Where is his son, / the nimble-footed madcap prince of Wales, / and his comrades, that daff'd the* *world aside, / and bid it pass?:* Wo ist sein Sohn, der schnellfüßige und tollköpfige Prinz von Wallis und seine Kamraden, die die Welt auf die Seite stoßen, und ihr sagen: geh, wohin du willst!« (Eschenburg). – **Henry:** am Ende von ›Heinrich VI./2‹, während der Krönung noch, sagt er sich offen vom tief bestürzten Falstaff und allen alten Gesellen los und ist nun, mühsam vom sterbenden Vater akzeptiert und von den lieben Brüdern sehr von der Seite angesehen, politisch lediglich von Warwick anerkannt, König Heinrich V. – siehe nun also diesen. – **Henry,** Prinz; in den ›Lustigen Weibern‹ leidet der junge Fenton unter dem Ruf, mit Henry dem wilden Prinzen und Poins seinerzeit gesehen worden zu sein.

Henry Percy, mit Beinamen Hotspur (soviel wie Heißsporn), in ›Heinrich IV./1‹ der aufsässige Gegner des Königs und schließlich im Kampf der unterlegene Gegner des Prinzen Henry; verachtet und haßt den König wegen dessen Erschleichung der Macht, mißachtet den alten Glendower wegen dessen mystifikatorischer Großmannssucht, braust auf, wenn er sich benachteiligt glaubt, ohne doch auf die Sachen weiter Wert zu legen, um die er gebracht worden wäre; redet nicht gern und so sagt er gar nicht, was eigentlich in ihm vorgeht. Aber daß er nicht darüber reden kann, wird mit eben dem zu tun haben, was da in ihm vorgeht; er scheint fast unhaltbar in dieser Welt, und seine Lady auch weiß nicht, woher er kommt, wenn er ganz anwesend ist, und wohin er will, wenn er wie vergißt, was eben noch war; ein Held ohne Nähe; als er stirbt, sagt er: *»O Harry, thou hast robb'd me of my youth! / I better brook the loss of brittle life / than those proud titles thou hast won of me; / they wound my thoughts more than thy sword my flesh: / but thought's the slaves of life, and life time's fool; / and time that takes survey of all the world, / must have a stop:* O Harry, du hast mir meine Jugend geraubt. Der Verlust des zerbrechlichen Lebens schmerzt mich weniger, als jene ruhmvollen Titel, die du mir abgewonnen hast. Sie verwunden meine Seele tiefer, als dein Schwert mein Fleisch – doch, die Seele ist eine Sklavin des Lebens und das Leben ein Spiel der Zeit, und die Zeit muß, bei all ihrer Herrschaft über die ganze Welt, doch einmal aufhören«, und Prinz Henry, der ihn erschlagen hat, antwortet dem Toten: *»This earth that bears thee dead / bears not alive so stout a gentleman. / If thou wert sensible of courtesy, / I should not make so dear a show of* *zeal: / but let my favours hide thy mangled face; / and, even in thy behalf, I'll thank myself / for doing these fair rites of tenderness. / Adieu, and take thy praise with thee to heaven! / Thy ignominy sleep with thee in the grave, / but not remember'd in thy epitaph!:* Diese Erde, die dich Toten trägt, trägt keinen Lebenden, der dir an Edelmut gleich. Könntest du Lobsprüche noch fühlen, so würd ich meiner Achtung für dich diesen Ausbruch nicht verstatten. Aber nun laß mich dein entstelltes Antlitz verhüllen, und, in deinem Namen, dank ich mir selbst dafür, daß ich dir diesen letzten Liebesdienst erweise. Fahr wohl, und nimm deinen Ruhm mit dir gen Himmel; deine Schmach schlafe mit dir in deinem Grabe, und werd in deiner Grabschrift nicht erwähnt« (Eschenburg); schön ist, daß der dicke Falstaff ihn dann schultert und wegschleppt als seinen Toten.

Hermia, die kühne junge Frau aus dem ›Sommernachtstraum‹: sagt nicht bloß dem Herzog, daß sie den Lysander liebt und nicht den Demetrius, sondern sagt das auch dem Lysander; sie wird durch keinen Saft umgedreht; beschimpft dann aber Helena als Liebesdiebin und verspottet sie leise als etwas klein, die Freundin; wenn nicht die ganze Nacht wie ein einziger Traum gewesen wäre, dann müßte man sich fragen, ob dieses Mädchen die schöne wagemutige Unbefangenheit behalten kann.

Hermione, Tochter des russischen Kaisers, im ›Wintermärchen‹ die Gattin des sizilischen Leontes; sie ist schwanger fast vor der Niederkunft, und redet mit Polixenes, dem Jugendfreund ihres Mannes, so spielerisch liebend und so von übertragener Liebe beflügelt geistvoll, daß ihr Mann sie nicht mehr begreift und kapituliert, aber als einer, der alles im Griff haben muß. Und also wird er verrückt vor Eifersucht: Er ahnt nicht, womit er alles Glück bisher verdient hat, und so zweifelt er bei der ersten Gelegenheit; für Hermione ist dieser Zweifel unbegreiflich, und so macht sie den wunderbaren Versuch, sich zu rechtfertigen, ohne dies doch zu tun und ohne ihren Mann zu verletzen: das ist kaum von dieser Welt, und so ist der Rest ein reines Märchen, das sich erzählt, während das Leben mit Perdita fast noch schöner weitergeht.

Herodes, Judenkönig; in ›Antonius und Kleopatra‹ sagt Charmian, sie möchte ein Kind bekommen, welchem Herodes huldige; Alexas sagt zu Kleopatra, Herodes scheue ihr Auge, wenn sie nicht lächle (selbst Herodes, der sonst nichts scheut, meint er), und sie repliziert: Sie verlange Herodes' Haupt, aber wer könne es ihr heranschaffen, wenn Antonius nicht da ist? Später kommt er noch einmal unter jenen Herrschern vor, die der Kleopatra und dem Antonius gegen Rom folgen.

Herzog von Mailand, Vater Silvias in den ›Zwei Herren aus Verona‹, ist verblendet genug, dem liebenden und geliebten Valentine den tumben Thurio vorzuziehen; verbannt den Liebhaber, läßt sich endlich aber des Besseren belehren; sein Hauptlob für junge Männer ist, sie verdienten die Liebe selbst der Kaiserin; im zweiten Akt lobt er dem Valentine gegenüber so den Proteus, im fünften Akt lobt er den Valentine so; am Schluß muß Valentine ihm alles erklären.

Herzog von Wien, mit Namen Vincentio, Oberakteur in ›Maß für Maß‹, über weite Partien als Mönch verkleidet, unter dem Namen Lodowick; ohne die Verkleidung ist der Herzog nichts als der Auslöser des ganzen Spiels, der zugleich dadurch, daß er am Ende wieder auftreten kann, dafür sorgt, daß aus dem Spiel nicht Ernst wird, oder daß das Spiel ganz und gar dem entgleitet (dem Zufall etwa, dem Tod), der es sonst in Gang gesetzt haben könnte; als Mönch ist er diejenige Spielfigur, von welcher der Zuschauer weiß, daß Verlaß auf ihn ist: Er wird das Spiel in der Balance halten, auch wenn er nicht allgegenwärtig sein kann oder allmächtig; wenn Escalus von ihm einmal sagt, sein Hauptbestreben sei gewesen, sich selbst zu erkennen, so dreht er im Spiel und unerkannt alles um: Er macht, daß wir alle erkennen; er ist als Mönch sowenig eine Person unter anderen, wie der Detektiv unter den Verbrechern und den Guten; sein Problem könnte sein, daß er allzu unsanft mit Isabellas Gefühlen umspringt. Aber er darf das, denn er wird sie heiraten; sie gerät im Lauf des Stücks auch schon fast auf die Seite mehr der Bewegenden als der Bewegten, auch wenn sie's noch nicht weiß.

Hesione, in ›Troilus und Cressida‹ ein alter Zankapfel zwischen den Kriegsparteien, und zwar sollen Griechen einst diese Hesione, eine Schwester des Priamus, geraubt haben, woraufhin Paris zur Rache an den Griechen denen Helena wegnahm; die Trojaner, findet Troilus einmal, hätten bei diesem Raubtausch, was die Schönheit der Beute angehe, besser abgeschnitten.

Horatio, Freund Hamlets in ›Hamlet‹, spricht als erster das königliche Burgterrassengespenst an, und warnt seinen Freund dann davor, sich allzu weit von ihnen weg mit dem Gespenst zu entfernen, ein kluger Rat, wie alle Räte dieses wahren Freundes; Horatio ist ruhig, besonnen, aufrecht, ehrlich, klug, alles das, wovon im Kern Polonius träumt, wenn er Laertes segnet; diese drei: Hamlet, Laertes, Horatio – man sollte einen Western mit ihnen schreiben.

Hortensio, in ›Der Widerspenstigen Zähmung‹ ein Bewerber um Biancas Gunst, glücklicher als Gremio, weil jünger als er, aber im ganzen einfach nicht Biancas Fall, und als Musiklehrer Licio keine ernste Konkurrenz für Lucentio als Literaturlehrer Cambio; resigniert, als er merkt, was zwischen den Liebenden läuft, und tröstet sich mit der Witwe, die ihn will; Freund Petruchios, den er in Baptistas Familie einführt.

Hubert, eigentlich Hubert de Burgh, Kämmerer Johanns, soll auf dessen Wunsch im ›Johann‹ den jungen Gefangenen Arthur umbringen; will ihn dann blenden, schafft's aber nicht, als Arthur ihn daran erinnert, wie er, Arthur, ihn, Hubert, gepflegt habe in einer Krankheit: er, der Gefangene, den Wärter; als Hubert, nachdem er, wie Johann denkt, Arthur umgebracht hat, zu Johann kommt, sagt der zu ihm, sich selber herausredend aus aller Schuld: *»Hadst not thou been by, / a fellow by the hand of nature markt'd, / quoted and sign'd, to do a deed of shame, / this murder had not come into my mind: / but taking note of thy abhorr'd aspect, / finding thee fit of bloody villany, / apt, liable to be employ'd in danger, / I faintly broke with thee of Arthur's death; / and thou, to be endeared to a king, / made it no conscience to destroy a prince:* Wärest du nicht bei der Hand gewesen, ein Geselle, den die Hand der Natur zur Ausführung einer Schandtat ausgezeichnet hat, dieser Mord wäre mir niemals in den Sinn gekommen. Dein grelles Aussehen, die Geschicklichkeit, die Willigkeit zu gefährlichen Dingen und blutigen Bubenstücken, die ich an dir fand, versuchte mich – und du, um dich einem König beliebt zu machen, machtest dir kein Gewissen, einen Prinzen zu ermorden!« (Wieland).

I

Iachimo, in ›Cymbeline‹ ein sehr zweideutiger Freund Philarios in Rom; wohl ein Weiberheld. Deshalb ein grundsätzlicher Bezweifler aller Ausnahmen, und leider dieser Grundsätzlichkeit wegen bereit zu so gut wie jedem Betrug, wobei man ihm zugutehalten muß, daß er nur deshalb betrügt, weil ihn seine eigene Hingerissenheit, als er Imogen dann wirklich sieht und hört (und die Hingerissenheit ist's, die man ihm zugutehalten muß), aller redlichen Mittel (wenn man da von redlich reden darf) ganz beraubt.

Iden, Alexander, in ›Heinrich VI./2‹ ein horazisch gesonnener Gentleman in Kent: *»Lord, who would live turmoiled in the court, / and may enjoy such quiet walks as these? This small inheritance my father left me / contenteth me, and worth a monarchy:* Gott: Wer wollte im Getümmel des Hofes leben, wenn er so ruhiger Spaziergänge, wie diese sind, genießen kann? Dieses kleine Erbteil, welches mir mein Vater hinterließ, macht mir Vergnügen genug und ist mir so viel wert, wie ein ganzes Königreich« (Eschenburg); erschlägt Cade, als der, Hungers wegen, ihn in seinem Garten angreift.

Ikarus, Sohn des Daedalus, der fliegen wollte; als Talbot sich in ›Heinrich VI./1‹ von seinem Sohn verabschiedet, nennt er ihn einen Ikarus, und noch einmal, als er weiß, daß er tot ist, und selber stirbt. – Wie zum Spott auf dieses große Bild sagt Gloucester später in ›Heinrich VI./3‹, der junge Richard Plantagenet, als er Heinrich im Tower morden wird, und als dieser sich einem Vogel vergleicht, dessen Junges umgebracht worden ist (*»sweet«* sagt er, wie damals Talbot, und weiß, daß der junge Edward von eben seinem eigenen Mörder ermordet worden ist): *»Why, what a peevish fool was that of Crete, / that taught his son the office of a fowl! / And yet, for all his wings, the fowl was drown'd:* Ha! Was war das doch für ein kindischer Geck aus

Kreta, der seinen Sohn wie ein Vogel fliegen lehrte? Und doch, seiner Flügel ungeachtet, mußte der Geck ersaufen!« (Eschenburg).

Imogen, in ›Cymbeline‹ die schöne Tochter Cymbelines aus erster Ehe, verheiratet mit Posthumus; die geistesgegenwärtigste aller Frauen, die geistreichste auch im raschen Disput, die verwegenste in der Abweisung, die hitzigste im Zorn; und doch ist alles von jener Stimmung überzogen, die man, wäre sie stärker, Schwermut, wäre sie leichter, Gedankenlosigkeit und Leichtsinn nennen müßte, fast Frivolität. Jetzt aber bleibt hinter jeder Äußerung jene Tiefe unbekannt, die all das Verschiedene so leitet, daß es alles doch immer eins ist; wir kennen sie fast ganz: schlafend, fast tot, fast wahnsinnig, ganz verliebt, am Hofe und allein wie eine Streunerin. Sie ist von keiner eindeutigen Rolle gestützt und wäre wohl immer, was sie ist, in Tragödien, Komödien und überall. Und Iachimo, Posthumus, Belarius, die Jungen und Pisanio, und vielleicht auch Cloten, sind alle auch wir, und sie ist alles, was wir wollen.

Iras, vertraute Dienerin der Kleopatra in ›Antonius und Kleopatra‹, ist wie Charmian dabei, als Kleopatra stirbt; stirbt kurz vor ihr, als der Bauer die Schlänglein schon gebracht hat (Gott weiß warum oder woran), und Kleopatra, als sie sie hinsinken sieht, sagt: »*Dost fall? / If thou and nature can so gently part, / the stroke of death is as a lover's pinch, / which hurts, and is desired. Dost thou lie still? / If thus thou vanishest, thou tell'st the world / it is not worth leave taking:* Du fällst? Wenn du und die Natur so freundlich von einander scheiden können, so ist der Streich des Todes wie der Zwick eines Liebhabers, der verwundet und doch gewünscht wird. Liegst du noch immer? Wenn du so verschwindest, so sagst du der Welt, daß sie des Abschiednehmens nicht wert ist« (Wieland).

Isabella, schöne Schwester Claudios in ›Maß für Maß‹, auf dem Wege, in ein Kloster zu gehen, und schon fast drinnen; Freundin auch Julias, der Geliebten ihres Bruders, und darum Bittstellerin bei Angelo; als solche in verzweifelte Nähe zur Unzucht geratend, löst sie das Dilemma zwischen Bruderliebe und Jungfernehre folgendermaßen: Sie findet, daß der Bruder ein feiger Schuft ist, wenn er nicht lieber sterben will; es ist wunderbar von Shakespeare, daß er aus diesem Mädchen, das sonst eine hoffnungslos überspannte tragische Heroine würde, eine katalysatorische Balancefigur zwischen dem komischen und dem tragischen Genre macht: So kann sie Jungfer bleiben, weil der Mann schon in der Tür steht, und doch den Bruder retten, weil sie eine andere überreden darf, für sie ins Bett zu gehen.

J

Jago, der Schurke in ›Othello‹, ein kleiner Offizier bei Othello, an die dreißig Jahre alt; seine Frau Emilia wartet Desdemona auf; Jago haßt Othello; davon lebt er, daß er sich zurückgesetzt glaubt in seinem Beruf, und daß er argwöhnt, Othello habe mit seiner Emilia geschlafen – das alles schiebt er bloß vor; es braucht aber soviel Bosheit, um soviel überwältigende Weltunwissenheit wie Othellos zu Fall nicht zu bringen, aber zu Fall bringen zu wollen; und es braucht zugleich einer so geringen Größe in der Bosheit (denn Jago intrigiert viel, wäre aber ja an jeder stärkeren welterfahreneren Figur sehr bald gescheitert), um eine Figur wie Othello zu stürzen: An Jagos Winzigkeit wird deutlich, wie schwebend Othello lebt; ja, es gibt Tausende von Jagos, aber es bedarf eines Othellos, damit aus einem von ihnen etwas wird; am Ende, klein geworden wie er ist, mordet Jago nur noch aus Sorge um die eigene Haut, und er mordet die Arglosen: Roderigo und Emilia; die Abgesandten des Rats tun unrecht, ihn schwer zu verfolgen: Sie sollten ihn einfach ins Meer werfen.

Jaques, in ›Wie es euch gefällt‹ der junge melancholische Lord beim alten Herzog im Ardenner Wald; weint um den erlegten Hirsch, läßt sich vorsingen, und hat, sobald er auf der Bühne ist, den schönsten aller Wünsche: *»O that I were a fool! / I am ambitious for an motley coat:* O! Möchte ich doch ein Narr sein! Mein höchster Ehrgeiz geht nach einem Harlekins-Rock – O! Möcht ich doch ein Narr sein! Ehrsüchtig bin ich nach einem bunten Rocke – O wär ich doch ein Narr! Mein Ehrgeiz geht auf eine bunte Jacke!« (Wieland – Eschenburg – Schlegel); in Rosalind als Ganymede würde er sich vielleicht verlieben können, ihr erklärt er melancholisch seine Melancholie: Sie sei eine Melancholie ganz nach seiner Weise; er liebt Musik, weil sie melancholisch macht; weint, den Menschen fluchend, mit der Natur, und hält die Welt für nichts als eine Bühne; es wäre ein

Glück, sein Freund zu sein; aber das Glück ist nichts für ihn, und er läuft ihm davon mit Gedanken, deren Entstehen niemand begreifen wird; er weiß, daß auf dieser Welt keiner für ihn da ist, und er hat recht mit seiner Melancholie, die träumen und weinen zugleich machen kann; wenn man ihn zu verstehen meint, geht er plötzlich weg zu dem bekehrten Tyrannen in die Einsiedlerhöhle; und wenn man ihn dort verstehen zu können glaubt, wird er alles widerlegen und vielleicht für ein paar Monate heiraten; wer ihn liebt, ist für die Welt so weit verloren wie man sollte, und wen er liebt, den muß man auch lieben, damit man nicht allzusehr weint und dableiben mag, wenn er wieder weg ist.

Jessica, im ›Kaufmann von Venedig‹ die schöne Tochter des Juden Shylock, leidend unter der engherzigen und geizigen Tyrannei des Alten, dem witzigen Launcelot zugetan, verliebt in Lorenzo, der überdies versprochen hat, sie wegzuholen aus dem gräßlichen Haus Shylocks: Kein Wunder, daß sie, als Lorenzo sie holen kommt, aus dem Reichtum ihres Vaters noch mehr mitgehen läßt, als bloß die fraglos nie gewährte Mitgift; scherzt witzig und anmutig mit Lorenzo in der Nacht und sagt dann merkwürdig, als Lorenzo die Musikanten anspornt: *»I am never merry when I hear sweet music:* Ich bin niemals munter, wenn ich Musik höre« (Wieland).

Johann, Titelheld, Sohn Elinors und Heinrichs II., übriggeblieben von der Brüderschar nach Löwenherz' und Gottfrieds Tod, hat im ›Johann‹ die Krone an sich genommen und schwankt: will von Rom nichts wissen, nimmt dann die Krone wieder von Rom an, läßt sich überhaupt fortwährend krönen; will Arthur umbringen; am Schluß wird er selber umgebracht, keiner weiß warum; man kann sagen, er hat es verdient: Aber dann wären noch andere tot, und andere wieder nicht.

JOHANN **I** Der französische Botschafter Chatillon erhebt im Namen Philips von Frankreich Anspruch auf England und Englands französischen Besitz; Johann lehnt ab, beide Parteien erklären einander den Krieg. Zu Johann kommen Robert Faulconbridge und sein Halbbruder Philipp; Robert will das ganze Erbe, denn Philipp sei ein Bastard, und eigentlich sei Richard Löwenherz sein Vater. Elinor, Mutter Richards, findet Gefallen an dem Bastard, er wird von Johann als Richard Plantagenet geadelt. Der freut sich und will die Kunst lernen, sich beliebt zu machen: *»Which, though I will not practise to deceive, / yet, to avoid deceive, I mean to learn:* Eine Kunst, die ich zwar nicht ausüben will, um andre zu betrügen, aber die ich zu lernen gedenke, damit ich von anderen nicht betrogen werde« (Wieland). Seine Mutter kommt dazu, er lobt sie dafür, daß sie sich hat verführen lassen: *»Come, lady, I will show you to my kin; / and they shall say, when Richard me begot, / if thou hadst said him nay, it had been sin: / who says it was; he lies; I say 'twas not:* Komm, Mutter, ich will dich meinen Verwandten vorstellen, und sie werden sagen, als Richard mich zeugte, wäre es Sünde gewesen, wenn du nein gesagt hättest. Wer anderes sagt, der lügt; ich sag, es war keine Sünde« (Eschenburg; Wieland hat die letzte Zeile weggelassen).

II Die Franzosen mit Philip, dem Dauphin Louis, dem Herzog von Österreich und Constance und Arthur treffen sich vor Angers, und Chatillon meldet, daß die Engländer kommen. Sie kommen mit Johann, Elinor, Blanche, Pembroke und Faulconbridge, erst streiten die Könige, dann Elinor und Constance; Faulconbridge dazwischen legt sich mit dem Herzog von Österreich an, der das Löwenfell seines Vaters trägt, den er erschlagen hat. Johann und Philip versuchen nun, die Bürger von Angers von ihrer jeweiligen Legitimität zu überzeugen, die Bürger öffnen die Tore aber nicht. Die Heere kämpfen gegeneinander, beider Heere Herold behauptet wieder den Bürgern Angers' gegenüber den Sieg, aber die halten weiterhin die Tore geschlossen: Kein Heer habe gewonnen. Faulconbridge stachelt daraufhin beide Könige zu gemeinsamem Vorgehen gegen die Stadt an, aber die Bürger schlagen vor, daß zur Vermeidung weiterer Kämpfe Blanche den Dauphin heiraten soll. Die beiden sagen, sie fänden einander schön und liebenswert, die Könige sind einverstanden. Faulconbridge für sich tobt wunderlich herum: Er wolle gegen den maklerischen Eigennutz angehen, bis dieser auch ihm die Taschen fülle.

III Constance wütet, als Salisbury ihr den Heiratsfrieden meldet, sie wütet für Sohn Arthur, und weigert sich, zu den Königen zu gehen. Philip findet, dies sei ein Feiertag, Constance wütet weiter, auch gegen den Herzog von Österreich, und Faulconbridge dazwischen stimmt da ein. Der päpstliche Legat Pandulph kommt mit einer päpstlichen Beschwerde, Johann erklärt sich unabhängig vom Papst, und Pandulph bannt ihn. Constance mischt sich wegen der Heirat ein, Pandulph argumentiert gegen die Verbindung mit einem Abgefallenen, Philip schwört der Verbindung ab, Blanche trauert, Johann verspricht den Franzosen Krieg. In der Schlacht hat Faulconbridge den Herzog von Österreich umgebracht, Johann hat den jungen Arthur gefangen. Nach der Schlacht geht Faulconbridge nach England ab, die Kirchengüter zu konfiszieren, Elinor redet mit Arthur, Johann überredet Hubert dazu, Arthur heimlich zu ermorden. Am französischen Hof beklagt man die Niederlage, Constance ist wie unsinnig über den Verlust Arthurs. Louis hat die Welt satt, aber Pandulph tröstet ihn: Johann werde zweifellos Arthur umbringen lassen, und dann sei er, Louis, der rechtmäßige Thronfolger.

IV Hubert will Arthur blenden, läßt aber aus Mitleid davon ab, obwohl er Johann sagen will, Arthur sei tot. Johann läßt sich schon wieder krönen, Pembroke und Salisbury sind skeptisch wegen seines Rufs und Arthurs wegen, dann kommt Hubert; Johann sagt, Arthur sei tot, Salisbury und Pembroke gehen entsetzt ab. Ein Bote meldet den Einfall der königlichen Truppen sowie den Tod sowohl Elinors als auch Constances. Faulconbridge mit viel Geld zurück erzählt von Ängsten im Volk und bringt den Propheten Peter aus Pomfret mit, der die Abdankung Johanns weissagt; Bigot und Salisbury mit vielen suchten Arthurs Grab, sagt er noch. Er solle sie holen, sagt Johann zu Faulconbridge; der will's tun. Hubert erzählt ebenfalls von den Ängsten im Volk und von fünf Monden und dergleichen, Johann schilt ihn als den Schuldigen an Arthurs Tod (*»Hadst thou but shook thy head or made a pause:* Hättest du nur deinen Kopf geschüttelt, nur eine Pause gemacht«, Wieland), Hubert beichtet, daß Arthur noch lebe, Johann heißt ihn eilig alle holen. Arthur inzwischen, der fliehen will, stürzt sich von einer Mauer zu Tode, Salisbury, Pembroke und Bigot haben ein Schreiben des Grafen Melun, das sie einlädt, zu den Franzosen überzugehen, Faulconbridge kommt, sie zum König zu holen, sie finden den toten Arthur, und gehen. Hubert dazu vom König, will ihnen sagen, Arthur lebe, die Lords wollen ihn umbringen, Faulconbridge geht dazwischen, die Lords ab nach Edmundsbury zu den Franzosen. Faulconbridge, mit Hubert allein, beklagt das Schicksal der Welt und Englands.

V Johann und Rom durch Pandulph schließen wieder Frieden, Faulconbridge wütet, Johann überträgt ihm alle Macht. Der Dauphin schmeichelt den übergetretenen Lords, Pandulph bringt ihm die Nachricht von Johanns Aussöhnung mit Rom, aber Louis will weiterkämpfen. Faulconbridge kommt dazu und prahlt mit der englischen Kampfkraft und höhnt die Franzosen, Pandulph hat keine Chance. Johann auf dem Schlachtfeld dann fiebert, Faulconbridge läßt ihm ausrichten, er solle das Feld verlassen, und die Hilfstruppen des Dauphins seien gescheitert. Melun, auf dem Schlachtfeld zu Tode verwundet, sagt den abgefallenen Lords, sie sollen zu den Englischen zurückgehen, denn Louis wolle sie töten lassen; sie glauben ihm und gehen. Louis, voll Siegesglauben auf dem Feld, muß hören, daß es schlecht steht: Melun tot, die Lords wieder weg, die Hilfstruppe mit den Schiffen gescheitert. Faulconbridge hört von Hubert, daß der König, von einem Mönch vergiftet, in Swinstead im Sterben liegt. Vor dem jungen Prinzen und den zurückgekommenen Lords redet Johann im Fieber und stirbt, als Faulconbridge kommt. Salisbury sagt, die Franzosen seien auf dem Rückweg, Pandulph sei mit Friedensangeboten da. Faulconbridge und die zurückgekehrten Lords huldigen dem jungen Prinzen.

Finis Johann, Henry, Arthur, Pembroke, Essex, Salisbury, Bigot, Hubert de Burgh, Robert Faulconbridge, Philip Faulconbridge the bastard, Gurney, Peter of Pomfret, Philip, Louis, Lymoges, Herzog von Österreich, Kardinal Pandulph, Melun, Chatillon, Elinor, Constance, Blanche, Lady Faulconbridge, Lords, Bürger, Sheriff, Herolde, Gehilfen, Boten. – England und Frankreich.

John, Don, böser Halbbruder Don Pedros in ›Viel Lärm um nichts‹: Offenbar hat er sich kurz vor dem Stück mit Pedro ausgesöhnt, aber seinem Kumpan Conrade gegenüber äußert er sich schwermütig-verdrossen so: »*I had rather be a canker in a hadge than a rose in his grace, and it better fits my blood to be disdained of all than to fashion a carriage to rob love from any: in this, though I cannot be said to be a flattering honest man, it must not be denied but I am a plain-dealing villain:* Ich wollte lieber ein Krebs in einem Zaun als eine Rose in seiner Gnade sein; für mein Blut schickt es sich besser, von jedermann gehaßt zu sein, als ein künstliches Betragen anzunehmen, um jemands Liebe zu erschleichen; in dieser Absicht ists richtig, wenn ich schon kein schmeichlerischer Biedermann bin, so kann man mir doch nicht absprechen, daß ich ein aufrichtiger Bösewicht bin« (Wieland, der hier offenbar cancer statt canker gelesen und so Don Johns Scherz mit Heckenrose und Rose nicht mitgekriegt hat – aber der Krebs in der Hecke ist eigentlich auch nicht schlecht für die malcontent-maliziöse Gemütsart des Sprechers).

Julia, in den ›Zwei Herren aus Verona‹ ein schönes, etwas ungebärdiges Mädchen ebenfalls aus Verona, in den wankelmütigen Proteus verliebt; als Proteus nach Mailand weg ist, reist sie ihm, wiewohl noch unwissend über seine doppelte Untreue, hinterher wie Claudine aus Villa Bella, und in Kleidern ein Mann, ist sie's nach den sicher zweihundert Kilometern auch auf der Haut: *»But since she did neglect her lookingglass, / and threw her sun-expelling mask away, / the air hath starved the roses in her cheeks, / and pinch'd the lily-tincture of her face, / that now she is become as black as I:* Aber seitdem sie ihren Spiegel vernachlässiget und ihren sonnenschirmenden Schleier weggeworfen, hat die Luft die Rosen auf ihren Wangen welk gemacht und die Lilien-Farbe ihres Gesichts geschwärzt, daß sie nun so braun worden ist, als ich« (Wieland), sagt sie, als Silvia sie, noch Sebastian, nach ihr selber fragt; hat in spielender Demut alles fast im Griff, bloß gegen Schluß, als Valentine völlig ausflippt, fällt sie in Ohnmacht, wenn auch nicht für lange.

Julia, Capulets Tochter in ›Romeo und Julia‹, ganz bestimmt ein bezaubernd hübsches Mädchen in schönem Einverständnis mit einem attraktiven Körper und Gesicht auch; im eigenen Zimmer wohl auch oft genug allein, um nicht mehr gestört zu sein von den verrückten Eltern und der Amme: Viel mehr kann man von ihr kaum sagen; sie verliebt sich nun und ist die schöne Puppe eines wohlredenden Bauchredners: schwärmend, und doch wunderbar gefaßt dabei, und immer im Nu in verliebtem, geistreichem Scherz wieder in der Wirklichkeit; wenn aber die Wirklichkeit den Zauber nicht will, spinnt sie sich ganz ein in die Schwärmerei; es ist nicht so, daß sie nicht eine herrliche Gattin geworden wäre; nur waren tausend dumme Zufälle dagegen.

JULIUS CÄSAR **I** Die Volkstribunen Marullus und Flavius schelten auf der Straße Handwerker, die, wie früher dem Pompejus, jetzt Cäsar zujubeln, der gerade die Söhne des Pompejus geschlagen hat; dann gehen sie daran, von Cäsars Bildsäulen den Schmuck abzureißen. Cäsar mit Anhang tritt beim Luperkalienfest auf, ein Wahrsager warnt ihn vor den Iden des März. Während eines mehrmaligen Jubels im Hintergrund, wohin Cäsar ab ist, unterhalten sich Cassius und Brutus über Cäsar und Rom; Cassius dringt in Brutus: Cäsar sei nur ein armer Mensch, kein Gott; Brutus will darüber nachdenken: »*Brutus had rather be a villager / than to repute himself a son of Rome / under these hard conditions as this time / is like to lay upon us:* Brutus wollte lieber ein bäurischer Taglöhner sein, als unter den harten Bedingungen, so diese Zeit uns auflegt, sich für einen Sohn von Rom zu halten«. Cäsar, zurückkehrend, mißtraut, Antonius gegenüber, Cassius; Casca schildert sarkastisch die mißglückte Krönung und Cäsars Anfall. Cassius findet, daß Casca ein guter Bundesgenosse wäre, er verabschiedet Brutus: »*Till then, think of the world:* Bis dahin, denkt an die Welt«, und denkt über Brutus nach: »*For who so firm that cannot be seduced? / Caesar doth bear me hard; but he loves Brutus. / If I were Brutus now and he were Cassius, / he should not humor me:* Denn wer ist so standhaft, daß er nicht verführt werden könne? Cäsar kann mich nicht wohl leiden; den Brutus hingegen liebt er; wär ich itzt Brutus, und er wäre Cassius, er würde nicht so gefällig gegen mich sein.« Bei nächtlichem Unwetter treffen sich Casca und Cicero, Casca erzählt von Wunderzeichen, Cicero bleibt vernünftig. Cassius trifft den ängstlichen Casca und macht ihm klar, daß alle diese Zeichen vor Cäsar warnen, der die Tyrannei anstrebe. Er gewinnt Casca: »*And I will set this foot of mine as far / as who goes farthest:* Und ich will diesen meinen Fuß so weit setzen, als der so am weitesten geht.« Cinna kommt dazu und bedauert, daß Brutus nicht mit von der Verschwörerpartie ist; Cassius gibt ihm einen Brief für Brutus und noch andere Aufträge und tröstet ihn: Brutus werde mitmachen.

II Brutus nachts in seinem Garten diskutiert mit sich selber über Cäsars Ehrgeiz und wie dem zu begegnen sei; er kriegt einen Brief und ist zu Taten entschlossen. Die Verschwörer kommen zu ihm, Cassius, Casca, Cinna, Decius, Trebonius; Brutus will keinen Eid geschworen haben, er will Cicero nicht dabei haben, und er will Antonius nicht töten, wie Cassius will: »*We* *all stand up against the spirit of Caesar, / and in the spirit of men there is no blood:* Wir alle stehen gegen den Geist des Cäsars auf, und in dem Geist des Menschen ist kein Blut«, und Trebonius meint: »*There is no fear in him. Let him not die; / for he will live, and laugh at this hereafter:* Er ist in der Tat nicht zu fürchten; laßt ihn nicht sterben; er wird leben, und zuletzt aus der ganzen Geschichte einen Spaß machen.« Bedenken, ob Cäsar aufs Kapitol kommen werde, zerstreut Decius: Er werde ihn bereden. Zum Abschied ermahnt Brutus alle, gute Schauspieler zu sein. Portia kommt, sie fühlt sich zurückgesetzt, weil Brutus ihr nichts erzähle von seinem Kummer; er verspricht, ihr alles zu sagen. Ligarius kommt, Brutus macht ihn gesund durch das Vorhaben. Cäsar in derselben Nacht läßt die Priester die Opfer deuten. Calpurnia hat Angst um ihn der vielen Zeichen auf den Straßen wegen; die Priester haben kein Herz im Opfertier gefunden und raten ab vom Kapitol: Cäsar will jetzt zu Hause bleiben. Dies teilt er Decius mit, samt einem Traum Calpurnias; aber der legt den Traum positiv aus, und Cäsar will wieder gehen. Publius und die Verschwörer kommen, Cäsar kredenzt Wein. Vor dem Kapitol steht Artemidor mit einem Warnbrief an Cäsar; Portia ängstet sich und schickt Lucius immer nach Neuigkeiten vom Kapitol; sie redet mit dem Wahrsager, der wieder da ist.

III Cäsar kommt aufs Kapitol, weist den Wahrsager und Artemidor ab, die Verschwörer reden kurz miteinander. Metellus kommt zu Cäsar: Dieser möge seinen verbannten Bruder begnadigen; Cäsar, ganz Staatsmann, bleibt hart, auch als Brutus und Cassius sich der Bitte anschließen. Dann erstechen sie Cäsar. Publius wird weggeschickt wegen des allgemeinen Aufruhrs, die Mörder baden Hände und Schwerter in Cäsars Blut, Brutus und Cassius meinen, dies werde ein Schauspiel für immer bleiben. Ein Diener des Antonius kommt, man verspricht seinem Herrn sicheres Geleit an die Leiche, zu ihnen. Antonius kommt und redet Cäsar an: »*O mighty Caesar! Dost thou lie so low?:* O mächtiger Cäsar! Liegst du so tief!«; wenn er getötet werden solle, dann jetzt, sagt er. Brutus meint, nur Mitleid mit Rom sei Grund der Tat. Antonius gibt allen die Hand, dann redet er wieder Cäsar an: »*O world, thou wast the forest of this hart; / and this indeed, o world, the heart of thee:* O Welt, du warst der Wald dieses Hirsches; und dies, o Welt, in der Tat das Herz von dir.« Antonius gibt sich als Freund der Mörder und möchte nur noch die Gründe wissen, dann beantragt er, auf dem Forum über der Leiche reden zu dürfen. Gegen den Einspruch des Cassius gewährt Brutus das. Alleingelassen mit Cäsars Leiche, weissagt Antonius unverstellt furchtbaren Bürgerkrieg. Ein Diener meldet, daß Octavius in der Nähe ist; Antonius hält ihn zurück: erst will er sehen, wie die Rede wirkt. Die Plebejer auf dem Forum fordern Rechenschaft des Mordes wegen. Brutus redet von seiner Liebe zu Cäsar, von der größeren zu Rom, und von Cäsars Ehrgeiz: die Plebejer feiern ihn. Brutus geht, Antonius redet. Er spricht von Cäsars Güte, dagegen hält er des ehrenwerten Brutus Vorwurf des Ehrgeizes. Er setzt mehrmals an, die Plebejer kommen mehr und mehr auf seine Seite; er redet von Cäsars Testament zugunsten des Volks; er sammelt alle um die Leiche Cäsars und demonstriert den Mord; aber er wolle keinen Aufruhr stiften, sagt er, und sei auch kein Redner wie Brutus. Dann kommt er mit dem Testament, dann gehen die Plebejer mordlüstern mit der Leiche ab, und er: *»Now let it work. Mischief, thou art afoot, / take thou what course thou wilt:* Nun mag es wirken; Unordnung, du bist nun im Gang, nimm du, was für einen Lauf du willst.« Dann meldet ein Diener, Octavius und Lepidus seien in Cäsars Haus, und Brutus und Cassius seien fliehend weggeritten. Die Plebejer treffen den Dichter Cinna, verwechseln ihn mit dem Mörder Cinna, außerdem ist er witzig und ein Intellektueller, und bringen ihn um.

IV Antonius, Octavius und Lepidus beginnen die Säuberung, dann reden die ersten über Lepidus als einen nützlichen Kerl. Brutus bei Sardes zweifelt an Cassius' Freundschaft: *»When loves begins to sicken and decay / it useth an enforced ceremony:* Wenn Liebe zu schmachten und abzunehmen anfängt, so macht sie gezwungene Komplimente.« Cassius kommt: Brutus habe ihm Unrecht getan, indem er jemanden wegen Bestechung verurteilte, für den er gutgesagt habe; Brutus beschuldigt nun Cassius selber der Bestechlichkeit und führt die alte Gerechtigkeit ins Feld bei der Ermordung Cäsars. Cassius fühlt sich beleidigt; Brutus beschuldigt ihn, ihm keine Geldhilfe geleistet zu haben, Cassius bietet ihm dafür jetzt sein Herz an für Brutus' Dolch, und sie versöhnen sich wieder. Ein blöder Dichter kommt mit Versen und wird verjagt. Brutus erzählt von Sorgen: Portia sei tot, sie habe sich umgebracht aus Kummer über die politischen Verhältnisse und seine Abwesenheit. Sie trinken; Messala kommt; Brutus erzählt, Octavius und Antonius rückten mit einem Heer an; Messala erzählt, die Triumvirn hätten hundert Senatoren umgebracht (Brutus weiß nur von siebzig), darunter Cicero; und als Brutus leugnet, davon zu wissen, berichtet ihm Messala vom Tod Portias; Brutus gibt sich gefaßt, Cassius weniger. Cassius dann will nicht dem feindlichen Heer nach Philippi entgegengehen, Brutus will eben das und setzt sich durch. Brutus kann nicht schlafen, Lucius soll ihm singen, schläft aber dabei ein. Cäsars Geist erscheint und will bei Philippi wieder erscheinen, sagt er. Brutus' Diener haben nichts gesehen.

V Octavius und Antonius bei Philippi freuen sich über das Kommen der Feinde; Octavius streitet mit Antonius und setzt sich durch. Brutus und Cassius kommen dazu, man beschimpft sich. Cassius allein berichtet Messala von einem bösen Omen, Brutus kommt dazu, die beiden reden sich Mut zu und verabschieden sich voneinander: »*Therefore our everlasting farewell take. / For ever and for ever farewell, Cassius! / If we do meet again, why, we shall smile; / if not, why then this parting was well made. / – For ever and for ever farewell, Brutus! / If we do meet again, we'll smile indeed; / if not, 'tis true this parting was well made:* Nehmet also von mir das letzte Lebewohl; auf ewig, auf ewig lebe wohl, Cassius! Sehen wir uns wieder, nun, so werden wir lächeln; wo nicht, so war dieser Abschied wohl genommen. – Auf ewig, auf ewig lebe wohl, Brutus; sehen wir uns wieder, so werden wir in der Tat lächeln; wo nicht, so war dieser Abschied wohl genommen.« Brutus ermuntert zum Angriff. Cassius flucht auf die eigenen fliehenden Leute; Pindarus rät zur Flucht, Cassius schickt Titinius nach Nachrichten aus und schickt Pindarus auf einen Hügel; Pindarus glaubt zu sehen, daß Titinius gefangen wird, Cassius befiehlt ihm, ihn zu töten, der tut's. Titinius und Messala kommen zurück und finden Cassius tot; Messala: »*Mistrust of good success hath done this deed. / O hateful Error, Melancholy's child, / why dost thou show to the apt thoughts of men / the things that are not:* Mißtrauen in guten Succeß hat diese Tat getan. O verhaßter Irrtum, Kind der Melancholei! Warum stellest du dem gesunden Verstand der Menschen Dinge vor, die nicht sind?« Titinius bekränzt Cassius mit einem Kranz von Brutus, dann bringt er sich selbst um. Brutus, dazukommend: »*Are yet two romans living such as these? / The last of all the romans, fare thee well! / It is impossible that ever Rome / should breed thy fellow. Friends, I owe more tears / to this* *dead man than you shall see me pay. / I shall find time, Cassius; I shall find time:* Leben auch noch zween solche Römer, wie diese? – Du letzter der Römer, fahr wohl! Niemals, niemals wird Rom mehr deines gleichen hervorbringen – Freunde, ich bin diesem toten Mann mehr Tränen schuldig, als ihr mich itzt bezahlen sehen werdet. Ich werde Zeit finden, Cassius, ich werde Zeit finden.« Der junge Cato in der Schlacht fällt; Lucilius, sich als Brutus ausgebend, wird gefangen und antwortet dem Antonius, der nach Brutus fragt, der sei in Sicherheit. Die Schlacht scheint verloren, Brutus bittet drei seiner Diener vergeblich um seinen Tod, und verabschiedet sie; der vierte, Strato, hilft ihm. Octavius, hinzukommend, will alle aufnehmen, die bei Brutus waren; Antonius spricht: *»This was the noblest roman of them all. / All the conspirators save only he / did that they did in envy of great Caesar; / he, only in a general honest thought / and common good to all, made one of them. / His life was gentle, and he elements / so mixed in him that Nature might stand up / and say to all the world, This was a man!:* Dies war der edelste Römer unter ihnen allen. Alle Zusammenverschwornen, er allein ausgenommen, taten was sie getan haben aus Neid über Cäsars Größe; ihn allein machte ein tugendhafter Beweggrund, und die Liebe zum allgemeinen Wohl, zu einem von ihnen. Sein Leben war schön, und die Elemente in ihm so wohl gemischt, daß die Natur aufstehn und der ganzen Welt sagen durfte: Das war ein Mann!« (Wieland) – Octavius sagt, Brutus solle die Nacht in seinem Zelt aufgebahrt liegen.

Finis Julius Cäsar, Octavius, Marcus Antonius, Marcus Aemilius Lepidus, Cicero, Publius, Popilius Lena, Brutus, Cassius, Casca, Trebonius, Ligarius, Decius Brutus, Metellus Cimber, Cinna, Flavius, Marullus, Artemidorus, der Poet Cinna, Lucilius, Titinius, Messala, Cato junior, Volumnius, Varro, Clitus, Claudius, Strato, Lucius, Dardanius Pindarus, Calpurnia, Portia, Cäsars Geist, Wahrsager, Dichter, Diener, Boten, Senatoren, Bürger, Plebejer, Gefolge, Soldaten. – Rom, Sardes, bei Philippi.

K

Katharina, wunderliche wilde Widerspenstige aus ›Der Widerspenstigen Zähmung‹; man weiß nicht, ob sie eine tolle oder eine etwas gestörte Frau ist: Ist sie eine gestörte, dann hat Shakespeare an ihr sehr bemerkenswerte Züge entdeckt, ist sie eine tolle, dann ist selbst Shakespeare vor ihr so erschrocken, daß er sie zähmen mußte; nun hatte aber Shakespeare den schönsten Sinn für das Ununterdrückte an Frauen, das zeigen die großen Figuren in den historischen Stücken: gäbe es diese Frauenfiguren nicht, dann wäre Katharina größer als jetzt im Vergleich mit ihnen; zwar könnte man sie wohl auch jetzt noch sehr gut einer Bianca vorziehen: Aber man sieht doch nicht das ganze Geschlecht verraten, wenn sie am Ende geschlagen ist – auch wenn man sehr wünschte, sie hätte sich besser gehalten, oder Petruchio hätte sie besser zu würdigen gewußt; aber alles in allem ist sie ein schöner Bruch in der paduanischen Welt, gegen Petruchio, und wenn's nötig ist auch gegen Shakespeare.

Katharine, Gemahlin Heinrich VIII. in ›Heinrich VIII.‹, Tante des spanischen Königs Karl I., Witwe von Heinrichs Bruder Arthur; die klügste Person in England, und die wahre Gegenspielerin Wolseys; ihre Loyalität sieht auch Heinrich: »*That man i' the world who shall report he has / a better wife, let him in naught be trusted, / for speaking false in that:* Wenn irgendeiner auf der Welt sagt, er hab eine bessere Frau, so müßte man ihm in keiner Sache mehr trauen, weil er die Unwahrheit geredet hat« (Eschenburg); sie redet unerschrocken gegen den verleumderischen Haushofmeister, gegen Wolsey, gegen Campeius. Hier wird sie sogar sarkastisch, und man sieht, daß einmal entschieden mehr in ihr gesteckt hat, als jetzt im Alter noch sichtbar wird: Denn dieses Alter ist ihr Problem, sie ist, wie sie gesteht, unansehnlich geworden, sie kann nicht mehr mithalten mit dem, was Heinrich will, und so bleibt sie auf der Strecke gegen Anne; ganz sie selber ist sie am Ende, als sie sich mit Griffith über Wolsey unterhält; sie tadelt Wolsey, und dann lobt sie Griffith, als der Wolsey lobt: Man muß sagen, daß Wolsey diese Frau verdient hatte, auch wenn er sie wohl kaum zu würdigen wußte.

DER KAUFMANN VON VENEDIG **I** Solanio und Salerio wollen ihren Freund Antonio aufheitern, aber Antonio bleibt unerfindlich traurig. Bassanio kommt mit seinen Freunden Lorenzo und Gratiano dazu, Solanio und Salerio verabschieden sich von Antonio, Gratiano und Lorenzo von allen bis zum Abendessen. Bassanio, von Antonio nach dem Mädchen befragt, das er liebt, schildert seine finanzielle Lage, sagt, daß er Geld brauche, um ordentlich um Portia werben zu können, und pumpt ihn noch einmal an. Antonio sagt, sein Vermögen sei unterwegs, Bassanio solle aber auf seinen, Antonios, Namen Geld leihen. In Belmont klagt Portia ihrer Vertrauten Nerissa ihr hilfloses Dasein in der Kästchenlotterie ihres verstorbenen Vaters; die beiden gehen dann witzig eine Liste von Männern durch; vorteilhaft sticht Bassanio hervor, dann meldet ein Diener unter Abgehenden einen Ankommenden, den Prinzen von Marokko. In Venedig wieder will Bassanio Geld von Shylock, Antonio kommt hinzu, und Shylock, voll ausgesprochenem Haß, erzwingt den noch scherzhaft aufgenommenen Schuldschein über das Pfund Fleisch.

II Der Prinz von Marokko kommt zu Portia wegen der drei Kästchen. Launcelot zu sich selber redend kommt zu dem Schluß, dem Teufel Shylock, dessen Diener er ist, wegzulaufen. Launcelots Vater Gobbo mit einem Geschenk für Shylock kommt vorbei, und nachdem sie sich mühsam erkannt haben, führt Launcelot ihn samt Geschenk Bassanio vor, zu dem er will; Bassanio nimmt ihn, denn Shylock habe ihn ihm ohnehin schon überlassen, ordert eine Livree für Launcelot und schickt Leonardo, das Schiff besorgen nach Belmont. Gratiano kommt vorbei, er will mit nach Belmont, und man verabredet sich zum Abendessen. Jessica in Shylocks Haus bedauert, daß der witzige Launcelot sie alleinlassen will in der Hölle ihres Vaterhauses; sie hofft aber auf Lorenzo. Gratiano, Lorenzo, Solanio und Salerio reden über die Vorbereitungen zu einem Maskenaufzug; Launcelot, auf dem Weg zu Shylock, den Bassanio zum Essen bitten will, bringt Lorenzo einen Brief von Jessica; Salerio und Solanio gehen, Lorenzo erzählt Gratiano, daß Jessica mit ihm am Abend fliehen will. Launcelot holt Shylock zu Bassanio ab, Shylock verabschiedet sich ängstlich um das Haus von Jessica. Gratiano und Salerio warten unter Shylocks Haus auf Lorenzo; der kommt; oben im Haus, in Pagenkleidern, erscheint Jessica und wirft ein Kästchen hinab; sie müsse noch abschließen und etwas Geld besorgen, sagt sie; sie kommt herunter und geht mit Lorenzo und Salerio weg. Antonio trifft Gratiano: Das Fest finde nicht statt, der Wind habe gedreht, Bassanio reise gleich ab. In Belmont mustert der Prinz von Marokko das goldene, das silberne und das Kästchen aus Blei und entscheidet sich nach einigem Raisonnement für das goldene mit dem Totenkopf; Portia freut sich. Solanio und Salerio erzählen sich: Zu Shylocks Ärger, der sogar den Dogen alarmiert gehabt habe, seien Bassanio und Gratiano angesegelt, aber sicher ohne Lorenzo und Jessica, die mit Shylocks Schätzen anderswohin seien; ein Schiff sei verunglückt, der gute Antonio solle an den Schuldschein denken. Und sie wollen zu ihm gehen, der die Welt doch nur Bassanios wegen liebe: Sie wollen ihn in seiner Schwermut trösten. In Belmont inzwischen wählt der Prinz von Arragon das silberne Kästchen mit dem blinzelnden Idioten drin und zieht wütend ab. Ein Bote meldet, ein Venezianer sei gekommen mit Grüßen und Geschenken von seinem Herrn.

III Solanio und Salerio reden über die für Antonios Schiffe schlimmen Gerüchte vom Rialto, Shylock kommt dazu, beschuldigt sie, von Jessicas Flucht gewußt zu haben, und schwört dem bankrottierenden Antonio Rache. Antonio durch einen Diener bittet Shylock und Salerio zu sich, Tubal kommt aus Genua, erzählt, Jessica und Lorenzo hätten dort Shylocks Geld durchgebracht, aber ein Schiff Antonios sei untergegangen. In Belmont machen Portia und Bassanio einander Liebeserklärungen, dann ist Bassanio bei den Kästchen, ein Lied klingt, er wählt das aus Blei mit Portias Bild, Portia schenkt ihm einen Ring, und dann wollen Nerissa und Gratiano auch heiraten. Salerio bringt einen Brief Antonios, daß alle Unternehmungen fehlgeschlagen seien, Salerio berichtet, wie Shylock den Dogen bearbeite, Portia erklärt sich zu Hilfe bereit. In Venedig streitet Shylock unterm Beisein des Kerkermeisters mit Antonio: Er will die Schuld, und Antonio resigniert und hofft nur, Bassanio komme, um ihn zahlen zu sehen für sein Glück. In Belmont rühmt Lorenzo Portia gegenüber Antonio, Portia übergibt ihm und Jessica das Haus: Sie wolle auf die paar Tage, in denen Bassanio in Venedig sei, mit Nerissa in ein nahes Kloster. Dann schickt sie ihren Vertrauten Balthasar nach Padua zu Bellario und weiht Nerissa in ihren Plan ein, nach welchem sie sich in Männer verwandeln müssen. Launcelot scherzt mit Jessica über die Schweinefleischpreise, wenn zu viele Juden Christen würden, und sie sei ohnehin verloren; Lorenzo wirft ihm daraufhin die geschwängerte Negerin vor, und er solle den Tisch decken. Jessica lobt Portia.

IV Vor Gericht in Venedig läßt Shylock sich weder vom Dogen noch von Bassanio noch von Antonio, und weder durch gutes Reden noch durch Geld noch durch Beschimpfungen von seinem Recht auf das Fleisch Antonios abbringen. Unter Wutausbrüchen Gratianos wetzt er das Messer, als Portia als Balthasar mit Nerissa stellvertretend für Bellario kommt. Sie redet von Gnade, Bassanio noch einmal von Geld; sie gibt Shylock recht, Antonio gibt sich drein, alles samt Frau wolle er für Bassanio hingeben (Portia widerspricht leicht): Da wendet Portia ein, Blut dürfe aber nicht fließen. Shylock gibt sich sofort geschlagen und mit dem Geld zufrieden, aber jetzt wird ihm der Prozeß gemacht: Er habe einem Bürger nach dem Leben getrachtet; ihm wird nichts als das Leben gelassen, sein noch verbleibendes Vermögen muß er seiner Tochter schenken; er geht, Gratiano flucht ihm hinterdrein. Portia (immer als Anwalt) verlangt Bassanio als Dank Handschuhe und den Ring ab, den er von ihr hat, er lehnt ab, schickt aber dann Gratiano mit dem Ring ihr hinterher. Nerissa sagt zu Portia, nun wolle sie sich auch Gratianos Ring holen.

V In Belmont reden Jessica und Lorenzo über Nächte, ein Bote meldet Portias Nähe, Launcelot meldet Bassanios Nähe, Jessica und Lorenzo schwärmen und reden über Musik. Portia und Nerissa kommen, dann Bassanio, Antonio und Gratiano. Dieser und Nerissa, dann Portia und Bassanio beginnen über die Ringe zu sprechen; in lockeren Scherzen entdecken die Frauen den Männern ihre Verkleidungen, die Männer, trotz der vergebenen Ringe, schwören Liebe und Treue. Antonio verbürgt sich wieder für Bassanio, und unter süßen Liebeszoten um Ringe gehen alle, außer wohl Antonio, zum Schlafen ab.

Finis Doge von Venedig, Prinz von Marokko, Prinz von Arragon, Antonio, Bassanio, Gratiano, Salerio, Solanio, Lorenzo, Shylock, Tubal, Chus, Launcelot Gobbo, Old Gobbo, Leonardo, Balthasar, Stephano, Portia, Nerissa, Jessica, Magnifici, Gefolge, Kerkermeister, Gerichtsschreiber, Diener, Boten. – Venedig und Belmont.

Kent, Earl, in ›Lear‹ ein treuer Diener des alten Lear, an die fünfzig Jahre alt; wird von Lear gefeuert, als er Widerspruch erhebt gegen die Enterbung und Verstoßung Cordelias; verkleidet sich und tritt als armer ehrlicher Kerl, imstand *to »mar a curious story in telling it:* ein lustiges Märchen auf eine langweilige Art zu erzählen« (Wieland); an Gonerils Hof unerkannt wieder in Lears Dienste; nimmt Demütigungen in Kauf, bleibt anders als sein Herr aktiv und betreibt durch Botschaften seine Rettung nach Dover; behält den Überblick, lenkt alles so gut er kann, und bleibt als einziger immer Cordelia ergeben; stirbt, ganz am Ende, am Ende.

Kleopatra, schöne Königin Ägyptens, Bruderwitwe, eine wahre Römerfalle. Vordem war sie schon Julius Cäsars Geliebte gewesen, jetzt in ›Antonius und Kleopatra‹ schläft sie mit der nächsten Generation und sagt sehr hübsch über ihre Zeit mit Cäsar: *»My salad days, / when I was green in judgement, cold in blood, / to say as I said then:* Das sagt ich in meinen Salat-Tagen, da ich noch grün am Verstand und kalt von Blut war.« Wahr daran muß aber sein, daß sie über Julius unmöglich so wunderbar geredet haben kann, wie über Antonius, oder sie muß nicht nur die unwiderstehlichste, sondern auch die routinierteste aller Virtuosinnen in Worten der Liebe gewesen sein; man sehe unter dem Cydnus, wie sie wirkte; und als sie sich, als sie stirbt, wieder kleidet wie damals am Cydnus, und dann tot ist, sagt auch Octavius von ihr: *»But she looks like sleep, / as she would catch another Antony / in her strong toil of grace:* Aber sie sieht aus als ob sie schliefe, und als ob sie einen andern Antonius in dem starken Garn ihrer Reizungen fangen wollte«; was sie über Antonius sagt, wirft das wunderbarste Licht auf sie, und es spricht dann nur für Narren gegen sie, daß sie allen Glanz aller Kurtisanen anzuwenden scheint, und es damit unter nichts Geringerem als dem ersten aller Feldherren tut: Sie hatte ihn verdient, und es gehört auch schon eine Menge dazu, mit Aphrodite und Isis verwechselt werden zu können; es scheint kaum Züge zu geben, die sie nicht hat: Sie kann liebeln und flirten, sie kann mörderisch fluchen, sie kann feige sein und den Kopf verlieren, sie kann Reiche verwalten und vergeben, sie kann einen Mann ins Bett locken und dann in die Schlacht schicken, sie kann in voller Üppigkeit leben und dann mit Leidenschaft sterben: »*Then is it sin / to rush into the secret house of death, / ere death dare come to us?:* Ist es also Sünde, in die geheime Wohnung des Todes einzudringen, eh der Tod zu uns kommt?« – Etwas überwältigend Vollkommenes glänzt überall an ihr, und wenn uns irgendwelche Tugenden, wie isoliert in Octavien und anderen Figuren, im Ernst bewundernswerter scheinen können, als eine Kleopatra, so dies wohl nur deshalb, weil zu ihr die Gegenwart gehört. Die aber läßt dann alles andere blaß werden, bis wir wieder fern von ihr sind, und unsere Schwäche, nicht unsere wiedergewonnene Stärke, uns dazu bringt, die schöne Welt unseren Idealen zu opfern, oder unseren Sittlichkeiten, oder der Macht; und man muß auch noch sehen, daß ihr das, was anderen alles ist, am Ende leichtfällt, wie ein letzter Schritt an ein Ziel, wovon man nicht reden mußte: »*Give me my robe, put on my crown; I have / immortal longings in me: now no more / the juice of Egypt's grape shall moist this lip: / yare, yare, good Iras; quick. Methinks I hear / Antony call; I see him rouse himself / to praise my noble act; I hear him mock / the luck of Caesar, which the gods give men / to excuse their after wrath. Husband, I come: / now to that name my courage prove my title! / I am fire and air; my other elements / I give to baser life:* Gebt mir mein Oberkleid, setzt mir meine Krone auf – ich kann es kaum erwarten, bis ich unsterblich bin – nun soll der Saft der ägyptischen Traube nicht mehr diese Lippe netzen! Hurtig, hurtig, liebe Iras; munter – mir däucht, ich höre den Antonius rufen, ich seh ihn aufwachen, um meine edle Tat zu preisen. Ich hör ihn des Glücks des Cäsars spotten; eines Glücks, so die Götter den Menschen nur geben, um ihren nachfolgenden Grimm zu entschuldigen. Ich komme, mein Gemahl; nun beweise mein Mut, daß ich ein Recht an diesen Titel habe! Ich bin lauter Feuer und Luft; meine übrigen Elemente schenk ich einem niedrigerm Leben« (Wieland).

KOMÖDIE DER IRRUNGEN **I** Wegen einer Stadtfeindschaft zwischen Ephesus und Syrakus ist Egeon, Kaufmann aus Syrakus, in Ephesus festgenommen worden und soll sterben, da er nicht genug Lösegeld hat. Vor Gericht erzählt er dem Herzog melancholisch von seinen Irrfahrten auf der Suche nach seinen Zwillingssöhnen, deren einer vor vielen Jahren auf die Suche nach dem anderen und der Mutter gegangen sei. Der Herzog gibt ihm einen Tag Aufschub zur Beischaffung des Lösegeldes. Irgendwo in der Stadt kurz vor Mittag erhält Antipholus aus Syrakus, der suchende Sohn Egeons, von einem ephesischen Kaufmann Geld, mit dem er seinen Diener Dromio zurück ins Gasthaus schickt. Er selber will spazierengehen: »*Farewell till then. I will go lose myself, / and wander up and down to view the city:* Lebet wohl bis dahin; ich will indes allein herumgehn und die Stadt besehn.« Kurz danach trifft ihn der Zwilling seines Dieners, um ihn, den er für den ephesischen Antipholus hält, zum Essen nach Hause zu holen; verwirrt und wütend prügelt er ihn.

II Im Haus des ephesischen Antipholus unterhalten sich, wartend auf den Mann und den ausgeschickten Diener, seine Frau Adriana und deren Schwester Luciana über das Verhältnis von Mann und Frau. Der Diener kommt zurück und erzählt, wie er abgeblitzt und geprügelt worden sei. Adriana klagt über ihre Ehe. Indes kommt der syrakusische Dromio zu seinem Herrn zurück und ist verwundert, als der ihn prügelt, da er nicht als einen Scherz das Verhalten zugibt, das seinem Herrn gegenüber der ephesische Zwilling eben gerade an den Tag gelegt hat. Adriana und Luciana kommen dazu, halten sie für die ausgebliebenen Ihren, und Adriana setzt alles daran, den vermeintlichen fremdgehenden Ehemann zum Essen und zur Liebe zu sich ins Haus zu holen. Die Männer gehen verwundert mit, Dromio: »*This is the fairy land. O spite of spites, / we talk with goblins, owls, and sprites:* Wir sind im Feen-Land und reden mit lauter Kobolden, Gespenstern und Nacht-Frauen« (Wieland).

III Der ephesische Antipholus, der Goldschmied Angelo, bei dem Antipholus eine Goldkette für Adriana bestellt hat, und der Kaufmann Balthasar sind mit dem ephesischen Dromio (den Antipholus schmäht wegen dessen Gerede, er habe ihn geschlagen) auf dem Weg nach Hause zum Essen. Vor der verschlossenen Tür gibt es einen großen Streit, den Balthasar zu schlichten sucht, indem er alle zum Essen einlädt. Aber Antipholus entscheidet sich für die Kurtisane und bittet Angelo dorthin mit der Kette. In seinem Hause inzwischen redet Luciana gegenüber dem vermeintlichen Schwager für ihre Schwester, aber statt dessen erklärt ihr der syrakusische Antipholus seine Liebe: »*And as a bed I'll take thee, and there lie, / and in* *that glorious supposition think / he gains by death that hath such means to die. / Let love, being light, be drowned if she sink:* Spreite deine goldenen Locken über die Silberwellen; und ich will sie zu meinem Bett machen, und da liegen, und auf einem so ruhmvollen Lager denken, derjenige gewinne durch den Tod, der auf eine solche Art stirbt; mag doch die Liebe, die so leicht ist, ertrinken, wenn sie sinkt.« Sein Diener trifft ihn und erzählt verwirrt, wie er von der furchtbaren Köchin verfolgt werde: *»As from a bear a man would run for life, / so fly I from her that would be my wife:* Wie einer vor einem Bären läuft, um sein Leben zu retten, so flieh ich vor der, die meine Frau sein will« (Eschenburg). Dromio geht, Antipholus auf der Straße trifft Angelo, der ihm die Kette für den syrakusischen Antipholus gibt. Der ephesische nimmt sie und will jetzt aufs Schiff und weg.

IV Ein Kaufmann kommt mit einem Konstabler, um von Angelo eine Schuld einzutreiben; der will sie den dazukommenden ephesischen Antipholus für die Kette bezahlen lassen; dieser aber schilt ihn, daß er die Kette nicht zur Kurtisane gebracht habe, und verweigert die Bezahlung. Darauf läßt ihn Angelo verhaften, und dieser ihn. Der syrakusische Dromio kommt, hält den ephesischen Antipholus für den eigenen Herrn und meldet, das bestellte Schiff warte. Antipholus schickt ihn, den er für den eigenen Diener hält, um Geld zu Adriana. Die umworbene Luciana und die gekränkte Adriana unterhalten sich über Antipholus, jede meint einen anderen und doch denselben. Sie geben dem syrakusischen Dromio das verlangte Geld, und der bringt es dem eigenen Herrn, der sich über die Freundlichkeit in dieser Stadt wundert: Erst kriegt er die Kette, jetzt noch Geld: *»The fellow is distract, and so am I, / and here I wander in illusions:* Der Bursche weiß nicht recht, wo ihm der Kopf steht; und so geht's mir auch; wir irren hier unter lauter Blendwerken herum« (Wieland). Die Kurtisane kommt hinzu und fragt nach der versprochenen Kette, die Syrakusaner halten sie für den Teufel. Die Kurtisane ist verwirrt. Der ephesische Dromio wird von seinem Herrn, der noch in der Gewalt des Konstablers ist, geprügelt, weil er das Geld von Adriana nicht hat. Die Kurtisane, die bei Adriana mittlerweile die Wegnahme des Rings eingeklagt hat, kommt mit dieser und dem Exorzisten Pinch an, um den Wahnsinn des Antipholus zu kurieren. Dieser, in allen Punkten unschuldig, streitet alles ab. Adriana will jetzt zu Angelo, da kommen bewaffnet die beiden Syrakusaner, die Verwirrung ist groß, denn Adriana und Luciana glauben die eben noch Gebundenen wieder frei.

V Angelo, der Kaufmann und der syrakusische Antipholus händeln wegen der Kette, Adriana kommt hinzu und verlangt ihre Festnahme, Antipholus und sein Dromio fliehen in die Abtei. Die Äbtissin verlangt Aufklärung und redet dann der eifersüchtigen Adriana ins Gewissen. Solinus kommt mit Egeon und Gefolge zur Hinrichtung, es ist fünf Uhr. Adriana trägt ihm ihr Problem vor, der Herzog will die Äbtissin hören, da kommt ein Bote und berichtet, daß die freigekommenen ephesischen Antipholus und Dromio den Exorzisten Pinch verprügeln. Beide kommen jetzt, und Antipholus erzählt dem Herzog die ganze Geschichte. Egeon glaubt in den beiden seinen Sohn und dessen Diener zu erkennen, eben jene, die bei ihm aufgewachsen und dann die anderen suchen gegangen waren. Beide streiten die Bekanntschaft ab. Die Äbtissin kommt mit den beiden Syrakusanern aus der Abtei, alle sind verwirrt angesichts der vier, die jetzt beisammen sind, aber Egeon erkennt in der Äbtissin seine Frau Aemilia. Allgemeine Aufklärungen, der syrakusische Antipholus will Luciana weiterhin mit Liebe verfolgen, und Egeon darf leben. Die Dromios verwechseln die Herren noch ein bißchen, erkennen einander aber jetzt als Brüder.

Finis Solinus, Egeon, Antipholus von Ephesus, Antipholus von Syrakus, Dromio von Ephesus, Dromio von Syrakus, Balthasar, Angelo, Doktor Pinch, Aemilia, Adriana, Luciana, Luce, Nell, Kurtisane, 1. Kaufmann, 2. Kaufmann, Kerkermeister, Konstabler, Scharfrichter, Hofleute. – Ephesus.

König, in ›Hamlet‹, Vater Hamlets (selber auch zuweilen so genannt), als Geist erscheinend, rachedurstig; sein Sohn sagt von ihm: *»He was a man, take him for all in all, / I shall not look upon his like again:* Sag, er war ein Mann, in allen Betrachtungen ein Mann, so hast du alles gesagt; seines gleichen werd ich niemals sehen« (Wieland); erzählt dem Sohn von seiner Ermordung (es war keine Schlange im Garten, sondern Gift ins Ohr), und deutet die gräßlichen Qualen an, die er tagsüber in irgendwelchen Höllenflammen (läuternden wohl) leidet, weil er ohne genügende geistliche Vorbereitung abgegangen ist, und nachts muß er nun herumstreichen, bis er die Morgenluft wittert und dann der Hahn kräht; hat am Tag von Hamlets Geburt einen erschlagen, dessen Sohn am Tag von Hamlets Tod Dänemark übernimmt; als Geist macht er einen leicht senilen Eindruck.

König von Frankreich, hat in ›Ende gut alles gut‹ eine Fistel, wegen welcher alle ihn aufgegeben haben, am meisten er sich selbst; Helena heilt ihn, er verspricht ihr, wen sie will, und am Schluß ordnet er die Verhältnisse, wie Helena sich das vorgestellt hat; ansonsten auf der Schwelle zur Senilität, mit einem großen Hang zu rascher Vergebung, wenn dadurch die Unordnung beseitigt werden kann; Lafeu vergleichbar: Und überhaupt wären die beiden zusammen mit dem verstorbenen Vater Helenas, dem Arzt, sicher das schönste Bühnendreigespann alter Männer, aus denen keiner klug würde, der nichts wollte als ernsthaft sein.

Königin, Gattin Richards II. in ›Richard II.‹, von bösen Ahnungen geplagt, als Richard nach Irland geht; auch ihre Hofdamen können sie nicht trösten, und der belauschte Gärtner muß ihr sagen, daß ihr Mann am Ende ist; als sie ihn gefangen sieht, möchte sie erst, daß er noch kämpft, dann aber versinkt sie schön ins Abschiedsweh und sagt unter den Küssen auf der Straße: »*Give me mine own again; 'twere no good part / to take on me to keep and kill thy heart:* Nein, gib mir das Meinige zurück; es wäre kein schöner Abschied, wenn ich dein Herz mit mir nehmen wollte, um es zu töten« (Wieland).

Königin, zweite und jetzige Frau Cymbelines in ›Cymbeline‹: eine Intrigantin, die ihren dummen Sohn auf einen Thron bringen will, um alles in der Welt; Cymbeline fällt auf sie herein: »*Mine eyes / were not in fault, for she was beautiful, / mine ears that heard her flattery, nor my heart / that thought her like her seeming; it had been vicious / to have mistrusted her: yet, o my daughter! / that it was folly in me, thou mayst say:* Meine Augen hatten nicht schuld; denn sie war schön; noch meine Ohren, die ihr Schmeicheln hörten; noch mein Herz, das sie für das hielt, was sie schien. Es wäre strafbar gewesen, ihr nicht zu trauen. Aber o! Meine Tochter! Daß ich eine solche Torheit beging, das magst du wohl sagen« (Eschenburg); und das ist ja auch wieder groß, wie Cymbeline nun, auch wenn er selber sich dabei ein bißchen reinwäscht, alles ihr zuschiebt: Sie war also etwas, das selbst einen König irre machen konnte (freilich keinen Arzt); sie stirbt unbeweint und wie manche Bösen aus den Königsdramen (aus denen sie wirklich zu stammen scheint) im halben Wahnsinn und in letzter niegedachter Angst alles nun gestehend.

L

Laertes, Sohn des Polonius in ›Hamlet‹ und Bruder der Ophelia, geht nach Frankreich, nachdem er Ophelia ermahnt hat und von Vater Polonius ermahnt worden ist; kommt heimlich wieder, als Polonius' Tod ruchbar geworden ist; findet die kleine Schwester wirr vor; sein Zorn gerät in die schmutzigen Hände des Königs, wendet sich giftmischend nach Ophelias Tod allein gegen Hamlet; Hamlet sieht richtig, daß Laertes dieselben Probleme wie er selber hat, und es könnte fast sein, daß er den eigenen Tod durch Laertes' Hand, das Gift einmal weggelassen, als Genugtuung empfindet, wie eine stellvertretend getane Tat, die er nicht kann; das sieht sterbend wohl auch Laertes ein: Und so gehen da am Ende fast zwei gleichgesonnene Gleichartige zugrunde, oder zwei, die besser einer gewesen wären. Nimmt man Ophelia dazu, dann sind da drei Geschwister aneinander gescheitert.

Lafeu, alter Lord, in ›Ende gut alles gut‹ in gleicher Weise mit dem König und der Gräfin vertraut, geht mit Helena nach Paris; ein Mann, dessen Witz unter dem gelegentlichen Scheine der Senilität voll Einsicht ist, und der die Welt aus nicht geringem Abstand betrachten kann; als er Helena und den König zusammenbringt, nennt er sich mit jener Schelmerei, die die Bildung manchmal gibt, Cressidas Onkel (siehe diese: denn in diesem Buch ist die Bildung ein Alphabet); der ebenso alte König kommentiert Lafeus Einleitung zu Helenas Erscheinen mit dem Diktum: *»Thus he his special nothing ever prologues:* So macht er allemal einen Prolog zu seinem scheinbaren Nichts« (Eschenburg); hat auch eine Tochter.

Lancaster, John, Sohn Heinrichs IV., Bruder Henrys, des Prinzen von Wales, habe sich, sagt Henry in ›Heinrich IV./1‹, brav geschlagen in seiner ersten Schlacht, und darf Douglas die Begnadigung überbringen, die Henry bei Heinrich erwirkt hat. –

Lancaster entpuppt sich in ›Heinrich IV./2‹ im Gaultree Wald als hinterhältiger Friedensengel, läßt Hastings, Mowbray und den Erzbischof Scroop festnehmen; Falstaff sagt noch im selben Wald von ihm: *»This same young soberblooded boy doth not love me; nor a man cannot make him laugh; but that's no marvel, he drinks no wine. There's never none of these demure boys come to any proof; for thin drink doth so overcool their blood, and making many fish-meals, that they fall into a kind of male green-sickness; and then, when they marry, they get wenches: they are generally fools and cowards:* Dieser junge, kaltblütige und ordentliche Mensch ist mir nicht recht gut; auch kann ihn niemand zum Lachen bringen; aber das ist kein Wunder; er trinkt keinen Wein! – Mit allen diesen sittsamen, stillen Jungen kommt es meiner Tage zu nichts Rechtem; denn dünnes Getränk macht ihr Blut so kühl, und das viele Fisch-Essen dazu, daß sie in eine Art von männlicher Bleichsucht fallen; und wenn sie dann heiraten, so zeugen sie lauter Mädchen. Sie sind durchgehends Narren und feige Memmen« (Eschenburg; Wieland hat das nicht, Schlegel sagt: Und wenn sie dann heiraten, zeugen sie nichts wie Dirnen).

Lartius, Titus, in ›Coriolan‹ römischer General gegen die Volsker, beantwortet Coriolans Aufforderung, mit in den Krieg zu ziehen, sehr invalidenmäßig: *»I'll lean upon one crutch and fight with t'other, / ere stay behind this business:* Ich will mich auf die eine Krücke lehnen, und mit der andern fechten, eh ich aus diesem Kriege zurückbleibe« (Eschenburg); ein verläßlicher alter Römer, kumpelhaft mit Coriolan im Feld: Sie wetten einmal um ein Pferd, und Lartius gewinnt's.

Launce (bei Tieck: Fried und bei Wieland: Lanz), in den ›Zwei Herren aus Verona‹ der närrische Diener des Proteus; weint gern lang (*»All the kind of the Launces have this very fault:* Es ist ein Familien-Fehler, womit die Lanzes alle behaftet sind«, sagt er) und liebt abgöttisch seinen Hund Crab, mit dem im Spiele sein Witz kierkegaardsche Ausmaße annimmt: Als ihn Speed fragt, ob es unter ihren Herrschaften eine Heirat geben werde, antwortet er mit Crabs Hilfe: *»Ask my dog: if he say ay, it will; if he say no, it will; if he shake his tail and* *say nothing, it will:* Frage meinen Hund; wenn er sagt, ja, so wird es; sagt er nein, so wird es; schüttelt er seinen Schwanz und sagt gar nichts, so wird es« (Wieland).

Launcelot, Gobbo mit Nachnamen, der Narr im ›Kaufmann von Venedig‹; einst Diener Shylocks, läuft er diesem nach einem Selbstgespräch davon: sein Gewissen sage ihm, daß man dem Teufel davonlaufen dürfe, und geht zu Bassanio – Shylock selber hatte aber Launcelot schon an Bassanio abgegeben; selbst mit dem eigenen Vater scherzt Launcelot; sarkastisch, und in der Gewißheit, unverstanden zu bleiben, deutet er dem argwöhnenden Shylock Jessicas Entführung an; Lorenzo sagt über ihn: »*The fool hath planted in his memory / an army of good words:* Der Narr hat eine ganze Armee von hübschen Worten in sein Gedächtnis einquartiert« (Wieland).

Laurence, der giftmischende Franziskaner in ›Romeo und Julia‹, veranschaulicht sehr schön die Ohnmacht des klugen guten Willens vor dem Zufall; vielleicht ist er wirklich allzu trickreich: Aber die Zufälle sind auch zu viele und alle gegen ihn; Laurence veranschaulicht aber auch die Ohnmacht jedes Menschen gegen die entsetzlich stille Raserei der Verliebtheit; was ihn dann groß macht, ist sein sich Ergeben in diese Gewalt, in der jene sind, die er liebt.

Lavinia, im ›Titus Andronicus‹ Tochter des Titus; ganz der Vater: schmäht erzrömisch die Tamora, als sie sie mit dem Mohren erwischt, und fleht dann, ehe Tamoras Söhne sie schänden, Tamora an, ihr, wenn schon nicht das Leben, so doch das Jungfernhäutchen zu lassen; fraglos ist sie arm dran nachher ohne Häutchen, ohne Zunge und ohne Hände; aber das Mitleid, das sie jetzt weckt, gilt keiner Lavinia, und wenn sie mit den Armstümpfen die Schüssel halten muß für das Blut der Söhne Tamoras, als Titus die beiden schlachtet, da ist sie schon längst nur mehr ein Symbol, und Titus kann sie ohne weiteres erstechen, bloß als ein Signal für Saturnin und Tamora.

Lear, Titelheld und abdankender König, röhrender Großpathetiker mit lauter alten Göttern im Munde, ganz auf der schiefen Bahn ins Unglück, nachdem er sein Reich unter zwei großartige Töchter aufgeteilt und die dritte Tochter idiotisch enterbt und verstoßen hat; auf halber Bahn nach unten landet er auf der Heide und spricht: *»I am a man / more sinn'd against than sinning:* Ich bin ein Mensch, gegen den mehr gesündigt worden, als er selbst gesündigt hat« (Wieland); immer philosophierend, immer voll großer Worte, muß er eben auch im Unglück der Größte sein: Sein Narr ist jedenfalls weiser als er; zur Raison kommt er erst, als er mit Cordelia gefangen ins Gefängnis geht: Jetzt sieht er, wie alles läuft, auch wenn er selbst in diesem Augenblick noch mehr aus der Sache saugt, als andre vermögend wären; daß Große auch groß leiden und fallen, könnte an ihm wahr heißen: Aber schwere Dicke würden auch schwer und laut fallen, und könnten nichts dafür, außer, daß sie zu viel gegessen hatten vorher; groß an ihm ist aber dann doch immer wieder das Pathos, das er aufbringen kann. Wo alle anderen sich in ihr Schicksal ergeben würden, weil sie wissen, daß es jeden treffen kann, da ergibt er sich eben nicht: Denn er weiß (und er hat recht), daß der Mensch größer ist als die Natur, und ebenso groß wie diese Götter, und daß er das Recht hat, sich aufzulehnen – an solchen Punkten ist er dann der Klarsichtigste von allen, und die Art, wie er dann herabsehen kann auf die anderen, zeigt die anderen in ihren richtigsten Verhältnissen – mehr aber nicht über diesen Groß-König.

LEAR I Gloucester, der mit Kent über die bevorstehende Teilung des Reichs redet, stellt diesem seinen Bastard Edmund vor. Lear hat sein Reich für seine Töchter in drei Teile geteilt: eins sollen Goneril und ihr Mann Albany haben, eins Regan und ihr Mann Cornwall, eins Cordelia und entweder der französische König oder der Herzog von Burgund, die zwei Bewerber um Cordelia; für sich selber will Lear nur die Königswürde behalten, hundert Mann und das Recht, abwechselnd einen Monat lang bei den Töchtern zu wohnen. Lear fragt, welche Tochter ihn am meisten liebe; die beiden ersten antworten und kriegen ihre Teile, Cordelia kann sich nicht ausdrücken, und als sie's tut, tut sie's so zur Unzufriedenheit Lears, daß der sie enterbt und verstößt. Kent protestiert und wird ebenfalls verstoßen. Burgund will dann keine Cordelia ohne Mitgift, aber der König von Frankreich nimmt sie. Cordelia verabschiedet sich von den Schwestern; diese unter sich wollen zusehen, wie sie den Alten ganz ausschalten, sagen sie: Besonders Goneril ist darauf scharf. Edmund allein hat einen gefälschten Brief vor sich, der den legitimen Bruder in den Augen des Vaters verderben soll. Gloucester kommt dazu, bestürzt über die Sachen am Hof, und Edmund spielt ihm den Brief zu: Edgar scheint darin den Alten wenigstens entmündigen zu wollen; der Alte findet, Himmelsverfinsterungen und die Sterne seien schuld daran, daß alles falsch läuft. Edgar kommt, Edmund sagt ihm, der Alte sei argwöhnisch seinetwegen. Goneril zu Hause, wo Lear gerade weilt, sagt dem Haushofmeister Oswald, er solle den alten Lear vernachlässigen: Der sei kindisch geworden und anmaßend mit seinen Leuten. Der verkleidete Kent, sich als armen, ehrlichen, einfältigen Menschen ausgebend, tritt in Lears Dienste. Lear und ein Ritter unterhalten sich über die zunehmende Vernachlässigung Lears; auch sei der Narr ganz niedergeschlagen; Lear und Kent prügeln Oswald. Der Narr persifliert Lears Verzicht zugunsten der Töchter. Goneril kommt dazu, beleidigt Lear und will, daß er sein Personal halbiert; Lear will weg zur anderen Tochter. Albany kommt hinzu, Lear wütet gegen Goneril, denkt an Cordelia und weint: »*Old fond eyes, / beweep this cause again, I'll pluck ye out, / and cast you, with the waters that you lose, / to temper clay:* Ihr alten unmännlichen Augen, weint ihr schon wieder? Ich will euch ausreißen und wegwerfen, um mit dem Wasser das ihr verliert, Leim zu waschen.« Albany sorgt sich um Gonerils Verhalten, die aber schickt Oswald mit einem Brief an die Schwester los. Lear seinerseits schickt Kent mit einem Brief an die zweite Tochter weg; der Narr argwöhnt bei der dasselbe Naturell wie bei Goneril, dann examiniert er Lear und findet ihn närrisch: »*Thou should'st not have been old till thou hadst been wise:* Du hättest nicht alt werden sollen, bis du klug gewesen wärest.«

II In Gloucesters Haus reden Edmund und ein Höfling über anstehende Streitigkeiten zwischen Cornwall und Albany, und daß Cornwall und Regan die Nacht dasein würden. Edmund, als Edgar bei ihm ist, fingiert einen Streit, den der alte Gloucester hören soll, reizt Edgar zur Flucht und verwundet sich selber. Gloucester gegenüber sagt er, Edgar habe ihn bereden wollen, Gloucester zu töten; und Gloucester läßt Edgar jetzt als Bösewicht suchen. Regan und Cornwall kommen dazu, Regan meint, Edgar sei von Lears Leuten beeinflußt worden, Cornwall sagt seine Hilfe zu, und Regan ist von Edmund angetan und will seinen Rat. Draußen verprügelt Kent Oswald (beide sind mit den Briefen da, drinnen hat Regan Lears Briefe nicht gewürdigt, als Gonerils da waren). Gloucester und Cornwall kommen zur Prügelei, Kent verflucht Oswald, Cornwall läßt Kent in den Block schließen, gegen Gloucesters Einspruch. Gloucester entschuldigt sich bei Kent, der liest bei Mondschein einen Brief Cordelias. Edgar allein in einem Wald, beschließt, den armen Irren zu spielen. Lear mit dem Narren kommt an Gloucesters Hof und findet Kent im Block. Lear beschwert sich bei Gloucester, der sagt, Regan und Cornwall wollten sich nicht sprechen lassen. Er holt sie dann doch, Lear beklagt sich bei Regan über Goneril, die stellt sich auf Gonerils Seite gegen ihn: *»O, Sir! You are old; / nature in you stands on the very verge / of her confine:* O Sir, Ihr seid alt, die Natur steht bei Euch auf der äußersten Grenze ihres Gebiets«, und meint, er solle sich bei Goneril entschuldigen. Lear will noch an Regan glauben, als Goneril kommt. Regan, zusammen mit Goneril, wendet sich jetzt eindeutig gegen Lear; er solle umkehren zu Goneril, sie sei nicht gerüstet für ihn und soviel Leute; auch später werde sie nur höchstens die Hälfte davon aufnehmen können; Goneril halbiert diese Zahl noch einmal, noch einmal, Regan will keinen einzigen mehr dulden. Lear flucht daraufhin und verspricht entsetzliche Taten und sagt dem Narren, er werde wahnsinnig werden. Cornwall und die Schwestern verbieten Gloucester, Lear im Haus zu halten.

III Draußen bei Unwetter reden Kent und ein Ritter über Lear, der mit dem Narren allein hier irgendwo sei, und über den Streit zwischen Albany und Cornwall und darüber, daß die Franzosen bereit zum Einfall nach England stehen; Kent schickt den Ritter zu Cordelia nach Dover. Unter dem Wetter reden Lear und der Narr miteinander über das Wetter und die Töchter. Kent kommt dazu, der Narr singt, Kent führt alle zu einer Hütte, die er kennt. Gloucester beklagt sich bei Edmund über seine Ohnmacht im eigenen Haus, auch habe er einen Brief über die allgemeine Lage, und man müsse sich zum König schlagen; Edmund, allein, will dies alles sofort an Cornwall verraten. Auf der Heide vor der Hütte will Lear pathetisch-larmoyant nicht hinein, will aber, daß Kent und der Narr hineingehen. Der Narr kommt zurück: Drinnen sei ein Geist. Edgar wirr redend kommt aus der Hütte, Lear mutmaßt, die Töchter hätten ihn so weit gebracht; sie reden alle groß und wirr. Gloucester kommt dazu, auch er fühlt sich verraten, ahnt aber noch nicht, von wem. Im Schloß hat Cornwall durch Edmund inzwischen jenen Brief gekriegt, wovon Gloucester Edmund gegenüber geredet hatte. Alle von der Heide sind in einem kleinen Bauernhaus, reden schön wirr, Gloucester sagt, man müsse Lear nach Dover in Sicherheit bringen; sie tragen ihn weg, Edgar bleibt zurück. Cornwall und die Schwestern sind entschlossen, Gloucester als Verräter zu behandeln. Oswald meldet, Gloucester und Ritter hätten Lear weggebracht; Goneril und Edmund wollen hinterher und Gloucester fangen. Diener bringen Gloucester, Regan und Cornwall blenden ihn, ein Diener wehrt sich dagegen, verwundet Cornwall und wird von Regan erstochen. Cornwall und Regan werfen den blinden Gloucester hinaus, zwei Diener gehen hinterher.

IV Edgar trifft einen alten Mann, der den blinden Gloucester führt; dieser schickt den Alten weg nach Kleidung für den frierenden Edgar. Edgar redet von den bösen Geistern, Gloucester bittet ihn, ihn zu einem Hügel da vorn zu führen, über dem Meer. Goneril und Edmund langen bei Albanys Haus an; Oswald berichtet von Veränderungen in Albanys Gemüt, Goneril küßt Edmund, Edmund geht. Albany, der seine Frau durchschaut, schimpft sie, sie nennt ihn einen moralischen Narren. Ein Bote meldet Cornwalls Tod und Gloucesters Blendung, Goneril ist zufrieden, fürchtet aber eifersüchtig die jetzt verwitwete Schwester. Albany schwört Rache für Gloucesters Augen. In Dover erfährt Kent, daß der französische König heimgekehrt ist, aber einen Marschall dagelassen hat, und wie Cordelia auf alle die Nachrichten reagiert hat. Kent sagt, Lear sei in der Stadt, wage sich aber nicht vor Cordelia. Im Lager reden ein Arzt und Cordelia über Lears Wahnzustand, wie er umherirre blumengeschmückt; ein Bote sagt, die Engländer seien im Anmarsch. Regan erfährt von Gonerils Oswald, daß dieser einen Brief Gonerils an Edmund hat; sie sagt ihm, sie wolle Edmund haben, das solle er allen sagen, und er solle Gloucester umbringen. Edgar, mit der Idee, Gloucester von seinem Wahn zu heilen, tut auf der Heide, als führe er Gloucester auf die Höhe über das Meer; Gloucester springt und fällt einfach hin; Edgar kommt zurück und sagt, er habe einen schrecklichen Fall getan, ein Wunder habe ihn heil gelassen; Gloucester sagt, jetzt wolle er das Unglück tragen. Lear blumengeschmückt tritt mit Gloucester und Edgar auf und redet zweideutig irr; ein Edelmann kommt dazu und redet von einer bevorstehenden Schlacht. Oswald trifft Gloucester und will ihn umbringen, wird aber von

Edgar, der sich als Bauer ausgibt, umgebracht; sterbend sagt Oswald, er solle den Brief an Edmund ausrichten, Edgar liest ihn, es ist Gonerils Aufforderung, Albany umzubringen. Cordelia redet mit Kent, der noch verkleidet bleiben will; der Arzt läßt den schlafenden Lear hereinbringen; Cordelia bedauert ihn, wie er da draußen gelitten habe: *»'Tis wonder that thy life and wits at once / had not concluded all:* Es ist ein Wunder, daß dein Leben sich nicht zugleich mit der Vernunft geendigt hat.« Lear erwacht, erkennt Cordelia aber nur wie von ferne. Kent und ein Edelmann reden über die kommende Entscheidungsschlacht.

V Regan macht Edmund einen Antrag. Goneril mit Albany kommt dazu, Albany kämpft nur, sagt er, weil Frankreich angreift; Goneril und Regan erkennen einander betreffs Edmund. Edgar bringt Albany Gonerils Brief an Edmund: Falls er dann siege, solle er den Überbringer rufen lassen. Edmund allein meint, er bedürfe Albanys noch in der Schlacht, danach sollten die Frauen selber weitersehen. Während der Schlacht legt Edgar seinen Vater Gloucester in den Schatten eines Baums: Er komme siegreich zurück, sagt er, oder gar nicht. Er kommt fliehend zurück, Lear habe verloren und sei mit Cordelia gefangen; Gloucester will nicht fliehen, tut's dann aber. Cordelia geht mit dem kindlich-vernünftig schwätzenden Lear ins Gefängnis; Edmund beauftragt einen Hauptmann, beide zu ermorden. Albany fordert von Edmund die beiden Gefangenen; Edmund weigert sich, Regan tritt für Edmund ein, Goneril und Albany gegen Regan: allgemeiner Streit. Albany will Edmund verhaften und ruft nach dem Herold, Regan ist krank, Edmund will gegen jeden antreten, der ihn Verräter nennen wird. Der Herold ruft Ankläger gegen Edmund auf, Edgar erscheint, er ficht siegreich gegen Edmund; Goneril warnt Edmund vor diesem abgekarteten Spiel, Albany hält ihr ihren Brief an Edmund vor, sie geht; Edmund sterbend und Edgar erkennen sich, Edgar erzählt Albany seine Geschichte, erzählt von Gloucester und dem verkleideten Kent. Dazwischen kommt einer mit einem Messer: Goneril hat sich erstochen, nachdem die Schwester an ihrem Gift gestorben war; Kent kommt hinzu; Edmund sagt von seinem Mordbefehl an Lear und Cordelia und wird weggebracht. Lear kommt mit der toten Cordelia; er habe, bestätigt einer, den Mörder Cordelias erschlagen. Kent gibt sich ihm zu erkennen, man sagt ihm, daß die anderen Töchter auch tot sind. Ein Bote meldet, daß Edmund tot ist. Lear, wirr über Cordelias Tod, stirbt. Kent stirbt: *»I have a journey, Sir, shortly to go; / my master calls me, I must say not no:* Mylord, ich bin am Ende meiner Tagreise: Mein Meister ruft mir, ich darf nicht nein sagen« (Wieland). Bleiben Edgar und Albany.

Finis Lear, König von Frankreich, Burgund, Cornwall, Albany, Kent, Gloucester, Edgar, Edmund, Curan, Oswald, Goneril, Regan, Cordelia, Narr, alter Mann, Arzt, Hauptmann, Herold, Trompeter, Gentlemen, Diener, Ritter, Soldaten, Boten. – England.

Leontes, sizilischer König im ›Wintermärchen‹, mit Hermione verheiratet; beide haben einen Sohn Mamillius (aber nicht lange) und eine Tochter Perdita (aber lange nicht); er ist ungefähr dreißig Jahre alt bei Stückbeginn, am Ende dann also sechsundvierzig; Glück und Unglück seines Lebens ist die Unbegreiflichkeit, eine Frau wie Hermione gekriegt zu haben, und als er das erste Mal sieht, wieviel wahrer Zauber wirklich in ihr steckt, wenn sie ihn einmal entfalten darf außer bei ihm, flippt er aus; er ist ein verwöhnter Egoist, und so beginnt er nun ein Tyrann zu sein; als er damit aufhören muß, ist zwar sein Glück vorbei, aber sein Kopf ist klar, und er wird für das Glück wieder so empfänglich wie früher, und selbst dann, wenn's nicht das eigene ist. Schön ist die Begeisterung und fast Verliebtheit, die er für Perdita aufbringt: Und gerade die Verliebtheit an dieser Begeisterung ist ja die Wahrheit an ihm, denn das wiedergewonnene Glück seines Lebens wäre ja die anmutige strahlende Freiheit Hermiones, und die kehrt ihm beinahe wieder, und dann endlich ganz; dann aber, als er Hermione so märchenhaft wiederhat, kann er mit Recht zu Paulina sagen: *»No settled senses of the world can match / the pleasure of that madness:* Alle Vernunft in der Welt kann mir das Vergnügen dieses Wahnsinns nicht ersetzen« (Wieland); die Wahrheit hieran scheint zu sein, daß, wenn die Welt manchmal ein schönes Herz hat, der Weg in dieses Herz immer das Gefühl ist, auch wenn dieses Gefühl um so mehr Wahnsinn scheint, je mehr die Vernunft und Besonnenheit sonst am Ruder sind: Wer sich nicht überwältigen läßt, wie Leontes einst, wie Florizel dann und wie Leontes jetzt, bleibt auch als Weisester dumm.

Lepidus, Marcus Aemilius, in ›Julius Cäsar‹ nach Cäsars Tod mit Antonius und Octavius der Dritte im Triumvirat; als Octavius ihn bei der großen Säuberung fragt, ob er was dagegen habe, daß sein Bruder auch sterbe, hat er nichts dagegen, vorausgesetzt, daß auch Antonius' Neffe umgebracht wird; Antonius hält ihn für blöd, aber nützlich: *»He must be taught, and trained, and bid go forth: / a barren-spirited fellow; one that feeds / on objects, arts, and imitations / which, out of use and staled by other men, / begin his fashion. Do not talk of him / but as a property:* Man muß ihn abrichten, ziehen, spornen, daß er gehen soll; ein Mensch von unfruchtbarem Geiste, der sich mit Nachahmen behilft, und bei dem erst Mode wird, was andre Leute längst abgetragen haben. Redet nie anders von ihm, als von einer Maschine« (Wieland; property kann Requisit bedeuten; Maschine bei Wieland – und Eschenburg – meint aber eben dies auch). – **Lepidus,** dritter und machtlosester der Triumvirn in ›Antonius und Kleopatra‹; er sei zu nachsichtig und duldsam, sagt Octavius zu ihm, als er über Antonius sagt: *»His faults in him seem as the spots of heaven, / more fiery by night's blackness; hereditary, / rather than purchased; what he cannot change, / than what he chooses:* Seine Fehler sind gegen seine Tugenden wie die Nacht, deren Schwärze das Feuer der Sterne nur funkelnder macht; mehr angeerbt als freiwillig; mehr Schwachheiten, die er nicht vermeiden kann, als Torheiten, die er begeht« (Wieland); Pompejus auf der Höhe seines Glanzes sagt einmal: *»I shall do well: / the people love me, and the sea is mine; / my powers are crescent, and my auguring hope / say it will come to the full. Mark Antony / in Egypt sits at dinner, and will make / no wars without doors: Caesar gets money where / he loses hearts: Lepidus flatters both, / of both is flatter'd; but he neither loves, / nor either cares for him:* Ich verspreche mir einen guten Erfolg; das Volk liebt mich, und die See ist mein. Meine Macht ist im Zunehmen, und meine glückweissagende Hoffnung sagt mir, sie werde voll werden. Markus Antonius sitzt in Ägypten beim Mittagessen und wird keinen Krieg vor der Tür führen. Cäsar scharrt Geld zusammen, indes daß er Herzen verliert. Lepidus schmeichelt beiden und wird von beiden geschmeichelt; allein er liebt keinen, und keiner bekümmert sich um ihn« (Wieland).

Lodovico, Verwandter Brabantios in ›Othello‹, kommt mit einem Brief vom Senat aus Venedig nach Zypern, ganz die Verkörperung der ruhigen venezianischen Staatsgewalt; und er kommt in einem kritischen Moment: Das erste, was er sieht, ist, daß Othello Desdemona schlägt, vor aller Augen. Man darf annehmen, daß von diesem Moment an der für Venedig unschätzbare General Othello eine Gefahr darstellt, denn er verschleudert seine ungeheuren Kräfte, deren wunderbare Konzentration auf einen Feind ihn groß machte, jetzt auf innenpolitischem Terrain; Lodovico weint zweifellos, als er das sieht: Aber das nützt keinem etwas, denn nun kann nur noch getan werden, was getan werden muß.

Lorenzo, ein Freund Bassanios und Gratianos im ›Kaufmann von Venedig‹, ist in Jessica verliebt und entführt sie, die ihren Vater dabei um die Mitgift erleichtert; nimmt die schöne Jessica mit nach Genua, dort feiern sie, dann geht er mit ihr nach Belmont und hütet das Haus, als Portia und Nerissa in Venedig vor Gericht sind; ein großer Lyriker der Nacht und ein gebildeter Liebhaber der Musik: Man gönnt ihm gern das Glück mit Jessica.

Louis, Dauphin, Sohn des französischen Königs Philip im ›Johann‹; als der Plan aufkommt, er solle aus Gründen der Staatsraison Blanche heiraten, findet er geistreiche Worte wie von einem brillanten Rhetoriklehrer; als Pandulph mehr für Krieg ist, ist er's auch; als Constance toll wird, weil Arthur weg ist, sagt er: »*There's nothing in this world can make me joy: / life is as tedious as a twice-told tale / vexing the dull ear of a drowsy man:* Es ist nichts in der Welt, das mir mehr Vergnügen geben kann; das Leben ist mir so ekelhaft als ein zweimal erzähltes Märchen, das die schlaffen Ohren eines schläfrigen Menschen plagt« (Wieland); Pandulph tröstet ihn rasch: Johann werde Arthur umbringen, aber dann sei er dran an der Krone; als Pandulph über Melun die Pembrokes und Salisburys zum Abfall von Johann bewogen hat, hält Louis ihnen eine noch über das übliche Maß hinaus geschwollene Rede, will sie danach aber morden lassen; als er in Fahrt ist in Richtung Krone, kann aber selbst Pandulph ihn nicht mehr bremsen: da mag ihn für einen Augenblick sogar der Bastard; der ist aber stärker: Und da hat Pandulph den Dauphin wieder im Griff, und er bietet einen Frieden an; ein unangenehmer Mann, fast tut einem Blanche leid in seinem Bett – aber wenn man das genauer überlegt, so ist über sein Bett mit dem allen vielleicht gar nichts gesagt.

Luciana, in der ›Komödie der Irrungen‹ Adrianas Schwester; eine schöne Frau, die nicht wie Adriana der Meinung ist, die Frauen müßten über die Männer herrschen, sondern sagt: *»A man is master of his liberty«,* und bloß einschränkt: *»Time is their master, and when they see time, / they'll go or come:* Ein Mann ist Herr über seine Freiheit ... sie kommen und gehn, je nach dem es ihnen gelegen ist« (Wieland); mäßigend auf seiten der verletzt zankenden Schwester, doch nicht unzugänglich für die Anbetungen des Bruders des Schwagers, selbst als er noch ganz der Schwager ist; diesen verwirrten Anbeter wird sie unbefangen später gewiß heiraten, und sie wird wunderbar darauf bestehen, daß er, der froh sein wird über die verlorene Ungebundenheit, frei ist über sie.

Lucio, in ›Maß für Maß‹ ein übler Maulheld, ein Verleumder, ein Nuttengänger, eine Klatschbase, ein Bursche ohne Inneres, doch ein Freund Claudios, eine Spielfigur, durch welche sich in diesem Stück die Ebenen miteinander verknüpfen: die höhere, über Claudios Schwester Isabella ins Geistliche und bis zum Herzog hinauf reichend, und die niedere, die über den Kumpan Pompey in die Bordellszene reicht; selber stellt er sich mit den Großen gleich, wenn er mit dem verkleideten Herzog oder mit Escalus redet, und muß am Ende das Hürchen heiraten, das er geschwängert hat, geschwängert wie Claudio seine Julia: Es läuft am Ende alles auf eins hinaus.

Lucius, im ›Titus Andronicus‹ tatkräftigster und einzig überlebender der Söhne des Titus: Drängt römisch wild auf den Tod von Tamoras Sohn, widerspricht dem Vater, als der den Mutius erschlägt und hernach nicht begraben lassen will, geht dann die Goten zu Hilfe holen, ersticht den Schurken Saturninus und wird schließlich Kaiser, als alle anderen tot sind.

Lucius, Caius, römischer General in ›Cymbeline‹, Abgesandter des Augustus an den britischen Hof Cymbelines, ein außerordentlich zivilisierter, wenngleich ebenso entschlossener Herr, und schon voll von all jener wirklich empfundenen Urbanität, die den Städter macht in einem gesitteten alten Reich: etwa, wie er den Knaben Imogen aufnimmt, als er ihn bei der Leiche trifft; er ist Großmut und gewisse Regeln gewöhnt, und deshalb verletzt, wenn er sie mißachtet sieht; das Barbarische an Augustus ist kaum zu sehen an ihm: Er verkörpert ganz jenen Augustus, der sich am Frieden Ruhm schuf.

DIE LUSTIGEN WEIBER VON WINDSOR I In Windsor auf der Straße will Pfarrer Evans Shallows Vetter Slender mit Anne Page verheiraten; Shallow ist auf dem Weg zu Page, wo Falstaff ist, der ihn geschädigt und beleidigt hat, und wo Falstaffs Leute Bardolph, Nym und Pistol sind, die Slender beraubt haben. Frau Page lädt alle zum Essen ein. Evans schickt Slenders Diener zu Doktor Caius. Im Gasthof Hosenband verkauft Falstaff Bardolph an den Wirt und schickt den Pagen Robin mit den Briefen an die Frauen Ford und Page weg: Mit seinen Leuten hat er den Plan, die beiden Frauen auszunehmen. Simple, im Hause des Doktor Caius, redet mit der Quickly: Diese soll bei Anne Page ein gutes Wort für Slender einlegen. Dazwischen kommt Caius, der auch Anne Page haben will; der schickt Evans darauf eine Duellforderung. Zu Fenton, der gern Anne Page hätte, sagt die Quickly, sie wolle für ihn sprechen.

II Frau Page liest Falstaffs Brief, Frau Ford kommt mit ihrem dazu, die beiden hecken einen Streich aus. Pistol denunziert bei Page und Ford Falstaffs Pläne. Der Wirt Zum Hosenband hat unterdessen Evans und Caius zum Duell an verschiedene Plätze bestellt. Ford und Page reden über ihre Frauen: Page hat Vertrauen, Ford nicht so. Die Quickly als Botin der Ford und der Page kommt zu Falstaff: Beide Frauen seien ganz scharf auf ihn. Er solle zur Ford kommen und zur Page seinen Pagen schicken. Zu Falstaff kommt Ford verkleidet als ein Herr Brook, der mit Frau Ford anbändeln will; Falstaff verspricht's gegen Geld. Caius wartet im Park vergeblich auf Evans wegen des Duells; der Wirt und Shallow und Slender holen ihn weg.

III Bei Frogmore wartet Evans vergeblich auf Caius wegen des Duells; die anderen alle holen ihn weg; Caius und Evans verbünden sich gegen den Wirt. Frau Page mit Falstaffs Pagen auf dem Weg zu Frau Ford trifft Ford; der wütet allein. Er trifft Page, Caius und Evans und andere, sie reden über Annes Verheiratung, er lädt Page, Caius und Evans zu sich zum Essen ein. Frau Fords Diener machen indes einen Wäschekorb fertig, Robin bringt Falstaff herein, der flirtet mit der Ford, dann meldet die Page ein Nahen Fords mit dem ganzen Gericht, Falstaff muß in den Korb und wird weggetragen. Ford läßt das Haus durchsuchen, seine Frau freut sich. Page schimpft Ford, der entschuldigt sich und lädt alle zum Frühstück ein. Anne und Fenton reden miteinander um einen Ausweg für sich, die Quickly mit Shallow und Slender kommen dazu, dann die Page, die Caius anpreist. Fenton gibt der Quickly einen Ring für Anne; die Quickly allein sagt, sie wünsche Anne jedem, am meisten aber Fenton. Falstaff erzählt Bardolph, wie sie ihn aus dem Wäschekorb in die Themse-Wiesen geworfen haben; er beschwert sich auch bei der Quickly, die dazukommt, ihn aber auf den nächsten Morgen wieder bestellt. Ford kommt als Brook, Falstaff erzählt ihm die ganze dumme Geschichte, die er da für Brook erlitten habe, und daß er morgen auf ein zweites Rendezvous geladen sei; Ford wütet wieder.

IV Die Page mit Sohn William zur Schule unterwegs läßt diesen von Evans abfragen. Bei Frau Ford ist Falstaff, die Page kommt dazu und erzählt, Ford wütend komme gleich. Falstaff wird als dickes Weib aus Brentford verkleidet; die Ford gibt ihren Dienern wieder den Wäschekorb; Ford kommt mit Shallow, Evans und Caius, durchwühlt den Wäschekorb und prügelt die Alte, in welcher unerkannt Falstaff steckt. Alle Eheleute und Evans wissen jetzt alles und hecken den Plan aus, Falstaff in den Wald zu locken und dort zu entlarven; bei dieser Gelegenheit will Frau Page Anne mit Caius und Page sie mit Slender verkuppeln. Falstaff spricht mit Simple und dem Wirt, Bardolph sagt dem Wirt, Betrüger seien mit seinen Pferden weg, der geprellte Falstaff findet es gut, daß alle geprellt werden, die Quickly kommt und will mit ihm reden. Fenton beredet den Wirt, ihm einen Pfarrer in die Kirche zu schaffen in der Nacht: Da wolle er dann gegen alle Pläne der Eltern Anne heiraten, und der Wirt habe in der Belohnung den Wert seiner Pferde wieder. Oben auf seinem Zimmer hat Falstaff sich offenbar zu einem dritten Versuch im Wald beschwatzen lassen; Ford kommt als Brook, Falstaff erzählt sein zweites Mißgeschick, und daß er heute nacht im Wald Rache an Ford nehmen und Brook die Ford zuspielen werde.

V Page und Slender im Park von Windsor besprechen die Entführung Annes, anderswo ebenfalls Frau Page und Caius; die Ford und die Page freuen sich auf den ganzen Streich. Evans ist unterwegs mit den Kindern als Feen und Elfen. Falstaff mit einem Geweih kommt, dann kommen die Ford und die Page wie zum Stelldichein. Lärm; die Frauen laufen weg, Anne und Evans kommen mit den Gespenstern und ziehen die Jäger-Herne-Show ab; indes schleicht Caius mit einer Fee, Slender mit einer anderen ab. Alle decken nun alles auf, Falstaff schilt sich einen Narren, Page lädt ihn zu sich ein: er könne über seine Frau lachen, da Anne einen anderen geheiratet habe als sie wollte. Dann kommen aber die Betrogenen Slender und Caius, Page ist auch dupiert; dann kommen Fenton und Anne, und alles ist gut.

Finis Falstaff, Fenton, Shallow, Slender, Ford, Page, William, Evans, Caius, Bardolph, Pistol, Nym, Robin, John, Robert, Simple, Rugby, Mistress Ford, Mistress Page, Anne Page, Mistress Quickly, Kinder, Wirt, Postmeistersohn, ein Junge. – Windsor und Umgebung.

Lychorida, Marinas Amme in ›Perikles‹, zum ersten Mal in der zweiten Pantomime Gowers auftauchend; sie gibt dem Perikles den Säugling auf dem Schiff, und Perikles läßt sie dann mit Marina in Tarsus; stirbt, als Marina vierzehn ist: Und um so besser kann Dionyza nun den Mord an Marina planen.

Lysander, im ›Sommernachtstraum‹ der Liebhaber und Geliebte der Hermia, schlägt dem Demetrius, der auch Hermia haben will und sich auf den Vater beruft, den Vater zum Heiraten vor; wird in der Nacht aus Versehen von Puck beträufelt, vernarrt sich in Helena und beschimpft die schöne Hermia, wie diese sich dessen von ihm nicht im Traum je versehen haben wird; aber Oberon hat ein Einsehen, und vielleicht macht er Hermia allmählich vergessen, was Männer sein können, wenn sie für andere sind, wie man sie nur für sich will.

Lysimachus, Regent von Mytilene in ›Perikles‹, kommt, jovial, laut also und fröhlich nach Jungfernschaften fragend, ins Bordell; man bringt ihm Marina, die kriegt ihn herum, in die Tugend hinein, er verliebt sich in sie, sie sich in ihn, sie heiraten: So wird das Böse überwunden, und die Bordells werden überflüssig, jedenfalls in Mytilene.

M

Macbeth, Titelheld, ein ehrgeiziger Mörder, den sein Gewissen kaputtmacht; seine Lady sagt von ihm: »*Yet do I fear thy nature; / it is to full o' the milk of human kindness, / to catch the nearest way. Thou wouldst be great; / art not without ambition, but without / the illness should attend it. What thou wouldst highly, / that wouldst thou holily; wouldst not play false, / and yet wouldst wrongly win:* Nur fürcht' ich deine Gemütsart; sie ist zu voll von der Milch menschlicher Güte, um den nächsten Weg einzuschlagen. Gern möchtest du groß sein; bist nicht ohne Ehrgeiz, aber ohne die Bösartigkeit, die dazu gehört. Was du sehnlichst wünschest, das wünschest du noch immer gewissenhaft; möchtest gerne mit Unrecht gewinnen und doch nicht falsch spielen«: Ein Urteil, bei dem man bedenken muß, daß die Lady, die es fällt, noch für Tugenden ansieht, was an und für sich schon sehr bedenklich aussehen kann; Macbeth selber hat wirklich noch Reste von Anstand, so etwa, wenn vom Mut die Rede ist mit seiner Lady, und er, aufgestachelt, immerhin sagt: »*Prithee, peace. / I dare do all that may become a man; / who dares do more is none:* Ich bitte dich, halt ein. Das wag ich alles, was dem Manne ziemt; wer mehr wagt, der ist keiner« (Eschenburg). Ansonsten ist er von Anfang an voller sehr düsterer Ideen, und alle kreisen um Macht und Mord, und was er allein noch fürchtet und worüber er nicht hinwegkann, das sind die Flüche der Taten in ihm selber: Er leidet an seiner Phantasie; schön faßt er das vor dem Mord so zusammen: »*If it were done when 'tis done, then 'twere well / it were done quickly:* Wenn alles vorbei wäre, wenn es getan ist, so wärs gut, wenns schnell getan würde« (Wieland); so geht er schließlich an seiner Einbildungskraft zugrunde, an seiner Phantasie, an seinem Gewissen, wenn man's moralisch nimmt; vielleicht ist er einfach nicht erwachsen und kann nicht verdrängen: Er ist mißtrauisch und argwöhnisch wie alle kindisch gebliebenen Tyrannen, und dann handelt er, und kann nicht mehr weiterleben mit den Schreckbildern: Die wieder müßte er durch weitere Taten verdrängen; so ist er am Ende, von Bildern gehetzt, die nur er selber sieht, nicht mehr auszurechnen, und geht zugrunde wie ein Wahnsinniger.

MACBETH **I** Die Hexen treffen sich auf der Heide und wollen sich wieder treffen, wenn Macbeth gesiegt haben wird. Dem König Duncan und seinen Söhnen meldet ein Hauptmann, daß der aufständische Macdonwald von Macbeth besiegt worden ist, und daß der und Banquo jetzt gegen den norwegischen König fechten. Rosse und Angus kommen dazu und melden, daß der Norweger geschlagen ist, samt dem abtrünnigen Cawdor; Duncan befiehlt die Verurteilung Cawdors, und daß Macbeth seinen Titel erbt. Die Hexen treffen sich wieder und erzählen von ihren Untaten. Macbeth und Banquo kommen dazu, die Hexen reden Macbeth mit König an und sagen zu Banquo, er werde glücklicher sein und Könige zeugen; als Macbeth sie ausfragen will, verschwinden die Hexen. Rosse und Angus kommen dazu und bringen Macbeth die Nachricht, er sei jetzt (ganz wie die Hexen gesagt hatten) Than von Cawdor. Macbeth ist sehr bewegt, in ihm keimt der Königsmord, damit die Hexenweissagung ganz wahr werden kann. Als er mit Banquo spricht, scheint dieser ähnlich zu empfinden. Sohn Malcolm meldet dem König Duncan, daß Cawdor tot ist; Macbeth kommt, und der König ehrt ihn und Banquo und bestimmt Malcolm zum Thronfolger. Macbeth sinnt neuen Mord, als er das hört. Lady Macbeth auf ihrem Schloß liest einen Brief von ihrem Mann, die Hexenweissagungen und seinen überraschenden Cawdorthantitel betreffend; sie ahnt seine weitergehenden Gedanken, meint aber, er sei zu gutgesinnt dazu, und sie will ihn lenken. Ein Bote meldet ihr die Ankunft des Königs, und der Mord nimmt in ihr Gestalt an. Macbeth kommt, sie macht Andeutungen: Aber er solle gastfreundlich sein zum König. Der König kommt, er und Banquo preisen das angenehme Schloß Macbeths, die Lady empfängt ihn. Macbeth allein sinnt über den Mord nach. Die Lady kommt dazu und reizt ihn weiter zum Mord an.

II Banquo und sein Sohn Fleance begeben sich zur Ruhe. Macbeth kommt, sie reden über die Freigebigkeit Duncans, über die Hexen, Macbeth macht Andeutungen, Banquo verspricht Unterstützung, soweit es die Ehre erlaubt. Macbeth allein monologisiert über einen Dolch, den er sich als Mordwaffe denkt, und über den Schrecken des Mords. Die Lady allein frohlockt, daß sie die Kammerherrn des Königs betrunken gemacht hat; Macbeth kommt und sagt, er hat's getan, und wie die Kammerherrn schlaftrunken reagiert haben; er selber steht unter einem Schock und hat die Tatdolche mitgebracht, statt sie in die Betten der Trunkenen zu legen: Das holt jetzt die Lady nach. Es klopft; Macbeth gerät in Panik. Die Lady kommt zurück, es klopft wieder, und sie sagt, sie und Macbeth sollten sich zurückziehen. Der Pförtner, dem es klopft, räsoniert über das Klopfen und scherzt dann mit Macduff und Lenox, denen er aufgemacht hat. Macbeth begrüßt sie, sie fragen nach dem König, Macduff will nach ihm sehen, Lenox redet von einer schlimmen Nacht draußen, Macduff kommt zurück, er hat den toten König gefunden, und man schlägt Lärm. Alles im Schloß kommt zusammen, die Kammerherren geraten in Verdacht, Macbeth berichtet, daß er die beiden im Zorn eben umgebracht hat. Duncans Söhne beschließen zu fliehen: Malcolm nach England, Donalbain nach Irland. Vor dem Schloß reden ein alter Mann und Rosse über die fürchterliche letzte Nacht: Macduff kommt dazu, sie sagen, jetzt, da die Söhne Duncans geflohen seien, werde Macbeth König werden.

III Banquo allein argwöhnt, Macbeth sei nicht auf gutem Wege zum König geworden, und denkt an seine eigenen Aussichten, wenn doch die Hexen so recht haben mit Macbeth. Macbeth und er unterhalten sich über das Festmahl am Abend, und daß Banquo zurück sein solle: Er will zwischendurch noch fort mit Fleance. Macbeth allein rechtfertigt, warum es ihm seine Ruhe gebiete, Banquo zu morden; die Mörder kommen, Macbeth macht mit ihnen die Sache klar. Die Lady will mit Macbeth reden, er kommt ihr allzu unruhig vor. Macbeth redet über seine Beunruhigungen, sie versucht ihn aufzuheitern, er meint, sie solle freundlich gegen Banquo tun und redet von einer scheußlichen Tat noch diese Nacht, sie fragt, aber er gibt keine Einzelheiten. Im Park warten drei Mörder auf Banquo und Fleance; sie morden Banquo, Fleance entkommt. Im Schloß findet das große Mahl statt; einer der Mörder bringt Macbeth die Meldung vom halben Erfolg, Macbeth ist nicht ganz zufrieden und bestellt ihn neu auf den nächsten Tag. Banquos Geist setzt sich auf Macbeths Platz an der Tafel, Macbeth gerät außer sich, die Lady beruhigt die Gäste: So sei er öfter; Banquo verschwindet, Macbeth ist beunruhigt der Lady gegenüber, gefaßt gegenüber den Gästen; da kommt der Geist wieder, Macbeth flippt wieder aus, die Lady entläßt die Gäste. Macbeth sagt, Macduff weigere sich zu erscheinen, und er selber wolle morgen die Hexen aufsuchen. Hekate auf der Heide schilt die Hexen, daß sie ohne sie Macbeth ärgern, und sagt, sie sollen ein Elixier brauen, das ihn völlig vernichten soll. Einem Lord gegenüber argwöhnt Lenox die Wahrheit über Duncan und Macbeth und alles, der Lord erzählt, Macduff sei Hilfe holen zu Malcolm nach England gegangen, und Macbeth rüste auf aus Angst davor.

IV Die Hexen brauen das Elixier, Macbeth kommt, sie lassen ein Haupt, zweimal ein Kind und dann acht Könige vor ihm erscheinen und verknüpfen damit die dunklen Worte: Er solle Macduff scheuen, er solle einen scheuen, den keine Frau geboren habe, er werde nicht besiegt, bis der Wald zu ihm hinaufkomme. Die Hexen beantworten keine Fragen, Macbeth ist bleich, sie tanzen vor ihm. Lenox kommt dazu, hat nichts gesehen, berichtet aber von Macduffs Flucht nach England; Macbeth will Macduffs Familie ausrotten. Lady Macduff redet mit ihrem Sohn, sie will ihm, trotz Rosses andeutenden Beschwichtigungen, klarmachen, daß sein Vater ein Verräter ist; ein fremder Bote warnt sie und rät zur Flucht; die Mörder kommen und bringen alles um. In England reden Macduff und Malcolm über Macbeth und Schottland; Macduff will, daß Malcolm kommt; Malcolm stellt sich übel dar; als er sieht, daß Macduff es ehrlich meint, verspricht er Hilfe: Siward sei mit einem Heer schon abgegangen nach Schottland, sie wollten jetzt folgen. Ein Arzt kommt dazu, und man erfährt, daß König Edward Kranke heilen kann. Rosse kommt dazu, man redet über Schottland unter der Tyrannei und Rosse meldet endlich den Tod von Macduffs Familie; der schwört Rache.

V Lady Macbeths Arzt und ihre Kammerfrau beobachten die Lady beim Schlafwandeln und verräterischen Reden und Händewaschen. Von Macbeth abgefallene schottische Adlige unterhalten sich im Wald unterhalb von Macbeths Burg. Macbeth allein sinniert wild über die Hexensprüche; ein Diener meldet zehntausend Soldaten; er verlangt gerüstet zu werden; der Arzt redet von der Krankheit der Lady, Macbeth redet halbwirr zu ihm von Arzneien für das Land, dem Arzt graut's. Unten im Wald weisen Malcolm und Siward die Soldaten an, sich mit Baumästen zu tarnen. Macbeth oben sagt zu Seyton, er habe keine Angst mehr, seit er mit Geistern gegessen habe; Seyton meldet den Tod der Lady; Macbeth räsoniert über das kurze Schauspiel des Lebens; ein Bote kommt und sagt, der Wald bewege sich gegen das Schloß; Macbeth: *»I 'gin to be aweary of the sun / and wish the estate o' the world were now undone. / Ring the alarm-bell! Blow wind! Come wrack! / At least we'll die with harness on our back:* Ich fange an, dieser Sonne überdrüssig zu werden – schlagt die Sturmglocke – stürmt, ihr Winde, und zerschmettert im allgemeinen Schiffbruch die ganze Natur – hinweg! Wenn wir sterben müssen, so wollen wir doch mit den Waffen in den Händen sterben« (Wieland). Die Soldaten werfen die Äste ab, man bläst zum offenen Angriff. Macbeth fragt sich nach dem, den keine Frau geboren hat: Den will er fürchten, sonst keinen. Er erschlägt den jungen Siward; Macduff allein sucht Macbeth. Macbeth trifft auf Macduff, Macbeth sagt ihm die Hexenweissagung, Macduff antwortet, ihn habe man herausschneiden müssen aus dem Mutterleib; Macbeth flucht, er wolle nicht mit ihm fechten, sich aber auch nicht ergeben. Malcolm und Siward ziehen nach der Schlacht Bilanz: Der junge Siward und Macduff würden vermißt. Rosse meldet, der junge Siward sei gefallen; Macduff kommt mit Macbeths Kopf und grüßt Malcolm als den neuen, richtigen König: Der sagt, es werde dann abgerechnet werden mit der Tyrannei und lädt alle zur Krönung.

Finis Duncan, Malcolm, Donalbain, Macbeth, Banquo, Macduff, Lenox, Rosse, Menteth, Angus, Cathness, Fleance, Siward, Siwards Sohn Siward, Seyton, Lady Macbeth, Lady Macduff, Macduffs Sohn, Hekate, Hexen, Ärzte, Pförtner, alter Mann, Hauptmann, Kammerfrau, Mörder, Boten, Lords, Ladies, Edelleute, Soldaten, Diener, Banquos Geist, Erscheinungen. – Schottland und England.

Macbeth, Lady, Macbeths Frau in ›Macbeth‹; sie hat ihrem Mann voraus, daß sie die Folgen jener Taten sieht, deren Notwendigkeit der Ehrgeiz ihres Mannes für ihren Ehrgeiz mit sich bringt; merkwürdig ist, daß sie für sich selber gar nicht viel zu wollen scheint: Sie ist fast bloß der helle Verstand für das dunkle Wollen ihres zweiten männlichen Ichs; das zweite dunkle Ich ist bei ihr weggedrängt in die Schichten der Nacht: Da schlafwandelt sie dann, leidet unter Reinigungszwängen und redet Stücke der verdrängten Realität. Auch in ihr leben die Geister, die ihren Mann plagen, aber sie vermischt sie nicht mit dem, was tagsüber ist; nur manchmal dringen alte Sachen herauf, so, wenn sie, als sie für sich sagt, sie habe ihrem Mann die Dolche bei Duncan bereitgelegt, plötzlich sagt: »*Had he not resembled / my father as he slept, I had done't:* Hätte er nicht, wie ich ihn schlafen sah, meinem Vater gleich gesehn, ich hätt es selbst getan« (Wieland); sie ist im ganzen nicht schlimmer als ihr Mann, und er hat wirklich gewußt, was er tat, als er sie nahm, wenn nicht sie's war, die ihn genommen hat.

Macduff, Than von Fife in ›Macbeth‹, unter den schottischen Adligen der, der wirklich zu Taten kommt: Er verrät, wenn man so will (und seine Frau ist's nicht anders zu sehen imstand), Land und Familie, verweigert seinen Beitrag zur Aufrüstung, geht im Gegenteil in das Land, gegen das gerüstet wird, und tut sich dort zusammen mit denen, die gegen sein Land gehen. Alle wissen spätestens dann, daß die, die gegen sein Land gehen, die Freunde des Landes sind (der Königssohn ist ja der Anführer) – aber er war schon drüben, als alle noch hier mittaten; es ist sein Glück, daß Malcolm siegt, und daß er selber Macbeth erschlagen kann; daß seine Familie zugrundegeht, weil er etwas tun will gegen Verhältnisse, unter denen er mit der Familie nicht leben wollte, das ist ihm nichts als die Schuld des Herrschers. Und das Gewissen des Handelnden in ihm ist so intakt, daß das, was in der vorherlaufenden Reflexion ihn hätte lähmen können, für das Gefühl danach nur noch Rache ist.

Macduff, Lady, glaubt in ›Macbeth‹, als sie sich mit ihrem kleinen Sohn und mit Rosse unterhält, ihr Mann habe sie aus Feigheit alleingelassen: Wirklich kommen dann Macbeths Mörder und bringen sie und den Kleinen um, und beide erfahren nicht mehr, daß Macduff sich bloß ums Vaterland verdient gemacht hat.

Maecenas, weltberühmter Dichterfreund (alle Dichter möchten so einen), Freund des Octavius; eine wunderschöne Charakteristik dieses Mannes hat Wieland ganz am Anfang seiner Übersetzung der Briefe des Horaz, 1782, geliefert; in ›Antonius und Kleopatra‹ spielt Maecenas nur eine sehr nebensächliche Rolle und scheint sich, die Titelhelden angehend, hauptsächlich für deren lukullisches und erotisches Leben zu interessieren; er zieht dann auch mit in den Krieg: aber wahrscheinlich eher, weil sich das nicht vermeiden ließ: das zeigten denn auch seine gelegentlichen außerordentlich klugen Bemerkungen.

Malvolio, in ›Was ihr wollt‹ im ganzen Hause ganz außerordentlich unbeliebter Haushofmeister Olivias, ein feierlicher Idiot, der etwa über den Narren sagt: »*I protest, I take these wise men, that crow so at these set kind of fools, no better than the fools' zanies:* Ich versichre, diese gescheiten Leute, die über die albernen Fratzen dieser Art von gedungenen Narren so krähen können, sind in meinen Augen die Narren der Narren« (Zany ist der Gehilfe eines Clowns, der den Clown nachäfft); als er zu träumen anfängt, was alles aus ihm werden könnte, fängt er an mit dem Wort: »*'Tis but fortune; all is fortune:* Es kommt alles aufs Glück an, alles aufs Glück« (Wieland); verdient auch verspottet kaum Mitleid, denn in ihm wird aller Feierlichkeit der Dummen der Kampf angesagt, und für die Feierlich-Dummen gibt es keine Tragik – sie sollen einfach untergehen; Malvolio wird denn auch nicht klug und bleibt nach dem, was er als seine ungerechte Schmach empfindet, unverwöhnt zurück aus der allgemeinen Freude.

Mamillius, junger (siebenjähriger) sizilischer Prinz im ›Wintermärchen‹, hübsch, keck, anlehnungsbedürftig, von Leontes geliebt, von Hermione geliebt, schelmisch mit seinen Kinderladies; will seiner Mutter ein Wintermärchen erzählen von einem Mann, der bei einem Friedhof wohnte; stirbt, als seiner Mutter der Prozeß gemacht wird.

Marcus Andronicus, im ›Titus Andronicus‹ Bruder des Titus, höchst anständiger alter Knabe, der ganz das gute alte Rom vertritt und seine Moralen gern mit Beispielen aus der griechischen Antike würzt; kennt auch Horaz. Zweimal straft er das Wort Lügen, der Gute könne keiner Fliege was zuleide tun: Das erste Mal erschlägt er beim Essen auf dem Teller eine Fliege, zum Ärger des wirren Titus (»*Poor harmless fly, / that, with his pretty buzzing melody, / came here to make us merry:* Arme, unschuldige Fliege, die hierher kam, uns mit ihrer hübschen summenden Melodie eine Lust zu machen«, Eschenburg), das zweite Mal ist er's, der endlich die ganze Familie zur Rache an den Saturninen bewegen kann.

Margaret, Prinzessin und Königin, Tochter Reigniers, beherztes etwas schnippisches Mädchen, das in ›Heinrich VI./1‹ vor Angers von Suffolk gefangen wird und diesen so betört, daß er sie, mit ihrer Einwilligung, dem König zur Frau andienen will, um sie für sich selbst zur Geliebten zu haben. – **Margaret,** als Königin in ›Heinrich VI./2/3‹ dann eifersüchtig auf Eleanor Gloucester, giftig, voll Sexualaggression im Machtkampf, wenn sie sich etwa, triumphierend über Eleanor, freut, daß Gloucester, des Protektorats enthoben, nun keinen Stab mehr hat; aber auch bewundernswert, wenn sie kämpft, und bewundernswert, wenn sie liebt und weint, wie beim Abschied Suffolks; und klug, wenn sie, als er flucht, nachdem sie ihm das geraten hat, dann, als er zuviel flucht, sagt: *»Enough, sweet Suffolk; thou torment'st thyself; / and these dread curses, like the sun 'gainst glass, / or like an overcharged gun, recoil, / and turn the force of them upon thyself:* Genug, lieber Suffolk, du marterst dich selbst, und diese schrecklichen Flüche machen es wie die Sonne, die gegen den Siegel scheint, oder wie ein zu stark geladenes Schießgewehr: Sie lassen ihre volle Gewalt auf dich selbst zurückprallen« (Eschenburg). Glaubt an keinen Untergang; übergroß und beinahe nicht mehr schön im Schmähen, als sie dann York hat und umbringt, und wieder groß im Beleidigtsein bei Ludwig; groß auch im Schmähen ihres Mannes; als die irren Plantagenets ihren kleinen Edward vor ihr morden, will sie auch sterben; als sie nicht darf, sagt sie den Brüdern, es werde ihren Kindern genau so gehen; sie ist ein bißchen wie die an seiner Seite größer als er gewordene Sekretärin, die, wenn die Konkurrenten ihren Boß kaputtgemacht haben, es ihnen nun zeigen will und beinahe auch zeigt, aber nur beinahe; sie ist so groß, wie man ohne Größe sein kann, und wird im Tower, oder wohin man sie bringt, eine Meuterei anzetteln, oder zur Oberaufseherin avancieren. – **Margaret,** in ›Richard III.‹ die alte Königin, Witwe jetzt des gerade zu Grabe getragenen Heinrich, die natürliche Feindin Elizabeths, deren Edward ihren Heinrich verdrängt hatte; große Verflucherin der Plantagenets, sagt über ihre Flüche: *»I'll not believe but they ascend the sky, / and there awake God's gentle-sleeping peace:* O nein, ich weiß, sie steigen hin zum Himmel, wecken dort die Langmut Gottes, die noch ruhig schlummert« (Eschenburg); sie und Elizabeth und die alte Herzogin York machen die großen eigentlichen Hexenszenen im Stück, die wahre Hexe dabei ist aber zweifellos Margaret, die endlich, als Elizabeth dort ist, wohin sie sie geweissagt hat, sich gerächt weidet an dem Unglück: Hier überragt Margaret das menschliche Maß.

Mariana, in ›Maß für Maß‹ die schöne von Angelo sitzengelassene Schwester Fredericks, eine kühne junge Frau, die für eine andere unerkannt ins Bett des Mannes steigt, der sie wegen Geld nicht gewollt hat, der ein kalter Idiot ist, den sie aber liebt und heiraten will; in Mariana ist fast nichts ein Spiel und braucht nichts ein Spiel zu sein. Sie als einzige ist ganz zusammengefaßt sie selber, gleichsam die Achse, um die das ganze Stück sich dreht, und ohne die es nicht ins Schweben, denn schweben tut's schön, aber ins Flattern käme.

Marina, in ›Perikles‹ das Kind des Perikles und der Thaisa; die Amme Lychorida hat's als Säugling dem Perikles auf dem Schiff gebracht, als dann Thaisa in die Kiste gepackt wird; er nimmt's mit nach Tarsus, überläßt's einjährig dem Cleon und der Dionyza; vierzehnjährig soll sie umgebracht werden, wird aber geraubt und landet in einem Bordell zu Mytilene; bekehrt alle Freier (deren schönsten sie am Ende auch heiratet), wird aus dem Bordell wegen ihrer scheußlichen Moral verkauft ins bürgerliche Leben, scheint sich als Hauslehrerin gut bis in einen Ruhm hinein durchzuschlagen, und als offenbar eine, die für die Seele das ist, was zu Ephesus Cerimon für den Leib, heilt sie schließlich wunderbar ihren Vater Perikles von seiner Schwermut: Und dann endlich (als sie auch noch den schönen Mann kriegt) kann Perikles sich die Haare schneiden und den Bart.

Marokko, Prinz von, im ›Kaufmann von Venedig‹ ein dunkelhäutiger Bursche, der sich um Portia bewirbt und sehr hübsch von seiner Tapferkeit redet, daß er schon einige persische Prinzen erschlagen habe und so; wählt das goldene Kästchen und kriegt Portia nicht; sein Abschied ist gut: *»Portia, adieu. I have too grieved a heart / to take a tedious leave. Thus losers part:* Portia, adieu! Ich bin zu bestürzt, einen langweiligen Abschied zu nehmen; so scheidet, wer verloren hat« (Wieland).

MASS FÜR MASS I Herzog Vincentio übergibt dem Staatsrat Escalus eine Regierungsvollmacht, beide finden, Angelo sei für die Zeit, in der der Herzog abwesend sein will, sein geeignetster Stellvertreter. Angelo, gerufen, kommt und will noch Bedenken anmelden, doch der Herzog schützt Eile vor und übergibt ihm alles. Escalus soll Angelos Vertreter und Helfer sein. Lucio und zwei Gentlemen unterhalten sich auf der Straße scherzend, die Kupplerin Overdone kommt dazu und zeigt auf Claudio, der gerade aufgrund der neuen Proklamationen ins Gefängnis gebracht wird, weil er seine Braut geschwängert habe. Pompey kommt zur Kupplerin und berichtet vom Inhalt der Proklamationen: Alle Freudenhäuser sollen abgerissen werden. Der Kerkermeister erscheint mit Julia und Claudio, Lucio dazukommend, fragt Claudio nach seinem Vergehen. Der erzählt, daß er mit Julia längst verheiratet wäre, nur daß da noch eine Mitgiftfrage im Weg war. Nun kriege sie ein Kind von ihm, und er sei dran, denn der neue Statthalter wende die alten niebenutzten Gesetze mit einem Male wieder an, und er müsse als Exempel herhalten. Claudio bittet Lucio, seine Schwester Isabella, die gerade in ein Kloster gehen will, zu einem Bittgang zu Angelo zu bewegen. Im Kloster erzählt der Herzog dem Bruder Thomas, er habe viele Jahre lang die strengen Gesetze zurückgehalten und allen Leuten vielleicht allzu viel Spielraum gegeben; würde er selber Schluß machen damit, wäre das Tyrannei: Deshalb habe er Angelo dazu bestimmt. Er selber wolle sich als Mönch verkleiden und dem neuen Treiben zuschauen. Im Kloster, in das sie will, unterhält Claudios Schwester Isabella sich mit einer Nonne; Lucio kommt, redet erst ironisch mit Isabella, dann trägt er ihr die Lage und Claudios Bitte vor, und sie sagt zu.

II Vor einer Gerichtsverhandlung unterhalten sich Angelo und Escalus: Dieser plädiert für Milde im Falle Claudios, denn auch der Richter sei verführbar, Angelo ist für Strenge, denn das Gesetz wisse nichts davon, ob Verbrecher Verbrecher aburteilen. Elbow, Froth und Pompey treten mit einer wirren Geschichte aus dem Bordell der Kupplerin Overdone vor Gericht auf, Pompey scherzt sehr herum, alle werden ermahnt. Der Kerkermeister fragt Angelo, ob Claudio wirklich hingerichtet werden solle und was mit Julia sei; er solle, sagt Angelo, und Julia solle weggeschafft werden. Lucio und Isabella kommen zu Angelo, Isabella bittet, der Kerkermeister kommentiert, Lucio stachelt sie immer mehr an, Isabella wird immer kühner (nicht jeder, der donnere, sei ein Zeus, Angelo solle auch in sich gehen und so weiter), Lucio sieht Angelo schon wanken (auch erotisch), schließlich bestellt Angelo sie auf den nächsten Tag wieder zu sich. Allein, gibt Angelo zu, von Isabella betört worden zu sein. Der Herzog als Mönch kommt zum Kerkermeister, der führt sie mit Julia zusammen; sie unterhalten sich, Julia bereut, steht aber zu ihrer Liebe. Angelo allein vor Isabellas Besuch beklagt das Auseinanderklaffen von Namen und Herz, Ansehen und Wahrheit; Isabella wird gemeldet, und Angelo noch allein gesteht seine Verwirrung. Mit Isabella gibt er eine Examinierung vor: Ob sie ihren Körper für das Leben des Bruders gäbe; Isabella mißversteht ihn; er wird deutlicher, und sie lehnt dergleichen ab. Als Angelo sie wirklich haben will für ihren Bruder, will sie sofort seine Begnadigung, oder sie werde Angelo anklagen. Das werde ihr niemand abnehmen, sagt Angelo und erneuert sein Verlangen. Isabella will zu ihrem Bruder.

III Der Herzog als Mönch tröstet im Kerker Claudio über das verwirkte Leben weg, Claudio darauf zu ihm: *»I humbly thank you. / To sue to live, I find I seek to die, / and, seeking death, find life: let it come on:* Ich danke Euch; nun find ich, daß ich, wenn ich zu leben wünsche, zu sterben suche; und wenn ich den Tod suche, das Leben finde.« Isabella kommt zu ihm, und während der Herzog versteckt lauscht, sagt sie ihm, er müsse sterben, denn Angelo wolle sie für ihn: Isabella erzählt ihm dies voll Zweifel an seiner Standhaftigkeit; er gibt sich gelassen; allmählich aber überkommt ihn große Angst (*»death is a fearful thing:* Tod ist ein fürchterliches Ding«), und er bittet die Schwester wirklich um ihr Opfer; sie beschimpft ihn (*»'tis best that thou diest quickly:* Das beste ist, du sterbest ungesäumt«) und will gehen. Der Herzog als Mönch bittet sie um ein Gespräch und sagt zu Claudio, Angelo habe nur Isabella auf die Probe stellen wollen: Er solle sich getrost zu sterben bereit machen. Mit Isabella heckt der Herzog den Plan aus, daß statt ihrer (denn Angelo, angeklagt, werde auch sagen, er habe Isabella bloß auf die Probe stellen wollen) zu Angelo ins Bett jene Mariana gehen solle, die Angelo einer Mitgiftfrage wegen seinerzeit habe sitzenlassen, die aber ihn immer noch liebe: Und zwar solle Isabella das Rendezvous so ausrichten, daß immer Dunkelheit herrsche. Anderswo, mit Elbow auf dem Weg ins Gefängnis, verteidigt Pompey gegenüber dem verkleideten Herzog die Hurerei und beklagt ihr Verbot; Lucio kommt vorbei, Pompey bittet ihn um Hilfe, Lucio lehnt ab; allein mit dem Herzog, verteidigt auch Lucio die Hurerei, tadelt Angelo und lobt die Milde des verschwundenen Herzogs: der sei nämlich so schlimm gewesen wie alle, das gelte auch für Claudios Vergehen. Die Kupplerin Overdone wird von Escalus ins Gefängnis gesteckt: Lucio habe sie eines Mädchens wegen angezeigt, das ein Kind von ihm habe und das zu heiraten sie ihn dränge; Escalus verlangt Lucio zu sehen. Der verkleidete Herzog kommt zu Escalus und fragt ihn nach dem verschwundenen Herzog; der sei, sagt Escalus, ein vollkommener Gentleman gewesen; was Claudio angehe, sagt der Herzog, nachdem Escalus auf die große Strenge Angelos angespielt hat, *»If his own life answer the straitness of his proceeding, it shall become him well; wherein if he chance to fail, he hath sentenced himself:* Wenn sein eignes Leben mit der Strenge seines Richteramts übereinstimmt, wird es ihm wohl bekommen; wo nicht, so hat er sich selbst das Urteil gesprochen.« Mit sich allein redet der Herzog über das Verhältnis zwischen Schwäche und Strenge in dem, der richtet, und wie er nun List anwenden müsse gegen jemanden wie Angelo.

IV Bei Mariana, der ein Knabe ein Lied singt, treffen sich der verkleidete Herzog und Isabella; diese berichtet dem Herzog die Umstände des Rendezvous mit Angelo; der Herzog läßt die Frauen allein; sie kommen zurück, Mariana hat dem Plan zugestimmt. Im Gefängnis will der Kerkermeister Pompey als Gehilfen des Scharfrichters anheuern, und der Scharfrichter und Pompey streiten um die Ehrbarkeit ihrer beiden Berufe und werden sich einig über Pompeys Aushilfe. Claudio wird gerufen, ihm wird die Hinrichtung angekündigt; Barnardine, der auch sterben soll, schlafe, sagt Claudio. Der verkleidete Herzog kommt und meint, es sei noch Hoffnung da für Claudio, und verteidigt gegenüber dem Kerkermeister zweideutig die Gerechtigkeit Angelos: *»Were he mealed with that / which he corrects, then were he tyrannous, / but this being so, he's just:* Wenn er selbst ausübte, was er an andern straft, dann wär er tyrannisch; aber so wie er ist, ist er gerecht.« Ein Bote bringt von Angelo einen Brief: Claudio solle sogleich hingerichtet werden, später Barnardine. Der Herzog läßt sich sagen, wer Barnardine ist, dann sagt er dem Kerkermeister, er solle diesen hinrichten und seinen Kopf statt Claudios Angelo bringen; der Kerkermeister hat Skrupel seines Amtseids wegen, aber der Herzog zeigt Briefe, die auch Angelo nicht kenne, und die zeigen, daß der Herzog auf dem Weg ins Amt sei: *»Look, th' unfolding star* *calls up the shepherd. Put not yourself into amazement how these things should be; all difficulties are but easy when they are known:* Seht, der Morgen bricht schon an; hänget der Verwundrung nicht nach, wie diese Dinge zugehen; alle Schwierigkeiten sind nur leicht, wenn man sie kennt.« Im Gefängnis zählt Pompey, wie viele alte Kunden er hier trifft. Barnardine, der hingerichtet werden soll, erklärt, er habe die ganze Nacht gesoffen, er könne jetzt nicht sterben. Der Kerkermeister berichtet, ein gewisser Ragozine sei in der Nacht gestorben: Dessen Kopf also, sagt der Herzog, könne man dann nehmen. Isabella kommt, nach der Begnadigung zu fragen; der Herzog sagt ihr, Claudio sei nun tot, und schickt sie mit einem Brief an Bruder Peter weg: der solle sich abends bei Mariana einfinden. Lucio bedauert Isabella und geht mit dem Herzog ab, dem er gleichsam nichtsahnend gestanden hat, er habe einer Dirne mal ein Kind gemacht und wolle sie nicht heiraten. Escalus und Angelo sind verwirrt über Briefe, die sie wegen einer Ankunft des Herzogs und öffentlichen Anhörung haben; Angelo allein glaubt halb, Isabella (mit welcher er geschlafen zu haben glaubt) werde ihn nicht verklagen, und meint halb, Claudio sei zu recht verurteilt worden: aber beides nur halb. Der Herzog benachrichtigt inzwischen seinen Hof. Isabella und Mariana unterhalten sich, Bruder Peter führt sie an einen geeigneten Platz für ihre Klage an der Straße, wenn der Herzog kommen wird.

V Der Herzog kommt und wird von Angelo begrüßt. Isabella tritt auf und klagt Angelo öffentlich des Meineids, der Schändung und des Mords an; Angelo erklärt sie für verrückt, der Herzog auch: Er sieht aber viel Vernunft in ihrem Reden. Isabella jetzt, von Lucio oft bestätigend unterbrochen, erzählt dem Herzog die ganze Sache; der sagt, das könne nicht sein: hätte Angelo sich so vergangen, würde er Claudio nicht hingerichtet haben. Isabella ruft den Mönch zum Zeugen, Lucio und Bruder Peter bestätigen dessen Dabeisein; Peter sagt, der Mönch sei krank, er selber aber werde jetzt Isabella widerlegen. Die geht, Mariana kommt, gleichsam als Peters Zeugin gegen Isabellas Vorwurf, Angelo habe sie geschändet. Mariana redet sehr zweideutig, dann entschleiert sie sich und sagt Angelo die Wahrheit über die Nacht im Garten. Angelo gibt zu, Mariana von früher zu kennen, erklärt jetzt aber beide Frauen für verrückt. Peter schickt jetzt, während der Herzog sich entfernt und Escalus die weitere Verhandlung überlassen will, den

Kerkermeister nach dem Mönch aus. Escalus ruft Isabella wieder her, der Herzog als Mönch kommt mit dem Kerkermeister. Der verkleidete Herzog greift ohne Umstände Angelo mächtig an und gleichzeitig den laxen Staat. Escalus ist wütend, Lucio greift für Escalus den Mönch an und sagt, der habe ihm gegenüber den Herzog verleumdet. Escalus will den Herzog einsperren, Lucio freut sich, aber der Herzog enthüllt sich; er befiehlt Angelo, sofort Mariana zu heiraten; er tröstet noch einmal Isabella; dann sagt er ihr, sie solle um Marianas Willen dem dazukommenden und jetzt also verheirateten Angelo verzeihen, der sterben müsse, wie Claudio; Mariana fühlt sich durch die Heirat genarrt, bittet für Angelo, und Isabella bittet mit: Der Herzog stellt sich hart. Er befiehlt dem Kerkermeister, Barnardine zu holen; der enthüllt sich, ist Claudio und der Herzog begnadigt jetzt Angelo: *»I find an apt remission in myself:* Ich finde mich heut ungemein aufgelegt zur Nachsicht« (Wieland), und macht Isabella einen Antrag. Lucio erhält Verzeihung für seine Verleumdungen, muß aber dafür Kate Keepdown heiraten. Dann geht der Herzog mit Isabella ab: Er habe ihr einen Vorschlag zu machen, sagt er.

Finis Herzog Vincentio, Angelo, Escalus, Claudio, Lucio, Varrius, Bruder Thomas, Bruder Peter, Elbow, Froth, Pompey, Abhorson, Barnardine, Isabella, Mariana, Julia, Francisca, Mistress Overdone, Kerkermeister, Richter, Gentlemen, Lords, Gerichtsdiener, Knabe, Diener, Bote. – Wien.

Menenius Agrippa, alter römischer Senator in ›Coriolan‹, tritt zuerst in Erscheinung, als er, statt mit Korn, das hungrige Volk mit der Parabel vom Bauch abspeist; ein Kauz, und zwar unter der Maske des Kauzes, und gibt sich also, mit dem schönen Wort, so wie er ist: *»I am known to be a humorous patrician, and one that loves a cup of hot wine with not a drop of allaying Tiber in 't:* Ich bin als ein aufgeraumter Patrizier bekannt, als ein Mann, der gern einen Becher heißen Wein trinkt, wozu kein Tropfen Tiberwasser gemischt ist« (Eschenburg); seine Art, rein die Wahrheit zu sagen, wirkt auf die, die davon nichts hören wollen, wie die Verbindlichkeit eines leicht senilen, alten Mannes; es ist kaum etwas eigentlich verletzend Dezidiertes in seinen Reden, und doch ist seine wortreiche Suada nicht unentschieden: man müßte von einer quasseligen Lakonie oder von einer lakonischen Beredsamkeit sprechen; eigentlich ist seine

Freundschaft mit Coriolan sehr sonderbar, und wenn er sein Bild des Freundes entwirft (im Tone: Er ist zu groß für diese Welt), dann könnte man auch meinen, er habe sich diesen Freund erfunden und dazu vom wirklichen Coriolan alles das abgezogen, was den auf immer hindern wird, der zu sein, den Menenius meint; alles Wohl, was an Menenius komisch wirkt, ist ein Reflex der schönen Lüge, einen horazischen Menschen in diese Welt von neurotischen Heroen und Heroinen zu stellen.

Mercutio, Verwandter des Escalus und Freund Romeos in ›Romeo und Julia‹, fröhlich und draufgängerisch, wird von Tybalt tödlich getroffen, auch, weil Romeo dazwischengegangen war; Romeo rächt ihn, indem er Tybalt umbringt; sein wunderlicher Charme entfaltet sich ganz, als er seinem Freund Romeo, der schön geträumt haben will, von der Königin Mab erzählt, siehe diese; wenn man Mab nicht vergißt, vergißt man auch diesen Mercutio nicht; schön scherzt er auch kurz vor dem Sterben noch mit Benvolio auf der Straße, und sterbend sagt er: »*Ask for me to-morrow, and you shall find me a grave man. I am peppered, I warrant, for this world:* Fragt morgen nach mir, und Ihr werdet einen stillen Mann an mir finden. Für diese Welt, glaubt's nur, ist mir der Spaß versalzen« (Schlegel).

Metellus Cimber, ein Mitverschworener gegen Cäsar in ›Julius Cäsar‹; sein Bruder Publius ist von Cäsar einst verbannt worden, und als Metellus sich vor Cäsar hinwirft und eine Begnadigung für seinen Bruder erwirken will, und als Cäsar ablehnt (»*I could be well moved, if I were as you; / . . . but I am constant as the northern star:* Ich könnte mich leicht bewegen lassen, wenn ich eures gleichen wäre, aber ich bin standhaft, wie der Polar-Stern«, Wieland), schlagen die Mörder alle zu.

Miranda, Prosperos Töchterlein im ›Sturm‹, schön und an die fünfzehn Jahre alt: Zwölf Jahre sind beide jetzt auf der Insel, erzählt er, und damals sei sie keine drei gewesen; kennt keine Menschen außer dem Vater und Caliban und hält Ferdinand zuerst für einen Geist, wenn auch für einen mit einer schönen Gestalt; sie kann fast höfisch scherzen und geistvoll sein, wo sie verliebt ist: Als sie aber scherzt und merkt, daß das alles auch kein Scherz ist, hält sie die Balance nicht länger, wirft alles Tändeln (wie sie's dann nennt) ausdrücklich über Bord und formuliert ihre Liebeserklärung so: *»I am your wife, if you will marry me; / if not, I'll die your maid: to be your fellow / you may denie me; but I'll be your servant, / whether you will or not:* Ich bin Euer Weib, wenn Ihr mich heiraten wollt, wo nicht, so will ich als Euer Mädchen sterben; Ihr könnt mir abschlagen, Eure Gesellin zu sein; aber Eure Sklavin will ich sein, Ihr mögt wollen oder nicht« (Wieland; zweifellos ist das idiotisch deutsch gesagt; Schlegel sagt: »Ich bin Eur Weib, wenn Ihr mich haben wollt, / sonst sterb ich Eure Magd; Ihr könnt mir's weigern, / Gefährtin Euch zu sein, doch Dienerin / will ich Euch sein, Ihr wollet oder nicht«; viel besser ist das auch nicht; so ganz gegen alle Konvention Gesagtes kann nur der natürlich sagen, der's erfindet, und unsere Übersetzer hätten dergleichen gar nicht erfinden können – was also sollten sie tun?). Als Prospero alles getan hat, und Miranda alle vom Hof sieht, sagt sie: *»O wonder! / How many goodly creatures are there here! / How beautious mankind is! O brave new world, / that has such people in't!:* O Wunder! Wie viele feine Geschöpfe sind hier beisammen! Wie schön ist das menschliche Geschlecht! O brave neue Welt, die solche Einwohner hat!« (Wieland); sie wird dann mit nach Neapel gehen, und Gott weiß, was sie dann so denkt.

Mode, ein übler Zeitgenosse, über den sich in ›Viel Lärm um nichts‹ der auch nicht gerade unüble Borachio so äußert: *»Seest thou not, I say, what a deformed thief this fashion is? How giddily 'a turns about all the hot bloods between fourteen and five-and-thirty? sometime fashioning them like Pharaoh's soldiers in the reechy peinting, sometime like god Bel's priests in the old church-window, sometime like the shaven Hercules in the smirched worm-eaten tapestry, where his codpiece seems as massy as his club? – All this I see, and I see that the fashion wears out more apparel than the man:* Siehst du nicht, sag ich, was für ein häßlicher Dieb diese Facon ist? Wie schwindlicht sie sich um alle jungen Leute zwischen vierzehn und fünfunddreißig herumdreht, und fassoniert sie bald wie Pharao's Soldaten in großen Malereien, bald wie des Gott Bel's Priester in alten Kirchenfenstern, bald wie den beschornen Herkules in den närrischen, von Schaben zerfreßnen Tapeten, wo sein Hosenlatz so groß und dick ist, als seine Keule?« – und sein Freund Conrade antwortet: »Alles dies seh ich, und seh, daß die Fasson allemal mehr in die Augen fällt, als der Mann selbst« (Wieland).

Mortimer, Lord Edmund, Earl von March, in ›Heinrich IV./1‹ verheiratet mit einer Tochter Glendowers: Sie spricht kein Englisch, er kein walisisch; ein Mann, für den Percy sich beim König einsetzt, der sich als durch den von Heinrich IV. ermordeten Richard II. eingesetzter Thronerbe fühlt, Land will zum Herrschen, und sei's auch nur ein Stück, und von dem Blunt dem König merkwürdigerweise erzählt, er habe die Nachricht vom Treffen der Aufständischen in Shrewsbury eingeschickt.

Mortimer, Lady, Tochter Glendowers in ›Heinrich IV./1‹; spricht kein Englisch, singt ihrem Mann zum Abschied ein Lied: *»She bids you / upon the wanton rushes lay you down / and rest your gentle head upon her lap, / and she will sing the song that pleaseth you, / and on your eyelids crown the god of sleep, / charming your blood with pleasing heaviness, / making such difference 'twixt wake and sleep / as is the difference betwixt day and night / the hour before the heavenly-harness'd team / begins his golden progress in the east:* Sie bittet, daß Ihr Euch niederlegen und Euer holdes Haupt auf ihrem Schoß ruhen lassen sollt, und sie will Euch den Gesang singen, den Ihr so gerne hört, und Euer Blut in eine angenehme Schwermut wiegend, den Gott des Schlafs auf Euren Augenlidern krönen; Euch in dieses zauberische Mittel zwischen Schlaf und Wachen senken, das dem Gemische von Nacht und Tag ähnlich ist, eine Stunde eh der Gott des Lichts seinen goldnen Lauf aus Osten beginnt« – so übersetzt der alte Glendower; Mortimer hat vorher zu ihr gesagt: *»I understand thy looks... I understand thy kisses, an thou mine, / and that's a feeling disputation: / but I will never be a truant, love, / till I have learnt thy language; for thy tongue / makes Welsh as sweet as ditties highly penn'd, / sung by a fair queen in an summer's bower, / with ravishing division, to her lute:* Ich versteh deine Blicke... ich versteh deine Küsse, und du die meinigen, in dieser fühlbaren Unterredung haben wir keinen Dolmetscher nötig; aber ich will nicht ruhen, Liebe, bis ich deine Sprache gelernt habe; denn von deinen Lippen tönt das Welsche so anmutig als aus einer Sommerlaube der süße Gesang einer Feen-Königin, von den entzückenden Griffen ihrer goldnen Laute beseelt« (Wieland).

Mowbray, in ›Heinrich IV.‹ ein Feind des Königs und wohl ein Sohn jenes Mowbray, der am Anfang von ›Richard II.‹ gegen Bolingbroke einen Zweikampf wollte: Jetzt ist jener Bolingbroke der König; mißtraut den Friedensangeboten des Königs im Gaultree Wald, und mit Recht, denn Lancaster jedenfalls läßt ihn dann umbringen, wie den Erzbischof und Hastings.

N

Nestor, Uraltgrieche in ›Troilus und Cressida‹, »*whose wit was mouldy ere your grandsires had nails on their toes:* dessen Verstand schon schimmlicht war, ehe eure Großväter noch Nägel auf den Zehen hatten«, wie Thersites einmal sagt, oder mit Hektors Worten: »*Let me embrace thee, good old chronicle, / that hast so long walked hand in hand with time:* Laß mich dich umarmen, du gute, alte Chronik, der du so lange schon Hand in Hand mit der Zeit gegangen bist« (Eschenburg); davon abgesehen ein seniler alter Kerl, der das meiste durcheinanderbringt und im Rat der Obergriechen Schwachsinn wohlformuliert.

Northumberland, ist in ›Richard II.‹ der erste, der nach der Enteignung Bolingbrokes, als Gaunt stirbt, Partei gegen die Ungerechtigkeit und gegen die Kreaturen Richards ergreift; er empfängt Bolingbroke in Wales, nachdem er in England allen Widerstand gegen Richard organisiert hat; glaubt an Bolingbroke, holt arglos Richard in Flint vom Schloß und wütet dann auch, wie Sohn Percy, gegen die Verschwörer.

Northumberland, Earl Henry Percy, Bruder Worcesters, Vater Henry Percy Hotspurs, fällt, wenn auch nicht ganz wie sein Bruder Worcester, in ›Heinrich IV./I‹ mit Sohn Percy in Heinrichs Ungnade; meldet sich dann kurz vor der entscheidenden Schlacht bei Shrewsbury krank. – **Northumberland** flucht in ›Heinrich IV./2‹, als er den Tod seines Sohns hört, so: »*Let heaven kiss earth! / Now let not Nature's hand / keep the wild flood confined! let order die! / And let this world no longer be a stage / to feed contention in an lingering act; / but let one spirit of the first-born Cain / reign in all bosoms, that, each heart being set / on bloody courses, the rude scene may end, / and darkness be the burier of the dead!:* Laßt den Himmel die Erde küssen! Halte nicht länger, o Natur, die wilden Fluten eingekerkert; laß die Ordnung sterben, und diese Welt nicht länger einen Schauplatz sein, wo die Zwietracht genährt wird, um durch langsame Qualen aufgerieben zu werden; sondern laß einen mördrischen Geist, den Geist des erstgebornen Cains, in jedem Busen herrschen; laß in einer wütenden Stunde, die blutdurstenden Menschen, alle in einen Haufen getrieben, sich würgen, bis mit der allgemeinen Niederlage die Szene sich schließt, und ewige Finsternis begrabe dann die Toten!« (Wieland); vorher sagt er, er wolle sich eine Eisenhand antun, dann, als Morton und Bardolph ihm zureden, er wolle weiterkämpfen; geht dann aber auf Bitten seiner Frau und seiner Schwiegertochter nach Schottland. Am Ende des Stücks heißt es, er sei mit Bardolph zusammen geschlagen worden.

O

Oberon, Elfenkönig im ›Sommernachtstraum‹, will den Knaben, den Titania hat, ist mit ihr deshalb zerstritten und schickt Puck nach dem Zauberblumensaft, damit Titania kirre wird; sie wird's, aber ein paar Sterbliche verlieren fast den Verstand darüber; *»but we are spirits of another sort:* doch wir sind Geister einer andern Art« (Wieland), sagt er zu Puck; am Ende rückt er aber alles wieder zurecht, er scheint ein Faible für Liebende zu haben.

Octavius, neben Marcus Antonius und Marcus Aemilius Lepidus der dritte der Triumvirn nach Cäsars Tod, später als Augustus weltberühmt; in ›Julius Cäsar‹, kurz vor der Schlacht von Philippi, als Antonius ihm die linke Flanke des Heeres anbietet, verlangt er die rechte; als Antonius ihn fragt: *»Why do you cross me in this exigent?:* Warum seid Ihr mir itzt in einem so entscheidenden Augenblick zuwider?«, antwortet Octavius: *»I do not cross you; but I will do so:* Ich bin Euch nicht zuwider; aber ich will es so haben« (Wieland); als am Schluß Antonius den toten Brutus gerühmt hat, sagt Octavius, des Brutus Gebeine, wie die eines Soldaten, sollten ehrenvoll aufgebahrt sein die Nacht über, und zwar in seinem, Octavius', Zelt. – **Octavius,** Cäsar mit Beinamen (sonst auch Octavian), Adoptivsohn Julius Cäsars, nach dessen Tod einer der drei Triumvirn, und zwar der mächtigste nach einer Menge unschöner blutiger Streiche; nachmals unter dem Namen Augustus als großer Friedensmacher bekannt; in ›Antonius und Kleopatra‹ noch auf dem Weg zur Alleinherrschaft, nennt Kleopatra ihn *»scarce-bearded«,* dünnbärtig, und doch steuert er aus dem halben Hintergrund alles, selbst ihren Tod: *»She levell'd at our purposes, and, being royal, / took her own way:* Sie erriet unsre Absicht, und nahm, mit königlicher Entschlossenheit, einen andern Weg« – dies gilt sowohl dann, wenn Dolabella ihr hatte sagen sollen, sie werde im Triumphzug mitgeführt werden, als auch dann, wenn Dolabella keine Order hatte, und Kleopatra also wirklich erraten hätte, was hinter seinen Worten steckte; was immer also passiert: Octavius wird es beabsichtigt haben und dann die dazugehörigen großen Worte finden, und wird jedem Ehre erweisen, wenn nur seine dabei die größere bleibt: *»O Antony! / I have follow'd thee to this: but we do launch / diseases in our bodies: I must perforce / have shown to thee such a declining day, / or look on thine; we could not stall together / in the whole world: but yet let me lament, / with tears as sovereign as the blood of hearts / that thou, my brother, my competitor / in top of all design, my mate in empire, / friend and companion in the front of war, / the arm of mine own body, and the heart / where mine his thoughts did kindle, – that our stars / unreconciliable, should divide / our equalness to this:* O Antonius, so weit hab ich dich gebracht! – aber so wollt es unser Schicksal« (so wollt es unser Schicksal, sagt Wieland für das zugegeben peinigende Bild von dem Geschwür, das herausgeschnitten werden muß: Und so schönt Wieland etwas das Bild des Mannes, dem peinigende Gleichnisse leicht vom Munde gehen); »So mußtest du meinen Untergang sehn, oder ich deinen; die Welt war nicht weit genug, uns nebeneinander zu beherbergen. Und doch laß mich dich beklagen, mit diesen, aus meinem Herzen gepreßten Tränen dich beklagen; dich, meinen Bruder, meinen Teilnehmer an jeder großen Unternehmung, meinen Mitgenossen am Reich, meinen Freund und Gespielen an der Stirne des Krieges, meinen rechten Arm und das Herz, worin unsre Gedanken einander anfachten – laß mich beklagen, daß unsre unversöhnlichen Sterne unsre Gleichheit bis zu dieser Extremität teilen mußten«; das Verstörendste an dem allen ist, daß er wahrscheinlich recht hat und daß es ihn dort brauchte, wo er war und wie er war, und daß man keinen andern an dieser Stelle hätte brauchen können von denen, die mit ihm hoch gekommen waren.

Oliver, ältester der Söhne Rowlands de Boys in ›Wie es euch gefällt‹, behandelt gegen den Willen des toten Vaters Orlando ganz mies, will ihn vom Ringer Charles kaputtmachen lassen, will ihn abbrennen; wird dann aber, von Schlange und Löwe bedroht, von Orlando gerettet und will als gutgewordener Mensch Celia heiraten, alle Güter Orlando geben und ein Schäfer werden, sagt er, als er verliebt ist.

Olivia, schöne junge Frau in ›Was ihr wollt‹, seit einem Jahr ohne Vater, seit kurzem ohne Bruder, hat ein Kammermädchen, einen Onkel, einen Verehrer, einen Haushofmeister, einen Diener, einen Narren, einen, der sie liebt, und dann zwei, die sie liebt; der sie liebt, ist der Herzog, den sie nicht will; den sie liebt, ist erst Viola: eine Irrliebe, und dann Sebastian, wenn sie ihn für Viola hält, man meinte denn, sie habe Viola schon immer für Sebastian genommen; als sie das, was sie will, nah sieht, greift sie zu – und hätte zweifellos Viola geheiratet, wenn nicht auch ihr, wie ihrer Viola, die Götter günstig wären; sie könnte scheitern, ganz wie Viola und Sebastian, die verwechselbaren, fast gescheitert sind: Aber sie bleibt in der Balance, wie die schöne Viola, und das gefährliche Spiel geht gut aus, oder man merkte dem schönen Spiel kaum an, wie gefährlich es war; Olivia, wie auch Viola, geht wie spielend und so, daß man's fast nicht wahrnimmt, aufs Ganze, etwa gerade Viola gegenüber, wenn sie sich mit einem Male entschleiert: Das ist auch wie ein Blick in einen Spiegel; und die schönste Unbedenklichkeit tut ihn und erblickt Anmut und Liebenswürdigkeit.

Ophelia, schöne Tochter des Polonius und Schwester des Laertes in ›Hamlet‹; sie ist in Hamlet verliebt, den viel Älteren, und würde alles für ihn tun, bloß nicht in ein Kloster gehen; Hamlet könnte sie vor ihrer Verwirrung bewahren, wenn er mit ihr schliefe: Hier aber wird das allzu unselbständige Kind ein Opfer des ausgetrockneten Vaters und des etwas schnellen und gedankenlosen Bruders (eine Mutter ist so wenig da wie etwa bei Olivia: Da aber sind Vater und Bruder tot, und so wird's eine Komödie); noch am Weidenbaum vielleicht, so schweres Spiel er da wohl auch schon hätte, würde Hamlet sie erlöst haben können, wenn er ein anderer wäre: Aber dann ist sie endgültig allein, und spielt das Spiel zu Ende; sie war zu jung für die Maschinerie, in welche Hamlet sich hat hineinnehmen lassen, und dem Ansturm ihrer nur noch halb kindlichen Lust war ihr noch halb kindlicher Verstand nicht gewachsen. Schade um soviel schöne Begier, und sie hätte ja auch einen Geist, wie Hamlets, sehr genossen.

Orsino, in ›Was ihr wollt‹ Herzog in Illyrien, liebeskrank im Palast wohnend, sich an Musik weidend; netter Kerl, der von Liebe nichts weiß, außer, daß sie ihn so schön lahm macht; merkt nicht, daß Olivias Trauer um den Bruder nur ein unwiderleglicher Vorwand ist, merkt nicht, und das ist fraglos verzeihlicher, daß Viola ihn will, und nimmt sie erst, als sie sich ihm an den Hals wirft: Er durchschaut kaum die delikaten Situationen der Frauen, aber wenigstens seiner Viola macht das wohl nicht viel aus.

Österreich, Herzog, eigentlich Lymoges, hat im ›Johann‹ vor dem Stück Löwenherz in seine Gewalt und umgebracht, trägt Richards Löwenfell auf den Schultern; frömmelt ein bißchen, und muß sich von Constance sagen lassen: *»Thou slave, thou wretch, thou coward! / Thou little valiant, great in villany! / Thou ever strong upon the stronger side! / ... What a fool art thou, / a ramping fool, to brag and stamp and swear, / upon my party! Thou cold-blooded slave...:* Du Sklave, du Elender, du Memme, du kleiner Hasenritter, in nichts groß als in Niederträchtigkeit, und nie herzhaft, als wenn du dich hinter die stärkste Partei verbergen kannst... was für ein Narr bist du, für ein kriechender Narr, zu prahlen und zu stampfen und zu schwören, daß du meine Partei halten wolltest; du kaltherziger Sklave...« (Wieland); zieht sich des Löwenfells wegen den Spott und dann die Rache des Bastards Faulconbridge zu, dessen Vater eben jener Richard Löwenherz ja war; wird vom Bastard erschlagen, dieser trägt seinen Kopf und wirft ihn dann weg.

Othello, Titelheld, ein Mohr, ein Krieger: *»Rude am I in my speech, / and little blessed with the soft phrase of peace; / for since these arms of mine had seven years' pith / till now some nine moons wastet, they have used / their dearest action in the field; / and little of the great world can I speak / more than pertains to feats of broil and battle; / and therefore little shall I grace my cause / in speaking for myself:* Rauh bin ich in meiner Rede, und mit der sanften Sprache des Friedens nicht begabt. Denn seitdem diese Arme siebenjähriges Mark hatten, bis jetzt vor etwa neun Monaten, haben sie sich in den schwersten Unternehmungen des Schlachtfeldes geübt; und ich weiß von wenig Dingen in dieser großen Welt zu reden, die nicht zu den Taten des Kriegs und der Schlacht gehören. Und darum werd ich, wenn ich für mich selbst rede, meiner Sache wenig Vorteil verschaffen« (Eschenburg) – dies sagt Othello, als er erzählt, wie er die kluge Desdemona genau dadurch gewonnen habe, und ausschließlich dadurch, daß er ihr von seinen Taten und Abenteuern erzählt habe: Othello ist hier ein wunderbarer Mann, erfahren, bewährt, und Desdemona wird gedacht haben, wie damals Nausikaa: Du bist ein Mann, ein zuverlässiger Mann, Sinn und Zusammenhang hat deine Rede, schön wie eines Dichters Wort tönt sie dem Ohr und füllt das Herz und reißt es mit sich fort; – und als General Venedigs ist er ein Mann mit Glanz und Fortune: Er muß gegen die Türken gar nicht kämpfen, die Türken gehen im Sturm zugrunde; aber er weiß nicht, was das Glück ist, das ihm lacht, und er verkennt die Welt, der er sich allzu glücklich zeigt, und er verkennt die Leute um ihn: Wer einen Jago so verkennt, muß jung sterben und im Unglück, das er selbst verschuldet haben wird; wenn eitel einer sein kann, weil er nicht mehr zu denken vermag, was einer denn haben könne gegen ihn, dann ist Othello in seiner Eitelkeit der blindeste aller Menschen: Er zweifelt eigentlich nicht an Desdemona (dazu kommt er gar nicht), sondern er stürzt, weil er gar nicht an Jago zu zweifeln vermag; seine Liebe ist eine hübsche Girlande, mit der er sich bis zum bitteren Ende selber narrt, wenn er in seiner Schlußansprache von sich als von einem geredet haben möchte, *»that loved not wisely, but too well:* der nicht weislich liebte, aber zu sehr« (Wieland) – allenfalls dies sich selbst, wenn etwas wahr daran sein sollte.

OTHELLO I Roderigo, in Desdemona verliebt, scheint sich bei Jago, der den Kuppler machen will gegen Roderigos Geld, zu beschweren; Jago beklagt sein zurückgesetztes Leben unter Othello und Cassio; beide erheben vor Brabantios Haus großes Geschrei; Roderigo nennt dabei seinen Namen (man kennt ihn als Bewerber um Desdemona), Jago bleibt anonym, erhebt aber die Beschuldigungen wegen Desdemonas Umgang mit dem Mohren. Jago geht, Brabantio und Roderigo wollen Hilfe holen und alle wecken. Jago gegenüber, der von irgendeinem Verleumder spricht, sagt Othello, er sei mit Desdemona liiert und übrigens von königlicher Abstammung und keiner werde ihm bei seinen sonstigen Verdiensten um Venedig etwas anhaben können. Cassio kommt und sagt, Othello solle Zyperns wegen in den Senat kommen; zugleich kommen Brabantio und Roderigo gegen Othello; Brabantio beschimpft Othello und will ihn vor Gericht bringen; er geht dann mit vor den Senat. Dort berät man mitten in der Nacht über die Pläne der Türken, die klar werden, als vom Statthalter in Zypern Meldung kommt, Zypern sei das Ziel. Othello, Brabantio und die anderen kommen; Brabantio klagt Othello an: der habe Desdemona behext oder so; Othello läßt nach Desdemona schicken und erzählt inzwischen, wie er Desdemona durch Erzählungen seiner Abenteuer errungen habe. Desdemona kommt, und von Brabantio befragt, wem sie Gehorsam schulde, sagt sie, ihm zwar, aber doch ihrem Mann jetzt zuerst. Brabantio übergibt, wiewohl ungern, seine Tochter offiziell Othello, der Doge macht Sprüche dazu, Brabantio ist unzufrieden. Was die Türken angeht, so muß Othello sogleich nach Zypern; er will, aber Desdemona verlangt mitzugehen, und darf. Brabantio sagt, Othello solle achtgeben auf Desdemona, Othello übergibt sie für die Reise Jago. Roderigo will sich aus Kummer ertränken; Jago redet ihm gut zu: solange Geld da sei, sei nichts bei ihm verloren. Jago allein heckt den Plan aus, den verhaßten Othello durch Eifersucht auf Cassio zu ruinieren.

II Auf Zypern erleben Montano und andere vom Ufer aus den gewaltigen Sturm, in welchem die türkische Flotte gescheitert ist. Venezianische Schiffe kommen: erst Cassio, dann Jago mit Desdemona, Emilia und Roderigo; Jago scherzt mit den Frauen über die Frauen; Cassio kommt zu Desdemona, Jago beobachtet Cassios Galanterien. Othello kommt, begrüßt Desdemona, sie gehen in die Stadt ab. Jago redet Roderigo die Liebe zwischen Cassio und Desdemona ein und verabredet mit ihm, daß Roderigo abends Cassio reizen soll; allein redet er davon, daß er sich rächen will dafür, daß Othello und Cassio ihn gehörnt hätten. Ein Herold Othellos ruft ein allgemeines Feiern bis in die Nacht hinein aus. Othello weist Cassio an, daß nicht übermäßig gefeiert werde, und nimmt Desdemona mit zum Brautbett. Jago redet zu Cassio über Desdemonas Geilheit, und will ihn zum Trinken überreden. Allein, sagt er seine Absicht, Cassio trunken zu einer großen Dummheit zu verleiten. Cassio, Montano, Jago und andere zechen, singen; Cassio sagt, er sei nicht trunken, und geht auf Runde. Jago zeiht bei Montano Cassio des Trinkens. Cassio kommt Roderigo prügelnd zurück, Montano und Cassio schlagen sich, eine Glocke läutet Sturm; Othello kommt, Montano ist verletzt, Jago gibt dem zürnenden Othello einen Bericht; Othello setzt Cassio ab, Desdemona kommt dazu, Othello führt sie wieder weg. Cassio beklagt Jago gegenüber seinen verlorenen Ruf, schuldigt den Wein an; Jago besänftigt ihn, und er solle nur über Desdemona seine Rehabilitation bei Othello versuchen. Jago allein findet, daß dieser gute Rat schön in seine bösen Pläne passe. Roderigo kommt klagend: sein Geld sei ausgegeben, nun sei er auch noch verprügelt worden; Jago rät ihm zur Geduld.

III Cassio kommt mit Musikanten zu einem Ständchen für das Hochzeitspaar; Othellos Narr mischt sich ein, Cassio sagt ihm, er solle ihn bei Desdemona melden. Jago verspricht, Othello irgendwie zu entfernen. Emilia kommt und sagt, Othello und Desdemona bedauerten beide die Sache, aber Othello habe nicht anders können, und bittet Cassio herein. Desdemona vor Cassio und Emilia verspricht Hilfe; als Othello und Jago auftauchen, geht Cassio weg. Jago sagt daraufhin zu Othello, das gefalle ihm nicht; bei Desdemona, vertröstet Othello sie Cassios wegen auf später. Jago mit Othello wieder allein weckt in Othello jetzt in einer langen Unterredung Eifersucht, und zwar so, daß Othello Jago für den treuesten Freund hält. Desdemona, als sie dann Othellos Stirn kühlen will, verliert ihr Taschentuch. Emilia findet es und gibt es Jago, der es schon lange haben wollte, sie weiß nicht warum; er will es Cassio finden lassen. Othello, schon sicher, daß seine Frau ihn betrügt, redet mit Jago; der will Beweise liefern und erzählt schon einmal, wie Cassio im Traum von Desdemona geredet habe, und erwähnt, Cassio habe jenes Taschentuch. Othello beschwört Jago, Cassio zu morden; er will Desdemona umbringen. Desdemona schickt den Narren nach Cassio und fragt Emilia nach dem Taschentuch, und die sagt, sie wisse nichts davon. Othello kommt, redet zweideutig, verlangt nach dem Taschentuch, das ein großes Zauberpfand sei, und macht eine Riesenszene. Cassio kommt zu Desdemona, die rät ihm Geduld an, denn Othello sei nicht in der richtigen Verfassung; Jago meint, es müsse etwas Wichtiges sein, das Othello wütend machen könne. Sie und Emilia unterhalten sich über die Männer und die Eifersucht. Die hübsche Bianca beklagt sich bei Cassio über sein untreues Fernbleiben, er entschuldigt sich mit Problemen, gibt ihr das Taschentuch und bittet sie um eine Kopie der schönen Stickerei.

IV Othello und Jago reden über Othellos Probleme; Othello redet wirr und fällt in Ohnmacht. Cassio kommt, Jago sagt, das sei schon das zweite Mal; Othello wacht auf, Jago sagt, gleich werde er mit dem zurückkehrenden Cassio reden, Othello möge lauschen. Jago allein sagt, er werde jetzt Cassio über Bianca reden lassen. Cassio kommt, Jago bringt ihn zum Reden, Othello lauscht und denkt, sie reden über Desdemona. Bianca kommt, will das Taschentuch nicht kopieren, das Cassio sicher von einer andern habe, und lädt ihn zum Abendessen ein. Jago sagt, er werde Cassio dort vielleicht besuchen. Othello und Jago reden über die Szene eben, Othello sagt, er werde Desdemona diese Nacht vergiften, Jago sagt, er solle sie erwürgen. Lodovico vom Dogen kommt mit Desdemona, Othello liest den Brief, der ihn zurückruft (vorher hat Othello Briefe nach Venedig abgeschickt), während Cassio bleiben soll; unterdes unterhalten sich Desdemona und Lodovico über Cassio; Othello hört zerstreut halb mit, und ohrfeigt Desdemona. Den verwirrten Lodovico lädt er zum Abendessen. Jago weissagt Lodovico noch schlimmere Taten Othellos. Othello fragt Emilia nach Desdemona aus, die sagt, ihn müsse ein Bösewicht irreführen; er hält sie für eine Kupplerin. Othello weinend und außer sich verhört Desdemona als eine Schuldige und beklagt sich und sie, vor allem sich, und endet sarkastisch-verzweifelt. Desdemona bittet Emilia, für die Nacht das Hochzeitslaken aufs Bett zu tun. Emilia, Desdemona und Jago reden über den Hurenvorwurf, Emilia gerät in Wut über den Bösewicht, der Othello diese Verleumdung eingeblasen habe; Jago will sie zum Schweigen bringen; Desdemona, knieend, fragt Jago, was sie tun soll; er sagt, das seien Launen und Geschäfte. Ein Signal ruft zum Essen. Roderigo, der sich ruiniert hat, dringt auf Jago ein und will sich nicht weiter hinhalten lassen, er will selber zu Desdemona gehen und womöglich die Diamanten zurückfordern. Jago verspricht ihm Desdemona für die nächste Nacht: aber Othello und Desdemona gingen fort, Cassio bleibe zurück, und nur Cassios Tod könne sie hierhalten: man müsse Cassio umbringen, wenn er von Bianca komme. Othello, nach dem Essen, schickt Desdemona zu Bett. Desdemona unterhält sich noch mit Emilia, sie ist ahnungsvoll traurig und erzählt von der Magd der Mutter, die sang und starb, und ihr sei auch nach Singen. Sie reden über die Untreue: Emilia nimmt sie nicht so schwer.

V Jago und Roderigo warten draußen auf Cassio; Cassio kommt, Roderigo fällt ihn an, Cassio verwundet Roderigo, Jago verwundet Cassio; Othello kommt und redet wirr. Lodovico und Gratiano kommen, Jago bringt Licht, stimmt mit Cassio ein, der von einem Überfall redet, und ersticht Roderigo als einen der Räuber. Bianca kommt hinzu, findet Cassio verwundet; Jago klagt Bianca als Schuldige an dem Überfall an, man bringt Cassio weg, Emilia kommt dazu und stimmt mit Jago ein in die Beschuldigung Biancas, aber die wehrt sich: Sie lebe ehrbar wie Emilia. Desdemona schläft; Othello beklagt, was er tun muß, küßt sie, sie wacht auf; er sagt, er werde sie umbringen, sie beteuert ihre ganze Unschuld, er erwürgt sie. Sie ruft, Emilia hört ihre Stimme, Othello allein meint, nun müsse die Welt untergehen; er macht die Bettvorhänge zu, läßt Emilia ein; die erzählt von dem Mord an Roderigo, und daß Cassio nicht tot sei, wie Othello glaubt; der ist bestürzt, Desdemona, noch einmal redend, sagt, sie sterbe schuldlos umsonst, niemand habe sie ermordet, als sie selbst. Othello sagt Emilia, er habe sie umgebracht, die Hure: Sie habe es mit Cassio getrieben, das wisse er von Jago. Emilia sagt, Jago lüge, und schimpft Othello einen Dummkopf. Sie ruft alle her, dann beschuldigt sie Jago; Othello fällt aufs Bett; Gratiano berichtet, Brabantio sei tot aus Gram über die Heirat, und das sei nun gut so; Othello beruft sich noch einmal auf Jago, und erwähnt das Taschentuch; nun berichtet Emilia den Zufall mit dem Tuch, und Jago bringt sie um; sie singt noch von der Weide wie Desdemona, und sagt Othello, Desdemona habe ihn geliebt. Othello hält eine große Rede: wie er nun am Ende sei. Als er auf Jago los will, wird er entwaffnet. Othello bittet Cassio um Vergebung, aber Jago will nicht mehr reden, sagt er. Durch Briefe, die man bei Roderigo gefunden hat, klärt Lodovico den Fall jetzt auf; dann setzt er Cassio als Statthalter ein, und Othello solle festgesetzt werden. Othello hält noch eine Rede über seine allzu große Liebe, dann bringt er sich überraschend um. Gratiano sagt, nun sei nichts mehr zu sagen; Othello stirbt endgültig, und Lodovico spricht das Schlußwort.

Finis Othello, Brabantio, Cassio, Jago, Roderigo, Montano, Lodovico, Gratiano, Desdemona, Emilia, Bianca, Doge, Senatoren, Matrosen, Narr, Herold, Boten, Rats- und Staatsdiener, Gentlemen, Musikanten, Kavaliere. – Venedig und Zypern.

P

Pace, Doktor, in ›Heinrich VIII.‹ der Geheimsekretär Heinrichs vor Gardiner, offenbar von Wolsey irgendwie entfernt: Als Campeius ihm Gerüchte vorhält, er, Wolsey, sei schuld an Paces Wahnsinn und Tod, antwortet Wolsey: *»Heaven's peace be with him! / That's Christian care enough: for living murmurers / there's places of rebuke. He was a fool; / for he would needs be virtuous: that good fellow; / if I command him, follows my appointment: / I will have none so near else. Learn this, brother, / we live not to be grip'd by meaner persons:* Gott hab ihn selig! Das ist alles, was ein guter Christ wünschen mag. Für noch lebende Lästerer gibt es noch Örter, wo man sie abstrafen kann. Er war ein Narr, denn er wollte mit aller Gewalt rechtschaffen sein. Dieser gute Mensch da folgt meinem Willen, wenn ich ihm befehle. Ich will nicht, daß ein andrer außer mir des Königs Vertrauter sei. Merke dir das, lieber Bruder, wir brauchen uns nicht von geringern Leuten ins Gehege kommen zu lassen« (Eschenburg).

Pandarus, Cressidas Onkel in ›Troilus und Cressida‹, liebenswürdiger Kuppler zwischen Troilus und Cressida, schönredend, kann aber auch singen, wenn Helena sehr darauf dringt; eigentlich die argloseste, weil bürgerlichste Figur in dieser martialischen Welt: Kupplerei ist wenig gegen dauernden vorsätzlichen Totschlag; natürlich ist er aufdringlich, indiskret, überflüssig, verächtlich – sehr richtig aber spricht er den Epilog: einer von uns fast.

Pandulph, Kardinal, päpstlicher Legat im ›Johann‹, ein wirklich politischer Kopf; kann jesuitisch argumentieren, daß allen Zuhörern die Luft wegbleibt, und kann gleich danach kaltblütig Morde ins Kalkül einsetzen; Kriege und Frieden sind ihm dasselbe, nämlich Mittel, und das Heilige am Zweck ist die Macht der Kirche.

Paris, Verwandter des Escalus in ›Romeo und Julia‹: Jener vermutlich ansehnliche junge Mann, den Julia heiraten soll, und den sie sicher heiraten würde und mit dem sie wahrscheinlich irgendwie glücklich geworden wäre, wäre da nicht Romeo dazwischen; nun aber endet alles im Wahn, selbst der unschuldige Paris endet erschlagen auf dem Kirchhof und selbst sein Tod geht unter, vor den größeren, phantasievolleren Toden der Liebenden.

Paris, antiker Schiedsrichter zwischen nackten Göttinnen, Gewinner der schönen Helena; ein troischer Prinz, Sohn des Priamus, Bruder Hektors und Troilus' in ›Troilus und Cressida‹; er ist der einzige wirkliche Nutznießer an dem Raub der schönen Helena. Er schläft mit ihr, und so sagt Vater Priamus sehr weise beim großen Streit darum, ob man sie zurückgeben soll oder nicht: *»Paris, you speak / like one besotted on your sweet delights. / You have the honey still, but these the gall; / so to be valiant is no praise at all:* Paris, du sprichst wie berauscht von deinen süßen Vergnügungen; du hast noch immer den Honig, und diese hier die Galle; daher ist es nicht das geringste Verdienst für dich, tapfer zu sein«; Paris antwortet verwirrend dialektisch: *»Sir, I propose not merely to myself / the pleasures such a beauty brings with it; / but I would have the soil of her fair rape / wiped off in honorable keeping her:* Teurer Vater, ich denke nicht allein auf das Vergnügen, welches solch eine Schönheit mit sich bringt; sondern ich möchte gern die Unehre ihres schönen Raubes dadurch abgewaschen haben, daß wir sie auf eine ehrenvolle Art behalten« (Eschenburg); sonst ist er unbedeutend, wie immer in den großen Dichtungen die Männer der wirklich begehrten schönen Frauen: ein weiteres Rätsel an diesen.

Parolles, sehr windiger Gesellschafter Bertrams in ›Ende gut alles gut‹, aber auch von schnellem, anmutigem Witz, wenn er sich etwa mit der schönen Helena unterhält; übel läuft er beim klugen Lafeu auf, dem er droht: *»hadst thou not the privilege of antiquity upon thee...:* hättest du nicht den Freiheitsbrief des Altertums...«, und der ihm dann sagt: *»By mine honour, if I were but two hours younger, I'd beat thee: methinks 't thou art a general offense, and every man should beat thee: I think thou wast created for men to breathe themselves upon thee:* Bei meiner Ehre, wär ich nur zwei Stunden jünger, so wollt ich dich abprügeln; mich dünkt, du bist ein allgemeines Ärgernis, und jedermann sollte dich abprügeln. Ich glaube, du bist dazu erschaffen, daß man sich an dir aus dem Atem schlagen soll«; verliert in der Schlacht seine Trommel und wird darauf von den Dumains abscheulich bloßgestellt: Er selber ist gar nicht so wichtig dabei (und kann deshalb später wieder begnadigt werden), aber sie wollen Bertram zeigen, woran der mit ihm ist und war; bei der Bloßstellung redet er so aberwitzig, daß Dumain sagt: *»He hath out-villained villany so far that the rarity redeems him:* Er ist solch ein außerordentlicher Bösewicht, daß er wegen der Seltenheit verdient, daß man ihn laufenlasse«; als man ihn laufenläßt, sagt er weise: *»Rust, sword! cool, blushes! and, Parolles, live / safest in shame! being fool'd, by foolery thrive!:* Verroste nun, Degen! Kühle dich ab, Schamröte! Und lebe nun, Parolles, in deiner Schande glücklich; da du nun einmal für einen Narren erklärt bist, so mache dein Glück mit deiner Narrheit« (Eschenburg).

Patroclus, Liebling Achills in ›Troilus und Cressida‹, nach Ulysses ein großer Imitator aller griechischen Helden, zur Freude Achills, welcher dann unmäßig lache, sagt Ulysses; Thersites nennt ihn, beiden ins Gesicht, Achills Hündin und Hure, und sagt zu ihm: *»The common curse of mankind, folly and ignorance, be thine in great revenue. Heaven bless thee from a tutor, and discipline come not near thee. Let thy blood by thy direction till thy death... Amen:* Der gemeine Fluch des menschlichen Geschlechts, Torheit und Unverstand, sei dein in reichem Maße! Der Himmel bewahre dich vor einem Lehrmeister, und Unterricht komme dir nie zu nahe! Dein Blut sei dein Anstifter bis an deinen Tod... Amen« (Eschenburg); Patroclus fällt in der Schlacht, an welcher Achill nicht teilnimmt – und zwar wohl von Hektors Hand: so daß Achill nun Rache schnaubt.

Paulina, im ›Wintermärchen‹ die Gattin des Antigonus, ebenso treu, wie energisch und gegen König und Gatten gleicherweise angehend, wenn sie den Menschenverstand mit Füßen getreten sieht; lenkt danach heimlich alle Geschicke, spielt die Zauberin am Ende und wird belohnt mit einem neuen Mann, einem ruhigen, verläßlichen: Nichts wäre dieser Witwe angemessener.

Pembroke, Earl, eigentlich William Mareshall, im ›Johann‹ mit Salisbury vereint der große und wortreiche Skeptiker Johann gegenüber, als der sich wieder und wieder krönen läßt und durch hat blicken lassen, Arthur werde nicht unumgebracht bleiben können; als Arthurs Tod erst sicher scheint und als er und Salisbury und Bigot den Kleinen dann tot finden, geht er mit den beiden auf die feindliche Seite über, die redlicher scheint, vielleicht einfach deshalb, weil von ihr der tote Knabe stammt; aber das täuscht, denn auf dieser Seite will der Dauphin nun ihn selber mit seinen Freunden umbringen lassen: Es sitzen also Mörder auf jedem Thron, und es hat keinen Sinn, kein Patriot zu sein; und so ist er am Schluß mit seinen Freunden wieder bei den Engländern, bei Faulconbridge jetzt und dem Prinzen Henry, und England ist nicht länger ohne seine Fürsten, *»now these her princes are come home again:* nun da diese seine Fürsten wieder heimgekehrt sind«, wie der pragmatische Bastard Faulconbridge sagt (Wieland).

Percy, Lady Kate, Henry Percy Hotspurs Frau, Schwester Mortimers in ›Heinrich IV./1‹: eine sicherlich schöne junge Frau, sehr verliebt in den mutwilligen Percy; alle ihre Reden mit ihm sind wunderlich erotisch und bettnah; sie liegt neben ihm allein und horcht auf seine Träume, nennt ihn einen tollköpfigen Affen, einen Papageien, will ihm einen Finger oder den ganzen Kopf brechen; bei der Abschiedsszene in Glendowers Haus, als Mortimer in Tochter Glendowers Schoß liegt, sagt Percy zu Kate: *»Come, Kate, thou art perfect in lying down: come, quick, quick, that I may lay my head in thy lap«,* und sie: *»Go, ye giddy goose:* Komm, Käthe, du bist eine Meisterin im Niederliegen; komm, geschwind, geschwind, daß ich meinen Kopf auf deinen Schoß legen kann«, und sie: »Geht, alberne Gans« (Wieland): in ihr versteckt sich die Liebe so wie in ihm die tödliche Unruhe, kein Fremder wird sie erkennen. – **Percy,** Lady Kate, rühmt in ›Heinrich IV./2‹ noch einmal ihren einst so strahlenden Mann und bittet Northumberland, nicht jetzt, nachdem Percy ohne ihn gefallen ist, die Weiterkämpfenden zu unterstützen und damit die eigene Sache Fremden gegenüber höher zu achten, als damals Percy gegenüber: Nach diesem schönen Auftritt vergißt Shakespeare sie.

Perdita, im ›Wintermärchen‹ die Tochter des Leontes und Hermiones, von ersterem in seinem Wahn für eine Tochter des Polixenes gehalten; zum Tode veurteilt, gnadenhalber in Böhmen ausgesetzt; dort von Polixenes und allen anderen einschließlich ihrer selbst für eine Schäferstochter gehalten; verliebt sich in Florizel, und er ist in sie verliebt: und wenn er in seinen Lobpreisungen noch so weit ginge, sie würde ihm ernsthaft glauben: so sehr liebt sie ihn und so sehr weiß sie, daß er recht hat: Denn wie sollte ein solcher, wie er sie lieben, wenn er nicht recht hätte mit seinen Lobpreisungen? Sie flieht also mit ihm, und hat dann einen großen Auftritt bei ihrem Vater: Er ist hingerissen von ihr, und also noch nicht ganz verloren; Perdita ist die junge Frau, die nicht durchs Geliebtsein eo ipso dem Mann überlegen ist, der sie liebt: das macht sie schöner als alle anderen und gibt der Romantik dessen, der sie liebt, eine wohltuende Mühelosigkeit, denn sie hält dem allen die Waage.

Perikles, Prinz von Tyrus, Titelheld, eine (von Gower und Shakespeare und Gott weiß von wem noch) jetzt für ›Perikles‹ erfundene Figur und also weder verwandt noch verschwägert mit dem berühmten großen Perikles von Athen; Alleinherrscher von Tyrus, ein Herrscher aber von der guten Sorte; geht eine Frau suchen, gerät dem finsteren Antiochus und seiner blutgeschändeten Tochter in die Fänge, flieht und wird zu jenem umgetriebenen fremden Mann, wie er, seit Homers Odysseus und seiner Nausikaa, das stille Wunschbild aller Königstöchter ist. Und so findet er Thaisa, oder sie ihn, und anders als bei Homer heiraten sie, machen ein Kind und dann gehen die Irrfahrten noch einmal los und machen den zweiten Teil des schönen Stücks aus; Perikles ist eigentlich kein Charakter, sondern einfach eine gute Figur: Handeln tun das Schicksal oder der Zufall oder wie immer man das nennen soll, das nachher die schöne Diana von Ephesus ist.

PERIKLES I Gower als Chorus stellt Antiochus samt Tochter vor. Perikles, in die Tochter des Antiochus verliebt, läßt sich im Angesicht der vielen schon verblichenen Prinzen das Rätsel stellen, das er lösen muß, wenn er die Tochter will; er löst es: Sein Inhalt ist die Blutschande des Königs mit dem Mädchen, und er will die Tochter nicht; Antiochus will ihn unter einem Vorwand dabehalten, um ihn irgendwann zu töten; Perikles ahnt das und will fliehen; Antiochus bestellt Thaliard als Mörder, aber Perikles ist geflohen und Thaliard muß hinterher. Perikles zu Hause in Tyrus, denkt allein über sein Pech nach, jetzt dem allzu starken Antiochus ausgeliefert zu sein; er erzählt dem Lord Helicanus die ganze Sache, der rät ihm eine längere Reise an; Perikles stimmt zu und macht Helicanus derweil zum Regenten. Thaliard kommt nach Tyrus; man sagt ihm, Perikles sei verreist, man wisse aber nicht wohin. In Tarsus beklagen der Regent Cleon und Dionyza das Hungerelend des Landes, als Perikles dort landet und statt weiterer Gefahr Korn bringt und selber bleibt.

II Gower als Chorus führt eine Pantomime vor, welche zeigt, daß Perikles auf einen warnenden Brief des Helicanus hin Tarsus verläßt, aber Schiffbruch erleidet. Perikles allein strandet am Ufer von Pentapolis, drei Fischer nehmen sich seiner an, fischen seine Rüstung aus dem Wasser, geben ihm Kleider und führen ihn an den Hof, wo gerade um die Königstochter turniert werden soll. Vor Simonides und seiner Tochter Thaisa paradieren die Ritter. Das Turnier hinter der Szene gewinnt der unscheinbare Perikles. Beim Bankett will man Perikles beiseiteschieben, aber er und Thaisa sind schon aufeinander scharf, und Simonides sieht das gern; Perikles sagt, wer er ist, man trinkt und tanzt, Perikles singt wohl auch. In Tyrus reden Helicanus und Escanes über den Untergang des Antiochus und seiner Tochter; Lords kommen, ungeduldig über das lange Ausbleiben des Perikles, wollen Helicanus zum Herrn machen, aber der schickt sie auf Reisen, Perikles zu suchen. In Pentapolis verweigert sich Thaisa allen Rittern, aber Simonides, Perikles und sie sind sich rasch einig, und man heiratet.

III Gower als Chorus zeigt in einer Pantomime, wie Perikles mit der schwangeren Thaisa und ihrer Amme sich von Simonides verabschieden; er erzählt, daß ihr Schiff während der Wehen Thaisas in einen Sturm gerät. Auf dem Schiff bringt die Amme dem Perikles ein Kind und sagt, Thaisa sei tot; die Seeleute verlangen, die Tote müsse von Bord; Thaisa mit einer Botschaft des Perikles wird in eine Kiste gelegt und über Bord geworfen. In Ephesus wird dem weisen Cerimon die Kiste gebracht, die man am Strand gefunden hat; er öffnet sie und bringt Thaisa wieder ins Leben. In Tarsus, wohin Perikles gefahren ist, verabschiedet sich Perikles von Cleon und Dionyza und der Amme und läßt das einjährige Kind dort zurück. Thaisa in Ephesus wird Priesterin der Diana.

IV Gower als Chorus berichtet, wie Marina in Tarsus heranwächst, aber die gleichaltrige Tochter Dionyzas so verdunkelt, daß diese das fremde Kind ermorden lassen will. Marinas Amme ist gestorben, Marina ist jetzt vierzehn, und Dionyza bestellt Leonine zum Mörder; der geht mit Marina zum Meer hinab, aber Piraten rauben ihm Marina weg und er schwört Rache. In einem Bordell zu Mytilene unterhalten sich Wirt und Wirtin über den Mädchenmangel, als ihr Angestellter die Piraten mit Marina bringt; sie kaufen ihnen Marina ab, und Boult geht, um Marina auf dem Markt anzupreisen; er habe Erfolg gehabt, sagt er, als er zurückkehrt, und die Kupplerin weist Marina ins Geschäft ein. In Tarsus beschimpft Cleon seine Frau Dionyza wegen des Mords an Marina und weil sie hinterher Leonine vergiftet hat; sie findet ihn feige. Gower zwischendurch, mit Hilfe auch wieder einer Pantomime, berichtet, daß Perikles und Helicanus (Escanes ist jetzt als Verweser in Tyrus geblieben) sich auf den Weg nach Tarsus zu Marina machen, dort das Grabmal Marinas finden, und daß Perikles sich jetzt gehenläßt und nur noch den Zufall walten lassen will. Aus dem Bordell in Mytilene kommen zwei Gentlemen, denen Marina, statt ihnen zu dienen, so zugeredet hat, daß sie nicht mehr huren wollen, sondern in den Tempel gehen; im Bordell fluchen die Kuppler über Marina, als der Regent Lysimachus kommt: Und dem führen sie Marina zu; die beiden unterhalten sich, Marina kriegt auch ihn herum, und er gibt ihr Geld und will ihr helfen. Boult, von Lysimachus beschimpft, beschimpft Marina, Kuppler und Kupplerin sagen ihm, er solle sie endlich entjungfern, Marina redet mit ihm, und er will sehen, ob er sie ins bürgerliche Leben als Lehrerin verkaufen kann.

V Gower als Chorus erzählt, wie Marina als Lehrerin floriert, und daß zufällig Perikles sich Mytilene nähert. Vor Mytilene liegt versteckt auf seinem Schiff der schwermutkranke Perikles, aus einer Barke daneben steigt, ihn zu besuchen, der Regent Lysimachus; dem erzählt man von dem Unglück des Perikles; ein Lord aus Mytilene rät dem Lysimachus, es bei Perikles mit der Sanftheit der schönen Marina zu versuchen; man holt sie, sie spricht mit ihm, erzählt von sich, Perikles erwacht aus seiner Lethargie, sie erzählt weiter, und sie erkennen einander. Darauf hört Perikles eine Musik, die keiner sonst hört, im Schlaf erscheint ihm Diana und sagt ihm, er solle nach Ephesus gehen; er wacht auf und will's tun. Gower noch einmal erzählt von Festen in Mytilene, und daß Marina sich mit Lysimachus verlobt, daß aber vor der Hochzeit Perikles nach Ephesus eilt. In Ephesus am Tempel der Diana sind Thaisa, Priesterinnen, Cerimon und Einwohner versammelt, als Perikles mit Lysimachus, Helicanus und Marina kommt; Perikles sagt der Diana, wer er ist, Thaisa erkennt ihn, er sie, Cerimon will den Rest erzählen und Perikles sich rasieren. Gower schließlich erzählt, daß, nach dem bösen Antiochus damals, auch die Bösen in Tarsus das Schicksal ereilt: Cleon und Dionyza sind vom Volk verbrannt worden; und nun ist alles gut.

Finis Antiochus, Perikles, Helicanus, Escanes, Simonides, Cleon, Lysimachus, Cerimon, Thaliard, Philemon, Leonine, Boult, Dionyza, Thaisa, Marina, Lychorida, Diana, Gower, Antiochus' Tochter, Hofmarschall, Kuppler, Kupplerin, Lords, Ladies, Ritter, Gentlemen, Matrosen, Piraten, Fischer, Boten, Diener. – Antiochus, Tyrus, Tarsus, Pentapolis, Ephesus, Mytilene, auf dem Meer.

Peter, Klosterbruder in ›Maß für Maß‹, erhält vom Herzog durch Isabella einen Brief, trifft sich mit dem Herzog und überbringt dann Briefe und Nachrichten an Flavius, Valencius, Rowland und Crassus; als der Herzog in die Stadt kommt, weist er den Frauen Isabella und Mariana geeignete Plätze an zum Vorbringen ihrer Klagen gegen Angelo.

Petruchio, Sohn des gerade verstorbenen Antonio aus Verona, in ›Der Widerspenstigen Zähmung‹ ein reicher draufgängerischer junger Idiot, der sich im erotischen Zirkus als Bestienbändiger aufspielt; seine Methoden der schönen Katharina gegenüber könnten als abscheulich gelten, aber in der Liebe ist vieles erlaubt, was ohne Anmut zu sein scheint und ohne Achtung vor dem, was wir erstaunlich finden können; man kann sich andererseits auch schwer verhehlen, daß Petruchios umschweifloses Reden in mancher Umgebung eine gewisse gedankenfreie Frische hat.

Phebe, in ›Wie es euch gefällt‹ eine grausame Schäferin, die von Silvius geliebt wird: erst ganz vergeblich, dann mit Erfolg; und die sich selber in den Ganymed verliebt: Erst, denkt sie, mit Erfolg, dann aber vergeblich, und ein Opfer der schönen Spottsucht Rosalinds, welche zum Beispiel von Phebes Händen spricht, die aussähen, als hätte sie Handschuhe an, und von *»your inky brows, your black silk hair, your bugle eyeballs:* Euren tinteschwarzen Augbrauen, Eurem schwarzseidenen Haar, Euren gläsernen Augapfeln«, und schließlich zu Silvius sagt: *»'tis not her glass, but you, that flatters her:* nicht ihr Spiegel, Ihr schmeichelt ihr« (Wieland).

Philip, französischer König, tritt im ›Johann‹ gegen den Titelhelden als Vormund Arthurs auf, des rechtmäßigen Thronerben; eine schwache Figur, fällt er bei Arthurs Mutter ganz in Ungnade, als nach dem Krieg, nach der gewollten Hochzeit seines Sohns mit Blanche, Arthur bei den Engländern gefangen ist; wie Louis auf der Bühne an Präsenz gewinnt, läßt Philips bis zum Verschwinden nach.

Philo, ein Freund des Antonius in ›Antonius und Kleopatra‹, formuliert gleich anfangs sehr schön ein Thema des Schauspiels: *»Take but good note, and you shall see in him / the triple pillar of the world transform'd / into a strumpet's fool: / behold and see:* Gib nur acht: Du wirst in ihm einen von den drei Grundpfeilern der Welt in den Hofnarren einer Buhlerin verwandelt sehn. Merk auf, und sieh!« (Eschenburg; Eschenburg, ein Liebhaber von erklärenden Fußnoten, erklärt in einer Fußnote zu den drei Grundpfeilern der Welt, daß Shakespeare, oder eben Philo, hier auf das sogenannte Triumvirat anspielt, die römische Dreierherrschaft von Octavius oder Octavian, dem späteren Augustus, der hier im Stück immer Cäsar heißt, von Antonius und Lepidus: Dieses Triumvirat hatte sich nach dem Mord an Julius Cäsar gebildet und in Shakespeares früherem Stück über diesen Großhelden sieht man es mit den Aufräumungsarbeiten beschäftigt.)

Photinus (eigentlich wohl Potheinos), ein Eunuch am ägyptischen Hof: Er soll es gewesen sein, der damals Kleopatra verjagt und die Ermordung des alten Pompejus befohlen hat; in ›Antonius und Kleopatra‹ erzählt Enobarbus der Kleopatra, in Rom sage man, in Ägypten regiere im Grund ein Eunuch, nämlich Photinus. Das hat Shakespeare aus dem Plutarch – der schreibt aber Potheinos und irrt: Der Eunuch war zu dieser Zeit längst tot. Man sieht, wie unähnlich die Dramenfiguren lebenden Menschen selbst dann sind, wenn der Dichter sie aus Chroniken abschreibt.

Pindarus, in ›Julius Cäsar‹ ein vertrauter Diener des Cassius, ursprünglich ein gefangener Parther; gibt bei Philippi seinem Herrn einen falschen Lagebericht und muß ihn dann erstechen; vorher hat Cassius ihn freigelassen; und als Cassius dann tot ist, sagt Pindarus: »*So, I am free; yet would not so have been, / durst I have done my will. O Cassius! / Far from this country Pindarus shall run, / where never Roman shall take note of him:* Nun bin ich frei; aber lieber wär ich's nicht geworden, wenn's nach meinem Willen gegangen wäre – O! Cassius! Weit von diesem Lande weg flieh ich, so weit, daß kein Römer je von mir hören soll!« (Eschenburg).

Pisanio, treuer Diener und Freund des Posthumus in ›Cymbeline‹, ebenso Imogen ergeben, als Posthumus verbannt ist: Jener Diener, der schon längst, ehe der Herr hinterher meint, ein wahrer Diener tue nur das Erlaubte, das der Herr ihm aufträgt, nur das getan hat, was erlaubt gewesen wäre und erlaubt war; gut im Pläneschmieden dabei und doch ränkelos, so daß er gegen eine wahre Bösewichtin, wie die Königin, letztlich scheitern würde, wären da nicht die Götter oder Leute wie der Arzt, der in seiner, anderen Sachen hingegebenen Unschuld, die Bosheit der Welt leicht durchschaut: jene Gesinnung also, die keine Sachen treibt als die Macht; so ist Pisanio der vollkommene dienende Freund, nur darf die Welt nicht vollkommen böse sein.

Pistol, der Renommiste aus ›Heinrich IV./2‹, spricht wüst-erlesene Verse mit echt antikem rhetorischem Schmuck; Gegenstand heftiger Verwünschungen seitens der lieben Doll. – **Pistol,** in ›Heinrich V.‹ wilder Genosse Bardolphs und Nyms; hat mittlerweile die Quickly geheiratet und gibt ihr, als er ins Feld zieht, Ratschläge wie der Bursche im ›Hamlet‹: »*Look to my chattels and my movables: / let senses rule; the word is Pitch and Pay; / trust none; / for oaths are straws, men's faiths are wafer-cakes, / and hold-fast is the only dog, my duck:* Nimm du indes mein Hab und Gut in Acht. Sei ja vernünftig – laß dir bar bezahlen; trau keinem; Eide sind nur Spreu; der Leute Worte sind Waffelkuchen – und von allen Hunden ist doch Haltfest der beste, liebes Kind« (Eschenburg); spricht, wenn auch vergeblich, für Bardolph, der als Kirchendieb gehangen wird; am Schluß sagt er, seine Nell sei im Spital an den Franzosen gestorben: als wär's seine Quickly; im Spital hat aber Anfang des Stücks Doll gelegen, nicht die Quickly: da ist dem Meister was durcheinander geraten.

Plantagenet, Edward, Sohn des alten Plantagenet, in ›Heinrich VI./2 und 3‹, später König, siehe Edward.

Plantagenet, George, Herzog von Clarence, Sohn des alten Plantagenet in ›Heinrich VI./3‹, siehe George.

Plantagenet, Richard senior, später York, pflückt in ›Heinrich VI./1‹ die erste weiße Rose, verbündet sich mit Warwick gegen Somerset und Suffolk. – **Plantagenet,** in ›Heinrich VI./2 und 3‹ zum Herzog von York erhoben; will sich politisch mit Gloucester zusammentun, um, wenn Heinrich und Humphrey mit den Pairs Krach kriegen, selber König zu werden; seinem immer stärker werdenden Ehrgeiz sind alle Mittel recht, auch der Mord an Gloucester und der Landesverrat beim Aufstacheln Cades und beim Anwerben der Iren; er ist, wenn man von Margaret absieht, der einzige, dessen großes Ziel die Macht ist: Fast ist die Macht wichtiger als er – etwas, das man von Margaret nicht sagen könnte; aber Margaret schafft ihn, und er weint vor ihr doppelt, als er, die Papierkrone auf dem Kopf, sich die Tränen mit dem Tuch abwischen soll, das voll vom Blut seines Lieblings Edmund ist; er hat einen großen Abgang verdient, denn er war wirklich allen überlegen durch die Leidenschaftsferne der Züge, durch die er erreichen wollte, was ihn die Leidenschaft erreichen hieß.

Plantagenet, Richard, Yorks Sohn, später Gloucester; erschlägt in ›Heinrich VI./2‹ Somerset; ein buckliger, übelgewachsener Bursche. – **Plantagenet,** der eigentliche Bösewicht der Familie in ›Heinrich VI./3‹, und dies in vollem Bewußtsein der Triebfedern dieser Bosheit; er will nichts eigentlich, außer der Macht, und diese auch zu nichts; ihm ist kein Mensch irgendetwas, oder jeder ist ihm nur insofern etwas, als er zwischen ihm und dem steht, was er will, also zwischen ihm und der

Macht; seine Person ist geradezu phantastisch eindeutig, auch wenn diese Eindeutigkeit nur metaphysisch oder poetisch ist; denn im Handeln ist er vollkommen unausrechenbar, weil er freier als alle anderen Menschen von jenen Motiven ist, die sonst die Menschen untereinander verbinden. – **Plantagenet,** in ›Richard III.‹ der Titelheld und er hat sehr verloren: Er ist einfach mordsüchtig, und vor allem haben seine Opfer jetzt mehr und mehr unser Mitleid, etwa die beiden Kinder. Hier scheint es ein Ende zu haben mit der Freiheit des Bösen; auch ist sein Heucheln von Frömmigkeit und Menschenliebe seiner Attraktivität nicht so bekömmlich; unleugbar hat er selbst in seiner Vulgarität seiner Mutter und allen Frauen gegenüber noch respektable Ideen, aber Figuren wie seine Mutter, anfangs auch wie Anne und wie Elizabeth, als er um deren Tochter anhält, sind zu groß für ihn; als alle Welt sich gegen ihn verbündet, ist er nur noch ein verfolgungswahnsinniger Tyrann, den man weghaben muß; so endet also das Böse, auch wenn's noch so groß ist, könnte man sagen; aber auf seine Weise ebenso überflüssig, endet oft auch das gute Große.

Plantagenet, Sir Richard, Adelsname des Bastards Faulconbridge im ›Johann‹, siehe denn also Faulconbridge Philip.

Poins, Edward, Yedward oder Ned, in ›Heinrich IV./1‹ Spießgeselle Henrys in Falstaffs Bande. – **Poins,** der alte Kumpel Falstaffs und des Prinzen Henry, ist in ›Heinrich IV./2‹ noch mehr als in ›Heinrich IV./1‹ der Vertrauteste Henrys in dieser Klasse, fast ein Freund; Henry sagt zu ihm, als er, Poins, den Gedanken äußert, er, Henry, sei ein durchlauchtiger Heuchler, *a most princely hypocrite: »It would be every man's thought; and thou art a blessed fellow to think as every man thinks: never a man's thought in the world keeps the road-way better than thine:* So würde jedermann denken, und du bist ein glücklicher Geselle, daß du immer denkst wie jedermann denkt. Keines Menschen in der Welt seine Gedanken bleiben besser in der allgemeinen Landstraße, als die deinigen« (Wieland). – **Poins;** in den ›Lustigen Weibern‹ hat der junge Fenton unter dem Ruf zu leiden, einst mit dem wilden Prinzen Henry und Poins zusammengewesen zu sein.

Polixenes, böhmischer König im ›Wintermärchen‹, hat hier keine Frau, aber einen Sohn Florizel; er ist der Jugendfreund des Leontes, den er in den Wahnsinn verliert, als dessen Frau Hermione ihren Charme mit schönster Erlaubtheit an ihm übt: An sich könnte ihm nichts Schöneres passieren, aber nun muß er fliehen; daß er nicht gefeit ist gegen das, was seinem Freund zugestoßen ist, zeigt er dann, als er den eigenen Sohn verurteilt, bloß weil dieser auch einem Charme erlegen ist. Und es ist hübsch, daß dies derselbe Charme ist wie damals, bloß in der neuen Generation (der wieder überwältigende Glanz der neuen Generation ist das schöne Nebenthema dieses Stücks über die Alten); im Stück ist das Wüten des Polixenes nurmehr ein Reflex des alten Wütens des Leontes, eine gleichsam nachgeholte Verrücktheit: Sie bleibt harmlos, und so fallen sich am Ende die alten Freunde wieder in die Arme.

Polonius, in ›Hamlet‹ hohes Tier am dänischen Hof (Lord Chamberlain), Vater des Laertes und der Ophelia; ein älterer Knabe, hart an der Schwelle zur Senilität, die er des öfteren auch überschreitet; seiner gebliebenen Dienstfertigkeit ist sein Kopf nicht mehr gewachsen: Alle sind schneller als er, und er ist geschwätziger als alle; er ist zu alt für seine Kinder und wenn er noch vieles vielleicht ahnt, so legt er doch alles falsch aus; wären die Zeiten anders, dann wäre er ein geachteter politischer Opa und netter alter Vater, über den die Kinder sich gemeinsam hinwegsetzen könnten; aber die Zeiten sind nicht so, und so macht er im privaten Bereich nichts mehr gut und im politischen wird er einfach beiseitegefegt; er könnte einem leid tun, aber eigentlich tut er's nicht, denn man braucht das Leid für die anderen, denen er alles andere, als noch geholfen hat.

Polyxena, eine in ›Troilus und Cressida‹ genannte, nicht aber erscheinende Tochter des Priamus: In sie ist Achill verliebt, aber er darf sie nur heiraten, haben ihre Eltern gesagt, wenn die Griechen wieder abziehen; das wollen die Griechen nicht, und so streikt Achill – eine nachhomerische Geschichte (bei Homer ist Achill noch nicht so schwul – dies nebenbei und unabhängig von Polyxena – und wütet – und dann im Streik – darüber, daß Agamemnon ihm die schöne Briseis weggenommen hat); als Achill nah dran ist zu kämpfen, kriegt er von Hekuba einen Brief und von Polyxena ein Liebespfand, Erinnerungen an seinen Schwur.

Pompejus, römischer Feldherr und Politiker, bildete zusammen mit Crassus und Cäsar das erste Triumvirat, fiel dann von Cäsar ab und wurde von ihm geschlagen und dann in Ägypten ermordet; Cäsars siegreicher Zug gegen seine Söhne Gnaeus und Sextus ist Anlaß seines umstrittenen Triumphzugs im ›Julius Cäsar‹; auf dem Sockel einer Statue des Pompejus wird Cäsar dann ermordet.

Pompejus, Sextus, in ›Antonius und Kleopatra‹ einer der Hauptgründe für Antonius' erste Heimkehr nach Rom: Pompejus befehligt eine Flotte und beherrscht mit ihr außerhalb jeder triumvirilen Legalität alle Meere. Man muß ihn vernichten oder zum Herrschen mit heranziehen und braucht in jedem Falle Antonius dazu; Pompejus selber scheint ein Condottiere zu sein, ein kühner Freibeuter, mit gelassener Einsicht ins Getriebe der Politik und einem dadurch gar nicht tangierten Ehrgeiz, sich sein eigenes Stück von der Macht und vom Leben dabei zu sichern; auf seine Weise ist er ganz das, wozu Antonius durch Kleopatra wird, und man möchte es fast für einen Jammer halten, daß nicht er ihr Geliebter werden konnte.

Pompey (das ist die Hundenamensform von Pompejus), der Clown in ›Maß für Maß‹, Schankbursche, Bierzapfer und dergleichen bei Mistress Overdone, der Kupplerin, die ihn auch Thomas nennt; er selber gibt als seinen Familiennamen bei einem Verhör Bum an: Ein Bursche, der auf seine Art das Leben durchschaut, wie Lucio, der sich dem Leben aber besser verbunden fühlt als dieser. Lucio hat das Problem, daß er keiner Sphäre wirklich angehört: Pompey dagegen gehört eindeutig der niedrigsten an und akzeptiert das; groß als Redner; während Lucio scharf giftet, ist Pompey ein Sprachgenie, das sich jeder Gelegenheit rednerisch anpaßt und jedermanns Meister wird: ein schöpferischer Typ drunten in der Hefe.

Portia, im ›Kaufmann von Venedig‹ die schöne blonde blauäugige Tochter jenes verstorbenen Vaters, der sich angemaßt hat, der Tochter einen Mann nach seinem Geschmack zu diktieren; ihre Selbsteinführung ins Stück ähnelt der des Antonio: *»By my* *troth, Nerissa, my little body is aweary of this great world:* Bei meiner Treue, Nerissa, meine kleine Person ist dieser großen Welt ganz überdrüssig« (Wieland), nur meint sie das etwas leichterhin als Antonio, und es steckt in ihr mehr wegräumende Energie: Ohne Frage hilft sie ihrem Glück mit Bassanio ein wenig nach und sie darf das, denn es gibt keinen Standpunkt der Vernunft und der Liebe, von dem aus sich da hineinreden ließe; ihrem Dasein läßt sich nur mit Liebe beikommen; es gibt Glücksgüter und es ist schön, daß es Portias gibt, für welche diese Güter geschaffen sein könnten; sie lebt in ihnen wie geschaffen für sie und ihre Vollkommenheit ist, daß sie sogar noch eine Seele hat.

Portia, Frau des Brutus in ›Julius Cäsar‹, Tochter Catos des Jüngeren, welcher, ein Urenkel jenes berüchtigten Cato, der dauernd die Zerstörung Karthagos forderte, als republikanischer Römer alter Schule der geschworene Feind Cäsars war: Als er durch eigene Hand gestorben war, widmeten ihm Cicero und Brutus, zum Ärger Cäsars, Lobschriften. Portia nun schneidet sich eine Wunde in den Oberschenkel, um ihrem Mann zu beweisen, daß sie stark ist und jedenfalls stark genug, ein Geheimnis zu behalten. Dann dringt sie in ihn, daß er ihr sage, was ihn quält: *»and upon my knees / I charm you, by my once commended beauty, / by all your vows of love, and that great vow / which did incorporate and make us one, / that you unfold to me, your self, your half, / why you are heavy:* Auf meinen Knien beschwör ich Euch, bei meiner einst gepriesnen Schönheit, bei allen Euern Gelübden einer ewigen Liebe, und bei diesem großen Gelübde, welches uns einander einverleibte und zu Einem Wesen machte, daß Ihr mir, Eurem Selbst, Eurer Hälfte, entdeckt, warum Ihr so düster seid« (Wieland); als am Morgen Brutus fort ist auf's Kapitol, schickt sie ganz verwirrt immer wieder den Diener Lucius wegen nichts nach ihm aus; dann trifft sie auf der Straße den Wahrsager, der über Cäsar munkelt und sie beklagt ihre Schwäche und läßt Lucius Brutus ausrichten, sie sei fröhlich: Das alles mildert sehr den Schnitt ins einst gepriesene Bein; sie bringt sich um, als Brutus im Feld ist und in Rom Octavius und Antonius ihre Säuberungen ins Werk setzen; als Brutus von ihrem Tod hört, sagt er sehr römisch: *»Why, farewell, Portia. We must die, Messala. / With meditating that she must die once, / I have the patience to endure it* *now:* Nun, fahre wohl, Portia – wir müssen sterben, Messala; die öftere Betrachtung, daß sie einmal sterben müsse, hat mir die Geduld verschafft, daß ich es itzt ertragen kann«, während Schwager Cassius doch immerhin daraufhin sagt: *»I have as much of this in art as you, / but yet my nature could not bear it so:* Meine Philosophie lehrt mich das so gut als die Eurige; aber mein Herz könnte sich nicht so dreinfinden« (Wieland); Brutus hatte sich von einer gewissen Claudia scheiden lassen und dann Portia geheiratet; diese wieder war die Witwe eines gewissen Bibulus: Portia scheint Pech gehabt zu haben mit ihren Männern, und mit Brutus alle Frauen.

Posthumus, der wahre männliche Held in ›Cymbeline‹, auch wenn's im Grund so ist, daß der wirkliche Held allenfalls Imogen heißt; denn Posthumus leidet alles mehr, als er's ins Lot vorantreibt: Er wird verbannt, er läßt sich in eine dumme Wette verwickeln, er reagiert idiotisch und würde alles zerstören, wenn nicht vernünftige Freunde über ihn wachten; wenn er kämpfend auf der richtigen Seite steht, muß er sich erst verkleiden; und wenn er sich wieder enttarnt, wird er gleich festgesetzt und fast in ein noch ferneres Land gebracht, als am Anfang; und als er frei ist und sein könnte, was er will und auch soll, schlägt er als erstes sein Glück zu Boden: Gott sei Dank in einer Komödie; in der am Ende im Gleichgewicht gehaltenen Welt ist er jenes romantische Element, das ihr vielleicht Schwung und manches Grauen der Tiefe verleiht (von der Torheit zu schweigen), der aber im Grund, wären nicht solche Frauen wie Imogen und solche Freunde wie Pisanio, immer wieder fast vernichtet wird; Posthumus muß sein, sonst wäre Imogen nicht, was sie ist, und dafür ist er sogar bemerkenswert kräftig: Aber er wäre doch wirklich gar nichts ohne Imogen und nur mit ihr und durch sie ist er beneidenswert.

Priapus, guter alter römischer Bums- und Beischlafgott, in ›Perikles‹ im mytilenischen Bordell, angesichts der allzu keuschen Marina, von der Kupplerin wie folgt beschworen: *»Fie, fie upon her! She's able to freeze the god Priapus, and undo a whole generation:* Das Zetermädchen! Sie ist imstande, den Gott Priapus in Eis zu verwandeln und eine ganze Nachwelt auszurotten« (Eckert).

Prinzessin, aus Frankreich, in der ›Verlornen Liebesmüh‹ schon für sich ganz unwiderstehlich, mit ihren Damen Katharine, Maria und Rosaline zusammen, das unbesiegbarste Frauenquartett aller Bretter der Welt; sie ist jung und vermutlich auch sehr schön; und sie ist klug und klüger als die Männer, und zwar auch auf deren Gebieten; und unwiderstehlich ist sie, weil sie jedes dieser Gebiete, indem sie's offen erotisiert, immer auch zum Siegplatz von Schönheit und geistvoller Anmut macht; vielleicht tut es ihr manchmal leid, daß jeder Mann zuerst ein bißchen ein Narr werden muß vor ihr. In dieser Schule aber, durch die er muß, wenn er lieben will, ist sie die geborene Lehrerin; das Gewissen ist ihr so eingefleischt, wie den chaucerschen Frauen: »*Only for praise; and praise we may afford / to any lady that subdues a lord:* Bloß der Ehre wegen; und Ehre können wir jeder Frau beilegen, die ihren Herrn besiegt« (Eschenburg); ihre ruhige Selbstsicherheit hält leicht in Schranken, denn sie wird die Schranken niederlegen, wenn sie will; und sie will, wie wir alle; die Natur ist in ihr das Spiel geworden, das auch den Geist ganz für sich einnimmt: Wer hier nicht liebt, der ist zu dumm für die Liebe, diese Klugheit der Welt.

Probstein (Touchstone), in ›Wie es euch gefällt‹ schönster aller Narren (wenn Jaques nicht doch noch einer wird); als er einmal kommt, sagt Celia: »*Always the dulness of the fool is the whetstone of the wits. How now, wit! whither wander you:* Denn Dummheit ist allemal der Wetzstein witziger Köpfe. Wie gehts, witziger Kopf, wo stolpert Ihr hin?« (Wieland); er ist wohl auch ein Wetzstein der Menschlichkeit mit seiner Audrey, aber wenn man darüber sentimental würde, würde er wohl zynisch werden.

Proserpina, Gattin Plutos, des Gotts der Unterwelt, immer als überaus schön geltend (siehe unter den homerischen Hymnen, die beiden an Demeter); in ›Troilus und Cressida‹ führt Thersites sie im Munde. – **Proserpina,** mächtige schöne Unterweltsgöttin, auf deren Geschick Perdita anspielt, wenn sie im ›Wintermärchen‹ sagt: »*O Proserpina, / for the flowers now that, frighted, thou let'st fall / from Dis's wagon:* O Proserpina, wer itzt die Blumen hätte, die du vor Schrecken von Plutos Wagen fallen ließest« (Wieland); Hades oder Pluto (Pluto ist eine mildere Gottform des schrecklichen Hades) hatte Ceres' (Demeters) Tochter Persephone oder Proserpina beim Blumenpflükken auf sizilischen Fluren geraubt; Shakespeares Dis steht bei Ovid (der die Raubgeschichte erzählt) für Hades, dessen Namen man nicht gern nannte; Ovid schreibt (Metam. V, 403ff.): Und da sie das Kleid sich heruntergerissen, fallen die Blumen, die sie gepflückt, vom gelockerten Rocke – kurz vorher hat Ovid Veilchen und Lilien als die gepflückten Blumen erwähnt.

Prospero, im ›Sturm‹ der gewesene Herzog von Mailand, ein Gelehrter seiner Neigung nach, vom Bruder Antonio der Herrschaft beraubt und samt Tochter aufs Meer verstoßen: Dies alles vor jetzt zwölf Jahren; lebt mit Miranda auf seiner Insel, kann zaubern dank eines geheimnisvollen Buchs, ist Herr eines Geistes, welcher Herr anderer Geister ist, und läßt das Schiff scheitern, auf welchem seine Feinde sind; privat ist Prospero ein netter alter Mann: Wenn er Miranda was erzählt, hat er immer schrecklich Angst, sie könne ihm vor Langeweile aufhören zu lauschen; so daß sie ihn schließlich mit der Bemerkung zufriedenstellt: »*Your tale, sir, would cure deafness:* Eure Erzählung, mein Herr, könnte Taubheit heilen« (Wieland). Und nun weiß man nicht, ob er vielleicht auf der einsamen Insel sich im Alter das Schreien angewöhnt hat; es ist etwas wunderlich Altmodisches an seiner Art, ein Gentleman zu sein: Er dringt darauf, daß die Kinder nicht vögeln, ehe sie nicht verheiratet sind und führt ihnen dazu ein drolliges Götterkasperltheater auf; er hält eine rührende Rede an die Elfen, als er das Zaubern drangeben will; er gibt's auf, den Bösen die Leviten zu lesen und sagt bloß zu Alonso: »*There, Sir, stop: / let us not burthen our remembrance with / a heaviness that's gone:* Haltet ein, Sire; laßt uns unser Gedächtnis nicht mit unangenehmen Dingen beschweren, die vorüber sind« (Wieland); und ganz am Ende spricht er, wie zu seinem wahren Kind, nur noch zu Ariel.

Publicola, eigentlich Publius Valerius, legendärer Mitbegründer der römischen Republik, in ›Coriolan‹ verstorbener Bruder der Valeria – alle diese Ahnengeschichten hat Shakespeare einfach dem alten Klatschmaul Plutarch entnommen: Der hat in seinen Parallelbiographien Coriolan behandelt und als er da auf Valeria zu sprechen kommt, weist er eigens auf seine Biographie des Publicola hin; einst einer der Meistgelesenen, hätte Plutarch (wäre er nicht tatsächlich lesenswert) unsterbliches

Verdienst schon dadurch, daß er einige der Sachen überliefert, die Männer wie Shakespeare dann verwendet haben (was wenigstens den Coriolan angeht, so kannte dieser freilich nur, wie schon Eschenburg sehr scharfsinnig in einem seiner wunderlichen Nachworte zu seinen Übersetzungen nachweist, die englische Übersetzung einer französischen Bearbeitung des Plutarch – dies am Rande, für die gelehrten und womöglich weniger geneigten unter meinen verehrten Lesern).

Pucelle, eigentlich also Jungfrau, obwohl die gemeinte Jeanne d'Arc am Schluß sagt, sie sei schwanger und zwar von vielen, die sie dabei nennt; vorübergehende Retterin Frankreichs in ›Heinrich VI./1‹, bezirzt den Dauphin Charles, flucht mit Talbot herum, beschwört böse Geister und redet von Maria; manchmal von großen Worten, dann aber wieder eher verschlagen und ordinär, wirr und eher unangenehm und besonders bei Talbots Tod ohne Sinn für Achtung und Pietät.

Puck (Droll bei Schlegel), oder Robin Goodfellow, auch Hobgoblin, eine Elfe aus dem ›Sommernachtstraum‹ (und ein bißchen im Wesen wohl der Queen Mab Mercutios – siehe diesen in ›Romeo und Julia‹ – zu vergleichen), Diener Oberons, sehr über oder ganz neben den Menschen stehend, mit leicht sadistischen Zügen, auch etwas zotig natürlich, kalt, herzlos, fern: Aber im Recht, denn dieser Blick auf die Menschen ist ein wahrer Blick, ein enthüllender.

R

Regan, in ›Lear‹ zweite Tochter Lears, zwischen Goneril und Cordelia, verehelicht mit dem Duke von Cornwall; sie ist eine ebenso hochgemute Person, wie Schwester Goneril; vielleicht nicht ganz so durchdringend böse wie diese, aber es reicht auch so noch; wie sie freilich mit Cornwall zusammen Gloucester blendet, wie sie Oswald umstimmen will des Briefs wegen, den er von Goneril an Edmund hat (würde Goneril nicht Oswald einfach umgebracht haben des Briefs wegen, wenn sie den nun einmal haben wollte?): Das zeugt von wenig großem Geschmack, ja beinahe von Nachahmung eher, fast von eifernder Renegatengesinnung; wenn sie dann öffentlich alles hinwirft, Edmunds wegen (den sie ja gar nicht hat), das ist wieder besser. Und wie sie besser wird, vergiftet Goneril sie: Dies ist die wahre Eifersucht, Edmund ist da nur vorgeschoben.

Richard, der junge Herzog von York, Edwards und Elizabeths Sohn in ›Richard III.‹, ein vielversprechender junger Mann, der recht keck seinen Onkel Gloucester angeht; geht, wie sein Bruder Edward, nur ungern in den Tower, wohin Gloucester sei beide haben will: Und beide werden dort durch Tyrrels Leute umgebracht.

Richard, Titelheld in ›Richard III.‹, Neffe Gaunts durch dessen Bruder Edward. Seine erste Tat im Stück ist die Enteignung von Gaunts Sohn Bolingbroke, als Gaunt tot ist; ja, er freut sich dieses Todes, denn so kommt er zu Geld; sein Regiment scheint keinen Stil zu haben: Er hat es seinen Günstlingen überlassen; er wacht erst auf, als es bergab nach seiner Rückkunft aus Irland mit ihm geht; nicht, daß er Reue zeigte und sähe, wie schlecht er regiert hat: Aber er wird bewundernswert melancholisch und wirft auf Königtum und Welt Blicke, wie keiner vor ihm; als er gedemütigt werden soll durch eine Selbstkritik, geht er voll melancholischer List soweit in sich selbst zurück, daß keiner ihm mehr folgt, und nur noch ein Spiegel zeigen kann, was er meint; als seine Frau ihn kämpfen heißt, schickt er sie weg nach Frankreich und sagt: »*In winter's tedious nights sit by the fire / with good old folks, and let them tell thee tales / of woeful ages long ago betid; / and ere thou bid good night, to quit their griefs / tell thou the lamentable tale of me, / and send the hearers weeping to their beds:* In verdrießlichen Winternächten sitze mit guten alten Leuten zum Feuer und laß dir Geschichten von Jammer und Unglück erzählen, die längst begegnet sind; und ehe du ihnen gute Nacht gibst, erzähl ihnen hinwieder meinen kläglichen Fall und schicke die Hörenden weinend zu Bette«; mag im Gefängnis Musik und wird von Exton auf Wunsch Bolingbrokes gemordet, stirbt königlich: »*Mount, mount, my soul! Thy seat is up on high; / whilst my gross flesh sinks downward, here to die:* Erheb, erhebe dich, meine Seele, einen himmlischen Thron einzunehmen, indem mein sterblicher Teil zur Erde sinkt« (Wieland) – der ausladendste und sprechgewaltigste Melancholiker in diesem sprachgewaltigsten Stück.

RICHARD II. **I** Gaunt ist mit Sohn Bolingbroke zu König Richard einer Klage wegen gekommen, die Bolingbroke gegen Mowbray hat: Mowbray sei ein Verräter, habe Geld unterschlagen und den Herzog von Gloucester ermorden lassen. Mowbray gibt nebenbei zu, einst dem alten Gaunt ans Leben gewollt zu haben, streitet sonst aber alles ab. Es wird ein Duell in Coventry anberaumt. Des ermordeten Gloucester Schwester klagt ihrem Bruder Gaunt ihr Leid und hofft, daß Bolingbroke gewinnt. Kurz vor dem Duell in Coventry untersagt Richard den Kampf und verbannt statt dessen Mowbray für immer, Bolingbroke für zehn Jahre, von denen er dann, weil Gaunt, der sich dem Tode nahe fühlt, so traurig blickt, vier erläßt. Gaunt tröstet seinen Sohn beim Abschied. An den Hof kommt die Nachricht von einer schweren Erkrankung Gaunts, der König hofft seinen Tod, weil er Geld braucht gegen die irischen Rebellen.

II York und Gaunt reden in Ely über den jungen König und seine schlechten Ratgeber. Gaunt warnt und mahnt das Königspaar, stirbt, und der König enteignet ihn; York, wiewohl nicht einverstanden, wird Statthalter, während Richard nach Irland will. Northumberland entdeckt einigen Freunden, daß Bolingbroke mit vielen von der Bretagne aus nach England unterwegs ist. Die Königin hat böse Vorahnungen vor Bushy, dann meldet Green, daß Bolingbroke mit Freunden in England gelandet ist, und daß Northumberland und andere zu ihm übergegangen sind. York, dazukommend, hört, daß seine Schwester tot ist. Bushy, Bagot und Green beginnen sich abzusetzen. In wilder Gegend in Gloucestershire reiten Bolingbroke und Northumberland; der junge Percy kommt dazu und meldet, sein Vater Northumberland sei als Verräter genannt, und Bruder Worcester sei zu Bolingbroke gegangen. Andere kommen hinzu, dann York, der sich schließlich, obgleich die Leute um Bolingbroke formal im Unrecht sind, neutral verhalten will. Ein Offizier der königlichen Verbündeten sagt, die Seinen glaubten, Richard sei so gut wie tot und verloren, und wollten weg.

III In Bolingbrokes Lager in Bristol werden Bushy und Green hingerichtet (offenbar auch Wiltshire). An der Küste von Wales trifft der zurückgekommene Richard Aumerle und den Bischof von Carlisle; Salisbury meldet den Abgang der Soldaten, Scroop den Untergang Bushys, Greens und Wiltshires; der König wird melancholisch: *»For god's sake, let us sit upon the ground, / and tell sad stories of the dead of kings:* Ums Himmels willen! Laßt uns hier auf den Boden niedersitzen und einander melancholische Geschichten vom Tod der Könige erzählen«, man tröstet ihn, dann sagt Scroop, auch York sei abgefallen: Und der melancholische König resigniert. Bei Flint sind Bolingbroke, York und Northumberland zusammen, Percy meldet, Richard sei auf dem Schloß nahebei; Northumberland geht zu ihm mit der Botschaft, Bolingbroke wolle sich unterwerfen, wenn er seine Rechte und seinen Besitz zurückerhalte; der König, in schöner Wirrnis redend, gibt alles zu, dann auch gegenüber Bolingbroke. Im königlichen Garten in London versuchen zwei Damen die Königin zu zerstreuen, alle drei beobachten einen Gärtner mit zwei Jungen, die in Gartenbildern den Staat beschreiben.

IV Im Parliament vor Bolingbroke klagt Bagot Aumerle wegen des Mords an Thomas Gloucester an, Fitzwater steht gegen Aumerle, Surrey gegen Fitzwater; dieser führt Mowbray als Zeugen an, Carlisle erzählt, Mowbray sei in Venedig gestorben. York kommt von Richard und will, daß Bolingbroke König wird, Bolingbroke will auch, Carlisle spricht dagegen und wird dem Abt von Westminster übergeben. Richard kommt dazu und redet wieder wunderschön wirr und traurig: *»You* *may my glories and my state depose, / but not my griefs; still am I King of those:* Ihr könnt mich meiner Majestät und meines Staats entsetzen, aber nicht meiner Schmerzen; darüber bleib ich immer König.« Northumberland will ihn eine Liste seiner Verbrechen vorlesen lassen, aber er will einen Spiegel haben und weggehen dürfen. Der Abt von Westminster mit Carlisle und Aumerle wollen beraten.

V Richard auf der Straße tröstet wirr seine Frau, die ihn gern kämpfen sähe; als Northumberland dazukommt, verabschiedet das Paar sich untereinander. York erzählt seiner Frau vom Einzug Bolingbrokes in London auf Richards Pferd; Aumerle wie in Trance kommt hinzu, sein Vater entdeckt die Verschwörung des Abts von Westminster gegen Bolingbroke; alle gehen zu Bolingbroke ab. Bolingbroke in Windsor fragt nach seinem herumvagabundierenden Sohn; nacheinander kommen York, seine Frau und Aumerle, Bolingbroke vergibt allen. Exton fragt, als wolle er sichergehen, seinen Diener, ob Bolingbroke wirklich Richards Tod verlangt habe. Richard redet mit sich in Pomfret: *»My brain I'll prove the female to my soul, / my soul the father; and these two beget / a generation of still-breeding thoughts, / and these same thoughts people this little world; / in humours like the people of this world, / for no thought is contented:* Mein Gehirn soll das Weib meiner Seele werden, und meine Seele der Vater; und diese zwei sollen ein Geschlecht von Gedanken miteinander zeugen, und diese Gedanken sollen diese kleine Welt bevölkern, humorisiert, wie die Einwohner der großen Welt, denn kein Gedank ist zufrieden« (Wieland). Ein ehemaliger Stallknecht kommt zu Besuch und erzählt vom Pferd, und wie es Bolingbroke getragen habe. Ein Wärter, der Essen bringt, will's nicht vorkosten: Exton habe das verboten. Richard schlägt ihn nieder; Exton dringt mit Dienern ein; Richard erschlägt zwei, dann erschlägt ihn Exton. Northumberland, Fitzwater und Percy bringen Nachrichten von Hingerichteten; dann kommt Exton, aber Bolingbroke sagt, er verachte ihn und wolle selber ins Heilige Land.

Finis Richard II., Gaunt, York, Bolingbroke, Aumerle, Mowbray, Surrey, Salisbury, Berkley, Bushy, Bagot, Green, Northumberland, Percy, Ross, Willoughby, Fitzwater, Carlisle, Exton, Scroop, Abt von Westminster, Lord Marshall, Königin, Herzogin von Gloucester, Herzogin von York, Lord, Offizier, Hofdamen, Herolde, Gerichtsdiener, Gefängniswärter,

Gärtner, Gärtnerjungen, Stallknecht, Diener, Soldaten. – England und Wales.

Richard, Titelheld in ›Richard III.‹, der junge Richard Plantagenet, siehe diesen.

RICHARD III. **I** Gloster redet spöttisch mit Clarence, den er hat festsetzen lassen, und mit Hastings, der gerade aus dem Tower kommt. Der tote Heinrich VI. wird von Anne begleitet vorbeigetragen, Gloster verführt Anne am Sarg. Gloster und Hastings treffen Elizabeth und die Greys, sie streiten miteinander um das, was sie einander weggenommen haben. Margaret kommt hinzu, sie beschuldigt alle Streitenden, auch Elizabeth, ihr alles zu schulden, alle stürzen sich jetzt auf sie. Sie weissagt den Greys Böses, warnt Buckingham und verflucht Gloster. Gloster ordert den Mord an Clarence, Clarence im Tower erzählt dem Kommandanten einen bösen Traum; die Mörder finden ihn schlafend, reden untereinander über das Gewissen und mit Clarence, dann morden sie ihn.

II Der kranke Edward versucht Elizabeth und die Greys mit Hastings und Buckingham zu versöhnen, Gloster kommt dem Schein nach versöhnungsbereit dazu und sagt, Clarence sei tot. Edward verzweifelt. Die alte York spricht mit Clarences kleinen Kindern, Elizabeth, außer sich, kommt mit den Greys dazu, die beiden Frauen beklagen ihr Los. Gloster mit Anhang kommt hinzu, man will den Prinzen holen. Drei Bürger in London beklagen die Zeiten, der junge York mit Mutter Elizabeth und Großmutter York redet lustig, ein Bote meldet, die Greys mit Vaughan seien verhaftet; Elizabeth mit Sohn geht in ein Kloster.

III Der Prinz zieht nach London ein, Gloster und Hastings überreden den Kardinal, den jungen York aus dem Kloster zurückzuholen; die Buben reden keck mit Gloster. Hastings gerät in Glosters Verdacht, Stanley läßt ihn durch einen Botentraum warnen. Hastings läßt sich von Catesby arglos über eine Krönung Glosters ausforschen (Hastings wäre dagegen), Stanley und Hastings reiten zum Tower, vorher führt Hastings freundliche Reden mit jedermann; Buckingham, mit Hastings redend, weiß dessen Los. In Pomfret werden die Greys und Vaughan hingerichtet. Im Tower tafeln Gloster und seine Leute mit einem Bischof und mit Hastings und Stanley, man redet über eine

Krönung; Gloster sagt, die Shore sei schuld an seinen verkrüppelten Gliedern, und als Hastings nachfragt, schickt ihn Gloster in den Tod. Die vermummten Gloster und Buckingham zeigen Hastings' Kopf dem Bürgermeister: Er soll die Bürgerversammlung vom Recht dieses Tods überzeugen; zugleich soll Buckingham in derselben Versammlung Edward und dessen ganze Familie verleumden. Gloster indes bestellt die Krönungsfestredner. Ein Kanzleischreiber bejammert die Unrechtmäßigkeit der Klage gegen den schon toten Hastings und seinen fehlenden Mut. Buckingham berichtet von der ablehnenden Haltung der Bürger gegen Gloster als König. Glosters Leute ziehen daraufhin vor dem Bürgermeister und dem Rat mit Gloster und zwei Bischöfen die große Show vom Thronanwärter ab, der nur bei äußersten Bitten sich bewegen läßt.

IV Der Prinz und der junge York sind verhaftet, Elizabeth, die alte Herzogin, Anne und Kinder erfahren von der bevorstehenden Krönung Glosters; Elizabeth schickt ihren Dorset zu Richmond, Anne beklagt ihr Nachgeben Gloster gegenüber und geht, Elizabeth beklagt das Los der Prinzen. Gloster auf dem Thron will, daß Buckingham für den Tod der Knaben im Tower sorgt; als Buckingham zögert, läßt er die Mörder besorgen; er beschließt, Anne umzubringen, die Clarencekinder wegzuschaffen und dann die kleine Elizabeth zu heiraten. Buckingham besiegelt sein Ende, indem er auf versprochene Belohnungen dringt. Tyrrel erzählt den Kindermord, rapportiert bei Gloster, Catesby berichtet Buckinghams Abfall, Gloster beschließt aufzurüsten. Riesenszene, fast eine Wiederholung der Szene im Akt 1 zwischen Margaret, Elizabeth und der alten Herzogin; sie halten sich einander ihr Leid vor Augen, nur Margaret, wie gerächt triumphierend, weidet sich beinahe am Leid Elizabeths und der alten York; Elizabeth fragt, wie man fluchen lernen könne, und Margaret antwortet. Elizabeth und die alte York halten Gloster auf, der mit Truppen vorbeiziehen will, und beschimpfen ihn; als Gloster um die junge Elizabeth bei Elizabeth anhält, flucht die erst, aber er redet weiter. Gloster schickt seine Leute nach Hilfe aus, Stanley gegenüber ist er mißtrauisch und behält den Sohn als Pfand. Boten kommen mit Nachrichten über Aufstände gegen Gloster, andererseits sei Richmonds Flotte gescheitert und Buckingham gefangen. Stanley konspiriert über Urswick mit Richmond.

V Buckingham wird hingerichtet. Richmond versammelt bei

Tamworth die Seinen, bei Bosworth tut das Gloster. Auf beiden Seiten geht man zur Ruhe. Die Geister der von Gloster Ermordeten erscheinen ihm und Richmond, Gloster redet mit sich selber. Aufwachen hüben und drüben in den Lagern, Richmond redet zu den Seinen, Gloster auch (über das Gewissen, und in denselben Worten wie damals die Clarencemörder), dann verliert Gloster die Schlacht, ruft nach dem Pferd, und Richmond wird Elizabeth heiraten.

Finis Edward, Edward Prince of Wales, Richard Duke of York, Clarence, Gloster, Henry Richmond, Bourchier, Rotherham, Morton, Buckingham, Norfolk, Surrey, Rivers, Dorset, Grey, Oxford, Hastings, Stanley, Lovel, Vaughan, Ratcliff, Catesby, Tyrrel, Blount, Brandon, Brakenbury, Urswick, Tressel, Berkeley, Dighton, Forrest, Elizabeth, Margaret, Duchess York, Anne, Lady Margaret, Clarences Sohn, Bürgermeister, Bischöfe, Priester, Sheriff, Kanzleischreiber, Aldermänner, Bürger, Offiziere, Wachen, Soldaten, Herold, Boten, Sargträger, Edelknabe, Mörder, Dienstleute, Geister. – England.

Richard Löwenherz, großer Held, im ›Johann‹ aber hauptsächlich der Verführer der Lady Faulconbridge, dadurch der Vater des Bastards Faulconbridge: Und dieser kann deshalb seinen Tod rächen, indem er den Schleimi Österreich umbringt.

Robin Goodfellow, ein Name Pucks im ›Sommernachtstraum‹, siehe diesen, also Puck.

Roderigo, in ›Othello‹ ein junger wohlhabender Gentleman, der auf törichte Weise in Desdemona verliebt ist und sich, um ans Ziel zu kommen, samt seinem Vermögen Jago in die Hand gegeben hat; er verleumdet in der Nacht vor Brabantios Haus Desdemona bei Brabantio: Offenbar hat Jago sich bei ihm kaum Mühe machen müssen; als er fast alle Diamanten und alles Geld los ist, versucht er sich gegen Jago aufzulehnen; wird, als er Cassio morden soll, von diesem verwundet und dann von Jago umgebracht; man kann sagen, daß er unbetrauert stirbt.

Romano, Giulio, ca. 1499–1546, Maler, vom allbeeinflussenden Vasari mit einer eigenen Biographie bedacht und als bester Schüler Raffaels gewürdigt und jahrhundertelang besonders berühmt wegen seiner Gigantenfresken im Palazzo del Te in Mantua; wenn im ›Wintermärchen‹ ein Höfling ihn als den Hersteller der Statue der Hermione nennt, dann sicher wegen der lebensechten und schließlich ja auch entsprechend gewürdigten Gesichtsfarben und -genauigkeiten dieser vermeinten Statue; von einigen gemalten Figuren Romanos sagt Vasari: Und in der Tat sind sie mit staunenswertem Talent und Geist gemacht, so daß sie, außer daß sie lebendig scheinen (so gut sind sie modelliert), auch durch gefälliges Ansehen das menschliche Auge täuschen; ein andermal, als er den herabstürzenden Ikarus gemalt hat, rühmt Vasari die Totenblässe des Gesichts und wie alles so wohl ersonnen sei, daß es Wahrheit zu sein scheine: Er kann in diesem Falle ja nicht sagen, Ikarus sei so gut getroffen, daß er lebendig scheine.

Romeo, Montagues Sohn, halber Titelheld in ›Romeo und Julia‹, ein verliebter Bub, weiter ist nicht viel über ihn zu sagen; er bringt zwei Leute um, einen aus Rache, einen aus verzweifelter Notwehr; er verführt einen armen Apotheker; er hat kein Unrecht und er ist ehrlich, wenn er sagt, er liebe alle und wolle Frieden mit ihnen; aber in seiner Umgebung ist es nicht ganz ungefährlich, und sein Verstand, in der Verzweiflung der Liebe, würde mit reinem Gewissen die ganze Welt drangeben; er ist sicher sehr hübsch, sonst würde Julia sich nicht in ihn verlieben; wenn es ein Sanatorium für Liebende gäbe, gehörte er hinein.

ROMEO UND JULIA **I** In Verona, auf der Straße, geraten junge Leute der verfeindeten Familien Capulet und Montague miteinander in Streit. Die alten Montagues fragen den Freund Benvolio, der beim Streit dabei war, nach Romeo; der sei ganz allein für sich, sagt Benvolio; Romeo kommt hinzu und klagt über seine vergebliche Liebe zu einer spröden Schönen. Paris fragt den alten Capulet nach der kleinen Julia; Capulet sagt, er solle selbst sehen, heut abend gäbe er ein kleines Fest und schickt einen Diener mit Einladungen los. Romeo und Benvolio lesen die Liste zufällig und beschließen, auch zu gehen, zumal Rosaline anwesend sein wird, die spröde Schöne. Die alte Capulet unterhält sich mit Julia und vor allem ihrer Amme über das Heiraten, und Paris werde heut abend auch kommen. Romeo, Mercutio und Benvolio gehen maskiert aufs Fest der anderen Familie, Mercutio redet vom Träumen. In Capulets Haus herrscht Aufregung beim Personal, Capulet scherzt mit einem Verwandten, Romeo erblickt Julia, Tybalt Romeo und will ihn hinauswerfen, aber der alte Capulet hält ihn zurück; Romeo küßt Julia, Romeo geht mit Benvolio, Julia fragt die Amme, völlig hin nach Romeo.

II Mercutio und Benvolio hänseln Romeo wegen seiner Verliebtheit, wie sie noch glauben, in Rosaline. Romeo steht Ende der Nacht in Capulets Garten, Julia oben am Fenster redet verliebt in ihn, er hört's und antwortet, dann reden beide verliebt: *»How silver-sweet sound lovers' tongues by night, / like softest music to attending ears!:* Welche Musik tönt so süß als die Stimme der Geliebten durch die Nacht hin dem Liebenden tönt!« (Wieland melodisch, wenn auch nicht sehr genau), sagt Romeo. Und sie will ihm um neun ihre Amme schicken, und er will beichten gehen. Laurence, in seinem Kloster, sammelt Kräuter, Romeo kommt und will, daß er ihn und Julia verheiratet. Mercutio und Benvolio scherzen über Romeo und spotten über die Capulets; Romeo kommt dazu, dann die Amme mit Peter, und Romeo heißt die Amme auf seinen Diener warten, der eine Strickleiter für Julia bringen werde. Julia wartet auf die Amme, die endlich erzählt, daß Romeo bei Laurence auf Julia zum Heiraten warte, und sie selber werde die Leiter holen. Julia kommt ins Kloster, es wird geheiratet.

III Mercutio und Benvolio reden auf der Straße über das Händeln, Tybalt mit einigen Capulets kommt dazu. Romeo will schlichten, aber Mercutio und Tybalt fechten, und unter Romeos Arm durch, wird Mercutio tödlich getroffen. Tybalt kommt zurück, Romeo ersticht ihn im Kampf und läuft weg. Der Prinz und alle kommen hinzu, der Prinz verbannt Romeo aus der Stadt. Julia im Hause wartet auf die Nacht, die Amme kommt mit der Strickleiter und erzählt die Ereignisse. Julia will verzweifelt auf Romeo oder den Tod warten, die Amme will Romeo suchen, Julia gibt ihr einen Ring mit. Im Kloster sagt Laurence Romeo das Verbannungsurteil des Prinzen, Romeo will verzweifeln, Laurence redet vergeblich mit ihm; Romeo will sich gleich umbringen, wieder redet Laurence auf ihn ein und schickt ihn dann zu Julia: Vor Ende der Nacht aber solle er dann nach Mantua gehen; die Amme gibt ihm noch den Ring, er wird wieder munter. Capulet mit Frau und mit Paris setzt die Hochzeit auf Donnerstag fest. Romeo und Julia in ihrem Zimmer müssen sich gegen Morgen trennen, die alte Capulet spricht mit Julia über ihre Traurigkeit, Julia antwortet zweideutig mit Vetter Tybalt und Romeo; die Alte redet von der Hochzeit, Julia sagt nein. Der alte Capulet, der das hört, tobt mit Julia, und seine Frau bleibt auch hart. Julia klagt der Amme, die sagt, sie solle Paris nehmen; Julia will zu Laurence beichten gehen und Hilfe kriegen, oder aber sterben.

IV Im Kloster sagt Paris Laurence den Hochzeitstermin, Laurence soll ihn und Julia trauen. Julia kommt dazu, redet zweideutig, Paris geht, Laurence erklärt ihr seinen Plan: Sie soll Gift trinken, wird in die Familiengruft gelegt, dann kommt Romeo und alles ist gut. Capulet bereitet mit seinem Personal die Hochzeit vor, Julia kommt und will nun doch heiraten, wie sie sagt; Capulet freut sich. Julia schickt Amme und Mutter aus dem Zimmer, redet sich Mut zu und trinkt das Gift. In Capulets Haus laufen die Hochzeitsvorbereitungen weiter; aber die Amme findet Julia leblos, die alten Capulets klagen, Laurence sagt, man solle Julia schön angezogen in die Kirche und zum Begräbnis bringen. Peter blödelt mit den Musikanten, die nun nichts zu tun haben.

V Romeo in Mantua hat schön geträumt, da bringt Balthasar die Meldung von Julias Tod. Romeo geht zum Apotheker und kauft erpresserisch Gift. Bruder John, den Laurence mit einem Brief an Romeo nach Mantua geschickt hatte, kommt mit der Nachricht zurück, er habe wegen der Pest den Brief nicht bestellen können. Laurence macht sich nun rasch zur Gruft auf. Paris, mit einem Pagen und Blumen für Julia, kommt auf den Friedhof; Romeo, mit Balthasar und Brechstangen, kommt auch. Romeo und Paris fechten, Paris fällt, Romeo, als er ihn dann erkennt, legt ihn in die Gruft, legt sich dazu, trinkt das Gift und stirbt. Laurence kommt, Balthasar erzählt ihm, Romeo sei drinnen in der Gruft, er selber habe unter der Eibe schlafend geträumt, sein Romeo habe einen Fremden erschlagen. Laurence sieht jammernd das Unglück, Julia wacht auf, küßt Romeo giftsüchtig und ersticht sich. Wachen kommen. Der Prinz und die Capulets kommen, die Capulets jammern, Montague kommt und sagt, seine Frau sei diese Nacht Kummers gestorben wegen Romeos Verbannung; der Prinz holt aus Laurence, aus Balthasar und dem Knaben die ganze Geschichte heraus, und der Fürst, der auch, wie er sagt, zwei Verwandte bei dem allen verloren hat, gebietet allen Frieden.

Finis Escalus, Paris, Montague, Capulet, Romeo, Mercutio, Benvolio, Tybalt, Laurence, John, Balthasar, Sampson, Gregory, Peter, Abraham, Gräfin Montague, Gräfin Capulet, Julia, Capulets Onkel, Julias Amme, Apotheker, Musikanten, Pagen, Wachen, Polizisten, Küchenpersonal, Fackelträger, Ballgäste, Bürger. – Verona und Mantua.

Rosalind, in ›Wie es euch gefällt‹ Tochter des verbannten Herzogs, Busenfreundin ihrer Base Celia, im Ardenner Wald als Ganymede: liebenswürdigstes aller Mädchen, und wäre man der liebenswürdigste aller Männer, dann würde man sie kriegen, wie jetzt Orlando; daß Jaques sie mag, als sie Ganymede ist, ist mehr, als Orlandos verdienen: Aber es geht ja auch nur die Rosalind etwas an, die uns gefällt, da wir keine Orlandos sind.

Rosencrantz, in ›Hamlet‹ alter Schulkamerad Hamlets, wie Guildenstern. Zwei zwar mißbrauchte Typen, aber sie haben sich selber zum Mißbrauch ausgebildet, in ihrer smarten Dußlichkeit: Sie belächeln alle, die keine Aktenköfferchen haben, und doch ist in ihnen nichts drin, als das eigene Todesurteil; sie denken systemkonform: *»The single and peculiar life is bound, / with all the strength and armour of the mind, / to keep itself from noyance; but much more / that spirit upon whose weal depends and rests / the lives of many. The cess of majesty / dies not alone, but like a gulf doth draw / what's near it with it; or it is a massy wheel, / fixed on the summit of the highest mount, / to whose huge spokes ten thousend lesser things / are mortised and adjoined; which, when it falls, / each small annexment, petty consequence, / attends the boisterous ruin. Never alone / did the kind sigh, but with a general groan:* Es ist die Privatpflicht eines jeden Menschen, alle Kräfte seines Verstands dazu anzustrengen, sich selbst vor Schaden zu bewahren; aber vielmehr ist es eine Pflicht desjenigen Geistes, der die Seele des ganzen Staatskörpers ist, und von dessen Wohl das Leben so vieler andern abhängt. Der Tod eines Königs ist nicht der Tod eines einzigen, sondern zieht, wie ein Strudel alles, was ihm nahe kommt, in sich. Er ist wie ein Rad, das von dem Gipfel des höchsten Bergs heruntergewälzt, unter seinen ungeheuren Speichen tausend kleinere Dinge, die daran hangen, zertrümmert. Ein König seufzt nie allein; wenn er leidet, leiden alle« (Wieland); aber das System, für das sie denken, könnte auch ein ganz anderes sein; vielleicht könnten sie sogar zu der Ahnung kommen, daß jedes System sie nur benutzt und verachtet: Aber sie müßten weitermachen, denn in ihnen ist keine anarchistische Energie; man sieht auch, was aus Schulkameraden werden kann.

S

Saturninus, sehr unangenehmer und durchaus nichtswürdiger Charakter aus dem ›Titus Andronicus‹: streitsüchtig, tyrannisch und mit Ansätzen von Verfolgungswahn; Kaisersohn, wütet er von Anfang an gegen alle, die er zwischen sich und dem Thron sieht; kaum Kaiser, umbuhlt er die Gotenkönigin; selber bloß tobend und Macht ohne eigene Substanz, ist er das schneidende Werkzeug Tamoras bei der Ausrottung der Familie Andronicus; wird schließlich von Lucius erstochen, nachdem er selber den alten Titus erstochen hat.

Scarus, in ›Antonius und Kleopatra‹ ein Freund des Antonius; voll Wut berichtet er, wie Kleopatra (*»yon ribaudred nag of Egypt:* Eure verhurte Schindmähre von Ägypten«) aus der Schlacht bei Actium mit ihren Schiffen geflohen sei, und hinter ihr her (*»the noble ruin of her magic:* der edle Ruin ihrer Zauberei«, Wieland) Antonius.

Sebastian, in ›Was ihr wollt‹ ein junger Gentleman aus Messaline (hat sich vorher Roderigo genannt), Bruder Violas und in denselben Schiffbruch verwickelt wie sie; von Antonio gerettet, dem er nun mit jener Höflichkeit begegnet, den große Herren haben mögen, wenn sie nichts mehr haben und sind in einer unbekannten Welt: Es ist die traurigste und distanzierendste aller Höflichkeiten, die größte, die es gibt; als er allein sein will, sagt er zu Antonio: *»My stars shine darkly over me; the malignancy of my fate might, perhaps, distemper yours; therefore I shall crave of you your leave that I may bear my evils alone. It were a bad recompense for your love, to lay any of them on you:* Meine Sterne scheinen dunkel über mir; der mißgünstige Einfluß meines Schicksals möchte auch das Eurige anstecken; erlaubt mir also, daß ich mich von Euch beurlaube, um mein Unglück allein zu tragen. Es würde eine schlechte Belohnung für Eure Freundschaft sein, wenn ich Euch auch nur den kleinsten Teil davon auflegen wollte«, und wunderbar sagt er von Viola: »*A lady, sir, though it was said she much resembled me, was yet of many accounted beautiful: but, though I could not with such estimable wonder overfar believe that, yet thus far I will boldly publish her: she bore a mind that envy could not but call fair:* Eine junge Dame, mein Herr, welche, ob man gleich eine sonderbare Ähnlichkeit zwischen ihr und mir finden wollte, doch von vielen für schön gehalten wurde; und wenn ich gleich über diesen Punkt nicht zu leichtgläubig sein möchte, so darf ich hingegen kühnlich von ihr behaupten, daß sie ein Gemüte hatte, das der Neid selbst nicht anders als schön nennen könnte« (Wieland); in manchen Zügen erinnert er an den venezianischen Kaufmann Antonio, hat aber angenehm weltlichere Züge; als ihn später sein Antonio wieder trifft, sagt er, sonderbar wie jener Antipholus im fremden Ephesus, vergleichbar auch in der leichten Schwermut: »*I am not weary, and 'tis long to night. / I pray you, let us satisfy our eyes / with the memorials and the things of fame / that do renown this city:* Ich bin nicht müde, und es ist noch lange hin, eh es Nacht wird. Ich bitte dich, laß uns unsre Augen mit den Denkwürdigkeiten und den Seltenheiten ergötzen, welche diese Stadt berühmt machten«; und wie ein Träumender kommt er sich vor, als Olivia ihn sich fängt: »*What relish is in this? how runs the stream? / or I am mad, or else this is a dream. / Let fancy still my sense in Lethe steep; / if it be thus to dream, still let me sleep:* Wie soll ich das alles verstehn? Wovon ist hier die Rede? Entweder bin ich verrückt, oder das alles ist ein Traum. Immer mag die Phantasie mein Gefühl in den Lethe tauchen; wenn ich so träumen soll, so möcht ich unaufhörlich schlafen« (Eschenburg).

Sextus, Bruder des Gnaeus, Sohn des Pompejus, in ›Julius Cäsar‹ vor Beginn des Stücks von Cäsar geschlagen: daher der Triumphzug. Sextus ist dann jener Pompejus, der in ›Antonius und Kleopatra‹ eine Rolle spielt, siehe Pompejus.

Seyton, in ›Macbeth‹ ein Offizier aus Macbeths Gefolge, muß seinem Herrn die Rüstung bringen und dann die Nachricht vom Tod der Lady; auf diese Nachricht hin spricht Macbeth: »*She should have died hereafter; / there would have been a time for such a word. – / To-morrow, and to-morrow, and to-morrow / creeps in this petty pace from day to day / to the last syllable of re-*

corded time; / and all our yesterdays have lighted fools / the way to dusty death. Out, out, brief candle! / Life's but a walking shadow; a poor player, / that struts and frets his hour upon the stage / and then is heard no more; it is a tale / told by an idiot, full of sound and fury, / signifying nothing: Sie hätt ein andermal sterben sollen; es würde wohl einmal die Zeit zu dieser Nachricht gekommen sein – morgen und morgen und morgen, kriecht mit diesen kurzen Schritten von einem Tage zum andern fort, bis an die letzte Silbe der uns bestimmten Zeit; und alle unsre Gestern haben Narren zum staubbedeckten Tode hingeleuchtet. – Aus, aus, kurzes Licht! Leben ist nur ein wandelnder Schatten, ein armer Schauspieler, der seine Stunde lang auf der Bühne groß tut und tobt und hernach nicht weiter gehört wird. Es ist ein Märchen, von einem Dummkopf erzählt, voll Schall und Bombast, aber ohne Bedeutung« (Eschenburg).

Shylock, im ›Kaufmann von Venedig‹ der finstere Schurke, welcher, obgleich er viele Gründe zu Rache und Verbitterung hat, doch grundlos Rache will, weil alles, was wahr sein könnte, in seiner alles gleichmachenden Reduzierung auf's Geld unwahr wird; seine Liebe zu Jessica, sein Schmerz, seine Trauer, seine Geschlagenheit: Alles dies hat eine so unmittelbare Wirkung, weil es sich bei ihm als reiner Affekt darstellt, grundlos. Bei anderen Leuten mildern die Gründe schon die Affekte, bei ihm zerstören sie sie sogleich, und ihr Leuchten ist nur ihre Grundlosigkeit: Er ist die reine Maske aller Gefühle; es ist wahr, daß die Welt, an welcher er scheitert, jene ist, die es niemals nötig hatte, zu sein wie er; es ist aber ebenso wahr, daß er diese Welt zugrunde richten will, bloß weil sie gar nicht erst wollen muß, was er allein will; es gibt da wohl keine Vermittlungen, und die Schwermut Antonios bleibt so in sich selber wie die Störbarkeit Belmonts; nur Venedig hat alles.

Sicilius Leonatus, in ›Cymbeline‹ Vater des Posthumus und zweier anderer Söhne, die lange vor dem Stück gegen die Römer gefallen sind; alter Freund und Kriegskamerad des Römers Philario; gestorben vor Kummer über den Tod der beiden anderen Söhne, bevor Posthumus auf die Welt kam; erscheint später, samt Frau und Söhnen, dem Posthumus im Schlafe.

Silvia, in den ›Zwei Herren aus Verona‹ die müßig-schöne Fürstentochter, die sich ebenso schnippisch, wie anmutig in den herangereisten Valentine verliebt und alle dummen Anbeter kühl und den intriganten Anbeter Proteus (der Echtheit seiner Liebe ungeachtet) furios abschmettert: Sie verachtet ihn so, daß sie ihm ihr Porträt hinwirft, sich daran zu weiden; trifft sich, ehe sie wie Julia dem Geliebten nachreist (sie dem weggeschickten, Julia dem weggegangenen), mit einem Gentleman in einem Kloster: Und beichtet so alles, ehe sie's tut; sieht sonst der Julia so ähnlich, daß diese, sie beide und Proteus angehend, sagen kann: »*What should it be that he respects in her, / but I can make respective in myself, / if this fond Love were not a blinded god?:* Ich kann nicht sehen, was er Schönes an ihr sieht, das er nicht auch an mir finden könnte, wenn Amor nicht blind wäre« (Wieland).

Silvius, in ›Wie es euch gefällt‹ ein junger, in Phebe verliebter Schäfer, mit dem alten Corin befreundet; soll eigentlich, sagt Corin, die Ländereien von Corins geizigem Boss Carlot kaufen; muß sich von Phebe verspotten lassen, muß dann einen Liebesbrief Phebes an Rosalind überbringen; Rosalind hat kein Mitleid mit ihm: »*Wilt thou love such a woman? What, to make thee an instrument, and play false strains upon thee:* Solch ein Weibsbild kannst du lieben? Was, dich zu einem Instrument zu machen und falsche Stückchen auf dir zu spielen?« (Wieland). Am Ende, als Phebe Rosalind nicht will, weil diese doch kein Mann ist, nimmt sie Silvius, und Jaques wünscht ihm ein langes wohlverdientes Bett.

Simonides, in ›Perikles‹ König von Pentapolis, Vater der Thaisa; ein außerordentlich jovialer Herr, Freund von Musik, Tanz und schönen Frauen und darauf bedacht, seiner schönen Tochter rasch einen angenehmen jungen Mann ins Bett zu legen; als Perikles ganz am Ende von Thaisa hört, Simonides sei tot, ruft er schön: »*Heavens make a star of him!:* Der Himmel mache sich einen Stern aus ihm.«

Siward, der junge, Siwards Sohn, fällt in ›Macbeth‹ bei Dunsinane, von Macbeth erschlagen; seines Vaters Kommentar zu seinem Tode, nachdem gesagt worden ist, der junge Mann habe seine Wunden vorn im Kopf und nicht hinten, ist erst dieser:

»Why then, God's soldier be he! / Had I as many sons as I have hairs, / I would not wish them to a fairer death: / and so his knell is knoll'd: Nun denn, so sei er Gottes Kriegsmann! Hätt ich so viel Söhne, als ich Haare habe, so wollt ich ihnen keinen schönern Tod wünschen. Das sei sein Sterbegeläute«; und dann, als Malcolm immerhin meint: *»He's worth more sorrow, / and that I'll spend for him:* Er verdient eine größere Trauer, und die will ich für ihn besorgen«, dieser: *»He's worth no more; / they say he parted well and payed his score; / and so, god be with him:* Er verdient nicht mehr. Man sagt, er ging davon, wie sich's gehört, und bezahlte seine Rechnung. Nun, Gott sei mit ihm« (Eschenburg).

Sly, Christopher (Schlau bei manchen Übersetzern), ein Kesselflicker aus Burton-heath, der sich im Vorspiel zu ›Der Widerspenstigen Zähmung‹ in einer Kneipe auf der Heide so gräßlich betrinkt, daß der Lord, der dazukommt, sagen zu müssen glaubt: *»O monstrous beast! how like a swine he lies! / Grim death, how foul and loathsome is thine image!:* Das schändliche Vieh! Wie eine Sau liegt er da! Grauser Tod, wie häßlich und widerlich ist dein Bild!« (Eschenburg); von ferne erinnert er sich noch an seine Freunde Stephen Sly, John Napes of Greece, Peter Turph, Henry Pimpernell, an die Bierwirtin Marian Hakket, an deren Tochter, die Magd Cicely, und an Simon, den Bierzapfer; dann spielen sie ihm das Spiel vor.

Somerset, in ›Heinrich VI./1‹ der erste Pflücker einer roten Rose, also der erste Gegner Plantagenets und Warwicks, also Freund Suffolks; mißtraut dem Kardinal Winchester, ist eher auf Seiten Gloucesters und will Protector werden wie sein Vetter Buckingham – **Somerset:** in ›Heinrich VI./2‹ erschlägt ihn der junge Richard Plantagenet.

Somerset, Earl, in ›Heinrich VI./3‹, verläßt mit Clarence Edward, als diesem, nachdem er Bona verschmähend Lady Grey genommen hat, die Kriegserklärung Ludwigs und vor allem der Abfall Warwicks per Botenpost ins Haus kommt.

SOMMERNACHTSTRAUM I Theseus von Athen und Hippolyta bereiten ihre Hochzeit vor, da kommt Egeus mit der Klage, seine Tochter Hermia wolle nicht den Demetrius, dem er sie versprochen habe, sondern einen gewissen Lysander heiraten; Hermia bekennt ihre Liebe zu Lysander und daß sie Demetrius nicht nehmen werde; Lysander sagt, Demetrius sei eigentlich doch in Helena verliebt gewesen. Theseus erklärt das Recht des Vaters für das bessere und gibt Hermia Bedenkzeit bis zu seiner Hochzeit. Lysander und Hermia verabreden daraufhin für die nächste Nacht die Flucht zu einer Verwandten von ihm und ein Treffen zu dieser Flucht in einem nahen Wald. Das erzählt Hermia ihrer Freundin Helena, die darüber weint, daß Demetrius, den sie liebt, nur Augen für Hermia habe. Helena wieder will das alles dem Demetrius berichten. Anderswo treffen sich die athenischen Handwerker unter Leitung von Peter Squenz und mit dem vorlauten Zettel, um für die Feiern zur herzoglichen Hochzeit ein Stück von Pyramus und Thisbe einzuüben.

II Im Wald erzählt Puck einer Fee vom Streit zwischen Titania und Oberon: Titania habe am Indus einem König einen schönen Knaben geraubt, den aber Oberon haben wolle; seither träfen die beiden sich nicht mehr, und alle Elfen hätten Angst. Die Fee erkennt nach diesen Reden in Puck den wilden Hobgoblin, und er sagt, er sei wirklich dieser neckende Nachtgeist. Oberon und Titania treffen sich jetzt; Titania wirft Oberon vor, er sei nur hierher nach Athen gekommen, um mit Hippolyta noch einmal zu schlafen, er repliziert, sie sei bloß scharf auf Theseus. Sie beklagt sich über sein Schmollen: Die ganze Natur sei in Unordnung geraten deswegen; er sagt, er wolle ja nur den Knaben haben, dann sei alles wieder gut; und sie erzählt von ihrer Freundschaft mit der verstorbenen Mutter des Knaben und sie gäbe ihn nicht her. Oberon ruft den Puck: Er solle jene Blume bringen, deren Saft, aufs Auge gegossen, die Kraft habe, verliebt zu machen in das, was dem aufgeschlagenen Auge zuerst begegne; damit wolle er Titania behandeln: *»The next thing then she waking looks upon, / (be it on lion, bear, or wolf, or bull, / on meddling monkey or on busy ape) / she shall persue it with the soul of love: / and ere I take this charm from off her sight, / (as I can take it with another herb) / I'll make her render up her page to me:* Das nächste Ding, worauf sodann erwachend ihr Auge ruht, sei's Löwe oder Bär, Wolf oder Stier, Waldteufel oder Affe, wird sie mit Sehnsucht, mit dem Geist der Liebe verfolgen. Nimmer will ich diesen Zauber von ihren Augen nehmen, (wie ich's kann), bis sie den Knaben mir bewilligt hat.« Im selben Wald indes beschimpft Demetrius, welcher der Hermia und dem Lysander folgt, Helena, die ihm folgt; Oberon, der das sieht, gibt Puck den Auftrag, mit dem Blumensaft, den dieser gerade bringt und von dem er selber Titania geben will, die Augen eines jungen Atheners zu bestreichen, den ein Mädchen vergebens liebe – er meint Helena und Demetrius. Die Feen singen ihrer Königin ein Schlaflied, Oberon bezaubert sie mit dem Blumensaft. Lysander und Hermia im Walde scherzen liebend: Sie sind müde und wollen beieinander liegen, aber nicht zu sehr. Puck, auf der Suche nach dem athenischen Jüngling, kommt vorbei und bezaubert irrend Lysander. Helena, von Demetrius alleingelassen, findet die beiden Schlafenden: Lysander wacht auf und verliebt sich in Helena. Die fühlt sich bloß verhöhnt von noch einem Mann, aber Lysander läßt Hermia liegen; die erwacht aus einem bösen Traum und findet sich allein.

III Die Handwerker im selben Wald reden über ihr Stück und probieren. Puck kommt spottend dazu, zaubert Zettel einen Eselskopf an, und vor diesem rennen alle Schauspieler davon. Titania erwacht, sieht den eselköpfigen Zettel und verliebt sich in ihn und holt ihre Feen zu seiner Aufwartung. Puck berichtet das alles dem Oberon, und der ist zufrieden. Demetrius und Hermia kommen vorbei, sie wirft ihm vor, er habe Lysander erschlagen: »*Out, dog! out, cur! thou driv'st me past the bounds / of maiden's patience:* Weg, Hund, hinweg! Du treibst mich aus den Grenzen der weiblichen Geduld.« Demetrius schläft ermattet ein, Oberon klagt Puck wegen seines Irrtums an: »*What hast thou done? thou hast mistaken quite, / and laid the love-juice on some true-love's sight: / of thy misprision must perforce ensue / some true-love turn'd, and not a false turn'd true:* Was tatest du? Du hast aus Mißverstand auf irgendeiner treuen Liebe Augen den Zaubersaft gelegt; nun macht dein Irrtum die treue Liebe falsch und nicht die falsche treu.« Er schickt Puck rasch nach Helena, gießt Blumensaft auf Demetrius' Augen, Puck kommt mit Lysander und Helena (»*Lord, what fools these mortals be!:* Herr! welch ein albern Volk sind diese Sterblichen!«). Demetrius wacht auf und sieht Helena, welcher Lysander gerade Liebesschwüre macht; nun stimmt Demetrius mit ein, und Helena fühlt sich doppelt von den widerlichen Männern beleidigt: Sie glaubt an ein abgekartetes Spiel. Hermia kommt dazu; Lysander sagt, er liebe Helena, diese sieht sich nun auch noch von Hermia verraten, die sie mit im Schmähbunde glaubt: »*If you have any pity, grace, or manners, / you would not make me such an argument:* Wenn Ihr ein fühlend menschlich Herz, ja nur Manieren hättet, würdet Ihr aus mir den Inhalt eines solchen Spiels nicht machen.« Lysander beschimpft Hermia, Hermia beschimpft Helena (»*O me! you juggler! you canker bossom! / you thief of love! what, have you come by night / and stolen my love's heart from him?:* Weh mir! — du Taschenspielerin, wurmstichige Blume, du Liebes-Diebin, kamst du bei der Nacht, mir meines Freundes Herz hinweg zu stehlen?«), Helena wehrt sich und sagt, Hermia sei ein bißchen klein. Lysander will Hermia wegjagen, Demetrius will sich mit Lysander um Helena schlagen. Oberon befiehlt Puck, Nacht werden zu lassen und die beiden streitenden Männer irrezuführen, bis sie einschlafen und dann auf Lysanders Auge das lösende Kraut zu tun; er selber wolle zu Helena. Lysander und Demetrius laufen geäfft irre und schlafen ein, Helena schläft ein, Hermia schläft ein, Puck gießt Saft auf Lysanders Augen.

IV Titania tändelt mit Zettel, Oberon löst den Bann von Titania und schläfert Zettel mit Musik ein. Dann gehen beide ab, und Titania sagt, Oberon solle ihr das alles erklären. Theseus, Hippolyta und Egeus kommen in den Wald und finden die vier Schlafenden. Egeus fordert wieder sein Vaterrecht, Theseus läßt sich von den Männern die ganze Geschichte erzählen, dann gehen der Herzog und alle weg, die vier sind noch ganz benommen. Demetrius sagt: »*Are you sure / that we are awake? It seems to me / that yet we sleep, we dream:* Mich dünkt's, wir schlafen, träumen noch.« Zettel wacht allein auf und spricht zu sich, er habe einen ungeheuren Traum gehabt. In der Stadt haben die Handwerker sich getroffen, Zettel kommt dazu, erzählt aber nichts von dem Traum.

V Theseus und Hippolyta rätseln über die erzählten Sachen; er sagt: »*The poet's eye, in a fine frenzy rolling, / doth glance from heaven to earth, from earth to heaven; / and, as imagination bodies forth / the forms of things unknown, the poet's pen / turns them to shapes and gives to airy nothing / a local habitation and a name:* Des Dichters Aug in feinem Wahnwitz rollend blitzt von der Erde zum Olymp, vom Himmel zur Erd; und wie die Phantasie Gestalten von unbekannten Dingen ausgebiert, so bildet sie sein Kiel und gibt dem lüftigen Unding Verbindung, Ort und Zeit und einen Namen«; darauf sie: »*But all the story of the night* *told over, / and all their minds transfigur'd so together, / more witnesseth than fancy's images / and grows to something of great constancy; / but, howsoever, strange and admirable:* Doch diese ganze Nachtgeschichte mit ihren Folgen, dieser wunderbaren Verwandlung ihrer Seelen, zeugt von mehr als Dichtungen der Phantasie und wächst zu etwas, das zusammenhängend ist, und doch darum nicht minder unbegreiflich.« Die vier Liebenden kommen dazu, Theseus will die lange Zeit durch ein Schauspiel gekürzt sehen und verlangt, trotz der Einrede des Hofmeisters, Pyramus und Thisbe. Das schöne Stück mit Wand und Löwe und Mondschein, von den Zuschauern hübsch und herrschaftlich kommentiert, wird gespielt, Pyramus bringt sich um, Thisbe bringt sich um, und Theseus verbittet sich am Ende jeden Epilog: *»The best in this kind are but shadows; and the worst are no worse, if imagination amend them:* Das Beste in dieser Art ist nur Schatten; und das Schlechteste ist nicht schlechter, wenn ihm die Einbildungskraft nachhilft«; auch keine Entschuldigung will er: *»For when the players all are dead, there need none to be blamed. Marry, if he that writ it had played Pyramus and hanged himself in Thisbe's garter, it would have been a fine tragedy: and so it is, truly; and very notably discharged:* Denn wenn die Schauspieler alle tot sind, so hat man nicht nötig, jemand zu tadeln. Wahrhaftig, wenn der Autor dieses Stücks den Pyramus gemacht und sich selbst an Thisbes Strumpfband erhenkt hätte, so wäre es eine feine Tragödie gewesen; und das ist es auch, in der Tat, und auf eine recht merkwürdige Art vorgestellt« (Wieland). Die Nacht sei da, und vierzehn Feiertage stünden noch an. Puck, Oberon und Titania scheuchen die Elfen durchs Hochzeitshaus.

Finis Theseus, Egeus, Lysander, Demetrius, Philostrate, Squenz, Schnock, Zettel, Flaut, Schnauz, Schlucker, Hippolyta, Hermia, Helena, Oberon, Titania, Puck, Bohnenblüte, Spinnwebe, Motte, Senfsamen, Pyramus, Thisbe, Löwe, Mondschein, Wand, Hund, Elfen, Hunde. – Athen und ein Wald in der Nähe.

Stafford, in ›Heinrich IV./1‹ ein königlicher Krieger, welcher, wie der König gekleidet, von Douglas, der den König sucht, schon erschlagen worden ist, als Douglas auf Blunt stößt, der auch wie der König gekleidet ist; ihn erschlägt Douglas ebenfalls, wie offenbar vorher schon einen gewissen Shirley; als

Henry Percy, der dazukommt, Douglas auf den Trick mit den gleichen Kleidern aufmerksam macht, sagt Douglas wütend: »*Now, by my sword, I will kill all his coats; / I'll murder all his wardrobe piece by piece, / until I meet the king:* So will ich, bei meinem Schwert, alle seine Kleider umbringen, seine ganze Garderobe, Stück für Stück, bis ich ihn selbst antreffe« (Wieland).

Stephano, stets saufender und stets trunkener Schiffssteward auf Prosperos Insel im ›Sturm‹, schmiedet mit Trinculo und vor allem mit Caliban den Plan zur Ermordung Prosperos: Stephano soll König werden, und Caliban will ihn anbeten; hat Lieder mit lausigen Melodien, wie er zugibt.

STURM **I** Besatzung und Passagiere eines Schiffs erleben dessen Scheitern im Sturm. Auf der Insel reden Prospero und Miranda über den Sturm, und Prospero versichert, keinem vom Schiff sei etwas geschehen; er erzählt ihr, daß er den Sturm veranlaßt hat, daß er der Herzog von Mailand war, daß sein Bruder zusammen mit Alonso ihn vertrieben und sie beide ausgesetzt hat, und daß die Leute im Schiff eben diese seine Widersacher waren; Miranda schläft ein, Ariel erzählt, was er mit Schiff und Leuten gemacht hat; er mahnt Prospero an die versprochene Freiheit, Prospero hält ihm die Vergangenheit vor und fordert noch zwei Tage von ihm; Miranda wacht auf, Prospero befehligt Caliban, beide halten sich die Vergangenheit vor und beschimpfen einander, aber Caliban muß gehorchen; der unsichtbare Ariel singt Ferdinand ein Lied und lockt ihn damit zu Miranda: Die beiden sind gleich voneinander angetan, und Prospero freut sich, will aber Ferdinand noch auf die Probe stellen, beschuldigt ihn der Spionage, und als Ferdinand zieht, bezaubert und entkräftet er ihn: Ferdinand ist alles zufrieden, wenn nur Miranda in der Nähe bleibe, und Miranda tröstet ihn über ihres Vaters Charakter.

II Die gestrandeten Neapolitaner unterhalten sich mehr oder weniger witzig; ihr Reisezweck, so erfährt man, war die Verheiratung von Alonsos Tochter in Tunis, von dort kommen sie jetzt; ein Höfling versucht Alonso wegen Ferdinands Schicksal zu beruhigen, die Bösen Antonio und Sebastian halten nichts davon, und der kauzige alte Gonzalo entwirft Utopien; Ariel, unsichtbar, singt, alles schläft ein, endlich auch Alonso; nur Sebastian und Antonio wachen, sie reden über eine Ermordung Alonsos, sind nah daran, sie auszuführen, als Ariel unsichtbar Alonso weckt, indem er ihm ins Ohr singt; alles wacht auf, und die beiden Bösen, schon mit dem bloßen Degen, versuchen sich herauszureden. Caliban, woanders, verflucht sein Dasein; Trinculo von der Besatzung des Schiffes, irrt herum und krabbelt in einem Gewitter unter Calibans Mantel; Stephano vom Schiff, kommt singend und trinkend dazu, redet mit Caliban, gibt ihm Wein, Trinculo erwacht, sie erkennen sich; Caliban, trinkend, will Stephanos Knecht werden, ihm alles zeigen, ihm gehorchen und singt.

III Ferdinand, gefangen bei Prospero, schleppt Holz; Miranda und er erklären sich ihre Liebe, Prospero ist zufrieden, hat aber noch zu tun. Caliban erzählt Stephano und Trinculo von Prospero und daß sie ihn töten müßten; Ariel, unsichtbar, hört zu und mischt sich störend so ein, daß die beiden anderen Trinculo prügeln; sie machen einen Mordplan, dann führt Ariel sie alle mit einer bannenden Melodie ab. Die Passagiere sind ermüdet, Sebastian und Antonio denken weiter an ihren Mordplan; Geister bauen vor allen eine Tafel mit Speisen auf, dann läßt Ariel als Harpyie die Speisen verschwinden, die Geister tragen die Tafel weg, alles unter Prosperos Augen, den keiner sieht; Ariel redet dabei, für die anderen unhörbar, mit den drei Sündenmännern (Alonso, Sebastian, Antonio), die ziehen ab und sind dann wie in einem starren Wahn.

IV Prospero sagt den beiden Liebenden, er sei zufrieden mit Ferdinand und sie könnten sich haben, wenn sie noch standhaft blieben: Ferdinand verspricht das, und Ariel mit seinen Untergeistern führt auf Prosperos Geheiß ein Spektakel auf, worin Iris, Ceres und Juno sich gegen Venus und für eine glückliche Ehe aussprechen, danach tanzen noch Najaden mit Schnittern; Ariel erinnert Prospero an den Mordanschlag, der ist verstört und erklärt den Liebenden die Ähnlichkeit von Zauber und Leben: »*We are such stuff / as dreams are made on; and our little life / is rounded with a sleep:* Wir sind solches Zeug, woraus Träume gemacht werden, und unser kleines Leben endet sich in einen Schlaf«; Ariel berichtet, daß er die drei idiotischen Mörder hinters Haus gebannt habe und legt ihnen als Köder jetzt glänzende Kleider hin; die kommen, nehmen die Kleider, Caliban verflucht sie, denn er durchschaut die Sache, und dann kommen Geisterhunde und hetzen sie.

V Prospero hat noch einmal die Zaubertracht an, Ariel berichtet vom Elend der gebannten neapolitanischen Bösen; Prospero verspricht sie aus dem Bann zu lösen und schwört in einer Rede an die ihm untertanen Elfen vom Zaubern ab; alle kommen, Prospero rekapituliert in Andeutungen ihre Vergehen und Gonzalos Hilfe damals bei der Aussetzung; dann läßt er sich von Ariel in den einstmaligen Herzog von Mailand umkleiden, der er war; nun soll Ariel als letzten Dienst das Schiffsvolk noch holen, Ariel singt und sagt: *I drink the air before me, and return / or ere your pulse twice beat:* Ich trinke die Luft vor mir und bin wieder da, eh euch der Puls zweimal schlägt«; Prospero gibt sich jetzt allen Entbannten zu erkennen, redet mit Alonso zweideutig über dessen Sohn und seine Tochter, deutet sein Geschick von damals an; dann sieht alles Miranda und Ferdinand schachspielend dasitzen, und Gonzalo resumiert alles dankbar; Ariel hat mittlerweile das Schiff instandgesetzt und die Besatzung hergebracht, dann treibt Ariel die idiotischen Bösen her, Caliban gibt seine Dummheit zu; Prospero lädt alle ein zum Erzählen über die Nacht, dann am Morgen soll es nach Neapel gehen, bei gutem Wind, für den Ariel sorgen soll: *»My Ariel, chick, / that is thy charge: then to the elements / be free, and fare thou well:* Mein Ariel, das ist deine letzte Arbeit; dann kehr auf immer frei in dein Element zurück und lebe wohl« (Wieland). In einem Epilog bittet Prospero die Zuschauer um ihre Gebete für ihn, der jetzt nicht mehr zaubern kann.

Finis Alonso, Sebastian, Prospero, Antonio, Ferdinand, Gonzalo, Adrian, Francisco, Caliban, Trinculo, Stephano, Miranda, Ariel, Iris, Ceres, Juno, Najaden, Schnitter, Geister, Schiffspatron, Bootsmann, Matrosen. – Auf dem Meer, auf einer Insel.

Suffolk, eigentlich William de la Pole, in ›Heinrich VI./1‹ der, der nach Somerset die zweite rote Rose pflückt; nimmt dann vor Angers die Französin Margaret gefangen, Reigniers Tochter, lockt sie mit hübschen, eigennützigen Versprechungen und bringt sie seinem König Heinrich. – **Suffolk,** hat in ›Heinrich VI./2‹ Margaret für den König gefreit und intrigiert mit allen anderen gegen Eleanor; mordet mit Plantagenet und Winchester Gloucester, wird von Salisbury und Warwick soweit entlarvt, daß Heinrich ihn verbannen muß; nimmt einen großen Abschied von seiner geliebten Margaret, dann wird er von dem Piraten Walter Whitmore umgebracht.

Sycorax, im ›Sturm‹ jene böse alte afrikanische Hexe, die einst die Insel Prosperos beherrschte; schwanger von Schiffern hergebracht (sie soll aus Algier stammen), kam sie dann mit Caliban nieder, damals, als Ariel noch ihr Diener war; verstarb dann, und Prospero befreite den von ihr in einen Baum eingeklemmten Ariel; ihr Gott war Setebos, zu dem auch Caliban aufsieht.

T

Talbot, Lord, in ›Heinrich VI./1‹ ein kleingewachsener fürchterlicher Heerführer, Schrecken der Franzosen; die Gräfin von Auvergne schmäht ihn seines Körpers wegen: »*It cannot be this weak and writhled shrimp / should strike such terror to his enemies:* Es ist nicht möglich, daß dieser schwache und eingezogene Knirps seinen Feinden solchen Schrecken einjagen kann« (Eschenburg); er behält angesichts solcher Beleidigung seine Laune, man könnte sich vorstellen, daß Frauen seit langem schon außerhalb seiner Ideen liegen; von den Franzosen gefangen, gegen einen gewissen Ponton de Santrailles eingetauscht, nimmt er, Salisbury zu rächen, gegen den Dauphin und die Pucelle, deren geborener Feind er ist, Orleans ein; stirbt mit seinem Sohn John zusammen vor Bordeaux.

Talbot, John, Talbots Sohn in ›Heinrich VI./1‹, den Talbot liebt: »*Come, side by side together live and die; / and soul with soul from France to heaven fly:* Komm, leb und stirb an meiner Seite; und laß deine Seele mit der meinigen von Frankreich nach dem Himmel fahren«; »*Then follow thou thy desperate sire of Crete, / thou Icarus; thy life to mee is sweet: / if thou wilt fight, fight by thy father's side; / and, commendable proved, let's die in pride:* So folge denn deinem hoffnungslosen kretensischen Vater, du Ikarus, dein Leben ist mir teuer. Willst du denn durchaus fechten, so ficht an deines Vaters Seite, und wenn wir uns tapfer gehalten haben, so laß uns mit edlem Stolze sterben«; *...and in that sea of blood my boy did drench / his over-mounting spirit; and there died / my Icarus, my blossom, in his pride:* In einer See von Blut ertränkte mein Sohn seine empörte Rachgier; und da starb mein Ikarus, mein aufblühender Zweig, mit stolzer Ehre«; »*Come, come, and lay him in his father's arms: / my spirit can no longer bear these harms. / Soldiers, adieu! I have what I would have, / now my old arms are young John Talbot's grave:* Kommt, kommt, und legt ihn in die Arme seines Vaters;

meine Seele kann diesen Schmerz nicht länger ertragen. Lebt wohl, Soldaten. Ich habe nun, was ich wünschte, da meine alten Arme des jungen John Talbots Grab sind«: So sterben beide vor Bordeaux.

Tamora, im ›Titus Andronicus‹ gefangen nach Rom geführte, offenbar höchst attraktive Gotenkönigin, geil, rachedurstig und herrschsüchtig; Grund zur Rache, ist der Tod ihres Sohnes Alarbus unter den Schwertern der Söhne des Titus; ihre Herrschsucht hat Nahrung in der Furcht des rasch gewonnenen Gatten Saturninus vor der Sippe der Andronicus'; in ihrem Ehrgeiz ist sie hinreißend, im Zustand der Sättigung hat sie vermutlich etwas vulgäre Züge; so läßt sie ihre Söhne auf die römisch-reine Lavinia los und sucht ihren Beischläfer mit den Worten: *»Now will I hence to seek my lovely Moor, / and my spleenful sons this trull deflower:* Jetzt will ich gehen und meinen lieben Mohren aufsuchen; unterdes mögen meine rachbegierigen Söhne jene Metze schänden!« (Eschenburg); selber intrigant und gern verlogen, wäre sie denn wohl auch zu wirklich lockerer und heiterer Bosheit nicht leicht imstand, ohne diesen großen Beischläfer, den Mohren Aaron; zusammen mit ihm wird in ihr das Barbarische verlockender, als alles Rom; das Kind, mit dem sie im Palast niederkommt, ist schwarz: Wäre sie nicht angewiesen auf den Mohren, so würde sie ihn angesichts der Kinderschwärze im Kaiserbett im ersten Augenblick zweifellos verfluchen; stirbt durch Titus' Hand, nachdem Mohr und Kind verloren sind.

Tarquin, in ›Macbeth‹ vom Titelhelden in seinem großen Monolog mit dem eingebildeten Dolch genannt, und zwar als Bild der mörderischen Untat, welche durch die Nacht schleicht; an alten Vorbildern kommen Lucius Tarquinius Superbus in Frage, ein mörderischer Tyrann und der leicht sagenhafte letzte römische König (vor der Republik), sowie sein Sohn Sextus, der die schöne Lucretia geschändet haben soll (alles um ungefähr 500 vor Christus – im ›Titus Andronicus‹ ist von dieser Schändung anspielungsreich öfter die Rede –; seit diesen beiden Burschen hatten die Römer genug von Königen, fünfhundert Jahre lang: Und nicht zuletzt diese Stärke des politischen Gedächtnisses ist es, die den Römern die tiefe Bewunderung der Gebildeten, bis hin zu Wieland eingetragen hat): Letzterer ist bestimmt wenigstens mitgemeint, denn Shakespeare benutzt für seinen Tarquin das Wort *»ravishing«*, schänderisch. – **Tarquin,** der berüchtigte, böse, letzte König Roms vor den republikanischen guten Zeiten; an der letzten Schlacht gegen ihn soll, sagt Volumnia in ›Coriolan‹, auch ihr Sohn beteiligt gewesen sein; Fazit: sieben Wunden. – **Tarquin,** in ›Cymbeline‹, als er aus der Kiste in Imogens Schlafzimmer kommt, von Iachimo als leise Schleichender sinnreich mit sich selber verglichen: Tarquin schlich damals zu Lucretia und schändete sie, *our Tarquin,* wie Iachimo sagt.

Thaisa, in ›Perikles‹ die schöne Tochter des Simonides, die, nachdem sie Perikles in seiner rostigen Rüstung gesehen hat, keinen anderen mehr will, bloß ihn, und schnell; sie kriegt ihn und kriegt auf dem Schiff im Sturm ein Kind von ihm (Marina), scheint selber aber tot; wird bestattet, an Land gespült, wiederauferweckt von Cerimon, wird Priesterin zu Ephesus und am Ende wieder Gattin und Mutter, ja Schwiegermutter obendrein: So haben alle Leiden sich gelohnt, auch wenn man vielleicht sagen kann, daß ohne solche Umwege das Leben genau so glücklich hätte sein können, und also womöglich glücklicher: Außer für uns, denn wir hätten dieses Stück nicht – aber rechtfertigt das alles?

Thersites, Maulunhold der Griechen in ›Troilus und Cressida‹, anfangs der Narr des Ajax, später in Achills Besitz, Beschimpfer aller, heiligen Standes aber gewissermaßen: Als sein kleiner Patroclus ihn einen Lumpen nennt, weist Achill ihn mit den Worten zurecht: *»He is a privileged man:* Er ist ein privilegierter Mann« (Eschenburg). Thersites ist ein kluger Mann; daß er giftet, hängt bloß damit zusammen, daß er alle Vorurteile seines Zeitalters teilt und daß er sie beschmutzt sieht, weil auch er sie noch für Ideale hält; er ist der wahre Bruder des Achill, siehe denn also diesen. – **Thersites,** Unmensch der Griechen, verachtet von allen, aber dann kommt der Gleichmacher Tod, und so sagt in ›Cymbeline‹ Guiderius, als die drei im Walde Cloten eingraben müssen: *»Thersites' body is as good as Ajax', / when neither are alive:* Des Thersites Leichnam ist so gut, als der des Ajax, wenn beide tot sind« (Eschenburg), und Ajax war ein großer Held, wie immer alle wußten.

Theseus, dieser etwas gelangweilte, leicht blasierte und etwas dandyhafte, heiratende Herzog im ›Sommernachtstraum‹: *»What masques, what dances shall we have, / to wear away this long age of three hours / between our after-supper and bedtime... Is there no play, / to ease the anguish of an torturing hour?... How shall we beguile / the lazy time, if not with some delight?:* Was haben wir für Masken, was für Tänze, um diesen langen Zeitlauf von drei Stunden, vor Schlafengehn, hinwegzuscherzen?... Ist nicht ein Schauspiel da, die Pein von einer langen Stunde zu erleichtern?... Wie können wir die träge Zeit betrügen, wenn nicht durch irgendeine Lustbarkeit?«; nach dem Rüpelspiel sagt er: *»This palpable-gross play hath well beguil'd / the heavy gait of night:* Dieses handgreiflich-dumme Schauspiel hat uns doch den schweren Gang der Nacht unmerklich gemacht« (Wieland) – Theseus ist so ruhig, daß er die Wahrheit sagen kann.

Thyreus (eigentlich wohl Thyrsos), in ›Antonius und Kleopatra‹ ein Freigelassener des Octavius, den dieser zu Geheimverhandlungen nach Ägypten schickt: Thyreus soll Kleopatra von Antonius trennen; Antonius kommt dann dazwischen und läßt den Gesandten mißhandelt zurückschicken.

Timandra, in ›Timon von Athen‹ wie Phrynia eine Hure in der Begleitung des Alkibiades, als der im Wald Timon trifft; sie wünscht Timon an den Galgen, hört sich dann aber gern alles Böse aus Timons Mund an, als seine Hände Gold dazu geben.

Timon, Titelfigur in ›Timon von Athen‹, ein edler, großartiger Grieche, reich, beliebt: Aber ein Träumer, ein Halbblinder, der umfällt, als ihm die Wahrheit andeutungsweise offenbar wird; andererseits ist ihm die Wahrheit nicht ganz fremd: Sein Lob etwa für den Maler ist so doppelbödig, als durchschaute er alles unter ihm, oder genauer, als könnte und würde er's durchschauen, wenn er's für einmal aufgäbe, seine von allen gern akzeptierte großzügige Attitüde aufzugeben; seine Freundlichkeit ist vielleicht nur eine dünne Schicht über einer gefährlichen Einsamkeit; will er sein, der er gern wäre (und wovon er gern hätte, alle wären so), dann muß er freigebig und großzügig sein: Und so bricht er in dem Augenblick zusammen, in welchem er arm ist; jedoch ist nun die Welt noch schlimmer, als er je denken konnte (er ahnte sie bloß, er kannte die Bosheit nicht, er wollte sie nicht kennen), und so gerät er ganz außer sich; wenn er sich umbrächte, wäre seine Person gerettet, aber um den Preis einer scheinbaren Versöhnung (das wäre solch ein Selbstmord, der uns in Ruhe ließe und befriedigte); will er sich nicht umbringen, dann fällt er aber ins Extrem: Und wenn ihn vorher das schöne Selbstgefühl allen Urteils enthob, so gibt ihm jetzt die Selbstgerechtigkeit eine Verblendung ins Urteil, die ihn im Grunde ebenso halbblind macht; merkwürdig ist auch, daß er weder Frau noch Kinder hat: Er ist, als er noch schön ist, wohl nur die über Athen schwebende Illusion einer utopischen Kindheit der Humanität, ein Stück aus einem schönen Wandgemälde im pompejanischen Sommerhaus eines Bösewichts oder eines Gleichgültigen, und der Rest ist dann ein Kommentar über die Hausbewohner.

TIMON VON ATHEN **I** Ein Dichter, ein Maler, ein Kaufmann und ein Juwelier, antichambrieren bei Timon, Senatoren kommen, die Künstler unterhalten sich lobend über ein Sujet. Timon gibt dem Diener des Ventidius Geld: Ventidius ist in Not geraten; dann verspricht er einem Diener eine Aussteuer, weil ein Athener, der sich bei ihm beklagt, dem Diener nicht die Tochter umsonst geben will. Timon lobt den Maler, findet den Juwelier zu teuer. Apemantus kommt und wütet gegen alles und alle. Alkibiades mit Freunden kommt zum Essen, zwei Lords kommen auch. Ventidius kommt zu Timon zum Bankett: Er hat vom Vater geerbt, aber Timon will das Geld nicht zurück und redet groß über die Freundschaft. Apemantus kommt ebenfalls zum Bankett, redet über das Mißtrauen, das man immer haben sollte und spricht ein Tischgebet darüber. Timon redet edel. Ein Cupido mit Tänzerinnen kommt zur Unterhaltung. Schließlich verteilt Timon Edelsteine an die Gäste. Andere Geladene, die nicht da waren, schicken durch Diener Geschenke. Timons Hausverwalter Flavius deutet an, daß Timon arm geworden ist durch zuviel Freigebigkeit. Man geht, und Apemantus, kein Geschenk wollend, warnt Timon vor den Schmeichlern.

II Ein wucherischer Senator schickt seinen Diener mit Schuldscheinen zu Timon; bei Timon trifft der Diener andere Diener mit ebensolchen Scheinen; Flavius und Timon versuchen sie abzuwimmeln. Apemantus mit einem Narren kommt, man scherzt über Geld und Sex. Flavius macht dem Timon die finanzielle Lage klar, Timon schickt alle seine Diener an alle seine Freunde um Geld; Flavius erzählt, daß er selber schon bei sämtlichen Senatoren war, aber vergeblich: Darauf schickt Timon zu den anderen Freunden.

III Lucullus, von Timons Diener Flaminius um Geld angegangen, meint, er habe Timon immer schon gewarnt, und will Flaminius Geld geben, damit er dem Timon sage, er, Lucullus, sei nicht zu Hause gewesen; Flaminius lehnt das ärgerlich ab. Auf der Straße reden drei Fremde auf Lucius ein und erzählen von Timons Verlegenheiten; als Timons Diener Servilius Lucius um Geld angeht, bedauert der: Er habe nichts. Die Fremden allein reden schlecht über ihn und finden, sie selber würden dem Timon gegeben haben. Sempronius, von einem Diener Timons ebenfalls um Geld gebeten, tut verletzt: Ihn hätte man als ersten fragen müssen, so als letzter gebe er nichts; der Diener flucht auf solche Haltung und beklagt das Ende der gastlichen Zeiten. Bei Timon treffen sich lauter Diener seiner Gläubiger und wollen Geld; Flavius schimpft auf ihre Herren, Servilius meldet ihnen, Timon sei krank. Timon zeigt sich fluchend, dann bittet er Flavius, alle Gastfreunde noch einmal zu einem Bankett zu laden. Im Senat soll ein Mann nicht ohne Verdienste zum Tode verurteilt werden; Alkibiades erhebt Einspruch, hält den Senatoren den Krieger entgegen, der auch töten dürfe; der Senat ist empört, verurteilt den Mann und verbannt Alkibiades aus Athen. Alkibiades will daraufhin gegen Athen zu Felde ziehen. Bei Timon trifft sich alles zum Bankett; Timon spricht ein sehr zweideutiges Tischgebet; als man die Schüsseln aufdeckt, ist warmes Wasser drin, das Timon allen ins Gesicht schüttet; dann wirft er sie hinaus.

IV Auf freiem Feld Timon allein, wünscht aller Welt und namentlich Athen das Schlimmste: Er selber wolle in den Wald und hassen. Flavius und die Diener Timons beklagen die Geschehnisse, Flavius teilt sein Geld mit ihnen, die Diener gehen, und Flavius will Timon suchen. Timon im Wald allein gräbt redend nach Wurzeln und findet Gold, das er böse beschreibt. Alkibiades kommt mit zwei Dirnen, erkennt den Timon nicht, fragt, wer er sei, und der antwortet: »*I am misanthropos, and hate mankind:* Ich bin Misanthropos und hasse das menschliche Geschlecht«; er erklärt seinen Glauben: »*Promise me friendship, but perform none: if thou wilt not promise, the gods plague* *thee, for thou art a man! if thou dost perform, confound thee, for thou art a man!:* Mir Freundschaft zu versprechen und keine zu halten. Wenn du mir keine versprechen willst, so verderben dich die Götter! Denn du bist ein Mensch; und wenn du sie hältst, so sollen sie dich gleichfalls verderben, denn du bist ein Mensch« (Wieland). Timon schmäht die Huren, sie ihn; Alkibiades will ihm Geld geben, aber er will's nicht, sondern gibt allen Gold, und die Huren finden ihn nett und wollen tun, was er will: Er will, daß sie allen Männern Verderben bringen; und Alkibiades soll allen auch Verderben bringen. Die drei gehen, Timon gräbt schimpfend weiter. Apemantus kommt; er meint, Timons Laune entspringe bloß dem gewechselten Glück; Timon dagegen meint, daß, wäre Apemantus nicht schon als Hund geboren, er schlimmer geworden wäre, als alle anderen; sie beschimpfen einander. Timon, sich allein glaubend, will bald sterben, redet das Gold vor ihm an; Apemantus, der das gesehen hat, weissagt, alle würden jetzt kommen, denn er werde von dem Gold erzählen. Drei Diebe kommen, die von einem Schatz gehört haben: Timon ermuntert sie derart in ihrem Tun, daß sie ihren Beruf aufgeben wollen. Flavius kommt, und Timon wird weich und nimmt ihn vom allgemeinen Fluch auf die Menschheit aus; Flavius will bleiben, aber Timon gibt ihm Gold und schickt ihn mit guten Ermahnungen zurück: Er solle allein bleiben und keinem Gutes tun.

V Der Dichter und der Maler kommen zu Timon, sie wollen dem wieder reich Gewordenen wieder schmeicheln; Timon lobt sie sehr zweideutig, dann nennt er sie Schufte und prügelt sie weg. Flavius kommt mit zwei Senatoren zu Timon, er sagt ihnen, daß sie vergeblich mit Timon reden werden; sie beginnen ihm zu schmeicheln und wollen ihn nach Athen zurückholen, vor allem jetzt, wo Alkibiades der Stadt droht; Timon sagt, das sei ihm gleich, was Alkibiades mit Athen mache, er habe auch schon seine Grabschriften geschrieben; sein Trost an die Athener, sagt er ihnen, sei ein Baum hier: An dem könne sich rasch noch jeder, eh er ihn fällen werde, aufhängen. Ein Bote meldet einigen Senatoren das Herannahen des Alkibiades mit seinem Heer; er wisse auch, daß Alkibiades an Timon geschrieben habe, der solle mitgehen gegen Athen, denn auch seinetwegen ein bißchen gehe ja er. Ein Soldat findet statt Timon ein Grab und nimmt, da er nicht lesen kann, Wachsabdrücke von den Inschriften. An den Mauern Athens diskutiert Alkibiades mit den

Senatoren, und sie bewegen ihn, nicht wegen einiger Leute alle zu strafen. Sein Soldat kommt mit dem Wachs, Alkibiades liest zwei Grabinschriften Timons: hier liege ein Trauriger und fluche allem, und hier liege einer, der gehaßt habe, und keiner solle verweilen. Alkibiades spricht ein hübsches Schlußwort.

Finis Timon, Lucius, Lucullus, Sempronius, Ventidius, Apemantus, Alkibiades, Flavius, Flaminius, Lucilius, Servilius, Caphis, Philotus, Titus, Lucius, Hortensus, Hostilius, Phrynia, Timandra, Dichter, Maler, Kaufmann, Juwelier, alter Athener, Cupido-Maske, Tänzerinnen, Page, Narr, Fremde, Diebe, Senatoren, Lords, Soldaten, Diener, Boten. – Athen und ein Wald in der Nähe.

Titania, Elfenkönigin aus dem ›Sommernachtstraum‹, zur Eifersucht neigend, wenn auch wohl nicht ohne Grund, und dann durch Oberons Zauber so schwach, daß sie sich in einen Esel verliebt; Oberon scheint Puck zu unterbrechen, als der davon erzählend darüber lachen will und versöhnt sich dann ohne weitere Reden mit Titania, wie unter nicht Sterblichen, nicht eigentlich Schwachen.

Titinius, in ›Julius Cäsar‹ ein Freund Brutus' und Cassius'; bekränzt bei Philippi den toten Cassius (»*The sun of Rome is set:* Die Sonne von Rom ist untergegangen«, Wieland) mit einem Kranz aus Brutus' Hand, dann ersticht er sich selbst.

Titus Andronicus, Titelheld, törichter, alter, römischer General, der stets jeden seiner Söhne, sobald dem kein Schwert mehr aus der Hand fiel, mit in den nächsten Feldzug genommen und auf diese Weise schon zwanzig tot heimgebracht hat; den einundzwanzigsten bringt er jetzt tot mit von einem wiederum siegreichen Zug gegen die Goten: Jetzt hat er noch vier, und diese müssen als Opfer für den letzten Toten, den ältesten Sohn der gefangenen Gotenkönigin umbringen; den zweiundzwanzigsten ersticht er gleich darauf selber, als der verhindern will, daß der neugekürte und von Titus selber favorisierte Kaiser die Schwester mit sich nehmen will, obgleich diese mit dem Bruder des neuen Kaisers verlobt ist; als die Söhne dreiundzwanzig und vierundzwanzig in einer Intrige beschuldigt werden, den Verlobten der Schwester ermordet zu haben, stellt sich der kaisertreue, alte Soldat wieder auf die Seite des vermeinten Kaiserrechts und versucht lediglich durch Bittflehen den Tod der Söhne aufzuhalten; als diese dennoch tot sind und obendrein die Tochter, statt vom neuen Kaiser zur Frau genommen worden zu sein, von den Söhnen der vorgezogenen Gotenkönigin geschändet und verstümmelt ist, verwirrt sich Titus' Geist; in rührenden lichten Momenten mit seiner Tochter, wacht er auf und sinnt auf Rache; närrisch setzt er sie in Gang und durchschaut sogar die nächste Intrige und kommt ihr zuvor, indem er die gotischen Söhne mordet und schließlich vor dem Kaiser die eigene geschändete Tochter und dann dessen Frau, die Gotenkönigin, ersticht. Darauf ersticht ihn zwar der Kaiser, diesen aber dann Titus' allerletzter fünfundzwanzigster Sohn, der endlich selber Kaiser wird.

TITUS ANDRONICUS **I** Saturninus und Bassianus, Söhne des letzten Kaisers, bewerben sich um seine Nachfolge; Marcus Andronicus weist sie in die Schranken: Das Volk wolle seinen siegreich heimkehrenden Bruder Titus. Titus kehrt zurück mit dem 21. Toten seiner 25 Söhne und gibt den restlichen Söhnen den ältesten Sohn der gefangenen Gotenkönigin Tamora als Leichenopfer; Tamora fleht um Gnade (*»Sweet mercy is nobility's true badge:* Sanftes Erbarmen ist des Adels echtes Wahrzeichen«), aber Mutius, Marcius, Quintus und Lucius opfern den Alarbus – *»no noise, but silence and eternal sleep:* kein Geräusch, sondern Stille und ewiger Schlaf«, sagt Titus über die jetzt begütigten Toten. Marcus will nun Titus zum Kaiser machen, der lehnt aber ab (*»Give me a staff of honour for mine age, / but not a sceptre to control the world:* Gebt mir einen ehrenvollen Stab für mein Alter, aber kein Zepter, die Welt zu beherrschen«) und schlägt Saturninus vor. Saturninus willigt natürlich ein und will daraufhin Titus' Tochter Lavinia heiraten, obgleich er schon mit der schönen Tamora liebäugelt; indes verlangt Bassianus Lavinia. Lucius, Quintus und Marcius helfen dem Onkel beim Entführen der Schwester, Titus macht sich für Saturninus stark und ersticht im Streit den Sohn Mutius, der die Entführer rechtfertigt. Saturninus verzichtet und nimmt Tamora. Titus' Söhne bitten den Alten, den Bruder neben den anderen 21 begraben zu dürfen, schließlich bittet auch Marcus, und Titus resigniert. Saturninus und Bassianus streiten Lavinias wegen um die Ehre; Tamora rät dem Saturninus aber zu allgemeiner Versöhnung: sie werde dann selber Titus mit allem Anhang ermorden, schon aus Rache für den geopferten Sohn.

II Tamoras Söhne Demetrius und Chiron streiten sich um Lavinia; der Mohr Aaron kommt dazu und verspricht sie ihnen mit Hilfe Tamoras. Die große Jagd geht los; Aaron und Tamora halten sich abseits, Bassianus und Lavinia schmähen sie, darauf töten Demetrius und Chiron Bassianus und schänden Lavinia (*»'tis true the raven doth not hatch a lark:* Es ist wahr, der Rabe heckt nicht die Lerche aus«, so Lavinia über die Söhne). Quintus und Marcius, merkwürdig betäubt, stürzen in die Grube, worin der tote Bassianus liegt. Aaron und Saturninus finden sie, und Tamora hat einen von Aaron gefälschten Brief, der Quintus und Marcius als Mörder denunziert. Titus, der mit Lucius dazukommt, ist wieder stur rechtlich. Dann trifft Marcus die von Demetrius und Chiron geschändete und verstümmelte Lavinia im Wald.

III Martius und Quintus sind verurteilt, Titus fleht umsonst um Gnade, und Lucius wird verbannt. Lavinia kommt: *»O! that delightful engine of her thoughts:* O jenes anmutvolle Werkzeug ihrer Gedanken« – so Marcus über die Verstümmelte, und Titus: *»for now I stand as one upon a rock / environ'd with a wilderness of sea:* denn jetzt steh ich, wie einer auf einer Klippe, umringt von der Wildnis des Meeres.« Aaron meldet lügend, Saturninus nähme eine Hand eines Andronicus für die Söhne, die er dann begnadige (*»Did ever raven sing so like a lark?:* Sang je ein Rabe so gleich der Lerche?« – so Titus daraufhin); Lucius und Marcus wollen ihre Hand geben. Dann läßt Titus sie sich von Aaron abhauen: Und ein Bote auf Aarons Geheiß kommt mit der Hand und den Sohnesköpfen zurück. Titus fordert Lucius auf, bei den Goten ein Heer zur Rache zu werben. Titus, Marcus, Lavinia und ein Enkel Lucius essen und trinken in Titus' Haus, Titus ist wirr: *»Marcus: Alas! my lord, I have but kill'd a fly. / Titus: But how if that fly had a father and mother?:* Himmel, Bruder, ich habe ja nur eine Fliege getötet. – Aber wie, wenn nun die Fliege Vater und Mutter hatte?«

IV Mit Hilfe von Büchern (*«Come, and take choice of all my library, / and so beguile thy sorrow:* Komm, suche dir meine ganze Büchersammlung aus, und vertreibe so deinen Gram«) und Schrift im Sand (*«Heaven guide thy pen to print thy sorrows plain:* Der Himmel führe deine Feder, um deine Leiden deutlich auszudrücken«) entlarven Lavinia und Marcus die Schänder: *»O! why should nature build so foul a den, / unless the gods delight in tragedies?* O! Warum hätte die Natur eine solch abscheuliche Höhle gebaut, wenn die Götter nicht an traurigen Auftritten ihre Freude hätten?« Im Palast kommt der kleine Lucius mit Waffen und Horazzeilen von Titus an, nur Aaron merkt, daß die Andronicus' jetzt alles ahnen. Tamora hat indes ein schwarzes Kind geboren; Chiron und Demetrius streiten mit Aaron; der ist stolz (*»Coal-black is better than another hue:* Kohlschwarz ist besser, als eine andere Farbe«), will das Kind aber umtauschen, nachdem er die Wärterin erstochen hat. Der wirre Titus, von Marcus' Sohn Publius und anderen Verwandten umhegt, läßt die ganze Sippe aufdeckende Briefe an die Götter in den Palast schießen und einem Bauern einen Brief hineinbringen. Saturninus will Titus jetzt umbringen, da kommt die Nachricht, die Goten unter Lucius rückten an. Saturninus hat Angst, weil das Volk Lucius liebe, Tamora will aber Titus zu einem ränkevollen Treffen mit Lucius beschwatzen.

V Zu Lucius im Gotenheer wird der gefangene Aaron geführt, der, nachdem Lucius geschworen hat, den schwarzen Sohn zu schonen (*»and hast a thing within thee called conscience:* ein Ding in dir, das Gewissen heißt«, so Aaron), alles gesteht. Tamora, als Rache verkleidet, versucht mit ihren auch verlarvten Söhnen Titus zu betören; der durchschaut sie, läßt Lucius wirklich rufen, schlachtet dann aber die Söhne Tamoras und läßt sie verbacken. Zu Titus und den Seinen kommen Saturninus und Tamora, ränkevoll; Titus aber ersticht seine Lavinia, dann, als sie die Kinderköpfe frißt, Tamora; darauf ersticht Saturninus Titus, darauf Lucius Saturninus. Marcus spricht zum Volk, Lucius wird Kaiser, Aaron wird zum Verhungern verurteilt, Tamora nicht begraben.

Finis Saturninus, Bassianus, Titus Andronicus, Marcus Andronicus, Lucius, Quintus, Marcius, Mutius, Enkel Lucius, Publius, Sempronius, Caius, Valentine, Aemilius, Alarbus, Chiron, Demetrius, Aaron, Tamora, Lavinia, Wärterin, Mohrenkind, Bote, Bauer, Hauptleute, Tribunen, Senatoren, Diener, Männer, Goten, Römer, Volk, Hunde, Tauben, Fliege. – Rom und Umgegend.

Toby, Sir Toby Belch (Tobias von Rülp bei Schlegel, bei anderen ähnlich), Onkel (manchmal auch Vetter, was im Alter besser stimmte) Olivias in ›Was ihr wollt‹, in deren Hause wohnend, ein Trunkenbold, der gern eine Schlägerei anstiften würde, dabei aber selber eins auf den Kopf kriegt und schließlich Maria heiraten wird; seine Meinung zum Leben ist ungefähr diese, die er äußert, als jemand klopft: *»Let him be the devil, an he will, I care not: give me faith, say I. Well, it's all one:* Meinetwegen mag es der Teufel selbst sein, wenn er will; was kümmerts mich? Glaube mir, was ich sage. Gut, es ist alles eins« (Eschenburg).

Tom O'Bedlam: *»Me cue is villanous melancholy, with a sigh like Tom O'Bedlam:* Meine Rolle ist, spitzbübische Melancholie mit einem Seufzer, wie Tom von Bedlam« (Wieland), sagt Edmund in ›Lear‹, als er, der Schurke, den Braven spielt vor Edgar; Tom O'Bedlam ist sonst der Inbegriff des freigängerischen Patienten aus Bedlam, dem Londoner Irrenhaus: Er geht bettelnd umher und ist ganz harmlos; ein großer Irrenbettlersong aus Shakespeares Zeit ist diesem Tom O'Bedlam in den Mund gelegt mit dem Refrain: *poor Tom will injure nothing:* Der arme Tom tut keinem was; in selbstmörderischer Ironie nennt sich Edgar später Tom, den armen Tom.

Touchstone, Narr aus ›Wie es euch gefällt‹, durch die Übersetzer allgemein als Probstein berühmt, siehe also diesen.

Tranio, ränkereicher und liebenswürdiger Diener Lucentios in ›Der Widerspenstigen Zähmung‹, fädelt die ganze verkleidungsreiche Liebesintrige ein und spielt selber nicht schlecht den Herrn, der er wahrscheinlich selber sein könnte.

Trinculo, im ›Sturm‹ ein witziger Bursche, der sich vom Schiff auf die Insel gerettet hat, bei Caliban unterschlüpft und dort dann von Stephano gefunden wird; wenn Stephano sich mit Caliban unterredet, wie sie herrschen wollen, wenn Prospero erst tot ist, kriegt Trinculo immer die Prügel, wenn Ariel unsichtbar dazwischenredet; meist betrunken.

Troilus, ein junger Mann aus Troja, der sich in Cressida verliebt; deren Onkel Pandarus leistet kupplerische Hilfestellung: Diese Geschichte steht nicht bei Homer, sondern stammt aus dem Mittelalter, woher sie Boccaccio hat; von dem haben sie Chaucer und Henryson: Beide haben Versromane über diese alte und immer berühmtere Lovestory geschrieben. Darauf bezieht sich wohl Benedick in ›Viel Lärm um nichts‹, wenn er den Troilus zur Illustration seiner Liebe zu Beatrice launig heranzieht: *»Troilus the foirst employer of pandars, and a whole bookful of these quondam carpet-mongers, whose names yet run smoothly in the even road of a blank verse:* Troilus, der den ersten Pandarus in Requisition setzte, und ein ganzes Buch voll von diesen weiland Liebesrittern, deren Namen jetzt so glatt in der ebenen Bahn der fünffüßigen Jamben dahingleiten« (Baudissin; Wieland hat die Stelle nicht, er sagt, sie sei nicht übersetzbar »in irgendeine Sprache«; sein eigenes Stück über Troilus und Cressida hatte Shakespeare damals noch nicht geschrieben). – **Troilus,** der griechische Liebende, von Rosalind in ›Wie es euch gefällt‹ zitiert als ein Beispiel dafür, daß ein junger Mensch am Ende wohl sterben kann, aber nicht an der Liebe. – **Troilus,** der Grieche, in ›Was ihr wollt‹ vom Narren zitiert. – **Troilus,** in ›Troilus und Cressida‹ ein Sohn des Priamus, ein Bruder Hektors, nach vielen der vielversprechendste Sproß der Familie in Sachen Tapferkeit, Ehre und Begabung im Kampf; das ganze Stück über vollkommen liebeswahnsinnig und entsprechend irrational; als Hektor es vernünftig findet, Helena den Griechen zurückzugeben (*»Brother, she is not worth what she doth cost / the keeping:* Bruder, Helena ist das nicht wert, was sie kostet, wenn wir sie behalten«), sagt Troilus: *»Nay, if we talk of reason, / let's shut our gates and sleep:* Nein, wenn wir von Überlegung reden wollen, so laßt uns lieber unsre Tore zuschließen und schlafen«, und fährt fort: *»Manhood and honor / should have hare-hearts, would they but fat their thoughts / with this crammed reason. Reason and respect / make livers pale and lustihood deject:* Männlicher Mut und Ehre würden Hasenherzen haben, wenn sie bloß ihre Gedanken mit dieser eingestopften Überlegung nähren wollten. Überlegung und Rücksicht machen die Leber bleich und kühnen Mut niedergeschlagen« (jung Troilus bringt nach solchen Gedanken denn später auch ebenso viele andere Leute wirklich um, wie Hamlet seinerzeit nicht einmal sich selbst); ganz ähnlich, manchmal mit denselben Ausdrücken, urteilt er, wenn es gegen ihn von ganz anderer Seite geht, etwa von Cassandra, die Helena weghaben will, weil sonst Troja untergehe: »*We may not think the justness of each act / such and no other than event doth form it, / nor once deject the courage of our minds / because Cassandra's mad. Her brainsick raptures / cannot distaste the goodness of a quarrel / which hath our several honors all engaged / to make it gracious:* Wir müssen nicht allemal die Gerechtigkeit einer Handlung bloß danach beurteilen, wie ihr Erfolg beschaffen ist, noch den Mut unsrer Seelen dadurch niederschlagen lassen, daß Cassandra verrückt ist. Die Schwärmereien ihres kranken Gehirns können die Gerechtigkeit eines Streites nicht verschlimmern, der unser aller Ehre mit ins Spiel gebracht hat, um dadurch desto wichtiger zu werden«; Ulysses, dessen Urteil über Cressida so merkwürdig vernichtend ist, sagt über Troilus nur Gutes, auch wenn er sich bei Aeneas rückversichert: »*A true knight, / not yet mature, yet matchless, firm of word, / speaking in deeds and deedless in his tongue, / not soon provoked, nor being provoked soon calmed; / his heart and hand both open and both free, / for what he has he gives, what thinks he shows; / yet gives he not till judgement guide his bounty, / nor dignifies an impare thought with breath; / manly as Hector, but more dangerous; / for Hector, in his blaze of wrath, subscribes / to tender objects, but he in heat of action / is more vindicative than jealous love:* Ein wahrer Held; noch nicht reif und doch schon unvergleichbar; ein Mann von Worten, der mit Taten spricht und dessen Zunge untätig ist; nicht leicht gereizt, und, wenn er einmal gereizt ist, nicht leicht wieder besänftigt; sein Herz und seine Hand sind beide offen, beide freigebig; denn was er hat, das gibt er, was er denkt, das zeigt er. Indes gibt er nicht eher, bis seine Überlegung seine Wohltätigkeit leitet und würdigt einen unanständigen Gedanken des Heraussagens nicht. Männlich, wie Hektor, aber noch weit gefährlicher; denn Hektor gibt in der Hitze seines Zorns zärtlichen Gesinnungen Gehör; er aber ist in der Hitze des Gefechts rachgieriger, als eifersüchtige Liebe« (Eschenburg): sage Aeneas, schließt Ulysses; als Troilus sich von Cressidas Untreue überzeugt hat, wirft er dem Hektor dessen offenbar notorisches, gelegentlich großmütiges Verhalten im Kampf als dumm vor, später schwört er ewige Rache, ewigen Kampf; mehr noch als andere ist er der Gefangene seiner selbst (im Liebeswahn der doppelte Gefangene dann also): Als er sich von Cressida verabschiedet und dauernd schon von Treue geredet hat, gesteht er sich, daß die Treue seine Schwäche, ja sein Laster ist: »*Alas, it is my vice, my fault. / Whiles others fish with craft for great opinion, / I with great truth catch mere simplicity; / whilst some with cunning gild their copper crowns, / with truth and plainness I do wear mine bare. / Fear not my truth; the moral of my wit / is »plain and true«; there's all the reach of it:* Leider! das ist mein Fehler, mein Laster; indes andre, voll Verschlagenheit, sich einen großen Namen erfischen, hasche ich, mit einfältiger Treue, bloß nach der Ehre der Redlichkeit. Indes andre ihre kupfernen Kronen mit Arglist vergolden, trag ich die meinige bloß, voll Treue und Offenherzigkeit. Zweifle nicht an meiner Treue; die Losung meiner Seele ist: schlecht und recht; das ist alles, wonach ich trachte« (Eschenburg) – weiter reicht's nicht, meint er – ein kleiner Bursche also im Kopf und Gemüt; einer, der auf schöne Wollust aus ist, ihr natürlichstes Opfer wird und dann am Ende moralisch den schönen Schoß verdammt, an dem er hing.

TROILUS UND CRESSIDA **I** In Troja reden Pandarus und Troilus über die schöne Cressida: Troilus seufzt nach ihr, Pandarus mimt den beleidigten Kuppler. Aeneas sagt, Paris sei verwundet, und es sei viel los heute. Ein Diener Cressidas schildert ihr den großen Ajax und erzählt, Hektor sei wütend. Pandarus kommt und schwärmt seiner Nichte von Troilus vor und wieviel schöner der sei als Hektor: Selbst Helena fände das, sagt er, und erzählt eine Hofanekdote. Dann zeigt er ihr die Helden, die von draußen kommen und unten entlanggehen: Aeneas, Antenor, Hektor, Paris, Helenus, endlich Troilus; Cressida redet über ihre weiblichen Verteidigungslisten; Pandarus wird zu Troilus gerufen, und Cressida allein beichtet ihre Liebe zu Troilus. In der griechischen Staatsversammlung reden Agamemnon und Nestor groß, Ulysses sieht ein Durcheinander unter den Griechen: Allein dadurch sei Troja noch nicht gefallen, dann kommt er auf den streikenden Achill und seinen albernen Patroclus. Aeneas aus Troja kommt und sagt, Hektor wolle einen Zweikampf. Ulysses redet hinterher mit Nestor: Er hat die Idee, nicht Achill kämpfen zu lassen, dem eigentlich Hektors Aufforderung gelte, sondern Ajax.

II Thersites schimpft, Ajax schlägt ihn, Thersites verspottet Ajax; Achill und Patroclus kommen dazu, Ajax will wissen, was läuft, Achill erwähnt dann kurz die Aufforderung Hektors. In Troja fragt Hektor, warum man Helena eigentlich nicht ausliefern solle; Troilus spricht sich gegen vernünftige Überlegungen aus und findet, man müsse behalten, was man unter allgemeinem Beifall genommen habe; Cassandra dazwischen weissagt Unglück; Troilus meint, sie ist bloß verrückt; Paris meint, man müsse für Helena weiter kämpfen; Hektor findet schließlich, Troilus und Paris redeten nicht schlau, aber gleichwohl gebiete die Ehre und so, weiter zu kämpfen: Dem schließt sich Troilus an. Und auch der Ruhm komme noch hinzu. Thersites allein wütet über Ajax und Achill; Patroclus lädt ihn ins Zelt, Achill kommt dazu, Thersites erklärt, sie seien alle einer der anderen Narren. Agamemnon kommt, Patroclus sagt, Achill sei krank, Ajax schimpft auf Achill, weil, wie Ulysses weiß, der ihm den Thersites weggenommen hat. Agamemnon läßt den Patroclus Achill ausrichten, sein Ruhm verblasse. Agamemnon und Ulysses tun jetzt Ajax schön auf Achills Kosten, Ajax genießt das zu aller Belustigung.

III Pandarus unterhält sich mit einem durchtriebenen Diener des Paris; dann unterhalten sich Pandarus und Helena, Pandarus muß singen, und Paris meint, Helena müsse Hektor die Rüstung ausziehen. Pandarus und Troilus reden: Troilus will endlich Cressida haben. Die kommt, Troilus und Cressida schäkern, Pandarus kommt dazu, Cressida gesteht ihre Liebe, sie küssen sich und reden über Liebe und ihre gegenseitige Treue und gehen ab ins Bett. Calchas, der zu den Griechen übergelaufene Seher, fordert die Feldherren auf, sie sollten sich für den gefangenen Antenor seine Tochter Cressida geben lassen; Agamemnon stimmt zu, Diomedes soll den Tausch machen. Ulysses und Agamemnon, Ajax und Nestor gehen an Achill und Patroclus wie an Fremden vorbei, um sie zu reizen; Achill ist ärgerlich, spricht Ulysses an, der zu lesen vorgibt. Ulysses hält ihm einen Vortrag über die Anerkennung, spricht über den kommenden Ruhm des Ajax und über die böse Zeit, die allen alten Ruhm vergessen läßt; dann spricht er ihn direkt auf seine Kampfunwilligkeit an. Patroclus, der zugehört hat, ermuntert Achill zum Kämpfen. Achill unterhält sich mit Thersites; der schildert den eitlen, albernen Ajax, und Achill läßt über Thersites und Ajax nun Hektor friedlich in sein Zelt laden, nach dem Kampf mit Ajax.

IV In Troja begrüßen sich Diomedes und Aeneas voll böser

Höflichkeit, Paris erzählt dem Aeneas vom Tausch. Paris fragt Diomedes, ob er oder ob Menelaus Helena mehr verdiene; Diomedes antwortet, beide seien blöd und Helena eine Hure. Troilus und Cressida, aufgewacht, reden, Pandarus kommt kupplerisch dazu; Aeneas bringt dem Troilus Nachricht vom Austausch. Cressida hört davon durch Pandarus und ist untröstlich wie Troilus. Troilus und Cressida mit Pandarus beweinen die Trennung, die beiden Liebenden streiten sich fast über die Möglichkeit einer Untreue; Troilus warnt vor den tollen Griechen, sie tauschen Pfänder, Troilus beklagt sein Laster, die Treue. Diomedes kommt und läßt Troilus abfahren, der nicht will, daß Diomedes in Cressida die schöne Frau sieht. Der gerüstete Ajax vor Troja fordert Hektor. Die Griechengeneräle begrüßen die schöne Cressida, Ulysses erkennt eine Hure in ihr. Man rüstet zum Zweikampf. Ulysses rühmt Agamemnon gegenüber Troilus, man kämpft, Hektor hört auf: Er wolle nicht mit einem Verwandten kämpfen und Hektor wird ins Griechenlager geladen. Man macht sich Komplimente, erkennt sich, redet; Achill und Hektor giften sich an und drohen sich; man geht essen. Troilus fragt Ulysses nach Calchas' Zelt: Da tafle auch der in Cressida verliebte Diomedes, sagt Ulysses.

V Thersites schimpft vor Achill und Patroclus auf beide; Achill hat einen Brief aus Troja, der ihn vom Kämpfen abhält (er hat versprochen, wegen Polyxena nicht gegen die Trojaner anzugehen), Thersites flucht. Griechen und Gäste suchen im Lager bei Nacht ihre Wege: Achill mit Hektor, Nestor und Ajax gehen zu Achill, Agamemnon und Menelaus gehen ab, Diomedes entschuldigt sich, und Ulysses mit Troilus gehen ihm nach zu Calchas' Zelt. Diomedes und Cressida beginnen die Liebe, Troilus wütet, Ulysses bremst ihn, Thersites kommentiert, und Diomedes kriegt endlich von Cressida Troilus' Ärmel. Cressida allein gesteht ihre Schwäche. Troilus kann's nicht fassen und beginnt einen Haß auf Diomedes; Thersites allein sieht überall nichts, als Geilheit und Krieg. In Troja zieht Hektor, obwohl Andromache und Cassandra ihn anflehen, in den Kampf; er möchte Troilus zurückhalten, der aber will kämpfen und schilt Hektor wegen seiner Großmut gegen die Feinde. Priamus will Hektor zurückhalten, Cassandra schreit und weint, aber Hektor geht. Pandarus bringt Troilus einen Brief von Cressida, der liest ihn und zerreißt ihn. Thersites kommentiert die losgehende Schlacht: Diomedes hat den Ärmel auf dem

Helm und kämpft mit Troilus, Hektor trifft auf Thersites und läßt den Narren leben. Diomedes läßt Cressida das Pferd Troilus' bringen, das er erbeutet hat, Agamemnon referiert das Geschehen und den vermutlichen Tod des Patroclus. Nestor läßt dem Achill die Leiche des Patroclus bringen und redet über Hektors Allgegenwart auf dem Schlachtfeld. Ulysses meldet, Achill greife jetzt ein, Ajax wüte, weil Troilus ihm einen Freund erschlagen habe, Troilus vollbringe große Taten. Immer wieder Kämpfende, und als Hektor auf Achill trifft, bietet er ihm eine Ruhepause an. Hektor jagt einen wegen eines schönen Panzers, Achill hetzt seine Leute auf Hektor, Thersites kommentiert ein Treffen des Paris mit Menelaus, er selber wird wieder als Narr verschont. Hektor hat den Griechen mit der schönen Rüstung erlegt, ruht aus, die Leute Achills erschlagen ihn, und Achill begibt sich zufrieden zur Ruhe. Troilus berichtet den Seinen von Hektors Tod und Achills Triumph: *»But march away. / Hector is dead; there is no more to say. / Stay yet:* Zieht hinweg, Hektor ist tot; mehr ist nicht zu sagen. Wartet noch« (Eschenburg), dann schwört er ewige Rache und Kampf. Er schickt Pandarus wütend weg, der gekommen ist, und Pandarus spricht einen spöttischen Epilog auf die Zuschauer.

Finis Priamus, Hektor, Troilus, Paris, Deiphobus, Helenus, Margarelon, Aeneas, Antenor, Calchas, Pandarus, Agamemnon, Menelaus, Achill, Ajax, Ulysses, Nestor, Diomedes, Patroclus, Thersites, Alexander, Helena, Andromache, Cassandra, Cressida, Diener, Soldaten, Trompeter, Prolog, Pferd. – Troja und das griechische Lager vor Troja.

Tybalt, Neffe der Gräfin Capulet in ›Romeo und Julia‹, der Feind der Montagues, ein Schläger; bringt Mercutio um, wird dann von Romeo umgebracht.

U

Ulysses (sonst auch Odysseus), listenreicher Grieche, in ›Troilus und Cressida‹ der Bursche mit dem größten Durchblick; er sieht, daß am inneren Streit unter den Griechen alles hängt und er setzt List und Tücke ein, um diesem Hader ein Ende zu machen; seine Urteile spiegeln ihn gut: Er hält Troilus für einen großen Menschen und er hält Cressida für eine Hure – er hat eine Penelope daheim, die Koketterie ist ihm verhaßt und ihm sind die geradlinigen Menschen die liebsten; glänzend ist der Vortrag, den er Achill hält und seine Theorien über die Zeit und den Spiegelcharakter der Welt durchleuchtet wirklich das, was wir sehen; es schwingt aber eine leise Melancholie in allem mit, was er redet und darstellt: Auf Ithaka ist die Welt vielleicht das, wonach er hier die trojanisch-griechische modeln möchte. Aber in Wahrheit ist sie ganz anders, hündischer, achillscher, thersitischer; Ulysses ist ein Idealist, aber von der guten, alten, vernünftigen Sorte: Wären solche nicht, dann hätten die Bösen noch mehr Recht, als sie schon haben.

V

Valentine, halber Titelheld in den ›Zwei Herren aus Verona‹, höchst edler Bursche, liebend, geliebt; dann verraten vom Freund, verbannt vom Schwiegerpapa und unter die Räuber erst gefallen, dann gegangen; arglos, das ist's, treuherzig auch; übertreibt manchmal, so, als er dem Proteus beim Verzeihen die Silvia gleich noch draufgeben will: Erst Julias Ohnmacht hilft ihm wieder zurück.

Ventidius, in ›Timon von Athen‹ ein Bursche, der anfangs zu Timon seinen Diener schickt: Er brauche Geld, um aus der Schuldhaft ausgelöst zu werden; kurz darauf ist sein Papa gestorben und hat ihn, sagt er, reich gemacht; als Timon arm ist, schickt er nach Ventidius um Geld: Und gleich darauf vergißt Shakespeare diesen Ventidius so gut wie ganz, und es heißt nur noch kurz (bei Sempronius), auch er habe sich geweigert.

VERLORNE LIEBESMÜH **I** Am Hofe Ferdinands von Navarra unterschreiben Longaville, Dumain und Biron (dieser widerstrebend) einen Dreijahresvertrag auf Studium und Enthaltung, namentlich der Frauen. Constabler Dull bringt Costard mit einem Brief Armados: Costard habe mit dem Milchmädchen Jacquenetta gegen das Gesetz geflirtet. Der König schickt Costard für eine kleine Haft zu Armado. Armado und sein Page Moth reden schwellend über die Liebe, denn Armado liebt Jacquenetta. Dull liefert bei ihnen Costard und Jacquenetta ab.

II Die Prinzessin von Frankreich will mit Ferdinand etwas verhandeln, sie scherzt mit Boyet und den Damen Rosaline, Maria und Katharine; dann scherzen die Prinzessin und Ferdinand, der die Forderung der Prinzessin nicht recht begreift, dann Rosaline und Biron, dann die Gelehrten; die Prinzessin spricht von einem *»civil war of wits«*, einem Bürgerkrieg des Witzes. Boyet verrät ihr, der König sei in sie verliebt.

III Armado und Moth scherzen über Armados Liebe, und

Armado schickt Moth nach Costard, den er mit viel Witz bittet, einen Liebesbrief zu besorgen. Biron trifft Costard auf diesem Weg und gibt ihm ebenfalls einen Liebesbrief, nämlich für Rosaline.

IV Die jagdunwillige Prinzessin redet mit dem Förster; Costard, im Glauben, er habe Birons Brief, gibt Rosaline den Brief Armados; Boyet scherzt mit den Damen. Lehrer Holofernes und Pfarrer Nathanael scherzen grausam mit Dull, und Jacquenetta, die nicht lesen kann, kommt, im Glauben, es sei Armados Brief, mit Birons Brief an, den ihr Costard gegeben hat. Im Park treffen sich am selben Ort, immer einer sich vor dem anderen versteckend, vor dem lauschenden Biron, der König, Longaville und Dumain, jeder mit einem selbstgemachten Liebesgedicht; sie entdecken einander und gestehen alles gern, Biron will sie verspotten des Eids wegen, wird aber von Jacquenetta mit dem eigenen Brief entlarvt. Alle sind sich jetzt einig, und Biron muß im Namen der Liebe den Eid wegargumentieren: *»For where is any author in the world / teaches such beauty as a woman's eye?:* Denn wo ist ein Schriftsteller auf der Erde, der solche Schönheit lehrt, wie ein weibliches Auge?«, und alle beschließen zu freien.

V Holofernes, Nathanael, Armado, Moth (*»They have been at a great feast of languages, and stolen the scraps:* Sie sind bei einem großen Gastmahl von Sprachen gewesen und haben die übrigen Brocken gestohlen«, Eschenburg, so Moth über den Lehrer und den Pfarrer) und Costard entwerfen ein Heldenspiel für die Damen. Diese erhalten von den Gelehrten Geschenke mit Reimen. Boyet verrät, daß die Gelehrten mit einem Spiel kommen, die Damen maskieren sich und tauschen die Geschenke. Die Gelehrten blamieren sich, indem jeder die Falsche schlecht anbetet und gehen; kommen dann aber geständig als sie selber zurück: ein geistreiches Hin und Her im Park vor und nach den Maskeraden. Nun kündigt Costard das Heldenspiel der anderen an, es geht unter Scherzen vor sich. Mercade unterbricht mit der Nachricht vom Tod des Vaters der Prinzessin, und man muß auseinander: die Herren versprechen Besserung, die Damen Liebe, vielleicht auf ein Jahr hin. Frühlings- und Winterlied.

Finis Ferdinand, Biron, Longaville, Dumain, Boyet, Mercade, Armado, Moth, Nathanael, Holofernes, Dull, Costard, Prinzessin, Rosaline, Maria, Katharine, Jacquenetta, Lords, Förster, Mohren, Musikanten. – Navarra.

Vernon, Sir Richard, Vetter Henry Percys in ›Heinrich IV./1‹, meldet diesem in Shrewsbury, gleich nach dem Boten, durch den Northumberland sich krank hatte melden lassen, Prinz Henry rücke heran mit den Seinen: *»All furnish'd, all in arms; / all plumed like estridges that with the wind / bated, like eagles having lately bathed; / glittering in golden coats, like images; / as full of spirit as the month of may, / and gorgeous as the sun at midsummer; / wanton as youthful goats, wild as young bulls. / I saw young Henry, with his beaver on, / his cuisses on his thighs, gallently arm'd, / rise form the ground like feather'd Mercury, / and vaulted with such ease into his seat, / as if an angel dropp'd down from the clouds, / to turn and wind a fiery Pegasus, / and witch the world with noble horsemanship:* Sie sind alle gerüstet, alle in Waffen, alle befiedert wie die Straußen, alle in Gold schimmernd wie die Bilder in der Kirche, lebhaft wie der Mai, prächtig wie die Sonne im Junius, mutwillig wie junge Geißen und wild wie die Löwen. Ich sah ihn, den jungen Heinrich, mit aufgezognem Visier, in voller Rüstung, gleich dem beflügelten Mercur sich vom Boden auf- und so leicht in seinen Sattel schwingen, als ob ein Engel aus den Wolken herabgeschlüpft wäre, um auf einem feurigen Pegasus sich um die Unterwelt herum zu tummeln« (Wieland; Eschenburg hat für den letzten Satzteil: »um auf einem feurigen Pegasus alle Beugungen und Schwenkungen zu machen und die Welt mit edler Reitkunst zu bezaubern«, Schlegel: »den Pegasus zu tummeln und die Welt mit edlen Reiterkünsten zu bezaubern«); Henry Percy ist nicht sehr erbaut vom Ton dieser Nachricht, und dann sagt Vernon auch noch wie nebenbei, Glendower könne nicht kommen; als Vernon ihm dann Prinz Henrys Herausforderung zum Zweikampf überbringt und die Art schildert, in welcher Henry die Herausforderung vorgebracht habe, sagt Henry Percy zu ihm: *»Cousin, I think thou art enamoured / upon his follies:* Vetter, ich glaube du bist in seine Torheiten verliebt« (Wieland); nach Shrewsbury wird Vernon mit Worcester vom König zum Tode verurteilt.

VIEL LÄRM UM NICHTS I Aus einem Krieg zurück werden bei Leonato, dem Statthalter in Messina, Pedro von Arragon und der junge Claudio und Benedick zu Besuch gemeldet; Leonatos Nichte Beatrice beginnt mit dem Boten über Benedick zu spotten. Die Angemeldeten kommen, Benedick und

Beatrice beginnen sofort zu streiten, dann schwärmt Claudio vor Benedick von Leonatos Tochter Hero. Claudio vertraut sich dem Fürsten an, der scherzt mit dem Heiratsfeind Benedick; Pedro verspricht Claudio, für ihn auf dem Maskenball abends um Hero zu werben. Leonatos Bruder Antonio hat von einem, der Pedro und Claudio belauscht hat, gehört, Pedro wolle Hero haben und erzählt das Leonato. Pedros Halbbruder John und sein Kumpan Conrade unterhalten sich: John ist zwar äußerlich versöhnt mit seinem Bruder, sinnt aber auf üble Streiche; Borachio kommt hinzu und erzählt von den Heirats- und Werbeplänen; hier sieht John eine Chance, denn offenbar hat Claudio ihm irgendwie mitgespielt.

II Beatrice scherzt mit Leonato über die Männer; Pedro mit Hero, Margaret mit Balthasar, Ursula und Antonio gehen maskiert einher und reden, ebenso Beatrice und Benedick; John redet Claudio als Benedick an und sagt ihm, er solle Pedro vor einer Hochzeit mit Hero warnen, so daß Claudio glaubt, Pedro werbe doch nicht für ihn, sondern für sich selber; er klagt sein Leid Benedick, der redet mit Pedro und schimpft wieder auf Beatrice. Diese redet mit Pedro, Claudio und Hero kommen, man klärt die Mißverständnisse auf. Pedro unterhält sich mit Leonato über die Hochzeit und über Beatrice und entwickelt den Plan, Benedick und Beatrice ineinander verliebt zu machen. Inzwischen hecken John und Borachio den Plan aus, Hero unmöglich zu machen, indem Borachio nachts am Fenster mit seiner Margaret flirtet, die er, und sie hat dann Heros Kleider an, als Hero anredet, und vor Zeugen, die er hinbestellt. Benedick im Garten monologisiert über Beatrice und die Frauen und versteckt sich in der Laube, als Balthasar Pedro ein Lied singen muß; dann reden Claudio, Leonato und Pedro für den versteckten Benedick über Beatrices gelogene Liebe und ihre Verzweiflung und bei einem Mann wie Benedick; Benedick, allein, glaubt alles und sagt: »*I will be horribly in love with her... here comes Beatrice. By this day! she's a fair lady: I do spy some marks of love in her:* Ich will sie ganz abscheulich lieb haben... hier kommt Beatrice; in der Tat, sie ist ein schönes Frauenzimmer; ich bemerke einige Zeichen der Liebe an ihr.« Dann holt Beatrice ihn spottend zu Tisch, aber er legt den Spott schon als Liebe aus.

III Hero läßt Margaret Beatrice in die Laube locken: Man werde über sie reden; Ursula und Hero unterhalten sich für die versteckte Beatrice über Benedick und seine (nun also fast nicht mehr gelogene) Liebe gegen Beatrice; Beatrice, allein, ist schon heiratswillig. Benedick, Claudio, Pedro und Leonato scherzen über Benedicks Verliebtheit, John kommt zu Claudio und Pedro und bittet sie zu Zeugen des Verrats der Hero. Auf der Wache instruieren Dogberry und Verges ihre Untergebenen im Umgang mit Übeltätern; vor den instruierten Wachen erzählt Borachio Conrade von seinem Betrug im Auftrag Johns, und die Wachen nehmen beide fest. Hero und Margaret frühmorgens scherzen über das Heiraten, Beatrice kommt dazu und ist dem Witz Margarets nicht mehr gewachsen und überhaupt wirr. Dogberry und Verges wollen Leonato vom nächtlichen Fang der Wachen erzählen, aber Leonato muß eilig ab in die Kirche zur Hochzeit.

IV In der Kirche möchte Francis Claudio und Hero trauen, aber Claudio, vor allem Publikum, schimpft Hero untreu und buhlerisch. Die fällt in Ohnmacht, Leonato beklagt sein bitteres Vaterlos, Benedick und Beatrice scheinen auf Heros Seite, der Mönch ist von Heros Unschuld überzeugt, Hero stimmt zu. Benedick hat den Verdacht, daß John Pedro und Claudio getäuscht hat, Leonato schwört gleich Kampf und Rache: »*Time hath not yet so dried this blood of mine, / nor age so eat up my invention, / nor fortune made such havoc of my means, / nor my bad life reft me so much of friends, / but they shall find, awak'd in such a kind, / both strength of limb and policy of mind, / ability in means and choice of friends, / to quit me of them throughly:* Die Zeit hat mein Blut noch nicht so aufgetrocknet, noch das Alter meinen Verstand so geschwächt, noch das Glück meine Mittel so geplündert, noch ein stilles Privatleben mir so viele Freunde geraubt, daß sie nicht beides Stärke des Leibes und Polizei des Gemüts, zureichende Mittel und auserlesene Freunde auf meiner Seite finden sollen, mich durchaus von ihnen quitt zu machen.« Der Mönch rät, Hero für tot auszugeben, das werde Claudio ebenfalls kurieren; alle sind einig. Dann gestehen sich Beatrice und Benedick ihre Liebe, wenngleich scherzend, und Beatrice bringt Benedick so weit, daß er Claudio fordern will, wegen Verleumdung. Auf der Wache kriegen die versammelten Constabler mit Hilfe des Schreibers aus Borachio und Conrade die Wahrheit heraus.

V Antonio tröstet und mahnt den Bruder in seinem Gram; Pedro und Claudio kommen dazu, Leonato beschimpft Claudio; Antonio stellt sich auf seine Seite und will gegen Claudio kämpfen und schmäht Claudio, Pedro glaubt immer noch das, was er gesehen hat in der Nacht. Benedick kommt hinzu, Claudio möchte scherzen, aber Benedick will ihn fordern; Pedro lenkt ihn ab mit Sachen, die Beatrice über ihn gesagt haben soll, und Benedick sagt, fürs erste lasse er Claudio in Frieden. Die Constabler kommen jetzt mit Conrade und Borachio, dieser gesteht dem Prinzen alles von der Nacht und daß John schuld sei. Leonato und Claudio kommen dazu, Leonato ist böse auf die Prinzenbrüder; Claudio ist zerknirscht, Pedro auch, und Leonato will ein Epitaph an Heros Grab anbringen und verspricht Claudio auf morgen eine Nichte als Frau, ein Ebenbild Heros. Claudio ist gerührt, Borachio spricht noch Margaret frei, Dogberry ist noch ärgerlich über den Esel, der er sein sollte. Benedick bittet Margaret um ein Gespräch mit Beatrice, die beiden scherzen dann im Ernst. Ursula meldet, alles sei gelöst, Beatrice will Benedick mitnehmen zu Leonato, Benedick: *»I will live in thy heart, die in thy lap, and be buried in thy eyes; and moreover I will go with thee to thy uncle's;* Ich will in deinen Augen leben, in deinem Schoß sterben und in deinem Herzen begraben werden; und überdas alles, will ich itzt mit dir zu deinem Onkel gehen.« In Leonatos Familiengrabgewölbe wird mit Fackeln ein Epitaph aufgehängt, alle wünschen sich einen guten Morgen. Der Mönch, Leonato, Antonio und Benedick bestätigen die Lösung des Falles, die Frauen sollen sich für Pedro und Claudio maskieren. Benedick kriegt Leonatos etwas enigmatisches Jawort für Beatrice, Claudio will Leonatos Nichte heiraten, *»were she an Ethiope:* und wenn sie eine Mohrin wäre« (Wieland). Benedick spottet, Claudio enthüllt Hero, Beatrice und Benedick nehmen sich einander aus Mitleid, sagen sie. Benedick rät dem nachdenklichen Prinzen, eine Frau zu nehmen, ein Diener meldet, John sei gefangen.

Finis Pedro, John, Claudio, Benedick, Leonato, Antonio, Balthasar, Borachio, Conrade, Francis, Dogberry, Verges, Otecake, Hero, Beatrice, Margaret, Ursula, Page, Schreiber, Wachen, Boten, Diener, Musikanten, Leute. – Messina.

Viola, in ›Was ihr wollt‹ ein schönes, schiffbrüchiges Mädchen an der illyrischen Küste; hat den Vater verloren, als sie dreizehn war und glaubt, den Bruder beim eigenen Schiffbruch verloren zu haben, geht als Kastrat Cesario verkleidet in die Stadt und zum Herzog; verliebt sich in ihn, muß zugleich als sein Liebesbote bei Olivia dienen, und zu allem Überfluß verliebt diese sich in sie; Viola sieht das alles, ohne aber dabei doch abgebrüht clever zu sein, wie etwa Maria; sie wandelt ein bißchen wie im Wachtraum über Abgründen und könnte durchaus stürzen: Aber die Götter sind mit ihr und ihrer fast zweideutigen Schönheit und Wachheit; sie spielt alle Rollen immer ganz wahr, das macht sie unwiderstehlich und setzt sie als einzige imstand, den Narren ganz zu begreifen, denn auch sie ist immer eine Fremde, weil sie immer spielt. In diese Liebenswürdigste kann sich keiner verlieben, außer in die Falsche in ihr, oder in ihre Seele, oder in was; groß an ihr, wie an Olivia, ist die schöne Unbedenklichkeit, mit der sich beide weit über die Grenzen des Gewohnten hinauswagen, auch in sich selber: Denn sie wissen beide nicht, was das ganze Doppelspiel in ihrem Innern anrichten wird; sie folgen einem Stern, aber es könnte ein dunkler sein.

Virgilia, in ›Coriolan‹ Frau Coriolans, völlig im Schatten Volumnias, in deren Haus sie auch leben muß: obwohl Gattin, obwohl Mutter; gewiß eine schöne, edle, keusche, römische Frauengestalt, vielbewundert, aber doch eigentlich im ganzen so gut wie ein Nichts, und wohl zum Verzweifeln arm dran, und um so mehr, je weniger sie davon wahrnehmen mag.

Virginius (genauer wohl Verginius), alter, berühmter, unangenehmer, halb sagenhafter Römer, der seine berühmt schöne Tochter Verginia (oder dann eben Virginia) erstach, als sie in ein schlechtes Bett gelegt zu werden drohte: Der furchtbare Titus im ›Titus Andronicus‹ führt diesen Virginius, rhetorisch um sich fragend, als großes Beispiel im Munde, als er seine längst geschändete Tochter Lavinia (nachträglich sozusagen) erdolcht.

Volumnia, in ›Coriolan‹ Mutter Coriolans; Inbegriff allen Schreckens, der unter dem Namen Mutter denkbar ist; sie hat aus dem vaterlos aufwachsenden Knaben einen Helden gemacht, wie andere Mütter aus Töchtern eine Eisprinzessin, und es ist nicht mehr zu sehen, wie sie das Gefühl des eigenen Werts durch dieses Tun je wieder trennen will vom Gefühl des Werts ihres Sohnes; als sie am Ende beim Bittgang alle Mittel anwendet, spricht sie deutlich alles aus: »*There's no man in the world / more bound to 's mother:* Kein Sohn auf der Welt hat seiner Mutter mehr zu danken«; ihr Verhältnis zu Coriolan hat deutlich inzestuöse Züge: »*If my son were my husband, I should freelier rejoice in that absence wherein he won honour than in the embracements of his bed where he would show most love:* Wäre mein Sohn mein Mann, so würd ich mich noch mehr über seine Abwesenheit freuen, worin er sich Ehre erkämpft, als über die Umarmungen seines Bettes, wenn er noch so viel Liebe dadurch an den Tag legte« (Eschenburg) – das scheint plausibel, da sie's zur Schwiegertochter sagt, wird aber dadurch nur um so schlimmer: Denn sie sagt ja fast ganz klar, was er ihr ist, weil er ihr nicht sein darf, was sie wünschte; am Ende scheut sie, die nichts als Ruhm wollen kann, um ihres Glücks mit ihm zusammen willen selbst vor dem Wunsch nach Frieden nicht zurück: Die Kurve ist grauenhaft, und es muß wohl so sein, daß der geliebte Sohn dann darin tödlich verunglückt.

W

Warwick, in ›Heinrich VI./1‹ der erste Freund und Verbündete Plantagenets schon beim Rosenpflücken, weissagt bei dieser Gelegenheit die Rosenkriege. Feldherr, hat Anjou und Maine erworben. – **Warwick** ist in ›Heinrich VI./2‹ mit Vater Salisbury ungeheuer wütend darüber, daß Anjou und Maine dem armen Reignier für Margaret geschenkt werden sollen; immer von York benutzt, ist gleichwohl er es, der Gloucesters Tod als Mord entlarvt und will sich mit Suffolk schlagen. – **Warwick** ist in ›Heinrich VI./3‹ weiterhin den Königlichen fürchterlich; dann aber, als er, bei Ludwig für Edward die Schwester Bona freiend, erfahren muß, im Beisein aller, daß Edward die Grey geheiratet hat, schwenkt er um ins andere Lager und ist jetzt bis zum Ende auf seiten Margarets; ein Feind des jungen Gloucester; stirbt bei Barnet; will sich im Tod von Bruder Montague trösten lassen; doch der ist ja auch schon tot, gefallen in derselben Schlacht.

WAS IHR WOLLT I In seinem Palast schwärmt Orsino bei Musik von Liebe, während man ihm meldet, daß Olivia ihn nicht erhören, sondern noch sieben Jahre um den jüngst verstorbenen Bruder trauern wolle. Irgendwo auf der Landstraße verabschiedet sich Viola von dem Kapitän, der sie aus dem Schiffbruch gerettet hat; er erzählt ihr von Orsino und Olivia, sie verkleidet sich als junger Mann, um als Kastrat an den Hof zu gehen. In Olivias Haus schilt Maria Olivias Onkel Toby wegen seines Trinkens und Betragens und seines Freundes Andrew wegen, eines Verehrers Olivias. Andrew kommt, und er und Toby wollen lustig sein und trinken und feiern. Am Hof hat sich der Herzog in drei Tagen der verkleideten Viola, die Cesario heißt, offenbart; jetzt schickt er sie zu Olivia als Liebesbotin, sie aber will ihn selber haben. In Olivias Haus scherzt Maria mit dem Narren; Olivia und der Haushofmeister Malvolio kommen dazu, der Narr streitet mit Olivia, Malvolio verachtet den

Narren, der sieht ihn an der Eigenliebe leiden. Maria meldet Viola; Toby tritt betrunken ein; Malvolio meldet, der junge Mann draußen lasse sich nicht abweisen, Olivia läßt sich einen Schleier umwerfen und ruft Viola herein. Viola und Olivia spielen ein schönes Werbetheater, dabei verliebt sich Olivia immer mehr in Viola: Am Ende schickt sie ihr einen Ring nach.

II An der Küste verabschieden sich Antonio und Sebastian: Antonio hat Sebastian aus einem Schiffbruch gerettet und kann selber nicht mit in die Stadt, Sebastian trauert um seine Schwester Viola, die er bei dem Schiffbruch ertrunken glaubt; Antonio scheint verliebt in Sebastian. In der Stadt bringt Malvolio Viola den Ring nach; Viola faßt die Situation zusammen: *»Alas! our frailty is the cause, not we, / for such as we are made of, such we be. / How will this fadge? My master loves her dearly; / and I, poor monster, fond as much on him; / and she, mistaken, seems to dote on me:* Himmel! Daran hat unsere Gebrechlichkeit schuld, nicht wir; wenn wir so gemacht sind, was können wir dafür, daß wir so sind? – Aber wie wird sich das zusammen schicken? Mein Herr liebt sie aufs äußerste; ich, arme Mißgestalt, bin eben so stark von ihm betört; und sie, durch den Schein betrogen, seufzt um mich.« In Olivias Haus trinken Toby, Andrew und der Narr, der Narr singt, dann singen alle. Maria kommt dazu, dann bringt Malvolio vor, Toby müsse aus dem Haus, wenn er sich so liederlich führe, sage Olivia. Alle machen sich über ihn lustig; Maria mahnt Toby zur Ruhe wegen Olivia, die unruhig sei seit dem Erscheinen Violas; dann heckt sie den Plan aus, sich an Malvolio mit Hilfe gefälschter Briefe zu rächen, denen Malvolio entnehmen soll, Olivia sei in ihn vernarrt. Im Palast hört der Herzog wieder Musik. Er unterhält sich mit Viola, dann singt der Narr ein Lied vom Tod, das dem Herzog gefällt, und der Herzog und Viola unterhalten sich weiter, er auf seine große Liebe pochend, sie ihr fast gestehend. In Olivias Garten belauschen Toby, Andrew, Fabian und Maria den vor sich hin monologisierenden Malvolio, der dann auch noch den Brief findet, den er von Olivia geschrieben glaubt. Die Männer sind begeistert von Maria.

II Viola und der Narr unterhalten sich in Olivias Garten. Viola wird ins Haus gebeten, Olivia unterhält sich mit ihr und gesteht ihr fast unverblümt ihre Liebe, während Viola lieblos sein muß: *»Olivia: I prithee, tell me what thou think'st of me. / Viola: That you do think you are not what you are. / Olivia: If I* *think so, I think the same of you. / Viola: Then think you right: I am not what I am. / Olivia: I would you were as I would have you be! / Viola: Would it be better, Madam, than I am? / I wish it might, for now I am your fool:* Ich bitte dich, sage mir, was du von mir denkst. – Ich denke, Ihr denkt, Ihr seid nicht, was Ihr seid. – Wenn ich so denke, so denk ich das Nämliche von Euch. – Und so denkt Ihr recht, ich bin nicht, was ich bin. / Ich wollt, Ihr wäret, wie ich Euch wünschte. – Würd ich besser sein, Madam, als wie ich bin? Ich wollt, es wäre so, denn itzt bin ich Euer Narr.« In Olivias Haus ist Andrew wütend, weil er etwas gemerkt hat von Olivias Schöntun mit Viola (der ja Cesario ist); Fabian und Toby reden ihm daraufhin ein, er müsse Viola fordern. Maria kommt: Malvolio habe sich so gekleidet, wie sie ihm in dem gefälschten Brief geraten habe und wie es Olivia gar nicht leiden könne. Antonio und Sebastian, dem Antonio doch nachgegangen ist, treffen sich in der Stadt. Sebastian will alte Sachen anschauen, Antonio empfiehlt ihm einen Gasthof und gibt ihm Geld. In Olivias Haus kommt Malvolio zu Olivia und benimmt sich so, daß Olivia ihn in die Obhut Tobys und der Diener gibt. Maria, Fabian und Toby behandeln Malvolio wie einen Verrückten, Fabian sagt: *»If this were played upon a stage now, I could condemn it as an improbable fiction:* Wenn man das in einer Comödie spielen würde, wer würd es nicht als eine unwahrscheinliche Erdichtung verurteilen?« (Wieland). Dann sperren sie ihn ein. Unterdes hat Andrew eine Forderung an Cesario aufgesetzt und gibt sie Toby, der sie aber nicht weitergeben will. Viola und Olivia verabschieden sich, Olivia schenkt Viola ihr Bild. Toby redet mit Viola: Ein scharfer Kämpfer sei von ihr beleidigt und wolle sie fordern; Fabian bleibt bei ihr; Toby inzwischen schildert Andrew gegenüber Viola als einen Haudegen: Weder Viola noch Andrew wollen fechten. Sie sollen aber wenigstens so tun; sie ziehen; jetzt kommt Antonio, sieht Viola, die er für Sebastian hält, in Gefahr, zieht ebenfalls und wird verhaftet, weil Gerichtsdiener ihn als alten Kriegsfeind wiedererkennen. Antonio ist sehr verstört, als Viola keine Anstalten zu seiner Hilfe macht und auch das Geld nicht wieder herausgeben will, um das Antonio sie bittet, weil er's selber jetzt brauche. Viola ahnt, daß ihr Bruder lebt.

IV Der Narr trifft Sebastian, hält ihn für die verkleidete Viola und will ihn zu Olivia holen; Andrew kommt dazu, hält Sebastian auch für Cesario, sie schlagen sich, Toby mischt sich auch ein. Olivia bringt alle auseinander und entschuldigt sich bei Sebastian, dem das alles wie ein Traum vorkommt. In Olivias Haus kleidet Maria den Narren als Pfarrer, der mit Malvolio als einem Wahnsinnigen reden soll; der Narr tut's, dann aber, auf Anraten Tobys, redet er mit Malvolio wieder als er selber und bringt ihm Schreibzeug: Malvolio will an Olivia schreiben. In Olivias Garten treffen sich der verwirrte Sebastian, Olivia und ein Priester, der sie beide trauen soll.

V Vor Olivias Haus kommen Orsino und Viola an, Orsino will Olivia sprechen, muß aber erst mit dem Narren scherzen. Die Gerichtsdiener kommen mit Antonio vorbei; der habe sie gerettet, sagt Viola; aber der Herzog erkennt in Antonio den alten Feind; Antonio erzählt seine Geschichte hier in der Stadt. Der Herzog kann's nicht glauben. Olivia kommt; sie staunt, Viola beim Herzog zu sehen; der scheint bereit, Viola zu töten, um Olivia zu treffen, und Viola will gern mit ihm mit; Olivia ist bestürzt, Viola gesteht ihre Liebe zum Herzog; Olivia schickt nach dem Priester, Orsino wundert sich über die Heirat, von der Olivia spricht, und der Priester bestätigt die Ehe. Andrew kommt mit blutigem Kopf an und sagt, das habe Viola getan; der Narr führt den trunkenen und geschlagenen Toby heran. Sebastian kommt und entschuldigt sich bei Olivia für die Wunde an Tobys Kopf. Der Herzog staunt über die zwei Gleichen, Antonio wundert sich auch, ebenfalls wundert Sebastian sich über Viola und fragt sie aus, dann erkennen sie, daß sie die Geschwister sind. Alle Mißverständnisse klären sich. Der Narr bringt Olivia Malvolios Brief, Fabian liest den Brief vor, Olivia sieht Vernunft in dem Brief und sagt, man solle Malvolio freilassen. Olivia bittet den Herzog, sie als Schwester zu nehmen, der will's tun. Malvolio kommt und beklagt sich über den Streich gegen ihn; Fabian erklärt die Sache, Olivia spricht ihr Bedauern aus, der Narr macht sich lustig, Malvolio schwört Rache. Der Herzog nimmt alle mit, und der Narr singt zum Abschied ein Lied.

Finis Orsino, Sebastian, Antonio, Valentine, Curio, Toby Belch, Andrew Aguecheek, Malvolio, Fabian, Narr Feste, Olivia, Viola, Maria, Kapitän, Priester, Lords, Matrosen, Gerichtsdiener, Musikanten, Gefolge. – Illyrien, eine Stadt dort und die Küste.

DER WIDERSPENSTIGEN ZÄHMUNG In einem Vorspiel trifft in einer Schenke auf der Heide ein Lord auf der Jagd den trunkenen Kesselflicker Sly; Schauspieler kommen dazu, der Lord hat die Idee, Slys Umgebung in die eines großen Herrn zu verwandeln, ihn zu bereden, er sei dieser Herr, und ihm ein Schauspiel vorführen zu lassen. Sly, nicht der Hellste und noch halbtrunken, spielt mit.

I Lucentio, Sohn eines Kaufmanns aus Pisa, kommt mit seinem Diener Tranio nach Padua; Lucentio will studieren, Tranio ist mehr für das Leben. Baptista kommt mit seinen beiden Töchtern und zwei Freiern vorbei; beide, Gremio und Hortensio, wollen die sanfte jüngere Bianca haben, Baptista will aber Bianca nicht verheiraten, solange die ältere, wilde Katharina noch im Hause ist. Lucentio verliebt sich auf der Stelle in Bianca. Baptista verkündet, er suche Hauslehrer für Bianca; Gremio und Hortensio wollen, obwohl Rivalen, Freundschaft halten und der wilden Katharina einen Mann besorgen. Lucentio träumt vor sich hin, Tranio hat die Idee, daß Lucentio als Lehrer zu Bianca geht, während, und dies ist Lucentios Zutat, er selber in Padua den Lucentio spielt. Biondello kommt, Lucentios zweiter Diener, und wird halb in den Plan eingeweiht. Inzwischen kommt Petruchio mit seinem Diener Grumio nach Padua, er will seinen alten Freund Hortensio besuchen. Er scherzt vor Hortensios Tür mit Grumio herum, dann offenbart er dem Hortensio, daß er eine reiche Frau zum Heiraten sucht. Hortensio weiß eine: Katharina. Hortensio weiht nun auch Petruchio in seine eigene Liebe zu Bianca ein, und er solle ihn doch als Lehrer dort einführen. Jetzt kommt Gremio vorbei, der auch einen Lehrer für Bianca aufgegabelt hat, nämlich den verkleideten Lucentio. Gremio freut sich auch, als er hört, daß Petruchio Katharina nehmen will. Tranio kommt dazu und stellt sich als Lucentio vor, ein neuer reicher Freier um Bianca.

II Katharina hat in Baptistas Haus ihrer Schwester die Hände festgebunden und will wissen, welcher Freier ihr am besten gefalle; keiner, sagt sie. Baptista kommt hinzu, sie streiten. Nun kommt Petruchio und stellt Hortensio unter dem Namen Licio als seinen Diener und Musiklehrer vor; Gremio stellt Lucentio unter dem Namen Cambio als einen Literaturlehrer vor, Tranio kommt als Lucentio und Bewerber um Bianca, Petruchio kommt gleich zur Sache und bietet Geld für Katharina. Hortensio als Licio kommt zurück: Katharina hat ihm die Laute über den Kopf gehauen; Petruchio freut sich, Katharina und er scherzen wild, sie schlägt ihn, er schmeichelt ihr ironisch und droht, er werde sie heiraten und zähmen. Baptista kommt, Katharina beschwert sich über Petruchio, der sagt, Sonntag wolle er heiraten, sie sagt: *»I'll see thee hang'd on Sunday first:* Eher will ich dich künftigen Sonntag am Galgen sehn.« Alle sonst sind froh, Petruchio geht ab nach Venedig, einkaufen für die Hochzeit. Gremio für sich selber und Tranio als Lucentio wetteifern nun vor dem habgierigen Baptista mit ihrem Reichtum. Tranio gewinnt, Baptista verspricht ihm Bianca für den Sonntag nach Katharinas Hochzeit, vorausgesetzt, er bringe als Bürgen für die Güter den Vater bei.

III Lucentio als Cambio und Hortensio als Licio streiten um Biancas Gunst, Lucentio gibt hübschen Unterricht in Literatur, während Hortensio die Laute stimmen muß, und sein Unterricht gelingt dann nicht so gut. Alles wartet bei Baptista auf Petruchio zum Heiraten, denn der Tag ist da, Katharina weint. Biondello kommt und kündigt Petruchio und Grumio an: Sie kämen wie zwei Vagabunden. Petruchio kommt und will zu Katharina. Tranio und Lucentio bereden, wie man weiter verfahren soll mit dem Problem des Vaters. Gremio kommt und berichtet von der Hochzeit Petruchios und Katharinas in der Kirche; die beiden kommen, Petruchio will aber noch vor dem Fest Katharina mit sich wegführen: *»Go to the feast, revel and domineer, / carouse full measure to her maidenhead. / Be mad and merry, or go hang yourselves: / but for my bonny Kate, she must with me:* Geht zu Tische, macht euch lustig, und seid guter Dinge; trinkt in vollem Maß auf ihre Gesundheit, seid lustig und toll, oder geht und hängt euch auf; aber mein hübsches Käthchen muß mit mir fort.«

IV Grumio in Petruchios Landhaus schimpft auf die winterliche Reise und scherzt erzählend mit dem Diener Curtis herum; die anderen Diener kommen; Petruchio, mit Katharina anlangend, verflucht röhrend alle Diener, wirft das Essen, als sei's ungenießbar, auf den Boden, und wird dasselbe mit dem Bett und allem machen, sagt er, und alles, als sei er besorgt um Katharina: *»This is a way to kill a wife with kindness; / and thus I'll curb her mad and headstrong humour. / He that knows better how to tame a shrew, / now let him speak: 'tis charity to show:* Auf diese Art kann man eine Frau mit guter Art zu Tode quälen; und so will ich ihren tollen und starrköpfigen Eigensinn schon beugen. Wer's besser weiß, wie man ein böses Weib zähmen kann, der sage mir's; er tut ein christliches Werk daran« (Eschenburg). In Padua indessen belauschen Hortensio, immer noch als Licio, und Tranio, immer noch als Lucentio, Bianca und Lucentio, der immer noch Cambio ist. Hortensio gibt gegenüber Tranio nun resigniert zu, daß er nicht Licio, sondern eben Hortensio ist und schwört dem vermeintlichen Lucentio gegenüber seiner Liebe ab. Tranio sagt, auch er wolle sie nicht, und Hortensio sagt, er nähme jetzt die Witwe, die ihn schon lange wolle. Tranio erzählt das Bianca und Lucentio, welcher Lucentio offenbar entdeckt hat, wie er und Tranio miteinander stehen. Biondello bringt den Pedanten an, der den gierigen Baptista in der Rolle von Lucentios Vater Vincentio täuschen soll. Wieder in Petruchios Landhaus, bettelt Katharina um Grumios Mitleid, schlägt ihn, als er spottet. Dann spottet Petruchio weiter mit Essen, mit einem Schneider und einem Putzmacher, Grumio und auch Hortensio spielen mit, und Petruchio beschließt, mit Katharina nun nach Padua zu reisen. In Padua betrügen indes Tranio, Biondello und der Pedant den alten Baptista, Biondello berichtet Lucentio davon. Auf der Straße streiten Petruchio und Katharina über Sonne und Mond und treffen den wahren Vincentio.

V Von der Landstraße kommen Petruchio und die Seinen mit Vincentio zu Baptista und wollen hinein. Der Pedant will sie nicht lassen, Biondello muß gegen seinen alten Herrn Vincentio mitspielen, desgleichen Tranio als Lucentio; Gremio ist noch etwas skeptisch, schließlich klärt Lucentio alles für's erste auf. Auf der Straße muß Katharina Petruchio küssen. Ein großes Festmahl bei Lucentio; Hortensios Witwe tut sehr selbstbewußt und streitet mit Katharina, die beiden gehen mit Bianca ab. Die Männer wetten nun, wessen Frau die gehorsamste ist, und zu aller Erstaunen gewinnt Petruchio. Bianca und die Witwe finden soviel Gehorsam blöd, und nun muß Katharina ihnen auf Petruchios Betreiben noch eine Predigt über Mann und Frau halten und den Gehorsam der letzteren. Nach einigen Handschriften wird nun noch Sly wieder in den alten Kleidern in die Schankstube gebracht, er wacht auf und spircht von einem Traum, den er geträumt habe; und wenn seine Frau ihn seines langen Wegbleibens wegen schelte, dann wisse er jetzt, wie er sie zahm machen könne.

Finis Lord, Sly, Marian Hacket, Simon, Page Bartholomew,

Jäger, Diener, Schauspieler; Baptista, Vincentio, Lucentio, Petruchio, Gremio, Hortensio, Tranio, Biondello, Grumio, Curtis, Nathaniel, Peter, Nicholas, Joseph, Katharina, Bianca, Witwe, Pedant, Gerichtsdiener, Schneider, Putzmacher, Diener. – Padua und ein Landhaus in der Nähe.

WIE ES EUCH GEFÄLLT **I** Im Garten seines Bruders Oliver beklagt sich Orlando beim alten Adam über das schlechte Leben, das er hat; Oliver kommt, Orlando macht ihm heftige Vorhaltungen, Oliver jagt beide weg und sinnt auf Strafe. Der Ringer Charles erzählt, daß der neue Herzog Frederick den alten Herzog, seinen Bruder, in die Verbannung geschickt habe; mehrere seien mitgegangen, nur Rosalind, Tochter des alten Herzogs, habe bei Celia, der Tochter des neuen, bleiben können; der Alte mit vielen lustigen Leuten sei im Ardenner Wald. Charles sagt, zum Ringen gegen ihn habe sich für morgen Orlando angemeldet: Ob Oliver den Bruder nicht zurückhalten könne; er könne nicht, lügt Oliver. Rosalind und Celia vor dem Herzogspalast unterhalten sich, Celia will die Base fröhlich sehen und verspricht ihr ihr Erbe zurück, wenn Frederick tot ist. Der Narr Probstein, der Celia zum Vater holen soll, kommt dazu und scherzt mit den Mädchen. Le Beau kommt hinzu und erzählt von den jungen Leuten, die der Ringer hingerungen hat. Herzog Frederick mit Gefolge kommt zum Ringkampf; Celia und Rosalind versuchen Orlando vom Kampf abzubringen, aber er will nicht, und gewinnt; Orlando sagt, wer er ist: Dem Herzog gefällt das nicht; Celia sagt: »*If you do keep your promises in love, / but justly as you have exceeded all promise, / your mistress shall be happy:* Wenn Ihr Eure Versprechungen in der Liebe so gut haltet, als Ihr bei dieser Gelegenheit mehr geleistet als verspracht, so wird Eure Gebieterin glücklich sein,« und Rosalind schenkt ihm eine Halskette von sich. Orlando fühlt sich merkwürdig überrannt, Le Beau rät ihm zur Abreise und klärt ihn über die beiden schönen fremden Mädchen auf. Diese unterhalten sich über Rosalinds Verliebtheit, da kommt Frederick und will, daß Rosalind den Hof verläßt; Celia setzt sich für sie ein, aber Frederick findet sie dumm: »*Thou art a fool: she robs thee of thy name, / and thou wilt show more bright, and seem more virtuous / when she is gone:* Du bist eine Närrin; sie raubt dir deinen Namen, und du wirst desto mehr glänzen und vollkommener scheinen, wenn sie weg ist.« Die beiden beschließen, zusammen zu fliehen, in die Ardennen, Rosalind als Mann, Ganymede, Celia als Mädchen. Aliena, und sie wollen Schmuck und den Narren mitnehmen, *»He'll go along o'er the wide world with me; / leave me alone to woo him... now go we in content / to liberty, and not to banishment«*, sagt Celia: »Er würde mit mir durch die ganze weite Welt gehen. Überlaß es mir, ihn zu werben... sei zufrieden, meine Liebe; wir gehen in die Freiheit, nicht ins Elend.«

II Der alte Herzog lobt den Seinen das Leben im Wald; sie wollen jagen, aber, sagt einer, das störe den melancholischen Jaques: Sie hätten ihn am Bach einen angeschossenen Hirsch beklagen und die Menschheit dabei verfluchen sehen; der Herzog: *»Show me the place; / I love to cope him in these sullen fits, / for then he's full of matter:* Zeigt mir den Ort; ich mag gerne mit ihm anbinden, wenn er in einer solchen mürrischen Laune ist; denn er ist dann voller Einfälle.« Im Palast schickt Frederick, ärgerlich über die Flucht der Mädchen, mißtrauisch nach Orlando oder Oliver. In Olivers Haus warnt der alte Adam Orlando vor dem Bruder und will ihm sein Erspartes zur Flucht geben, und sie beschließen die Flucht gemeinsam. Im Wald sind Rosalind und Celia müde, Probstein tröstet sie: *»Ay, now am I in Arden, the more fool I; when I was at home I was in a better place: but travellers must be content:* Ja, nun daß ich im Ardenner-Wald bin, bin ich nur ein desto größrer Narr; wie ich daheim war, war ich in einem bessern Platz; doch Reisende müssen vorlieb nehmen.« Corin kommt vorbei mit dem jungen Silvius, der von seiner Liebe redet; Rosalind hat Mitleid, Probstein spottet, Rosalind fragt nach Bewirtung, Corin erzählt von dem geizigen Herrn, der alles an Silvius verkaufen will, und Rosalind sagt, er solle für ihr Geld alles kaufen. Anderswo singt Amiens Jaques etwas vor, der wild auf Lieder ist: *»I can suck melancholy out of a song, as a weasel sucks eggs. More, I prithee, more:* Ich kann Melancholie aus einem Gesang saugen, wie eine Wiesel Eier saugt; mehr, ich bitte dich, mehr.« Sie singen zusammen, Jaques singt einen eigenen Text. Wieder anderswo ermattet Adam, und Orlando verspricht ihm Hilfe. Dort, wo eben die Sänger waren, ist für den Herzog und die Seinen gedeckt worden; Jaques kommt hinzu, erzählt von dem Narren, den er getroffen habe, und wie er selber einer zu sein wünschte, und was er dann zu tun die Freiheit brauchte. Der Herzog wirft ihm sein früheres Leben vor, Jaques verteidigt, was er tun werde, da kommt Orlando und fordert mit dem Degen Essen; alle sind friedlich, und man will mit dem Essen warten, bis er Adam geholt haben wird. Jaques bespricht die Welt als Bühne inzwischen. Orlando und Adam kommen, Amiens singt wieder, der Herzog, dem Orlando sich zu erkennen gegeben hat, zieht sich mit ihm zu fernerem Geplauder zurück.

III Frederick im Palast ist auf Oliver wütend, der Orlando nicht gefunden hat. Orlando im Wald hängt Gedichte an die Bäume. Probstein und Corin unterhalten sich über das Schäfer- und Hofleben. Rosalind kommt mit einem der Gedichte, Probstein macht ein ähnliches, Celia bringt auch eins und verrät, von wem sie sind: von dem mit der Kette um den Hals. Orlando und Jaques kommen vorbei in melancholischen Reden und verabschieden sich voneinander. Rosalind und Celia kommen zu Orlando, er und Rosalind unterhalten sich, Rosalind, als Jüngling Ganymede, macht ihm den Vorschlag, die von ihm angebetete Rosalind zu spielen. Anderswo im Wald, von Jaques belauscht, reden Probstein und Audrey miteinander, und daß er sie heiraten will; Oliver Martext kommt hinzu, soll sie trauen, will aber nicht; Jaques fragt, ob es Probstein ernst sei. Anderswo klagt Rosalind Celia ihr Leid mit dem unpünktlichen Orlando; Corin kommt hinzu und sagt, sie könnten gerade den verliebten Silvius beobachten. Silvius flehend und Phebe grausam, streiten auf ihre Art. Rosalind mischt sich ein mit der Meinung, Phebe sei wirklich nicht schön genug, für soviel Hochmut, Phebe verliebt sich sofort in sie, die ja als Jüngling geht; Rosalind warnt Phebe vor solcher Verliebtheit und mahnt sie Silvius' wegen. Phebe dann allein mit Silvius scheint mild, aber wohl nur, damit er ihr einen Brief an Rosalind besorgt.

IV Jaques erklärt Rosalind die Melancholie. Orlando verspätet kommt, sie reden versteckt über ihre Liebe, und Celia, im Spiel, traut die beiden. Orlando verabschiedet sich auf zwei Stunden, Celia schilt Rosalind etwas. Anderswo fordert Jaques ein Lied auf einen erlegten Hirsch. Rosalind und Celia warten auf den verspäteten Orlando, Silvius kommt mit Phebes Brief, Rosalind liest ihn mit wilden Kommentaren laut vor und schickt Silvius mit dem Befehl an Phebe fort, ihn zu lieben, wenn sie sie liebe. Oliver kommt vorbei: Er habe sie nach einer Beschreibung gefunden; Grüße von Orlando und dann erzählt er: Wie Orlando ihn vor Schlange und Löwe gerettet habe, daß der Löwe Orlando verwundet habe, daß Orlando nach Rosalind gerufen habe und daß er, Oliver, dem Orlando nun dies blutgetränkte Schnupftuch bringen solle. Rosalind fällt in Ohnmacht, die drei gehen ab.

V Probstein und Audrey sind zusammen, William kommt hinzu, mit Ansprüchen an Audrey, und wird weggeschickt. Orlando und Oliver reden über Olivers plötzliche Liebe zu Celia. Oliver aber will alles, was er hat, Orlando geben und selber Schäfer werden: Orlando willigt ein. Rosalind und Orlando reden darüber, Rosalind gibt sich für einen Zauberlehrling aus und verspricht Orlando die geliebte Rosalind. Phebe und Silvius kommen hinzu, alle reden dasselbe, und Rosalind redet, versteckt, zu allen die Wahrheit, die keiner kennen kann, und sie sollten alle zufriedengestellt werden. Probstein und Audrey sind heiratswillig, zwei Pagen singen ein Liebeslied. Der Herzog und Orlando, anderswo, wissen nicht recht, ob Ganymede wirklich alles werde halten können, was er versprochen hat; Rosalind, dazukommend, nimmt allen blinde Versprechen ab für den Fall, es werde alles so kommen, wie sie sagt: Der Herzog will Rosalind Orlando geben, Orlando will sie nehmen, Phebe will Silvius nehmen, wenn sie selber Rosalind nicht will; als sie weg ist, fallen dem Herzog und Orlando gewisse Familienähnlichkeiten an ihr (oder eben ihm) auf. Probstein und Jaques unterhalten sich über das Lügen und das Bescheidgeben. Hymen kommt zu einer Zeremonie, in der alle Paare sich finden. Olivers und Orlandos Bruder Jaques taucht auf und berichtet, Frederick, auf dem feindlichen Weg in den Wald, gegen alle um den Herzog, sei von einem Eremiten bekehrt worden, gebe alle Herrschaft dem vertriebenen Bruder zurück und alle Ländereien allen Verbannten und ziehe sich in ein geistliches Leben zurück. Jaques sagt, das mache ihn neugierig, dorthin wolle er jetzt und segnet ironisch alle: Er sei für andere Dinge gemacht als sie: *»So, to your pleasures: / I am for other than for dancing measures:* Und so beginnet eure Freuden; die meinigen gehen nicht nach dem Takt« (Wieland). Ein Epilog verabschiedet die Zuschauer.

Finis Alter Herzog, Herzog Frederick, Amiens, Jaques, Le Beau, Charles, Oliver & Jaques & Orlando de Boys, Adam, Dennis, Touchstone, Martext, Corin, Silvius, William, Rosalind, Celia, Phebe, Audrey, Hymen-Darsteller, Epilog, Lords, Pagen, Gefolge. – Frankreich: Olivers Haus, der Hof Fredericks, Ardenner Wald.

Williams, Michael, englischer Soldat, unterhält sich in ›Heinrich V.‹ mit dem unerkannten König, mit Bates und Court; macht den König für alle Toten verantwortlich: *»I am afeard there are few die well that die in a battle:* Ich fürchte, nur wenige von denen sterben gut, die in einer Schlacht sterben;« Heinrich antwortet, jeder Soldat solle sein Gewissen reinigen, *»and dying so, death is to him advantage; or not dying, the time was blessedly lost:* Und stirbt er dann, so ist ihm der Tod ein Gewinn; oder stirbt er nicht, so ward die Zeit allemal glücklich verloren« (Eschenburg); verspricht dem König eine Ohrfeige auf den nächsten Tag; Heinrich deichselt die Sache dann so, daß Fluellen die Ohrfeige kriegt, Williams aber einen Handschuh voll Geld.

Winchester, Henry Beaufort, Bischof, dann Kardinal in ›Heinrich VI./1/2‹, höchst ehrgeiziger und intriganter Einzelgänger am englischen Hof, Verleumder und Erzfeind des alten Gloucester, den er gemeinsam mit Plantagenet und Suffolk mordet; stirbt kurz darauf wirr und wie von bösen Geistern gequält in seinem Bett; nur der gute Heinrich sagt, man solle nicht richten über ihn.

DAS WINTERMÄRCHEN **I** Archidamus vom böhmischen und Camillo vom sizilischen Hof machen in Sizilien einander Komplimente und unterhalten sich über die alte Freundschaft der Könige. Die Könige Polixenes von Böhmen und Leontes von Sizilien reden über die Abreise des Polixenes, Leontes bittet Hermione, Polixenes zum Bleiben zu bewegen; die tut's, aber so, daß Leontes eifersüchtig wird; Leontes redet halb im Wahn mit seinem Sohn Mamillius; Camillo, dazukommend, redet ungewollt zweideutig über Hermione und Polixenes; Leontes offenbart seine Eifersucht, Camillo hält ihn für krank, aber Leontes befiehlt ihm den Tod des Polixenes, und Camillo weiß nicht was tun; er trifft Polixenes, teilt ihm alles mit, und sie beschließen, noch diese Nacht zu fliehen.

II Die hochschwangere Hermione, Mamillius und die Hofdamen unterhalten sich abends; Leontes erfährt von der Flucht und fühlt sich in der Eifersucht bestätigt; er beschuldigt jetzt Hermione und läßt sie einsperren; Antigonus und die Lords reden auf Leontes ein; Leontes sagt, er habe schon zum Orakel schicken lassen und wolle das Volk unterrichten. Paulina will

Hermione im Gefängnis sprechen, man verwehrt's ihr; Hermiones Kammerfrau Emilia soll ihr nun das neue Kind bringen, sie will damit zum König gehen. Dem Leontes meldet man, daß es dem kranken Mamillius besser gehe; Paulina kommt mit dem Baby, Leontes ist wütend auf ihren Mann Antigonus, der das nicht verhindert hat; Paulina redet, mit dem Erfolg, daß Leontes Hermione und das Kind verbrennen will; die Lords bitten um Gnade für das Kind, Leontes gibt nach: Antigonus soll das Kind in einer Wildnis aussetzen; von Delphos die Abgesandten werden gemeldet.

III Dion und Cleomenes, wieder in Sizilien, unterhalten sich beeindruckt über Delphos und zeigen sich wenig einverstanden mit Leontes' öffentlichen Beschuldigungen; vor einem öffentlichen Gericht klagt Leontes seine Frau an, sie verteidigt eher ihre Ehre als ihr Leben, sagt sie; die Abgesandten vom Orakel kommen und bringen einen eindeutigen Freispruch für Hermione und Polixenes; Leontes flucht; man meldet den Tod seines Sohnes, und Hermione fällt um; Leontes bereut und will alles gutmachen; Paulina kommt und meldet den Tod Hermiones und bittet zugleich Leontes um Vergebung wegen ihres Gebarens. An der Küste Böhmens bei drohendem Sturm landet Antigonus mit dem Baby und setzt es mit Papieren und Gold aus; der Seemann geht zum Schiff, Antigonus gerät mit einem Bären aneinander; ein Schäfer findet Kind und alles; sein Sohn, dazukommend, berichtet wirr, das Schiff sei untergegangen und Antigonus von dem Bären gefressen worden; beide freuen sich über das Gold und wollen das Kind großziehen.

IV Die Zeit als Chorus überbrückt den Zuschauern sechzehn Jahre. Camillo und Polixenes unterhalten sich, Camillo möchte heim; sie reden über Florizel, der sich eigenartig vom Hofleben zurückgezogen hat und sich sehr viel bei dem unerklärlich reichgewordenen Schäfer und dessen schöner Tochter aufhält; Autolycus tritt singend auf, der Schäfersohn auf Einkaufstour für's Fest kommt vorbei, Autolycus tut wie überfallen, der Schäfersohn hilft ihm, dabei nimmt Autolycus ihn aus und beschwindelt ihn. Florizel und Perdita in ihrer Festköniginkleidung machen einander schöne Geständnisse und Komplimente, aber Perdita äußert doch Sorgen wegen ihres Standesunterschieds; der Schäfer mit Sohn, Schäferinnen und Knechte treten auf zum Fest, die verkleideten Polixenes und Camillo werden willkommen geheißen; Perdita verteilt Blumen und unterhält sich mit Polixenes über Natur und Gartenbau; dann reden wieder sie und Florizel schön miteinander; auch Camillo und Polixenes sind von ihr angetan; während eines Tanzes fragt Polixenes den Schäfer nach Florizel; ein Knecht meldet einen Händler an, der auch Lieder habe; Autolycus kommt, singt, der Schäfersohn scherzt mit den Schäferinnen, die etwas haben möchten vom Händler, besonders Balladen; man singt eine; der Knecht meldet eine Satyrntanzgruppe an; Polixenes, dem der Schäfer vieles erzählt zu haben scheint, redet mit Florizel; der gesteht wieder seine Liebe, der Schäfer will ihn und Perdita schon zusammentun, da fragt Polixenes Florizel nach seinem Vater, gibt sich dann zu erkennen und wütet gegen alle los; Perdita sieht ihren Traum am Ende, der Schäfer sieht sich vernichtet; Camillo tröstet Florizel, der verspricht Perdita seine weitere Liebe: Ihr will er die Vernunft unterordnen; Camillo entwickelt Florizel den Plan, er solle mit Perdita als seiner Prinzessin nach Sizilien zu Leontes gehen, als von seinem Vater gesandt, er werde sie unterstützen; Autolycus schwelgt unterdessen von den guten Geschäften, die er gemacht hat bei den einfältigen Schäfern; Camillo verspricht Florizel Empfehlungsbriefe; er befiehlt Autolycus (der das Ganze zu durchschauen beginnt), mit Florizel die Kleider zu tauschen, und auch Perdita soll sich verändern; Camillo sagt den Zuschauern, er wolle jetzt Polixenes von der Flucht unterrichten und hoffe, mit ihm dann hinterherfahren zu können; Autolycus will ein Schelm bleiben und nichts verraten; der Schäfer und sein Sohn reden über Perdita und wollen dem König von ihrer Herkunft erzählen; Autolycus, in seiner feinen Kleidung, verspricht beide zum König zu bringen, stellt ihnen indirekt ihr Schicksal vor Augen, wegen des Königs Wut über alle und prellt sie um ihr Gold.

V Cleomenes rät Leontes, mit dem Trauern aufzuhören, und Leontes will heiraten eines Erben wegen; Paulina rät sehr davon ab, und er verspricht, nicht ohne ihre Erlaubnis neu zu heiraten; ein Diener meldet Florizel mit einer schönen Prinzessin; Leontes heißt Florizel willkommen und ist hingerissen von Perdita; ein Lord bringt das Ersuchen des Polixenes, seinen Sohn zu verhaften, und Florizel fühlt sich von Camillo verraten, während Perdita um Vater und Bruder bangt, die mitgefangen seien; Leontes bedauert alles so, daß Paulina ihn mahnt, als sei er allzusehr verliebt in Perdita. Drei Lords erzählen dem Autolycus das Neueste: Leontes und Camillo haben sich vom Schäfer alles über Perdita sagen lassen, Leontes und Polixenes seien einander in den Armen gelegen und allen anderen auch, Antigonus sei gefressen und das Schiff damals untergegangen, alles weine und abends wolle man sich bei Paulina treffen, in deren Haus gerade eine Statue Hermiones fertig geworden sei; der Schäfer und sein Sohn freuen sich kindisch des neu gewonnenen Stands und Ansehens und wollen Autolycus auch behilflich sein. Alle kommen zu Paulina, die Statue wird enthüllt, Leontes ist bestürzt, Perdita will Hermiones Hand küssen, Leontes will Hermione küssen, Paulina droht immer wieder, den Vorhang zuzuziehen, dann sagt sie, alle sollten stillstehen, sie wolle die Statue erwecken; Musik, Hermione steigt herab, Paulina sagt, Leontes solle noch einmal um sie werben; Leontes und Hermione umarmen sich, alles stellt Fragen, Paulina sagt: *»Go together, / you presious winners all:* Geht nun miteinander, ihr erlauchten glücklichen alle« (Wieland), und Leontes sagt zu ihr, er selber werde nicht mehr heiraten, sie aber solle Camillo nehmen.

Finis Leontes, Mamillius, Camillo, Antigonus, Cleomenes, Dion, Polixenes, Florizel, Archidamus, alter Schäfer, Clown (sein Sohn), Autolycus, Hermione, Perdita, Paulina, Emilia, Mopsa, Dorcas, Seemann, Gefängniswärter, Gerichtsbeamte, die Zeit, Lords, Ladies, Diener, Schäfer, Schäferinnen. – Sizilien und Böhmen.

Wolsey, Kardinal von York, in ›Heinrich VIII.‹ der ehrgeizige Mann, der drauf und dran ist, den Staat ganz in seine und damit päpstliche Hände zu bringen: Eigentlich der wahre Held des Stücks, ein glänzend begabter Mann, der es verstanden hat, die Gunst Heinrichs zu gewinnen; ganz begreifbar ist er nicht, oder sein Ehrgeiz bewegt sich in solchen Höhen, daß er fast schon einen anderen Namen verdient. Wäre sein Ehrgeiz gewöhnlich, so wäre Wolseys in sich gehendes Wesen gleich nach seinem Sturz nicht begreifbar; und ist dieses In-sich-Gehen echt (woran man nicht zweifeln kann), dann war sein Ehrgeiz wirklich so uneigennützig, daß er selber kaum dafür gescholten werden kann; wie er Cromwell gegenüber der Welt absagt, ist freilich ein bißchen sehr großgetan, und seine Ermahnungen an Cromwell (*»Be just, and fear not:* Tu recht, und scheue niemand«, Eschenburg) scheinen keine Ähnlichkeit zu haben mit den Maximen, die für sein eigenes Tun Geltung gehabt zu haben scheinen:

Vielleicht aber nimmt er sich bei diesen Ermahnungen aus und will sagen, daß sie gültig sind jedenfalls für Leute nach ihm, für Cromwell und alle – freilich vorausgesetzt, daß selbst ein so großer Ausgenommener, wie er, gescheitert ist; die Schlußcharakteristik Katharines (im Gespräch mit Griffith) hebt denn auch seine Größe gebührend hervor: Und wenn Katharine ihn nun doch ganz verurteilt, dann, weil Wolsey zweifellos, wie groß er immer war und wie berechtigt vor sich selber, doch wesentlich mehr Böses getan hat, als erlaubt, und ungeachtet jener Dinge, die, wie Griffith schön sagt, von ihm bleiben.

Worcester, Thomas Percy Earl, Bruder Northumberlands, Onkel Hotspurs, in ›Heinrich IV./1‹ ein unangenehm politisierender Kopf, voller Intrigen und taktischer Winkelzüge; von Heinrich IV. beargwöhnt und aus dem Staatsrat entlassen, ist er wohl der kleine Drahtzieher hinter dem Aufstand größerer Gefühle gegen den König; sein Ende kommt, wenn er schließlich aus politischer Schlauheit den Zweikampf der beiden Henrys verhindert: Heinrich läßt ihn wegen Verrats hinrichten; auszuschließen bei dem Ganzen ist leider aber nicht, daß er, so wenig sympathisch er sein mag gegen die herrlichen jungen Leute, vielleicht doch im Recht ist, wenn er dem alten Heinrich mißtraut: Sollte der wirklich alles vergeben und vergessen, wenn nur sein gut gewordener Henry den bösen Henry Percy erschlägt?

Y

Yorick, Narr des alten Königs in ›Hamlet‹, dreiundzwanzig Jahre liegt sein Schädel auf dem Kirchhof, als Hamlet ihn dann in der Hand hält; Hamlet hat Yorick noch gekannt, der habe ihn auf den Knien gewiegt, geherzt, geküßt, sagt er; dann wirft er den Schädel wieder weg. – Yorick ist bei Sterne der, welcher die empfindsame Europareise macht, und natürlich fällt Sterne bei seinem Namen immer Shakespeare ein, wie uns, bei Yorick, Sterne?

York, der junge Herzog in ›Richard III.‹, siehe Richard.

York, Herzog, eigentlich Edmund Langley, Bruder Gaunts, Vater Aumerles, in ›Richard II.‹ wütend über Bolingbrokes Enteignung nach Gaunts Tod, muß aber bei Richards Abgang nach Irland den Statthalter spielen; neutral, als er die Aufständischen trifft, dann auf ihrer Seite; schließlich dem neuen Herrn so loyal ergeben, daß er den eigenen Sohn anzeigen will, als der in die Verschwörung des Abts von Westminster verwickelt scheint; also ein staatstreuer loyaler Bursche vom alten Schrot und Korn: Tut nichts Böses, jeder Wildere kann ihn benutzen, und es wird kein Stück über ihn geschrieben werden.

Z

Zettel (Bottom), Klaus, ein athenischer Weber, der lauteste und rüpelhafteste aller Handwerker vom Rüpelspiel im ›Sommernachtstraum‹, in einen Esel verwandelt und von Titania geliebt; ein großer Träumer, hat die ganze Johannisnacht geträumt: »*I have had a dream, past the wit of man to say what dream it was: man is but an ass, if he go about to expound this dream... The eye of man hath not heard, the ear of man hath not seen, man's hand is not able to taste, his tongue to conceive, nor his heart to report, what my dream was:* Ich hatte einen Traum, es geht über Menschen-Witz zu sagen, was für ein Traum das war: Ein Mensch ist nur ein Esel, wenn er sich einfallen lassen will, diesen Traum zu begreifen... keines Menschen Auge hat gehört, keines Menschen Ohr hat gesehen; keines Menschen Hand ist vermögend zu schmecken, noch seine Zunge zu begreifen, noch sein Herz zu erzählen, was mein Traum war« (Wieland); ist im Spiel der Pyramus.

ZWEI HERREN AUS VERONA **I** Valentine geht aus Verona fort an den Hof nach Mailand; sein verliebter Freund Proteus bleibt zu Hause und verabschiedet sich, nachdem er Valentines Diener Speed noch scheinbar vergeblich mit einem Liebesbrief zu Julia geschickt hatte. Um diesen Brief streiten sich scherzend noch Julia und ihr Mädchen Lucetta, während Proteus' Onkel und Vater schon auch seine Abreise nach Mailand ins Werk gesetzt haben.

II Speed scherzt in Mailand mit Valentine über dessen unausgesprochene Liebschaft mit Silvia; Proteus in Verona tauscht zum Abschied einen Ring mit Julia, sein Diener Launce mit Hund schifft sich ein. In Mailand dann scherzt Silvia mit Valentine und ihrem Verehrer Thurio; der Herzog fragt Valentine über den Freund aus, dieser kommt. Valentine gesteht dem immer verliebten Freund Amors Rache an seiner sonstigen Sprödigkeit, und Proteus verliebt sich sofort in Silvia. Speed und

Launce begrüßen sich auch, während in Verona Lucetta Julia in einen Mann verkleidet für deren Sehnsuchtsreise nach Mailand: Lucetta etwas skeptisch Julias Proteus' wegen.

III In Mailand, um selber an Silvia heranzukommen, verrät Proteus dem Herzog die Fluchtpläne Silvias und Valentines: Diese wollen fliehen, weil der Vater den Thurio als Schwiegersohn favorisiert. Der Herzog stellt Valentine mit Leiter und Sonett und verbannt ihn, und Proteus teilt seinem Freund das mit. Speed und Launce unterhalten sich darüber und über Launces Milchmädchenliebschaft. Der Herzog und Proteus muntern inzwischen Thurio auf, der sich abgeblitzt sieht bei Silvia; Proteus, vermeintlich in Verona gebunden, soll Valentine bei Silvia verleumden, Thurio soll für ein Ständchen sorgen.

IV Im Wald zwischen Mailand und Mantua fangen drei Räuber, edel und verbannt wie Valentine, eben diesen, und er wird ihr Hauptmann. In Mailand vor Silvias Fenster bringt Thurio, wenn auch etwas erstaunt über Proteus' Dabeisein, das Ständchen, dem Julia als Knabe verkleidet melancholisch beiwohnt. Thurio geht, Proteus verabredet sich mit ihm und wirbt nun bei Silvia statt für Thurio, für sich selber; die bedankt sich und sagt ihm einen Schatten zu, ein Bild. Dann verabschiedet sie sich mit Eglamour, dem verbannten Valentine nachzufliehen. Launce redet von seinem Hund und mit Proteus von dem Hund, den er Silvia bringen sollte; Proteus nimmt den Knaben Sebastian, alias Julia, in Dienst und schickt sie mit Brief und Ring zu Silvia; Silvia zerreißt den Brief, gibt den Ring wieder zurück, gibt das Bild mit darein, fragt den reisebraungebrannten Sebastian nach Julia aus, diese vergleicht dann sich mit dem Bild Silvias und weiß nicht, was Proteus will.

V Silvia trifft sich mit Eglamour am Kloster; Proteus unterhält sich mit Thurio und Julia beiseite über Silvias geringe Meinung von Thurio, da meldet der Herzog Silvias Flucht und drängt auf Verfolgung. Die Räuber indes haben Silvia gefangen. Vor den Augen des versteckten Valentine verlangt in Julias verkleideter Anwesenheit Proteus nun Silvia, die er offenbar wieder befreit hat und will sie, als Silvia ihn als einen Verräter abweist, mit Gewalt nehmen. Valentine greift ein, klagt Proteus an, dieser bereut, Valentine verzeiht, will ihm sogar Silvia geben. Da wird Julia ohnmächtig; aufgewacht, entdeckt sie sich; Proteus sieht, daß er an ihr alles hat, was er bei Silvia doch nicht haben kann, und Valentine versöhnt die beiden Zufriedenen. Die Räuber bringen Thurio und den Herzog. Thurio will Silvia nicht mehr, woraufhin ihn der Herzog verachtet und den braven Valentine nicht bloß entbannt, sondern als Schwiegersohn aufnimmt. Dann fragt er ihn nach dem Pagen, und Valentine verspricht ihm die ganze Geschichte – Proteus soll aber zur Buße zuhören.

Finis Herzog, Valentine, Proteus, Antonio, Thurio, Eglamour, Speed, Launce, Panthino, Julia, Silvia, Lucetta, Ursula, Sebastian, Wirt, Räuber, Musikanten, Crab. – Verona, Mailand, Wald im Mantuanischen.

– Das war das letzte Stück: schade eigentlich, nicht wahr?
Adieu, mein Leser.